丈量世界

500条
经典铁路路线
中的世界史

[英] 萨拉·巴克斯特 （Sarah Baxter） 著 刘芳 译

北京联合出版公司

图书在版编目（CIP）数据

丈量世界：500条经典铁路路线中的世界史 /（英）萨拉·巴克斯特著；刘芳译. -- 北京：北京联合出版公司, 2021.3
　ISBN 978-7-5596-3818-2

　Ⅰ.①丈… Ⅱ.①萨…②刘… Ⅲ.①世界史—通俗读物 Ⅳ.①K109

中国版本图书馆CIP数据核字（2019）第256671号

北京市版权局著作权合同登记　图字：01-2020-5949

Copyright © 2017 Quarto Publishing Plc
Simplified Chinese edition copyright © 2021 by Beijing United Publishing Co., Ltd.
All rights reserved.
本作品中文简体字版权由北京联合出版有限责任公司所有

丈量世界：500条经典铁路路线中的世界史

作　　者：[英]萨拉·巴克斯特（Sarah Baxter）
译　　者：刘　芳
出 品 人：赵红仕
出版监制：刘　凯　马春华
选题策划：联合低音
责任编辑：云　逸
封面设计：何　睦
内文排版：刘永坤

关注联合低音

北京联合出版公司出版
（北京市西城区德外大街83号楼9层　100088）
北京联合天畅文化传播公司发行
北京华联印刷有限公司印刷　新华书店经销
字数341千字　710毫米×1000毫米　1/16　25.5印张
2021年3月第1版　2021年3月第1次印刷
ISBN 978-7-5596-3818-2
定价：180.00元

版权所有，侵权必究
未经许可，不得以任何方式复制或抄袭本书部分或全部内容
本书若有质量问题，请与本公司图书销售中心联系调换。电话：（010）64258472-800

内容简介

古希腊和古罗马时代虽然确实存在铁路或车道的基本形式，尤其是约公元前600年迪欧科斯和科林斯地峡之间的轮船辙痕，但要花上几千年的时间，到19世纪初，人们才初次享受了首个付费铁路客运服务。再过200年，人们才有可能乘坐火车前往世界上一些最偏远和最非凡的目的地旅行，并追踪在地球悠久的历史中留下的许多奇怪而美好的自然或文化遗产。本书会带你穿行于从史前岩层到摩天大楼的不同场景，搭乘从慢速蒸汽机车到高速子弹头列车的各种火车。

本书提供了500条令人惊叹的铁路旅行，配以精美的插图，你可以据此绘制自己横贯大陆的行程。吱吱嘎嘎地驶过峡谷，喷着蒸汽路过古老的纪念碑，飞驰电掣穿过城市，在总统车厢或者皇后乘坐过的火车上尽情享受，或者在关键的历史时刻或史诗般的时代之间建立起明确的关联——阅读本书可以拥有上述一切。旅客、铁路迷和历史爱好者必读，在提供给你无限灵感的同时，也让你获得等量的知识。

作者简介

萨拉·巴克斯特（Sarah Baxter）既是一位作家，也是一位编辑。对户外活动的热情伴她穿越亚洲部分国家、澳大利亚、新西兰和美国，最终促使她开始写作生涯。萨拉登上过乞力马扎罗山，曾与虎鲸一起浮潜，也曾在双翼飞机的翅膀上行走。她为杂志和各大出版公司写过大量徒步与旅行的文章，如《卫报》《独立报》《乡间漫步》等，并参与过多本《孤独星球》的编写。

推荐者简介

克里斯蒂安·沃尔玛尔（Christian Wolmar）是一位获奖作家和交通报道记者，他撰写了一系列有关铁路历史的书，包括新近出版的《铁路和英属印度：印度铁路的故事》（*Railways and the Raj: The Story of Indian Railways*）一书。

译者简介

刘芳，新西兰惠灵顿维多利亚大学跨文化传播和应用翻译硕士研究生。

一列蒸汽火车行驶在威尔士高地铁路的苏格兰因弗内斯郡段，途中穿越雄伟的格伦芬南高架桥（第217~219页）

目 录

推荐序
6

引 言
8

第 1 章
史前时期
13

第 2 章
古代世界
75

第 3 章
中世纪
137

第 4 章
走向现代世界
199

第 5 章
19 世纪
263

第 6 章
20 世纪及未来
329

索 引
394

致 谢
408

推荐序

　　火车作为一项19世纪的发明，不仅广泛使用于20世纪，在21世纪的今天还更加蓬勃发展了。在此之前，没有人能够保证它会有这样的进展。要知道在"二战"后，小轿车的拥有率飙升，喷气式飞机的出现也让空中旅行变得安全和实惠，那火车还能为我们做什么呢？所以，关于火车会消失的预言从未停止，就像普通电车和无轨电车一样，在很多地方已经不见踪影。那时候，很多火车线路关停了，蒸汽机车也消失了，货运汽车承接了货物运输。然而，这样的发展趋势现已反转，火车开始了奇妙的复兴：高速铁路遍布全球；市郊铁路挤满上下班的人；新的铁路像雨后春笋一般出现，其中很多还建在那些曾经废弃的线路之上。

　　这就好比电影在电视到来后仍然存活，传统纸质书也依然和电子书共存，尽管小汽车盛行，铁路还是给自己的未来定下了长久而又健康的基调。这其中的关键原因之一就是人们喜爱火车旅行，火车旅行本身就是一种愉快的体验。这不仅仅是到达目的地这样简单。当然，飞机旅行也有它吸引人的地方，但是一旦坐了几次飞机之后，窗外的云和地面的风景就黯然失色了。汽车旅行也不像广告里描绘得那样美妙：驾驶最新型号的小轿车在向往已久的空旷田野间奔驰，而实际上更可能发生的是枯燥无味、瞌睡连连的公路旅行，或者是堵在城镇里缓缓挪动。这就是为什么可能不会有一本书叫《500条经典汽车旅行路线中的世界史》了。

　　从另一方面来说，火车旅行时可以随意望向窗外风景，或者静静阅读一本书，因为我们知道不会被打扰。火车线路若隐若现，常常更能和周围的环境融合。火车旅行的步调往往不快不慢，让人回味。无论是商务出行，还是常规旅行，乘坐火车途中看到壮阔的自然景色或是住宅花园，总能带来一种意想不到的愉悦享受。这也就不奇怪为什么火车旅行能够激发这么多优秀的文学、摄影、电影作品的创作灵感。

　　火车旅行保留了浪漫主义的情怀，这种情怀在现代生活已不多见。踏上寻找浪漫情怀的火车仍然是一种乐趣。就好像书

中所举的例子，在世界上任何地方都可以开启一段美妙的火车旅行，每段经历都会有所不同。无数次的印度火车之旅是我个人最喜欢的旅程，倒不是那里的自然景色让人过目难忘，而是在世界上最奇妙的国家之一冒险，在熙熙攘攘、色彩斑斓的街头穿梭，去遇见形形色色的人。相比之下，冰川快车（第36~38页）则是我的另一个最爱。像作者萨拉·巴克斯特所说，它是所有特快专线里行驶最慢的，沿途风景却又是最美的。或者尝试那趟最远的长途旅行：西伯利亚铁路（第255页），用六天半时间穿越半个大陆……

好好享受这本书吧，别忘了去体验一下这些奇妙的旅程。

克里斯蒂安·沃尔玛尔

左图：蒸汽火车定义了历史上火车旅行的形象，它也是过去时代的一个象征

引　言

　　火车有点儿像时间机器。它有种穿越时空的能力，刹那间就能带我们回到过去，那时候旅行的概念还很新颖，听起来就让人兴奋，洋溢着机遇和浪漫。当然，相较于登上威尼斯辛普朗东方快车的豪华镶木车厢而言，在拥挤的伦敦滑铁卢火车站（London Waterloo）八点早高峰时登上旅客列车，感受稍逊犹存。火车有一种公交车、飞机和汽车无法相比的吸引力。

　　乘坐火车，你的思绪会不由得回到这种新型交通工具开始改变世界的年代。从19世纪早期，火车铁路延伸到了偏远地区，连接了曾经相距遥远的国家，世界就这样变得更小，有更多的地方等待着我们去探索。以前，长途陆地旅行的快慢取决于步行和骑马的速度。突然间，远方的城市、各异的国家，甚至不同的大陆板块都变得触手可及了。

　　然而，火车不只是带我们回到两百年前。尽管火车轨道的历史只能追溯到两个世纪前，它却能带我们去往更遥远的时空，因为透过车厢的窗户，我们就能看到历史。确实，火车旅行的美妙之一就是它让每个乘客都能够放松和欣赏风景。坐飞机很快，但是我们看不见地面的风景。开汽车很方便，我们却得专注于驾驶。公交车不得不和汽车争抢有限的马路空间。走路和骑车倒是很好，但不是每个人都有足够的体力和时间。这样，火车就提供了一种不费力就能近距离观景的出行方式。不用动脑筋也不用消耗体力，好比坐在台下享受车外滚动播放的电影画面。

　　为此，这本《丈量世界：500条经典铁路路线中的世界史》就是这部时间旅行电影的介绍。本书分为6章，以时间顺序和火车旅行的形式讲述世界的故事，书中的情节就像火车旅行的方方面面，具有出乎意料的转弯或突飞猛进的跃迁、奢华的布景

右图： 厄瓜多尔的巡游列车（第210~213页）于2013年开通，它是铁路复兴的一个范例

或不为人知的角落、高速或慢速的情节发展、蒸汽时代的诉说或史诗式的宏观叙述，还有那些濒临消失的或是已被人遗忘的故事。这些故事多多少少都与地球上的生命相关，从溶洞形成、山脉崛起，到文明开端、宗教诞生，乃至战乱肇始、文化传承。举例子来说，书里的火车线路有些就正好经过古老的岩画，直穿冰川峡谷；有些则担负国家防线、部队运输或是开拓的野外疆界的角色。

当然，故事的开始远远早于世界上第一条铁轨建设完成。本书的第 1 章描述的是史前时期，远在文字记载以前，所以就更别提世界上第一条铁路建成的时候了。但是，还是有一些壮观的火车沿线能将我们送回到地球地质形成初期，在最早期人类活动的各种地质证据前来回穿梭。接下来的章节，好似火车轰隆隆地从地球文明的黎明驶向公元元年，途中我们会遇到埃及法老、古罗马人、原住民部落、柏柏尔人、佛教徒，会经过《圣经》中的地方。这里还有世界上的第一条"铁路"，古希腊人想邀请我们免费乘坐。

在之后的章节，我们会讲述的铁路沿线是古时的商贸枢纽线路、中世纪朝圣之旅线路、军队的安营防线、人类迁徙的历史足迹及别出心裁的探险路线。到第 5 章，我们会讲述铁路的诞生。我们会直接坐上那些开创性的、引导了潮流的火车线路，让火车奔驰在几乎不可能的地形上，这样的铁路建造技术进一步推动了人类工程所能到达的极限。从这里开始，我们会看到铁路怎样塑造国家、促进经济、助力战争，甚至成为种族屠杀的帮凶，以及它怎样将一种休闲的旅行方式带给大众。我们的讨论止于现代，因为火车已经越来越快了——尽管我们从未如此怀念更慢的、蒸汽动力时期的火车旅行。

当然，本书并不是一个全面的铁路指南。我不得不忍痛割爱许多铁路线。同样地，有些地方没有涵括，仅仅是因为这些地方没有或者少有铁路。但我已经尽力选取各式各样的铁路线——包括标志性的长途线路和一些关键的短途线路，这些线路既有历史意义又能吸引铁路迷。有些铁路会途经非常伟大的地标，有些铁路会穿过令人头晕目眩的高架桥；有些铁路描述得很详细，有些却故意只留下诱惑性的只言片语，让你想要挖掘更多。描述这 500 条不同的铁路时，特地配上了激发人想象力的

通过火车旅程来了解世界的历史，除了火车，还包括电车和缆索铁路。旧金山的缆车系统是世界上仅存的、手动操控的线路网，上下班的人们和游客都会选择乘坐电车

地图，还有让人感觉身临其境的实景照片，让无论还在观望的神游旅行者还是想立刻出行买票的人们都能有所享受。

要问我自己最想去的旅行？我想我会坐上"加拿大人"号列车来探索加拿大（第46~50页），带着"西部开拓史"的开拓精神，上一堂近4800千米的地理和地质课。也许我会坐着火车追寻尼罗河的踪迹，欣赏自古埃及以来就未曾改变的两岸风景（第76~78页）。之后我可能会登上穿越秘鲁圣谷的火车（第152~156页），惊叹于古印加人怎样将马丘比丘城建在安第斯山脉之间。又或者我会筹划坐火车沿着世界上最恶名昭著的维京人路线穿越丹麦。

之后呢？我想坐着火车跟随西班牙征服者去蜿蜒曲折的墨西哥铜峡谷（他们沿途的行为却违背了信仰）（第226~229页），或者从加勒比的一条铁路线出发跟着做糖买卖的商人去圣基茨岛。我想穿越大陆分水岭去美国西部乘坐加利福尼亚"微风"号（第300~303页），来了解这条线路怎样联合了一个国家。然后，我会乘坐上索姆河小火车（第334~335页），沿途想象第一次世界大战如何将世界四分五裂。也许最后我会登上从苏黎世开往米兰的列车（第357~358页），呼啸而过新建成的圣哥达基线隧道，它是世界上最大胆的铁路项目之一。

好了，就先讲到这里，在我们讨论的当下，火车也许还在悄然改变。实际上，火车从未停下跟随时间的脚步。新的线路开放，老的线路关闭，遗弃的线路又重建；柴油替换了蒸汽，磁悬浮取代了车轮，蒸汽驱动又回来了。世界分分合合，听命于政治和人群。火车却是那扇一直敞开的窗户，让我们观看现在，也带我们回到从前。

萨拉·巴克斯特

引言　Ⅱ

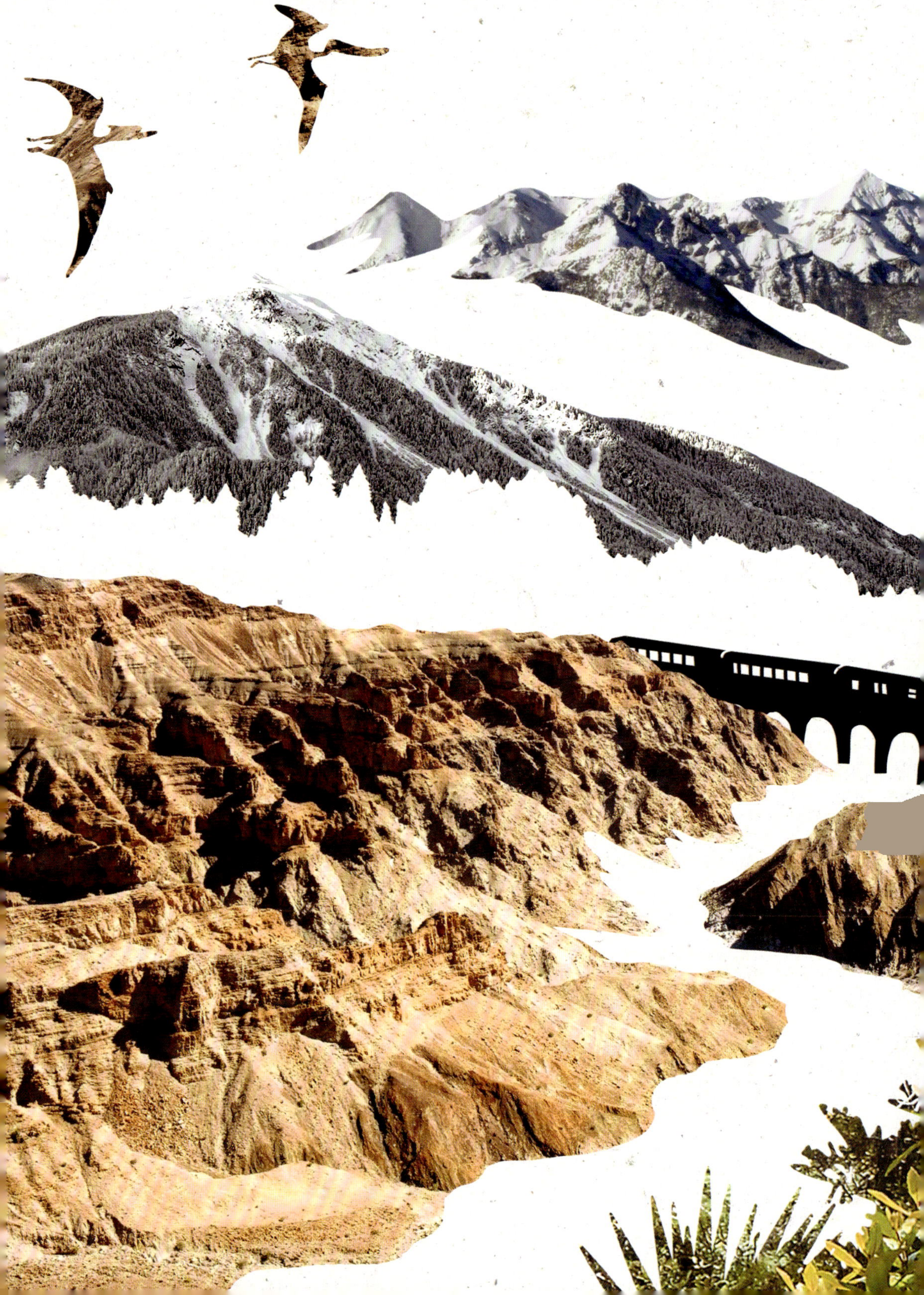

第 1 章

史前时期

乘坐火车穿越亘古不变的峡谷和雄伟的山脉,人类最初的足迹让我们更加了解车窗外的这个星球。

1
沙漠快车（DESERT EXPRESS）

纳米比亚中部（Central Namibia）

> 让我们慢慢地穿过这片古老荒漠，
> 它将纳米比亚首都和大西洋分隔。

基本信息
- 时间：5500万~8000万年前（纳米布沙漠的年龄）
- 全程：380千米
- 最少用时：19小时
- 关键停靠点：温得和克、奥卡汉贾、斯瓦科普蒙德
- 途经国家：纳米比亚

有时，当你坐在沙漠快线上看向窗外，恍惚间竟不知道自己身在何时何地。纳米比亚是世界上人烟最稀少的国家之一，时间在这里仿佛完全静止了。它是这样空旷，仿佛没有尽头，又透着捉摸不透的沧桑之感。

这也许不足为奇。纳米比亚的一大部分被世界上最古老的沙漠覆盖。在过去至少5500万年间，纳米布（纳马人的词语，意为"广袤的地方"）常常是这样的干旱环境。近些年，这片区域的年降雨量往往少于几厘米。这里异常干旱。

纳米比亚沙漠快车就行驶在这片裸露的荒野之间。从首都温得和克市所在的高原出发，火车北行穿过高地。到达"纳米比亚的花园城"奥卡汉贾后，火车转而向西。然后，它径直穿过纳米布的砾石平原和杏色沙地。最后，火车停靠在斯瓦科普

蒙德市内众多日耳曼式建筑之间，眼前的大西洋扑面而来。

纳米比亚的火车铁路网要追溯到德意志帝国（German Empire）时期，纳米比亚那时是德意志西南非洲（German South-West Africa）的一部分。从1897年起，首先修建的是斯瓦科普蒙德至温得和克段国家铁路的窄轨铁路，它将温得和克和德意志的主要港口连接了起来。在此以前，货物都靠牛车拉送。但后来，南非爆发了一场大规模的牛瘟，500多万头牛染病死去，人们不得不换用另一种运输方式。1902年，这段铁路线修建完成。

温得和克市漂亮优雅的火车站于1912年由德国人建造，现在仍然矗立在班霍夫街（Bahnh of Street）。这个火车站不仅继续发挥着作用，还建立了穿越纳米布铁路博物馆（TransNamib Railway Museum）。馆中展览了一系列有年头的铁路设备、地图和文件，甚至还有老式餐车里用的碗碟。在博物馆外，半列1900年的"双子"号（Zwillinge）双缸动力蒸汽火车陈列在展座上。这列火车于1939年退役，轰隆隆地在沙漠中来回行驶了597 000千米。

20世纪初，从纳米比亚中部的温得和克市到大西洋南岸的斯瓦科普蒙德市，380千米长的路程坐火车得花上三天时间。旅途时间之后可能变得快了一些，但是这条沙漠快线还是一样从容不迫迈着自己的步伐，游游荡荡穿越这个国家大概需要19个小时。这也是为什么它成为一趟旅游专线：火车会不时地沿途停

下图：沙漠快线隆隆驶过纳米布古老的沙漠

卡里比布
Karibib

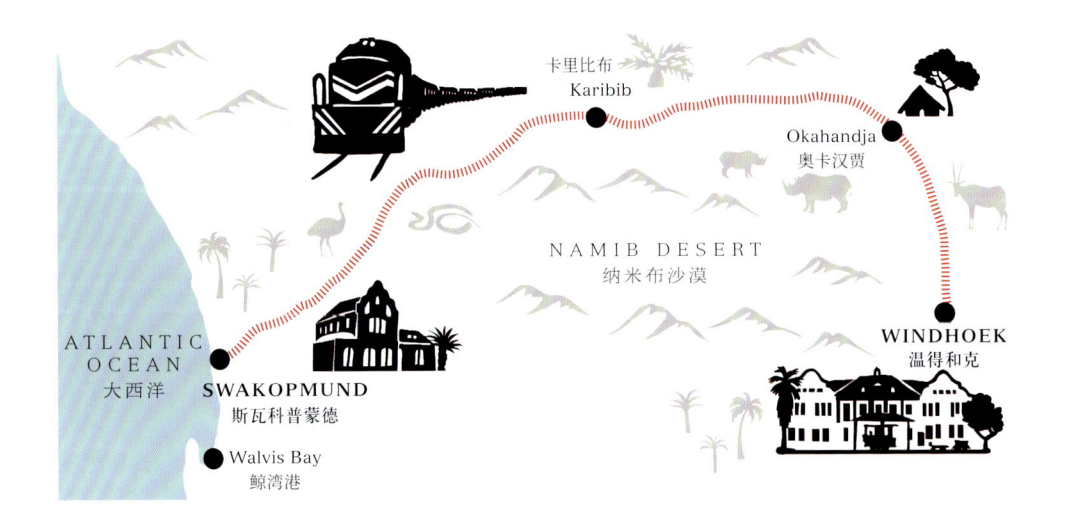

Okahandja
奥卡汉贾

NAMIB DESERT
纳米布沙漠

ATLANTIC
OCEAN
大西洋

SWAKOPMUND
斯瓦科普蒙德

Walvis Bay
鲸湾港

WINDHOEK
温得和克

下来，方便旅客游玩，随意走走看看；在天黑后火车会停在一个安全的地点，夜里就不会颠簸得让人难以入睡了。

如果乘坐常规的"星线"号（Starline）列车可能更省时省钱，两座城市之间的旅程只要10小时。然而，温得和克的"星线"号列车每周一到周五晚7:15出发，也就是说整个旅途都在夜间。

沙漠快线就恰恰相反，它（有时候也说不准）大约在正午12点离开首都。想象在阳光下舒服地斜倚在沙发软席车厢中，透过超大车窗向外望，沿途乡野的风景尽收眼底。列车在途中还会短暂停留，好让旅客来趟野外探险之旅，或许有机会看到犀牛、大羚羊和鸵鸟。

沙漠快线会经过奥卡汉贾，这座城市于1800年由赫雷罗人（Herero）和纳马人（Nama）建立。1850年，这两个部族为了争夺这里的管辖权而大打出手。之后，1904—1907年，德国人将这两个部族屠杀殆尽。这整场屠杀由赫雷罗人起义引发，赫雷罗族因在他们的领地上建新铁路而愤怒。

在沙漠快车的行驶时段，恰好能观赏到壮丽的晚霞把玫瑰金色的辽阔纳米布沙漠笼罩在日落的余晖里。这里的星星仿佛也是世间最美的。在第二天清晨，出发前能有充裕的时间去欣赏日出的美景，下车走一走去感受那柔软的沙丘，一会儿火车就要跟随这滚滚沙漠驶向斯瓦科普蒙德市，去迎接大西洋的海浪了。

其他沙漠旅游线

2
"红蜥蜴"号列车

突尼斯

在迈特莱维和鲁代伊夫间运行，全程14.5千米，途经塞尔达峡谷奇特的岩层（难怪《星球大战》会选择在这附近拍摄了）。

3
斋浦尔—杰伊瑟尔梅尔线

印度拉贾斯坦邦

坐火车穿越绵延的塔尔沙漠，沙漠两端是拉贾斯坦邦两座最辉煌的城市，全程长612千米。

右图：火车甚至沿着纳米比亚和大西洋的交界处前行

4
皮尔巴拉铁路
(PILBARA RAILWAYS)

西澳大利亚（Western Australia）

在澳大利亚西北部，皮尔巴拉克拉通（Pilbara Craton）的花岗绿岩岩体中，有些岩层已经有35亿年的历史了。岩体最上面一层的沉积岩含有丰富的赤铁矿。皮尔巴拉的开采工作于20世纪60年代开始，铁路也修建了起来，便于把开采出的矿石运送到海岸。这条铁路全长300~400千米，但更值得注意的是在铁路上来来回回的那些火车的长度。这些是世界上最大的定期运营的火车，能够搭载330节车厢。世界最大火车的纪录保持者是戈尔兹沃西山（Mt Goldsworthy）的货运火车，在2001年，用682节车厢拉了99 732吨重的货物，车体连接起来达7.3千米。

5
"北部探索者"号列车（NORTHERN EXPLORER）

新西兰北岛（North Island, New Zealand）

> 乘坐奥克兰至惠灵顿最古老的主干线，沿途地形险峻，还有活火山。

基本信息：
- 时间：1500万年以前（板块运动时期）
- 全程：681千米
- 最少用时：11小时
- 关键停靠点：奥克兰、汉密尔顿、奥托罗航阿、国家公园、奥阿库尼、北帕默斯顿、惠灵顿
- 途经国家：新西兰

喜欢这条铁路吗？再看看这个

6
泰伊里峡谷铁路
新西兰南岛

从但尼丁到米德尔马奇，全长154千米，穿过经极为漫长的岁月被泰伊里河雕凿出的泰伊里峡谷，通过数不尽的隧道、桥梁和高架桥。

右图："北部探索者"号火车越过山丘、火山、农田和森林

新西兰地处地壳活跃带，横跨两个地壳板块的交界处。这里的地面经常会嘶嘶地冒着热气，一阵阵喷出，有时好像爆发似的蒸汽腾腾，有时又蜻蜓点水似地"突突"冒头。大约在1500万年前，板块运动和火山喷发都十分活跃，造就今天所看到的地貌。

乘坐"北部探索者"号是游览整个北岛绝佳地形的好方法。火车建于1885—1908年，沿着北岛主干线铁路行驶，线路两端是新西兰最大的城市奥克兰和首都惠灵顿。根据地形来看，修建这条铁路的工程极富挑战性。

从奥克兰起南至蒂阿瓦穆图的路段在1880年建成，从惠灵顿起北至朗本（Longburn）的路段在1886年建成。但连接这两个路段的中间段就有点难办了。其中有一小片区域要穿过火山高原的中央地带，汤加里罗国家公园里的众多火山造就了这里交错纵横、沟壑遍布的地形。为了让火车穿过这片地带，共建有9座高架桥和劳里穆螺旋单轨铁路（国家公园附近）。整个劳里穆螺旋轨道由两个隧道和三个马蹄型铁路构成，借助这个结构，火车能够在不到6千米内爬升139米。除了技术问题，还有领土问题需要解决。部分拟议的路段会穿过毛利人的土地，和当地部族的谈判使得工程同时停滞。

铁路线不再作为重要经济纽带而存在，而是消磨闲暇时间的短途游览观光线。乘客会经过霍比屯村（Hobbiton）里绿意满溢的山丘、绵延起伏的农田、密密层层的森林、小巧雅致的村落，还有岩浆涌动的活火山、岩石嶙峋的海岸线。火车还会下行至图兰加雷雷（Turangarere）马蹄铁形的缓坡地带，再穿越79米高的马卡托特高架桥（Makatote Viaduct），这座桥就在活成层火山鲁阿佩胡之下。"北部探索者"号搭载拥有大侧窗和车顶窗的全景车厢，只为确保你不错过任何细节。

丈量世界：500条经典铁路路线中的世界史

7
跨阿尔卑斯山铁路
（TRANZALPINE）

新西兰南岛（*South Island, New Zealand*）

在一条贯穿南岛的火车线上会更容易欣赏到这里的壮丽地貌。这条长224千米的跨阿尔卑斯山铁路连接了东海岸城市基督城（Christchurch）与西部的格雷茅斯（Greymouth），在南阿尔卑斯山脉中辗转。首先，火车会从坎特伯雷平原（Canterbury Plains）上呼啸而过，在过去300万年间，这片平原由冰碛土缓慢积压而成。然后，线路沿着怀马卡里里河（Waimakariri River）的河道攀爬到亚瑟隘口（Arthur's Pass）处的小镇（海拔740米）。小镇就坐落在亚瑟隘口（海拔920米）的下方，当毛利人在西部和东部来回跋涉的时候，小镇就是他们舒适的驿站。接着，火车穿过了奥蒂拉隧道（Otira Tunnel），再经过茂密的山毛榉森林和老旧的矿区，最后靠海停下。

8
青藏铁路（QINGHAI-TIBET RAILWAY）

中国西部（Western China）

乘坐世界上海拔最高的铁路，在青藏高原的风景中喘着粗气。

基本信息：
- 时间：5000万年前（青藏高原开始形成时）
- 全程：1956千米
- 最少用时：22小时
- 关键停靠点：西宁、格尔木、唐古拉、拉萨
- 途经国家：中国

叹为观止，是用来形容青藏铁路最好的词。不仅因为它是壮丽山景间的工程奇迹，还因为这条铁路能抵达让人惊叹的、空气如此稀薄的海拔高度。铁路的最高点是5072米的唐古拉山口，比世界上任何一条铁路都要高。

青藏铁路全长1956千米，一大部分的路段经过广袤、高耸的世界屋脊——青藏高原。它看似荒凉，却是生命的赐予者：成百上千的冰川在这里缓慢融化，雪水汇入印度河和长江，滋养了过半数的亚洲人口。

形成这些山峰和冰盖需要漫长的岁月。青藏高原和喜马拉雅山脉的轮廓在5000万年前开始形成，印度板块和欧亚板块在那时第一次碰撞。随后，这两块巨大陆地板块的一部分堆叠和挤压在一起，形成了世界上最高的喜马拉雅山脉。这一系列板块运动也造就了世界上海拔最高的青藏高原，其地壳厚度是普通地壳厚度的两倍。这里气候变化无常，昼夜温差极大，一天内有夏天的沙暴，转眼又有冬天的冰雹。毫不夸张地说，在这样的环境里建设铁路相当有挑战性。

所以，这条线路的竣工耗费时日。1959年，坐火车可以前往青海省西宁市。1984年，西宁市至格尔木市路段建成。但是，直到2006年线路才向南延伸到拉萨市。格尔木和拉萨之间有一系列的天然阻隔，像昆仑山脉和唐古拉山脉，还有永冻层区域。

永冻层（长年累月几乎永久冻结的土石层）很脆弱，对气温波动十分敏感。为了克服这一点，铁路建造过程中，工程师在轨道底层的混凝土支柱上建造了高架轨道，还安装了地下管道供应液氮来保持永冻层的冻结。这些措施能否抵抗未来未知的气候变化还有待观察。但现在，青藏铁路线已经征服了大自然。

崇山峻岭之间

9
阿都斯特小火车

法国大西洋岸比利牛斯省

这条铁路于1920年开通，线路靠近西班牙边境，是一条10千米长的窄轨铁路，攀爬于比利牛斯山脉间冰雪覆盖的高山和深谷。

右图：青藏铁路穿越青藏高原，于2006年通车。

从西宁出发，火车一路向西，环绕一望无际的青海湖北岸线前行。青海湖是中国最大的咸水湖，迁徙的鸟类和藏民朝圣者都喜爱这里。工业城市格尔木周围环绕了更多的湖泊。铁路就建在城市之上的昆仑山脉间，跨越海拔4772米的昆仑山口，在山间砥砺前行，直到抵达群山环绕的辽阔高原。

刚抵达这里，火车就一头猛冲，进入海拔4905米的风火山隧道，这是世界上海拔最高的火车隧道；接着，火车穿过长江的源头沱沱河；横穿可可西里大草原，野牦牛、藏羚羊等200多种动物在这片草地上徜徉。除了偶有骑马的人和一串串佛教经幡，这里人迹罕至。

在唐古拉火车站（海拔5058米），旅客得感谢青藏铁路的另一项创新：为了对抗高原反应，火车内部会持续灌送氧气，而

更多高山线路

10
阿尔贝格铁路线

奥地利

这条山地铁路沿途风景壮丽，建造起来却麻烦重重。从因斯布鲁克到布卢登茨全长137千米，途经10千米的阿尔贝格隧道，线路于1884年投入使用。

史前时期

西宁 XINING
Qinghai Lake 青海湖
Golmud 格尔木
Kunlun Pass 昆仑山口
HOH XIL 可可西里
Fenghuoshan Tunnel 风火山隧道
Tuotuo River 沱沱河
Tanggula 唐古拉
Tanggula Pass 唐古拉山口
Amdo 安多
当雄 Damxung
TIBETAN PLATEAU 青藏高原
Nyenchen Tanglha Mountains 念青唐古拉山脉
LHASA 拉萨
Potala Palace 布达拉宫

喜欢这条铁路吗？再看看这个

11
蒙坦威尔铁路

法国上萨瓦省

这条齿轨铁路建于1909年，全长5.1千米，连接了沙莫尼的滑雪胜地到蒙坦威尔的冰海——法国最大的冰川。

且每个座位上都配有单独的供氧设施。即便如此，所有游客在登车前都必须在健康申明书上签字确认。

　　唐古拉到拉萨段是长长的下坡。经过安多县的草原和冰雪覆盖的念青唐古拉山脉后，眼前渐渐多了绿意，沿途散落着藏式风格的村庄。经过22个小时的行驶时间，走过675座桥梁之后，火车驶向恢宏的终点站拉萨。这座城市在过去1000年间都是藏传佛教世界的中心。它也越来越现代化了，部分缘于跟随火车而来的汉族文化。然而，虔敬跪拜的僧侣、纵横逼仄的小巷、气势磅礴的布达拉宫，仿佛让拉萨愈发沉静。

右图：布达拉宫

12
波斯托伊纳溶洞火车
(POSTOJNA CAVE TRAIN)

斯洛文尼亚西南部
(Southwest Slovenia)

这辆火车在历史悠久、恢宏壮丽的溶洞迷宫内缓缓前行。这座地下迷宫位于斯洛文尼亚的波斯托伊纳——现在又叫波斯托伊纳溶洞公园（Postojna Cave Park），溶洞由皮夫卡河（Pivka River）400万年间不断溶蚀而成。到目前为止，溶洞通道大约勘探了24千米，游客乘火车可以深入到大约5.1千米处。1872年，第一辆载满游客的火车穿过波斯托伊纳溶洞，车厢还是靠人力推着前进的。现在，电力火车环绕隧道行驶，侧耳倾听仿佛有优雅的音乐声从溶洞内优雅的"音乐厅"传出（这里有时候确实有音乐表演），沿途经过的那些亮白色的石笋和钟乳石，以每100年1厘米的速度"生长"着。

13
飞行列车（FLUGLEST）

冰岛西南部（ Southwest Iceland ）

冰岛没有火车。但如果拟建的飞行列车竣工，就能够观赏冰岛的亚北极气候和活跃的地质活动，火车也会依靠这些地质能源供电。冰岛位于整个地球地壳板块最活跃的地带，国家的电力能源全部来自于可再生资源，如水力、冰川和地热。飞行列车会依靠这些电力能源，将凯夫拉维克（Keflavík）机场和首都雷克雅未克（Reykjavík）连接起来。线路全长50千米，全程只要15分钟。途中会经过雷克雅内斯半岛（Reykjanes peninsula）的熔岩和温泉地带。如果计划批准了，线路会在2019年开通*。

*据飞行快车官网，将在2023年正式运营。
——编注

史前时期 23

14
安第斯中央铁路（FERROCARRIL CENTRAL ANDINO）

秘鲁中部高原（Peru Central Highlands）

> 登上这趟穿过安第斯山脉的冒险列车，
> 带你进入骆驼的巢穴。

基础信息：
- 时间：2500万年前（安第斯山脉隆起时）
- 全程：535千米
- 最少用时：14小时
- 关键停靠点：利马、圣巴托洛梅、马图卡、加莱拉、拉奥罗亚、康赛普西翁、万卡约
- 途经国家：秘鲁

当中国的青藏铁路（第20~22页）2006年开通的时候，秘鲁人可能要恼羞成怒了。因为之前——确实，自从1893年起，秘鲁一直拥有世界上海拔最高的铁路。在中国铁路工程师征服了青藏高原之前的一个世纪，安第斯中央铁路已经征服了安第斯山脉，这片南美洲巨大的山脉在过去2500万年间一直在继续上升。根据推动这条铁路工程建设的美国企业家亨利·梅格斯（Henry Meiggs）所说，他的工人们会"把铁轨铺在骆驼走的道路上"。

第一条路段在1851年开通，线路从太平洋港口卡亚俄（Callao）到秘鲁首都利马（Lima）。1873年，这条铁路抵达海拔4818米的蒂克里奥山口（Ticlio Pass，现在火车会走另一条海拔稍低的隧道）和海拔4782米的加莱拉（Galera）。到1908年，铁路一路

直通高原城市万卡约（Huancayo）。沿线共建设了58座桥、6个"之"字形弯道，还在安第斯山脉的岩体中凿出了69条隧道。

近期，这条线路没有定期的乘客列车。1992年，秘鲁的激进组织光辉道路（Shining Path）炸毁铁路以后，铁路就停止运营了。但是从2003年起，偶尔也会运营不定期的旅游列车（会提供额外氧气来帮助对抗高原反应）。

火车从利马的学院派（beaux-arts）风格的德桑帕拉多斯（Desamparados）车站出发，驶向郁郁葱葱的里马克山谷（Rimac Valley），沿途的田野里野花漫漫，一座座村庄散落，陡峭的山丘上遍布印加梯田。当火车上行到南美洲中部的阿尔蒂普拉诺（Altiplano）高原时，周遭的景致变得荒凉起来，空气也变得更加稀薄。工程方面的技艺此时更令人印象深刻，尤其是那架在峡谷之间175米长的韦鲁加斯大桥（Verrugas Bridge）。

加莱拉是世界海拔第二高的火车站，紧靠世界第二高隧道东侧。经过这个车站之后，火车接着越过雪峰、冰川湖泊，邂逅了成群的骆驼。路过一些丑陋的工业景象之后，苍翠的曼塔罗山谷（Mantaro Valley）在召唤，之后火车经过由西班牙征服者弗朗西斯科·皮萨罗（Francisco Pizarro）在16世纪建立的豪哈镇（Jauja）。出发14小时之后，火车最终抵达阿尔蒂普拉诺高原上人山人海的大都市万卡约，这段惊心动魄的旅途就此画上句号。

更多安第斯山脉冒险之旅

15
马乔列车

秘鲁

乘坐马乔列车从万卡约出发，继续行驶于秘鲁的中部高原，慢慢穿过驼牧山谷，最后抵达万卡韦利卡的温泉小镇，线路全长128千米。

最左图：铁路于1873年铺设到位于秘鲁中科迪勒拉山脉（Cordillera Central）的蒂克里奥山口

左图：安第斯中央铁路是世界上海拔第二高的铁路，径直穿过高耸的安第斯山脉

史前时期　25

16

云霄列车 (TRAIN TO THE CLOUDS)

阿根廷北部（Northern Argentina）

> 为这条穿越安第斯山脉、激动人心的
> 高海拔火车线路的未来献上祝福。

基本信息
- 时间：2500万年前（安第斯山脉隆起时）
- 全程：434千米
- 最少用时：往返15小时
- 关键停靠点：萨尔塔、坎波·基哈诺、阿尔法西托、圣安东尼奥德洛斯科夫雷斯、波尔沃利亚高架桥
- 途经国家：阿根廷

可供选择的另一条高海拔线路

17
楚格峰铁路

德国拜恩

乘坐欧洲海拔第三高的铁路征服德国最高峰。火车从加米施-帕滕基兴的山中度假胜地前往艾布湖，再穿过楚格峰和罗西隧道到达楚格峰火车站，车站就位于2962米高的楚格峰山巅之下。

从阿根廷北部到智利南部，穿越安第斯山脉修条铁路一直是个挑战。安第斯山脉海拔可达6000米，是亚洲之外区域内最高的山脉。它形成于大约2500万年前的地质隆起，造就了现今让人惊叹不已的风景，在高原之上还叠立着更高的群峰。

可见，修建这条铁路不容易。但为了应对这里强烈的采矿需求，1948年建起了一条窄轨铁路，将阿根廷的萨尔塔（Salta）与智利太平洋沿岸的安托法加斯塔（Antofagasta）连接起来。线路经过波尔沃利亚高架桥（La Polvorilla Viaduct），这座高64米的栈桥海拔高度4220米，因而这条铁路是世界第五高的铁路。

近期，这条线路全线主要走货物运输，但是全长434千米的萨尔塔至阿根廷波尔沃利亚路段也用作游客体验线：这条路叫"去云端的列车"（Tren a las Nubes），又叫云霄列车。这段路往返15个小时，途中的风景让人惊叹连连：从草木葱茏的莱尔马山谷（Lerma Valle）到绚丽多彩的克夫拉达—托罗（Quebrada del Toro）峡谷，还有一望无际的普纳（puna，高原上的草原）。线路沿途穿过了29座桥梁、27条隧道、13条高架桥、两条螺旋环道和两条"之"字形弯道。

毫不夸张，就在写下这段文字的时候，部分铁路段还被洪水淹没了，使得这条线路的体验不免打了些折扣。选择坐巴士去采矿小镇圣安东尼奥德洛斯科夫雷斯（San Antonio de los Cobres）的游客沿途只能看到迂回曲折的火车沿线，而无法在萨尔塔登上火车去切身体会。到了小镇圣安东尼奥德洛斯科夫雷斯，乘客们终于可以跳上火车，1小时后火车抵达波尔沃利亚。它已经在安第斯山脉寒冷彻骨的气候里等待火车到来很久了。希望全线最后都能恢复运营吧。

18
巴塔哥尼亚列车
(TREN PATAGÓNICO)

阿根廷内格罗河
(Río Negro, Argentina)

除了登上巴塔哥尼亚列车，没有更好的办法横穿地球上最具诱惑的荒野巴塔哥尼亚（Patagonia）了。从阿根廷临近大西洋的城市别德马（Viedma）出发，途中在餐车里享受美味的阿根廷牛排和红酒。当火车飞驰穿过内格罗河省时，你在卧铺车厢里迷迷糊糊地睡着了，醒来时发现自己到了巴塔哥尼亚的北部边界，火车已经开出820千米。火车的终点是瑞士巧克力盒般漂亮精致的圣卡洛斯－德巴里洛切镇（San Carlos de Bariloche），小镇坐落在纳韦尔瓦皮湖（Nahuel Huapi）岸边。从这里可以前往安第斯森林和巴塔哥尼亚大草原的交界处，这片过渡地带好像童话中的仙境一般。

下图： 云霄列车正穿过波尔沃利亚高架桥的险要路段

19
"甘"号列车 (THE GHAN)

澳大利亚 (Australia)

> 跟随现代版的灵歌之径，搭乘充满历史感的线路贯穿澳大利亚浓郁红色浸染的内陆地区。

基本信息
- 时间：50 000年前（人类第一次到达澳大利亚大陆）
- 全程：2979千米
- 最少用时：54小时
- 关键停靠点：达尔文、凯瑟琳、艾利斯斯普林斯、阿德莱德
- 途经国家：澳大利亚

喜欢这条铁路吗？再看看这个

20
吉普斯兰铁路线

澳大利亚维多利亚州

这条墨尔本—拜恩斯代尔线全长277千米，途经古奈库奈原住民居住的腹地。在拜恩斯代尔的克洛瓦桑库隆保护所，可以学到怎样制作篮子和长矛。

澳大利亚版图巨大。从上至下，从北部海岸城市达尔文到南部海岸城市阿德莱德，距离将近3000千米。现在，一辆漂亮舒适、近乎直线的火车线路将这两端的城市连接了起来。然而，早在空调和酒水车厢出现之前，人们已经在澳大利亚的红土中心来回长途跋涉了千年。

第一批人约在50 000年前到达澳大利亚北海岸。从这里开始，人们在这片土地上散居开来，然后在某个时期，创造了关于这片大陆如何形成的神话传说。根据那些梦幻时代（Dreamtime）的故事：在世界形成的时候，先祖在这片土地间游荡时，造出了山丘、湖泊、岩石和洞穴；这些地形之间的小径名为灵歌之径（songline），如今的澳大利亚原住民仍然跟随着这些小径。

"甘"号列车就好像是铁路爱好者的灵歌之径。这条惊险刺激的线路隆隆驶过澳大利亚的心脏地带，连接起位于热带的最

右图：在达尔文至阿德莱德路段，"甘"号列车沿着艾利斯斯普林斯蜿蜒而行

北端（Top End）的鳄鱼、岩画艺术和南大洋（Southern Ocean）的惊涛拍浪。沿路上有许多内陆图标，相传是祖先的灵魂创作的。不过，伴随这次火车之旅的，不是澳大利亚原住民吟唱或是迪吉里杜管*的小调，而是车轮在轨道上有节奏的隆隆作响。

1862年，第一个穿过澳大利亚红土中心地带，从南北方向成功横穿澳大利亚的是苏格兰人约翰·麦克道尔·斯图尔特（John McDouall Stuart）。他为这片跨区域的电报线绘制了地图，当几十年之后要建造铁路时，他的路线派上了用场。最初，走阿德莱德和艾利斯斯普林斯线的火车是1929年开通的蒸汽动力火车"阿富汗"号快车（Afghan Express）。这个绰号来源于觊觎澳大利亚的阿富汗开拓者，他们在19世纪晚期开发了澳大利亚内陆区域。

然而，人们发现这条线路并不合适。铁路沿途容易发生洪水、火灾，还有白蚁蚁患，常造成误点。20世纪80年代，人们在靠西边一点的地方修建了一条防蚁蛀的标准轨距铁轨。2004年，铁路最终延至达尔文。这样一条贯穿整个澳大利亚的铁路就此完工。

这条线路针对不同需求的旅客都能提供舒适的服务：注重性价比的旅客可以选择红色级别服务，车内有可以调节的座椅和公用浴室；金色级别服务提供两个包厢；白金级的就更奢华了，旅客们有更多的私人活动空间，还提供双人大床，以及精致美味的餐饮。

在"二战"期间，达尔文的边境前哨被日本空军突袭，毁坏严重。但现在，它是一个欣欣向荣、文化多元的城市。从这里出发，火车纵身俯冲，南下进入热带丛林，一路向尼特米鲁克峡谷

更多澳大利亚探险之旅

21
西澳交通公司"奥斯特拉林"号列车

西澳大利亚

全长167千米的珀斯—班伯里线，途经努加族先祖的土地。火车会在平贾拉停靠，这是1834年英国士兵屠杀努加族的地点。

22
"内陆人"号列车

澳大利亚昆士兰州

全长977千米的旅程从太平洋一侧的汤斯维尔出发，经过亘古不变的澳大利亚内陆，去往芒特艾萨，这是一个矿业繁荣的城市，也是卡尔卡多人的故乡。

*迪吉里杜管（didgeridoo），澳大利亚原住民部落的传统乐器，也是世界上最古老的乐器之一。——译注（后如无特别说明，注释均为译者所加）

（又叫凯瑟琳峡谷）驶去。火车会在尼特米鲁克峡谷停下，人们可以在这里乘船或者划皮划艇来尽情游览河岸风光。然后火车继续前行，穿过一望无际的原生态土地，这里好像无边无尽的丛林，沿途有橘色的岩体和来回跳跃的袋鼠。当太阳缓缓下沉，粉紫色的黄昏不一会儿就被满目星河取代了。

在太阳升起之后，艾利斯斯普林斯已在一旁静静等候。火车会在这里停靠一段时间，足够大家来一趟短途远足，或许可以去一趟艾利斯（Alice）的原始电报站看看，也可以去艾利斯斯普林斯沙漠公园看浑身长满刺的蜥蜴。还可以暂搁原定的行程，去一次乌鲁鲁-卡塔曲塔国家公园，这里是澳大利亚最引人注目的神圣之地，很值得待上几天。乌鲁鲁［曾经的艾尔斯岩石（Ayers Rock）］不再允许攀登，而拥有这个遗址的阿南古族人（Anangu）仍然行走在这座神圣山峰周围的小径上，小径四周弥漫着的是梦幻时代的神话传说。

想要一路坐到终点的人们需要在午餐时间回到车上，跟随"甘"号列车继续前行，晚上会抵达曼古丽镇，这里有壮丽的星空。第二天早上醒来后会发现，火车已经在弗林德斯岭间穿梭，之前浓郁的红色景致自然而然地过渡为满目碧绿。当古朴的阿德莱德向我们走来，一杯南澳大利亚产的巴罗莎山谷（Barossa Valley）葡萄酒恰逢其时，让我们为这一路旅程干杯。

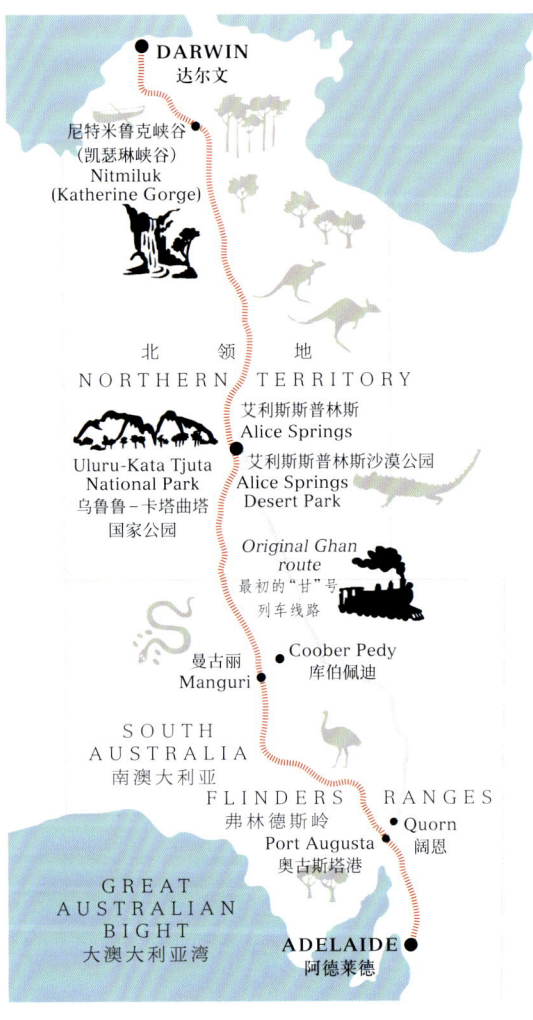

喜欢这条线路吗？再看看这个

23
霍瑟姆山谷旅游铁路

西澳大利亚

从德韦灵阿普镇（意思是"靠近水的地方"）乘蒸汽火车出发，沿着14千米长的老伐木路线穿过未被破坏的澳大利亚红木森林。

24
皮其里奇铁路
(PICHI RICHI RAILWAY)

南澳大利亚
(*South Australia*)

早期的铁路工程师花了很长时间才掌控了澳大利亚内陆环境，在这片古老荒凉的地区建成铁路。这条全长39千米的皮其里奇铁路于1879年开通，线路从天然的港口城市奥古斯塔港开始，越过皮其里奇山口（Pichi Richi Pass），抵达弗林德斯岭的阔恩镇。长途"甘"号线路的最后一段连接了阿德莱德和艾利斯斯普林斯（建于1929年）与达尔文（建于2004年）。然而，"甘"号线路于1957转成标准铁轨，变成向西行驶后，皮其里奇铁路也随之关停了定期的服务。现在这条线路作为一条遗产线路存在。偶尔有古董蒸汽火车和柴油机车拖着上百年的老木质车厢，穿过那蓝色的荒野和赭石色的岩表，驶向古老的、烈日炙烤着的弗林德斯岭。

25
东南轻轨
(SOUTH EAST LIGHT RAIL)

澳大利亚新南威尔士州
(*New South Wales, Australia*)

当澳大利亚的交通部门计划为新南威尔士州首府悉尼建一条轻轨线时，他们绝对想不到之后会发生什么。2015年10月，长12千米、环形码头（Circular Quay）至东南边郊区的铁路段开始施工。但是，当在兰德威克（Randwick）郊区施工火车停靠站时，发掘出了多达22 500件澳大利亚原住民物件。由于出土大量的矛头和刀片制品，专家猜测这里可能是一场大屠杀旧址。这场屠杀发生时间尚未可知，但当地的原住民已经在这片土地居住了至少50 000年。这些物品未经考古勘察，就从原址上被转移，这个行为确实存在些争议，但铁路还是继续施工了。这条铁路已于2019年通车。

史前时期

26
帝国铁路线（EMPIRE LINE）

美国纽约（New York, United States）

> 乘火车离开小岛，沿着河流和数不清的湖泊前行，直到抵达气势磅礴的瀑布。

基本信息
- 时间：10 000年前（威斯康星州的冰川消融形成了尼亚加拉大瀑布）
- 全程：740千米
- 最少用时：7小时20分钟
- 关键停靠点：纽约、奥尔巴尼、锡拉丘兹、罗切斯特、水牛城、尼亚加拉大瀑布
- 途经国家：美国

帝国铁路线是一条穿越"帝国"纽约的观光线路。它也是一趟奇妙的潮湿之旅，这取决于你在途中关注什么。火车从纽约的宾夕法尼亚车站出发，在帝国大厦的影子里摸索着，想要先找到离开曼哈顿岛的路。火车会先经斯卜坦·杜维尔桥（Spuyten Duyvil Bridge，建于1900年）跨过哈莱姆河（Harlem River），然后进入布朗克斯区（Bronx）。斯卜坦·杜维尔桥是一座低矮的钢桁桥，桥身可以旋轴打开，让船只通过，每年大约旋开1000次。

穿过哈莱姆河后，火车沿着哈德孙河东岸的老哈德孙河铁路（Hudson River Railroad，1851年全线开通）向北行驶。火车穿过新泽西帕利赛德（Palisades）的陡峭悬崖、扬克斯（Yonkers）的学院派风格的车站和熊山大桥（Bear Mountain Bridge）后，沿着河流来到纽约州首府奥尔巴尼（Albany）。

在这之后，火车向左急转带我们进入它自己的历史。莫霍克（Mohawk）至哈德孙路段建于1826年，是纽约州第一条铁路线。线路连接了奥尔巴尼的哈德孙河和斯克内克塔迪（Schenectady）的莫霍克河。这段路也是美国第一条为铁路机车设计的线路。

在斯克内克塔迪之后，火车继续轰鸣着缓缓西行至芬格湖群（Finger Lakes）。在该区域，有11个被冰川凿出的深水潟湖——或者，根据早期美国原住民的说法，这些湖是神灵（Great Spirit）的指印。

帝国铁路线最引人注目的是终点的瀑布。巨大的尼亚加拉大瀑布（Niagara Falls）形成于威斯康星州冰川末期冰层的融退，融化的冰川雪水形成了五大湖，湖水从尼亚加拉悬崖飞流直下。瀑布虽然不高，但瀑面非常宽，水流强劲有力。这里受欢迎的程度让人难以想象——部分源于自1845年起，游客就能通过火车到达这里了。

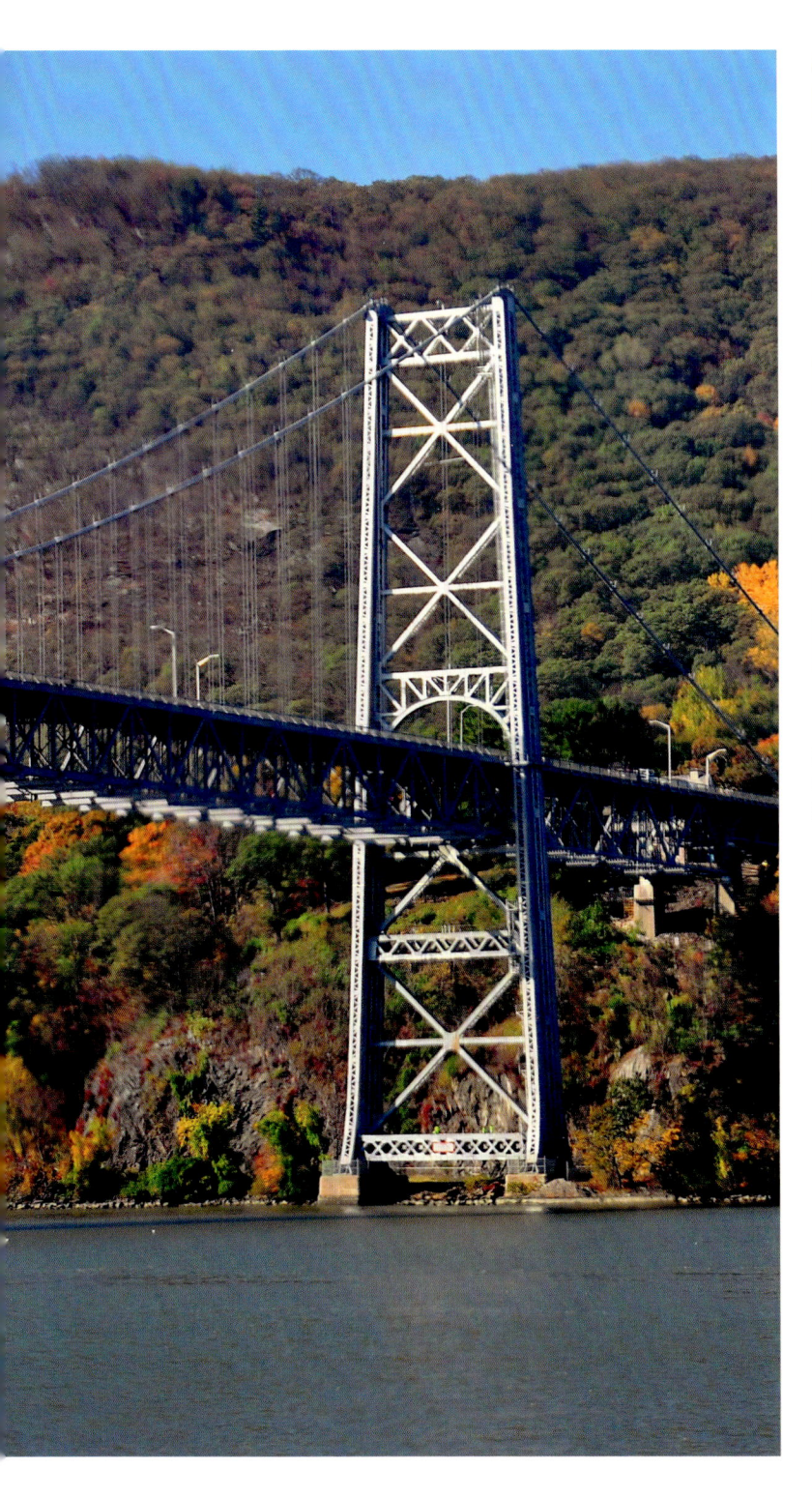

更多瀑布路线

27
马尔加奥—贝尔高姆线

印度果阿邦和卡纳塔克邦

这条长126千米的铁路线从高310米的都得萨加尔瀑布正中间穿过,这是印度最高的瀑布。

28
吉斯河缆索铁路

瑞士伯尔尼高地

这是瑞士第一条缆索铁路,于1879年开通。吉斯河缆索铁路从布里恩茨湖岸边上行至363米到达吉特霸赫酒店,这里可以观看吉斯河瀑布。

左图:大熊山(The Bear Mountain)的悬索桥横跨哈德孙河两岸

29
"迪纳利之星"号列车 (DENALI STAR)

美国阿拉斯加州 (Alaska, United States)

> 在辉煌壮丽、冰川雕刻的"最后的国境"中徐徐前行。

基本信息
- 时间：250万年前（北半球第一个大陆冰期）
- 全程：573千米
- 最少用时：12小时
- 关键停靠点：安克雷奇、瓦西拉、塔尔吉特纳、迪纳利、费尔班克斯
- 途经国家：美国

另一条阿拉斯加铁路

30
"冰川发现"号列车

美国阿拉斯加州

这条阿拉斯加铁路（全长110千米）从安克雷奇到格兰德维尤，沿途是阿拉斯加古老而让人惊叹的重重冰舌。

"迪纳利之星"号列车蜿蜒地穿过被无数冰舌舔舐的阿拉斯加荒野。最高时速可达95千米的列车，往往只能开到一半的速度，"最后的国境"之旅是一次冰霜之旅。100 000多个冰川覆盖了阿拉斯加近百分之五的面积。不过，在250万年到9000年前，冰川覆盖了更大片的区域，也就造就了今天这片壮观景致。

作为阿拉斯加铁路（Alaska Railroad）上的头号列车，标志性的"迪纳利之星"号列车是观看这古老自然景观的一扇美妙窗户。列车在5月中旬到9月中旬的日间行驶，在安克雷奇、库克湾和费尔班克斯间辗转。在亚北极地带的不同季节里，可以看到沿途野花竞相开放，或者层林尽染的秋景。沿途有原生态的河流、巍峨的山脉、历史悠久的小镇，以及很多还没有开发的偏僻地带。即便是安克雷奇都有些荒芜，这座阿拉斯加人口最多的城市里有60个冰川，冰川共有80千米长。

然后，火车离开安克雷奇，往白桦林和河谷去，驼鹿和熊在这里游荡。接着，火车从瓦西拉周围的国家农业中心地带穿过，在经过历史悠久的塔尔吉特纳之前，途中第一次匆匆瞥见了北美最高峰——5500米的迪纳利山，又叫麦金利山。火车从这里继续沿着苏西特纳河蜿蜒而行，驶往迪纳利国家公园。这也是列车最后停靠的几个标志性地点之一：在迪纳利国家公园，喜欢在偏僻地区探险的人们可以随时下车或挥手示意登车。

通过沿路最长、最高的桥跨越飓风峡谷之后，火车抵达720米高的布罗德山口，这里是线路的最高点。最后，它到达这段旅程的明星景点，迪纳利国家公园里白雪覆盖的山峰——许多人会在迪纳利火车站下车，想去寻找灰熊和北美驯鹿的踪迹，还有人会去250万公顷的迪纳利国家公园荒野里徒步旅行。

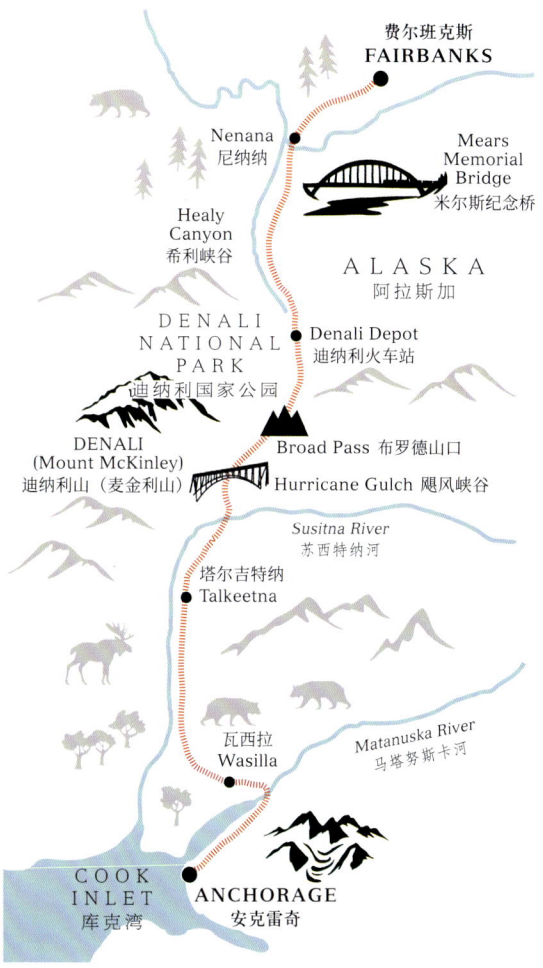

费尔班克斯
FAIRBANKS

Nenana 尼纳纳

Mears Memorial Bridge 米尔斯纪念桥

Healy Canyon 希利峡谷

ALASKA 阿拉斯加

DENALI NATIONAL PARK 迪纳利国家公园

Denali Depot 迪纳利火车站

DENALI (Mount McKinley) 迪纳利山（麦金利山）

Broad Pass 布罗德山口

Hurricane Gulch 飓风峡谷

Susitna River 苏西特纳河

塔尔吉特纳 Talkeetna

瓦西拉 Wasilla

Matanuska River 马塔努斯卡河

COOK INLET 库克湾

ANCHORAGE 安克雷奇

左上图："迪纳利之星"号列车每年5月至9月运行

左图：火车经过阿拉斯加上亿年历史的地质，包括山峰、湖泊和冰川

继续坐火车的人们，跟随火车慢慢地穿过了希利峡谷，这时眼前的景色渐渐荒凉。在尼纳纳的一个小镇里（以前建造铁路的营地），火车会走过210米长的米尔斯纪念桥。这里是阿拉斯加铁路主线的最后一段了，于1923年修建完成。之后，铁路穿过针叶林带，很快就到了以前的淘金热城市费尔班克斯。

史前时期 35

31

冰川快车 (GLACIER EXPRESS)

瑞士南部 (Southern Switzerland)

登上瑞士铁路工程的杰作，
去见证大自然重峦叠嶂的宏伟壮丽。

基本信息
- 时间：258万年前（第四纪大冰期开始时）
- 全程：290千米
- 最少用时：8小时
- 关键停靠点：采尔马特、布里格、安德玛特、迪森蒂斯、库尔、圣莫里茨
- 途经国家：瑞士

喜欢这条线路吗？再看看这个

32
维尔德斯维尔—希尼格普拉特铁路

瑞士伯尔尼高地

这条长7.25千米的齿轨铁路于1893年开放，除了沿途雄伟壮观的风景，还会抵达希尼格普拉特的阿尔卑斯山植物园，这里展藏了一系列的高山植物和花卉。

欢迎登上自称世界上最慢、风景无疑是最好的特快列车。冰川快车从采尔马特的度假胜地悠闲漫步似的到达华美炫目的圣莫里茨要8小时。列车行驶得谨慎小心，好越过途中许多的障碍，还想让乘客能有足够时间去好好地体验景点。

瑞士不缺乏出色的火车旅行线路。阿尔卑斯山的高山景致结合精密的铁路工程（更别提完美无瑕的运行时间控制），让这里的火车之旅变成了仙境之旅。即便是这样，冰川快车还是值得一提。在全长290千米的线路中，这条窄轨铁路走过了291座桥梁和99条隧道，途经世界上一些最壮丽的山脉。

地球第四纪大冰期好像一个建筑师，设计并建造了阿尔卑斯山脉现在壮丽辉煌的景致。在过去250万年间，一系列的大冰期和大间冰期（就是我们现在所处的时期）交错进行。当冰期到来，庞大的冰川渗过瑞士的溪谷，滑向平原，凿开无数的沟壑和冰斗，又打碎巨石，筑成山丘，形成湖泊。

遗憾的是，从冰川快车上看向窗外是见不着真实的冰川的。冰舌现在出现在山体越来越高的地方，而且这些日子里还在继续融退。尽管冰川列车的命名就是来自罗讷冰川，但是在车上甚至看不到冰河一眼。在1930年这个线路首次开通时，它从海拔2429米的富尔卡山口穿过罗讷冰川——罗讷河的源头。然而，由于大雪覆盖，冬季里列车没法通过山口。所以人们建了一条15.4千米长的富尔卡基线隧道，这样火车就不用爬到山口，1982年冰川快车开始全年运营。在夏季，旅客们还是可以乘火车走原来的冰川快车路线，在上瓦尔德和雷阿尔卑两个村庄之间，一条17.8千米长的富尔卡齿轨铁路会定期运营。

改道隧道仍然没有影响冰川快车沿途景色的壮丽。采尔马

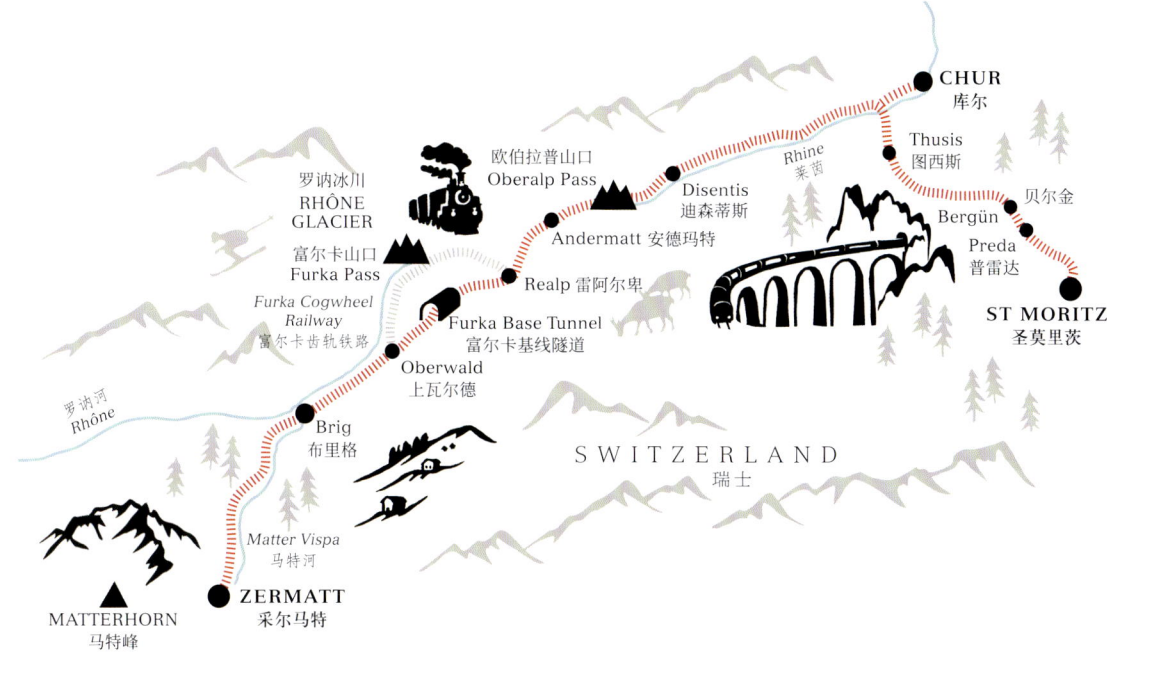

特就是一个好起点，这座城市的风景好像瑞士盒装巧克力一般精致，海拔4477米巍峨的马特峰俯视着小镇，镇内没有车，想抵达这里只能通过火车。从这里出发，火车沿着马特河蜿蜒东行，沿途是气势逼人的高耸岩壁和瑞士最高峰。到布里格前的1000米下坡由齿轨铁路系统控制。

从布里格出发，火车开往罗讷河谷，穿过河流和峻岭、冷杉树林和零星村庄后，又攀升到上瓦尔德。火车在通过富尔卡基线隧道时喘了口气，过了安德玛特之后继续奋进着。从这里

下图： 冰川快车离开采尔马特，采尔马特位于马特峰的倒影下

上图：冰川快车呜呜驶过优雅的朗德瓦萨高架桥

开始，火车一心一意地向上攀爬至海拔2034米的欧伯拉普山口，这里是莱茵河的源头所在处，也是整段旅程的最高点。接着火车一路俯冲到莱茵山谷——瑞士的"大峡谷"，再下行到库尔，整段旅程的最低点。

从库尔出发，火车会调头往回走一段路，然后向南转至阿尔布拉铁路线（Albula Line，这段铁路连接了海拔697米的图西斯和海拔1774米的圣莫里茨）。这条设计巧妙的铁路在62千米范围内垂直上升了1000米。离开图西斯之后，火车在仅6千米的距离内就走过9座隧道。火车接着又经过了一些高架桥，尤其是在通过朗德瓦萨高架桥（Landwasser Viaduct）时，先要贴着悬崖边缘摇摇晃晃地行驶，再通过高架桥的6个桥拱，径直俯冲入桥对面的隧道。

对于早期的工程师来说，最具考验性的莫过于贝尔金和普雷达之间山谷里的上坡，有些坡道在仅仅5千米的范围内垂直上升了400米。两个弧形隧道、三个螺旋式隧道，还有好几座桥，这些合起来好像恶作剧似的，把道路扭得像螺旋开瓶器。最终，火车在圣莫里茨的豪华度假胜地停下，这场壮丽的阿尔卑斯山之旅就此画上极具魅力的句号。

33
少女峰铁路
（JUNGFRAUBAHN）

瑞士伯尔尼高地
(Bernese Oberland, Switzerland)

很难明白哪一样更令人惊讶：是欧洲最令人印象深刻的山脉之一，海拔4158米的少女峰（Jungfrau），还是100多年前坐火车就可以到达这座大约2300万~3400万年前形成的阿尔卑斯山地质怪兽的这一事实。这条长9千米的少女峰铁路于1912年开放，线路从海拔2061米的小夏戴克山（Kleine Scheidegg）山口开始，直至欧洲海拔最高的火车站——少女峰火车站（海拔3454米）。虽然整段旅途的大部分时间里，这条齿轨铁路火车穿行于艾格尔山（Eiger）和僧侣峰（Mönch）之间的隧道中，但整条线路都被阿尔卑斯山壮丽的景色所包围，沿途可以欣赏阿莱奇冰川（Aletsch Glacier，阿尔卑斯山脉的最高处）的风景、陡峭的山峰和无人踏足的遍地冰雪。

34
"跨阿尔卑斯山"号列车
（TRANSALPINA）

斯洛文尼亚
(Slovenia)

让我们坐上古老的奥匈帝国铁路来勘查斯洛文尼亚的阿尔卑斯山地质。1906年完工的"跨阿尔卑斯山"号列车，从意大利海边的里雅斯特（Trieste）港口出发，抵达奥地利首都维也纳等地。近期，你可以从现代派风格的城市新戈里察（Nova Gorica，斯洛文尼亚和意大利交界处）出发，乘火车前往风景如画的耶赛尼采（Jesenice，斯洛文尼亚和奥地利交界处），全程长129千米。这条线路风景十分壮丽。火车沿着碧绿色的索卡河（Soča River）向上攀爬，穿过一簇簇高山间的村庄，围绕着清澈见底的博希尼湖（Lake Bohinj）行驶，停在布莱德湖（Lake Bled）明信片般的景致里，这里有中世纪的城堡，湖中的岛屿上矗立着教堂。"跨阿尔卑斯山"号全年定期运营，而夏季运行的蒸汽火车更别有一番风味。

35
铁矿石和奥福滕线
（IRON ORE AND OFOTEN LINES）

瑞典和挪威
(Sweden and Norway)

　　进入北极圈后会感觉时光仿佛退回到上一个大冰期时代。往北纬66°的更高纬度走，景色变得原始和壮观，荒无人烟——尽管萨米人（Sami）已经在这里生活了至少6000年。连接从基律纳（Kiruna，位于瑞典最北部）到挪威的港口纳尔维克（Narvik）的铁路线全长169千米，始建于1902年，建设的最初目的是将铁矿石从瑞典的矿山运到大海。这条铁路也是古老北极圈的一道风景。火车离开基律纳矿痕遍体的山脉后向西北方向开去，直至冰川覆盖的托讷湖（Lake Torne）和瑞典拉普兰（Lapland，一个观看北极光的好地方）的阿比斯库国家公园（Abisko National Park）；又穿过里克斯格伦森（Riksgränsen）的滑雪胜地；再沿着山谷和峡湾越爬越高。最后，火车渐渐下行至纳尔维克，港口四面环绕的岛屿、峡湾和山脉将城中引人注目的工业机械包围遮蔽。

36
斯诺登山铁路
（SNOWDON MOUNTAIN RAILWAY）

英国威尔士
(Wales, United Kingdom)

　　斯诺登山高1085米，是一座有4.58亿年历史的破火山口残余，也是威尔士最高的山峰。斯诺登山铁路是最繁忙的一条齿轨铁路，自1896年以来一直不间断把人们运送到山顶。这条长7.6千米的铁路从Yr Wyddfa（斯诺登山的威尔士语名字）上的兰贝里斯（Llanberis）村庄出发，沿途可以尽情欣赏斯诺登尼亚国家公园（Snowdonia National Park）的河流、瀑布、冰川凿出的岩石和薄如刀锋的山脊。在山顶的游客中心所在处，（据称）有座巨人希塔（Rhitta Gawr）的坟墓，巨人被亚瑟王（King Arthur）杀死，因为他索要后者的络腮胡子。

右图：远处的芬瑟站是奥斯陆—卑尔根线的最高站点

37
奥斯陆—卑尔根铁路 (OSLO-BERGEN RAILWAY)

挪威南部（Southern Norway）

乘坐欧洲最出色的铁路之一，
穿越欧洲最恶劣的环境之一。

基本信息
- 时间：15亿万年前（哈当厄高原上最古老岩石的年龄）
- 全程：496千米
- 最少用时：6.5小时
- 关键停靠点：奥斯陆、赫讷福斯、芬瑟、米达尔、沃斯、卑尔根
- 途经国家：挪威

奥斯陆—卑尔根铁路可能是人与自然之间，以火车旅行的名义而进行的最艰难博弈了。这条线路连接挪威首都和西海岸的第二大城市，穿越欧洲最大的侵蚀平原哈当厄高原。

哈当厄高原是一片完全裸露、少有植被的泥沼地，其间布满湖泊和溪流。其中最古老的岩石已超过15亿年历史，化石证据显示5.5亿年前这片土地处于海平面之下。由于4.19亿年前地质板块的碰撞，哈当厄高原上升了3000米；又经过数千年的侵蚀作用，现在这片高原平均海拔为1100米。

海拔高、偏僻、寒冷、古老，这些特点使得在哈当厄高原上修建铁路十分艰难。起初，工程师勘测了好几条路线，但还是必须在这片少有人踏足的地方修建隧道，这需要在零度以下

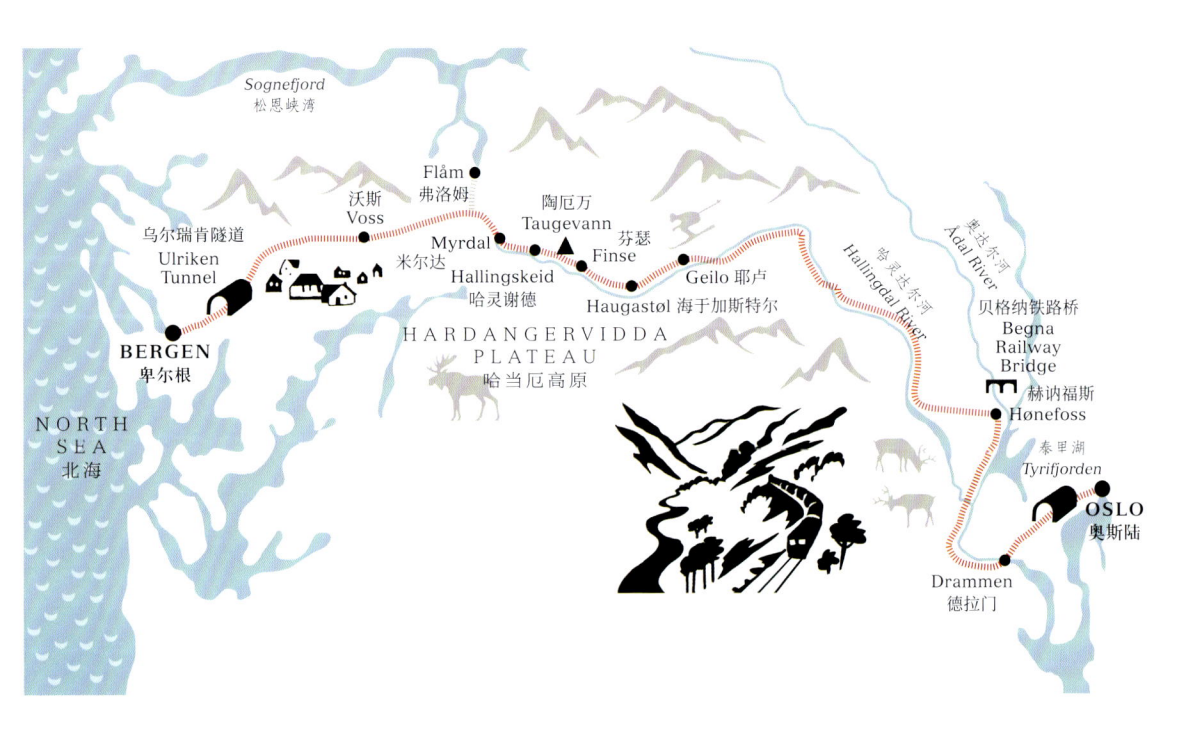

的气温里凿通坚硬的片麻岩（一种变质岩）。这条铁路分阶段建设，卑尔根—沃斯段于1876年开工（起初建的是窄轨铁路），奥斯陆—卑尔根铁路的标准铁路轨道线直到1909年才开通。

旅途开始于奥斯陆中心（Oslo Central），这个新站点建在19世纪80年代老的奥斯陆站站址上（老站点楼现在是购物中心）。首先，火车会穿过漫长的奥斯陆隧道（Oslo Ø Tunnel）——挪威最繁忙的铁路段，不一会儿就驶出隧道口，这时可以欣赏到那些星星点点的挪威峡湾美景。接着火车向北转，轻柔地掠过泰里湖，到达赫讷福斯，在这里，216米长的贝格纳铁路桥在赫讷福斯瀑布上方横跨奥达尔河。贝格纳铁路桥建于1898年，那时人们决定将这里定为卑尔根线的起点。

在赫讷福斯之后，随着铁路向西延伸，原来的乡村景致渐渐变得荒凉。火车就像上膛的子弹一样从枪管般的隧道里穿出，从克勒德伦湖（Lake Krøderen）上方的岩石壁架上奔驰而过，沿着哈灵达尔河走了一段路后，进入哈灵达尔山谷（Hallingdal Valley），这段路长期以来是商人西行的主要路线。火车靠近挪威主要的滑雪胜地之一耶卢，眼前的山景逐渐增多。这片滑雪胜地的兴起也得益于奥斯陆—卑尔根铁路的发展。

驶出森林带后，火车继续攀登，经过常年结冻的于斯特湖（Lake Ustevatn）。实际上，在一年的大部分时间中，这片区域的

同样出色的支线

**38
弗洛姆铁路**

挪威

跟随世界上最陡峭的火车线穿过一片片山脉和峡湾，全长20千米的线路中，几乎80%的路段都有5.5%的坡度。

气候都寒冷恶劣。有些路段有遮雪棚遮挡着,但是想要让铁路整个冬季都一直开放仍然令人犯愁。20世纪90年代,海拔最高的海于加斯特尔至哈灵谢德铁路段进行了升级,还修建了新的隧道。尽管天气多变,老站点海于加斯特尔仍然是一个很受欢迎的中转站:骑自行车的人在这里下车去工人之路(Rallarvegen)自行车步道,这是原本为建设奥斯陆—卑尔根铁路的工人修建的步道。

这条线最高的站点是海拔1222米的芬瑟。芬瑟在哈当厄冰盖边缘附近,这里常年被雪覆盖,感觉就像是在南极——这也是为什么斯科特(Scott)和他的团队在1912年那次送命的南极探险之前,在芬瑟训练的原因。

不久,火车到达线路最高处陶厄万(海拔1301米),从这里开始下行,开往弗洛姆山谷和挪威最狭长、幽深的松恩峡湾,沿路的美景让人目不暇接,眼花缭乱。许多乘客会在米尔达站转乘支线,去往风景如画的弗洛姆,支线沿路的陡峭景致十分优美。

不转乘的旅客会继续跟随火车穿过赖云达尔河(River Raundal),前往峡湾边的沃斯。1883年,长107千米的沃斯—卑尔根铁路是第一条投入运营的路段。这段路掠过河流,经过岬角、白桦林、船库,绕过阻隔的山脉。不过,1964年人们建起了乌尔瑞肯隧道,现在这最后一段路就直接从山体中穿过走捷径了。最后,火车来到浪漫风格的卑尔根国家火车站,这条铁路真正征服了欧洲最不易修建铁路的地形。

下图:乘火车是前往哈当厄高原国家公园的荒野最理想的选择

39
木库巴快车 / "乞力马扎罗"号列车
(MUKUBA EXPRESS / KILIMANJARO)

坦桑尼亚和赞比亚（Tanzania and Zambia）

乘火车穿过东非的荒野，
为铁路工程技术和人类的进步而庆祝。

基本信息
- 时间：190万年前（能人在东非定居）
- 全程：1860千米
- 最少用时：46小时
- 关键停靠点：达累斯萨拉姆、姆比亚、通杜马、纳孔德、卡皮里姆波希
- 途经国家：坦桑尼亚、赞比亚

如果东非大裂谷系是"人类的摇篮"，发挥一下想象力，它其实也是铁路的出生地了。大约190万年前，能人在这里开始进化。能人被认为是世界上最早的人类，他们的大脑容积比更早期的南方古猿要大50%——大脑大小这个因素将他们与猿类区分开来，也由于这个原因，几千年后他们的后代（我们）能够建造很多伟大的东西，例如火车。

喜欢这条线路吗？再看看这个

40
达累斯萨拉姆—姆万扎线

坦桑尼亚

这条1229千米长的铁路现在暂停运营了，铁路连接了达累斯萨拉姆和姆万扎的维多利亚湖港口，早期能人的化石就在港口的附近被发现。

右上图：望向车窗外，或许能看见长颈鹿等野生动物

右图：商贩沿着火车站叫卖水果和其他点心

也许是种微妙的联想吧，不管是坐快些的木库巴快车还是"乞力马扎罗"号普通列车，从印度洋沿岸的大都市达累斯萨拉姆（Dar es Salaam）出发，经过坦桑尼亚西南部，到达赞比亚，这一路都有一种回到史前时期的感觉。这条跨境的旅客列车沿途经过的那些地形在200万年里都没怎么改变过。

铁路展现了更大的大脑对于人类来说有多重要。这条线路由中国人建成，在1975年投入运营。整条线路是一个巨大的工程挑战，建造它需要运输330 000吨重的钢筋铁轨，建造93个站点、320座桥梁、23条隧道。需要克服的阻碍包括高温、暴雨、大片沼泽、垂直的峡谷，还有那些大上坡和野生动物。

从达累斯萨拉姆出发，火车穿过干旱的灌木丛地带，进入非洲最大的野生动物保护区塞卢斯禁猎区（Selous Game Reserve），这片保护区面积达54 000平方千米。车窗外可以看到长颈鹿、大象、狒狒、斑马等动物——它们面对火车轰隆隆行驶而过表现得泰然自若。经过动物保护区之后，山峦慢慢多了起来，铁路不断穿过一座座隧道和桥梁，其中横跨姆潘达河（Mpanga River）、50米高的桥梁格外引人瞩目。

进入南部高地（Southern Highlands），驶过茶叶和咖啡种植园后，铁路抵达最高点、海拔1789米的乌约莱镇（Uyole）。经过通杜马（Tunduma）—纳孔德（Nakondé）过境处一系列琐碎的过境手续之后，火车继续向南来到赞比亚，穿过谦比西河（Chambeshi River），沿着穆钦加山脉（Muchinga Mountains）山脚开到卡皮里姆波希（Kapiri Mposhi），这段路平稳又快速。卡皮里姆波希是座普通的小镇，但从这里去赞比亚其他地区十分便利，只要乘坐短途巴士颠簸着往南就到了首都卢萨卡（Lusaka）。

邂逅早期的人类

41
德雷达瓦—吉布提线
埃塞俄比亚和吉布提

来自埃塞俄比亚阿法尔地区的原始人类化石可追溯到320万年前。从埃塞俄比亚的德雷达瓦到吉布提的红海港口，这条全长756千米的新电力火车路线穿越了这片古老的土地。

42
赞比西列车
赞比亚

全长851千米的基特韦—利文斯顿线路途经卡布韦，考古学家于1921年在这里发现了一个有12.5万～30万年历史的罗德西亚人的头骨。这条线路的终点位于维多利亚瀑布。

43
美铁"瀑布"号列车
加拿大和美国

在这条718千米长的旅程中，美铁"瀑布"号列车途经波特兰和西雅图，线路沿途是一条条海岸线和山脉，早在20 000年前，人们就通过横跨两岸的白令陆桥从此处跋涉。

44
拉特兰铁路
美国佛蒙特州

在挖掘拉特兰铁路伯灵顿—夏洛特路段时，工人发现了一具有11 500年历史的白鲸骨架。这条被命名为"夏洛特"的鲸鱼现被位于伯灵顿的珀金斯地质博物馆收藏。

* 美铁：美国国家铁路客运公司的简称。

史前时期

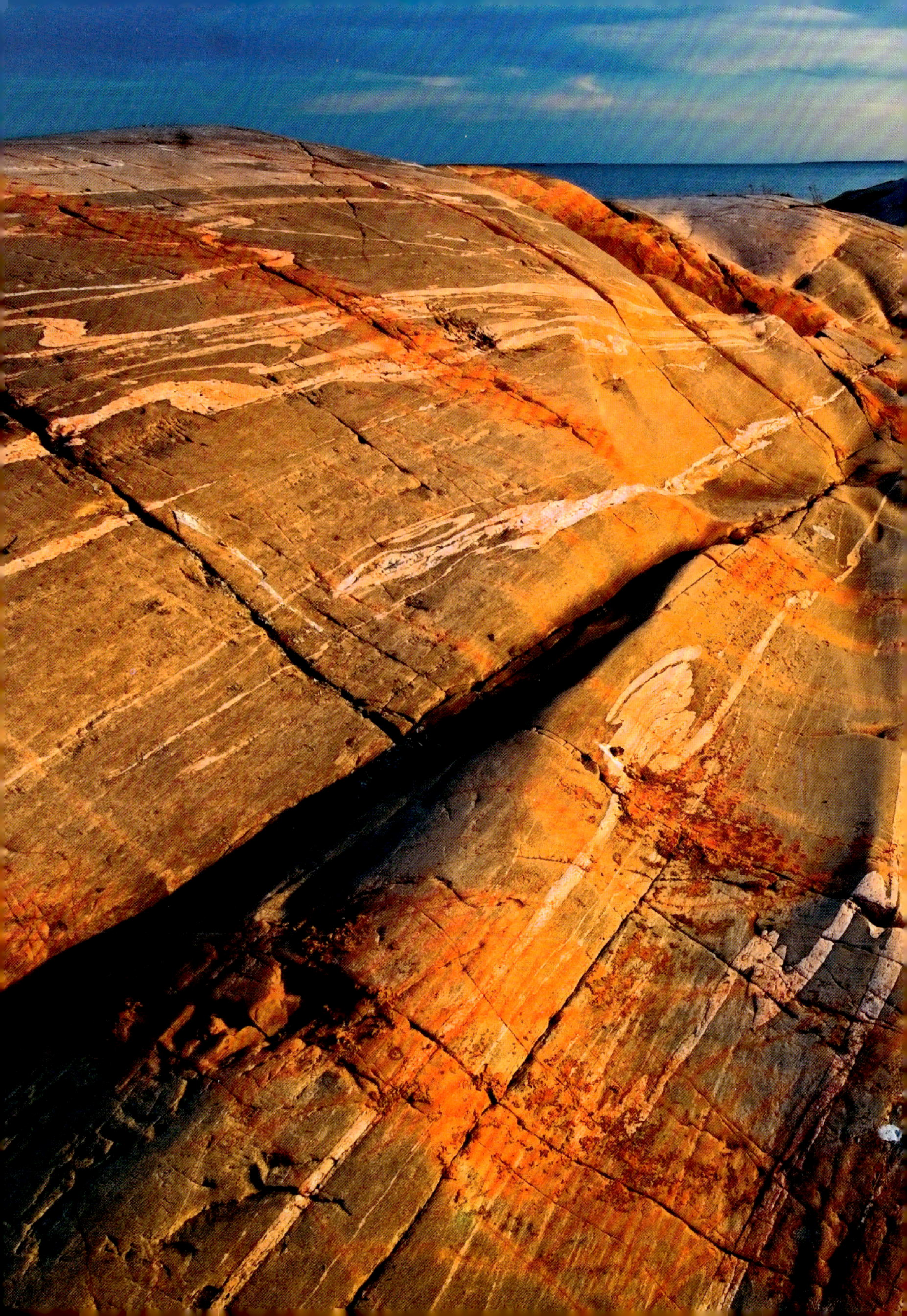

建造横跨加拿大的铁路很难（下页），部分原因源于加拿大地盾，这是一大块裸露在外的地壳区域，这里有世界上已知最古老的岩石

45
"加拿大人"号列车 (THE CANADIAN)

加拿大（Canada）

乘坐横贯加拿大大陆的线路，
跟随火车穿越加拿大地盾区和落基山脉，
体验开拓冒险家的感觉。

基本信息
- 时间点：40亿年前（加拿大最古老的岩石年龄）
- 全程：4466千米
- 最少用时：5天
- 关键停靠点：多伦多、温尼伯、萨斯卡通、埃德蒙顿、贾斯珀、温哥华
- 途经国家：加拿大

加拿大维亚国家铁路（VIA Rail）是一条横跨全国的铁路线，被称为"加拿大之窗"。这确实不是市场营销人员的夸口，这条横贯加拿大大陆的铁路覆盖了世界上第二大国家的相当大一部分，沿途展示了大范围的加拿大环境，其中一些真的很古老。

加拿大地盾区是一大块裸露在外的地球地壳，这里有世界上已知最古老的岩石。加拿大西北领地（Northwest Territories）的阿卡斯塔片麻岩（Acasta Gneiss）和魁北克的努武阿吉特图克（Nuvvuagittuq）的绿岩带（Greenstone Belt）有大约40亿年的历史。

19世纪后期，铁路建设者来到这个国家的西北荒野，在这里建造加拿大太平洋铁路需要炸掉部分地质铠甲，也算是勇敢的壮举了。确实，1952年间创作的那首诗歌《走向最后的背刺》[Towards the Last Spike，加拿大诗人普拉特（E.J. Pratt）所作的关于建造加拿大太平洋铁路的叙事诗]，诗中加拿大地盾被比作龙，而铁路是击退龙的骑士。当然，即便是击败了这个特殊的敌人，铁路还需要应对加拿大落基山脉。这一系列的挑战都是跨加拿大铁路创造的奇迹，但通过修建铁路来联合整个国家的政治愿望一直很强烈。1885年，线路建成；1886年，铁路的第一次东西向线路开通。

最初的跨加拿大铁路一路向西开拓，穿过了这个国家的主要省份、城市和村镇。从蒙特利尔和多伦多，火车开往温尼伯、里贾纳（Regina）、穆斯乔（Moose Jaw）、卡尔加里和班夫，穿过落基山脉的踢马隘口（Kicking Horse Pass），再经坎卢普斯到温哥华，穿过不列颠哥伦比亚省。今天的"加拿大人"号列车线路更往北方延伸，延长线由加拿大国家铁路局（Canadian National

上图：跨越落基山脉是加拿大铁路面对的巨大挑战

Railway）建设。在到达温尼伯之后，火车转而驶向埃德蒙顿和加拿大落基山脉的耶洛黑德山口（Yellowhead Pass），然后抵达坎卢普斯。现在，只有"落基山登山者号"旅游列车仍然走1885年建的加拿大太平洋铁路路线。

即便如此，乘坐"加拿大人"号列车还是一趟史诗般的旅程，经过4个晚上可以穿过整个加拿大。火车搭载20世纪50年代的不锈钢车厢，于晚上10点从多伦多学院派风格的车站出发，每周发车三次（冬季每周两次）。火车出发后片刻就会经过一座纪念碑，为纪念19世纪晚期的17 000名中国铁路工人而修建，4000多名工人在帮助建设加拿大太平洋铁路时死去。很快，大都市明亮的灯光就褪去了，铁路俯身进入加拿大地盾区，经过一望无边的针叶森林带、裸露的岩体、湖泊和河流。沿途还能看到驼鹿甚至熊。

最终，云杉树海被马尼托巴的平原取代，离开多伦多一天半之后，温尼伯的摩天大楼出现了。人们有充足时间在这个历史悠

久的贸易城市随意走走看看，火车早上8:00抵达这里，11:45才会再次出发，穿过大草原进入萨斯喀彻温，再前往艾伯塔省。

在旅途第四天早上6:30左右，火车抵达埃德蒙顿，短暂停留此地喘上一口气，为前往落基山脉做好准备。火车靠近贾斯珀国家公园的商业中心贾斯珀，梅耶特山脉（Miette Range）白雪皑皑的山峰若隐若现。从这里开始，有观景车顶的车厢开始发挥优势，火车此时在高耸入云的山脉、波光粼粼的湖泊和四面雪峰中前行。

铁路经过耶洛黑德山口，进入不列颠哥伦比亚省。在首次提出修建一条横跨大陆分水岭的铁路线时，工程师桑福德·弗莱明（Sandford Fleming）建议使用这条相对容易的路线。然而，当时人们认为踢马隘口这条更直接的路线更好，尽管技术上存在更大的困难：需要在北美建造最陡峭的主线路段。

进入不列颠哥伦比亚省后，铁路下行至坎卢普斯，经过了许多的桥梁和隧道后，火车还需设法通过弗雷泽河峡谷（Fraser River Canyon），峡谷荒凉狭窄，有种西部荒野的风格。在这里，加拿大太平洋铁路和加拿大国家铁路在峡谷两岸相对而行；至西斯卡（Siska），两条铁路在横跨弗雷泽河峡谷的桁架桥上交换位置。经过这片危险重重的边境之后，火车进入环境相对平稳的弗雷泽河谷，两旁的田野上有正在吃草的牛群。最后，在第五天上午9:40左右，火车驶入温哥华的太平洋中央火车站，它是一座1919年建的新古典主义风格车站。这场横贯加拿大陆地的大冒险就此结束。

喜欢这条线路吗？
再看看这个

46
"落基山登山者"号列车：
从雨林到淘金热的旅程

加拿大不列颠哥伦比亚省

这条线路是开拓的历史和令人惊叹的地质的完美融合，穿越弗雷泽河谷、卡里布高原、落基山脉足足历时3天的火车之旅，从温哥华前往艾伯塔省的贾斯珀，途经不列颠哥伦比亚省克内尔。

右图：乘火车穿越爪哇岛，可以在欣赏水稻梯田的同时看到火山景色

苏门答腊—爪哇岛—巴厘岛线 (SUMATRA-JAVA-BALI)

印度尼西亚（Indonesia）

> 乘坐火车和渡轮，穿越印度尼西亚群岛，体验古老的亚洲超级地区。

基本信息
- 时间：110 000～12 000年前（末次冰期）
- 全程：约1700千米
- 最少用时：40小时
- 关键停靠点：巨港、楠榜港、巴考荷尼、默拉克、雅加达、苏腊巴亚、外南梦、吉利马努克
- 途经国家：印度尼西亚

坐火车一路从苏门答腊经爪哇岛到巴厘岛，逻辑上来说好像是不可行的。现在，印度尼西亚的三座岛屿被巴厘岛和巽他海峡（Sunda Straits）隔开了。但很早以前并不是这样。在末次冰期时，大约12 000年前，这些岛屿相连在一起，形成了亚洲生物地理区域巽他古陆（Sundaland）的边缘。这片区域从东边板块分离出来，这一板块形成了今天的澳大拉西亚（Australasia），这一系列运动的结果使这些邻近的地区有了迥然不同的自然历史。1859年，英国博物学家阿尔弗雷德·拉塞尔·华莱士（Alfred Russel Wallace）在两个生态区之间假想了一条动植物分界线，人们由此认识到这一现象。

现在你想要连接起巽他古陆，就需要换乘多种交通工具来

更多具有自然史的景观

48
圣住寺—镇海线

韩国昌原

火车不再停靠圣住寺和镇海之间的庆和站了，不过春天的铁路沿线两旁满是美得让人惊叹的樱花树。

49
箱根登山火车

日本本州岛

这条铁路全长15千米，是日本最古老的山区铁路。全年的沿途风景都令人为之倾倒：春天的含苞待放，夏天的花团锦簇，秋天的落叶满地和冬天的银装素裹。

50
广景"飞騨"号快车

日本本州岛

高山—名古屋线以车上的全景车厢命名，线路全长165千米，沿途有美丽的森林、河流和山脉。

一场冒险，沿途会经过印度尼西亚原来的铁路遗址（在荷兰殖民时期建造），还会乘坐岛屿间的轮渡。

火车从古老的苏门答腊城市巨港（Palembang）出发，巨港以前是佛教帝国三佛齐的首都，该帝国于650—1377年统治这片区域。从这里，火车缓缓穿过苏门答腊南部，沿途经过帕萨姆高地（Pasemah Highlands）的巨石纪念碑。大约11个小时后，火车抵达山坡沿海城市楠榜港（Bandar Lampung），这里是巴考荷尼（Bakauheni）港口的起点，是前往爪哇岛的主要码头。

从巽他海峡出发，航行2小时后抵达爪哇西部海港默拉克（Merak），从这里乘坐火车可以去往岛屿东部。爪哇岛铁路网络覆盖面比较广，有很多路线都可以选择。从最北端的线路出发，全程大约需要24小时，会通过沸腾的首都雅加达、三宝垄（Semarang）的殖民地港口［千门楼（Lawang Sewu）所在地，1907—1942年是荷兰东印度群岛铁路公司的总部］，以及现在是普通城市的苏腊巴亚（Surabaya），它曾经是荷属东印度群岛中最大城市。

线路还会经过绿意盎然的景致，从溪流潺潺的山谷到生机勃勃的梯田，远处的火山默默酝酿着。线路的倒数第二站是位于爪哇岛最东端的外南梦（Banyuwangi）。你可以在外南梦站坐轮渡，30分钟后抵达巴厘岛的吉利马努克（Gilimanuk）港口，也就是巽他古陆的最东端。冲浪沙滩、成片稻田、僻静庙宇，这里的一切都是那么闲适可爱。

52　丈量世界：500条经典铁路路线中的世界史

51
白令海峡铁路
(BERING STRAIT RAILROAD)

俄罗斯和美国
(Russia and United States)

　　白令海峡之间的陆桥已经有11 000多年的历史了，这使得俄罗斯到阿拉斯加的陆地旅行更加容易。已提议的白令海峡铁路仍是连接俄罗斯到阿拉斯加的。19世纪90年代，人们首次提议沿铁路建造隧道或桥梁来穿过82千米的海峡。近期据评估，建一座"洲际和平桥"（Intercontinental Peace Bridge）需要花费1000亿美元。

上图：伊真火山（Ijen volcano）在爪哇岛东部的外南梦码头附近若隐若现

下图：跳下火车，沉浸在五彩斑斓的印尼艺术和文化里

史前时期　53

52
大峡谷铁路 (GRAND CANYON RAILWAY)

美国亚利桑那州（Arizona, United States）

> 乘坐修复的古董列车，沿着历史悠久的线路，抵达世界上最壮美的峡谷。

基本信息
- 时间：1700万年前（大峡谷开始形成时）
- 全程：105千米
- 最少用时：2小时15分钟
- 关键停靠点：威廉姆斯、大峡谷南缘
- 途经国家：美国

凿开岩石建成的铁路

53
黑部峡谷铁路
日本本州岛

这条20千米长的铁路驶向日本阿尔卑斯山脉的途中，会通过21座桥梁和41条隧道，沿途最美是秋叶正浓时。

54
阿尔胡塔洞穴火车
阿曼

短途的电力火车之旅程会带领着旅客穿过群山，接着直接进入西哈吉尔山脉的洞穴里，洞穴已有200万年历史。

1901年，大峡谷铁路的第一辆蒸汽火车嘎嚓嘎嚓地从威廉姆斯出发向北开到大峡谷南缘。这样，这条铁路沿途开发了一系列美国最令人惊叹的地点，让美国的普通老百姓都能看到泰迪·罗斯福（Teddy Roosevelt）所说的"每个美国人都应该看到"的风景。以前，峡谷血红色岩体里数米深的巨大裂缝没有人能通过，只有能吃苦耐劳的先锋开拓者才进得去。1901年以后，任何人都可以买3.95美元的火车票，踏上短途旅行，去凝望亚利桑那州北部美丽的腹地。

当然，1901年时，距大峡谷自身的诞生时间已经非常久远了。数百万年前，这条穿越了科罗拉多高原，长达446千米、宽达29千米的壮丽裂缝景观已经形成。大峡谷底部最古老的岩石位于毗湿奴片岩（Vishnu Schist）的中下部，其历史可以追溯到17.5亿年前。顶层五颜六色的岩层是寒武纪时代的塔皮斯砂岩层（Tapeats Sandstone），像蛋糕一样堆叠在一起，其中有穆阿夫石灰岩（Muav Limestone）、光明天使页岩（Bright Angel Shale）、二叠纪的深红色岩石和闪闪发光的富含石英岩的可可尼诺砂岩（Coconino Sandstone）。即使是距今最近的凯巴布石灰岩（Kaibab Limestone）表层，也有2.7亿年的历史，远远早于恐龙时代。科罗拉多河是这里的水上建筑师，在大约1700万年前开始雕刻峡谷。它的工作做得如此一流。

火车没有下到峡谷里面去，你需要一双好靴子或者一匹可靠的骡子才能前往峡谷。火车则选择一直在高原海拔行驶。它从弗拉格斯塔夫以西48千米的威廉姆斯火车站出发，这里海拔2130米。这座混凝土浇筑的火车站可追溯到1908年，被列入国家古迹名录。这里往来的旅客在国家两端的洛杉矶和芝加哥之

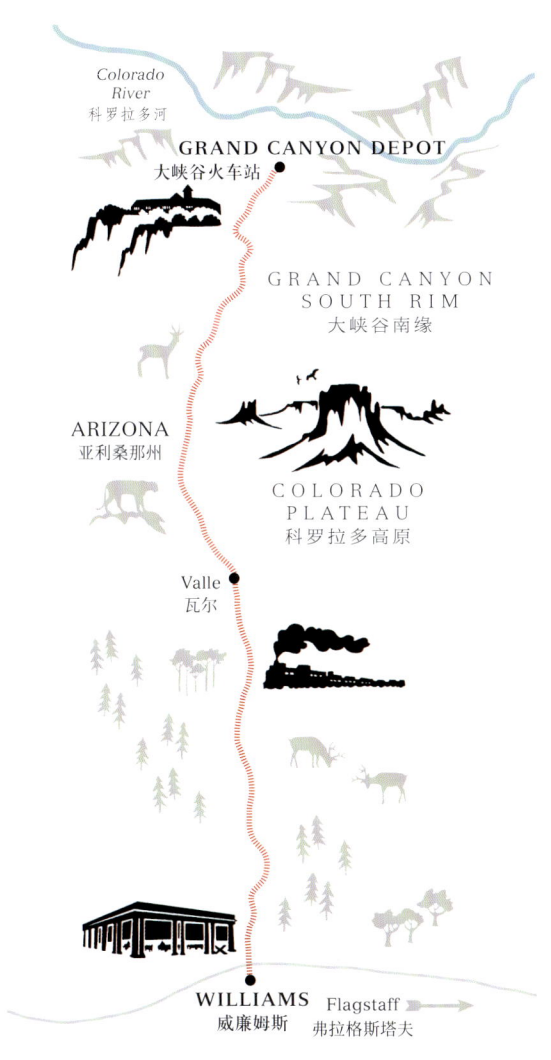

间辗转，旅客可以在威廉姆斯火车站停下来，去弗雷马科斯旅店（Fray Marcos Hotel）打个盹或吃点东西。如今，火车站隔壁新建的大峡谷铁路酒店可以带我们回到往昔。

列车车厢共有六个等级，历史十分悠久。豪华车厢是最奢华的，有精美高档的休息厅，后边还有敞开式的观景台，可以享受微风拂面的观景体验。最有年代感的车厢是修复好的20世纪20年代哈里曼（Harriman）风格的奢华古董车厢，直到1984年还一直服务于圣荷塞—旧金山的一条通勤线路。

有一支历史悠久的柴油车车队为这条线路上的机车提供动

左图： 一辆1923年的鲍德温（Baldwin）蒸汽动力火车抵达大峡谷村（Grand Canyon Village）

史前时期　　55

喜欢这条线路吗？
再看看这个

55
皇家峡谷铁路

美国科罗拉多州

从卡宁市穿过被称为"阿肯色河大峡谷"的皇家峡谷，沿着古老的丹佛和里奥格兰德西部铁路行驶39千米。

力。不过，走在这条线路上的还有二重连列车，1906—1923年转成用可再生植物油供应燃料。大约每个月其中的一辆就被调用，当它缓缓驶过高原时，旅途增添了额外的怀旧感。

然而，车厢的类别并不影响沿途风景的壮丽。火车从威廉姆斯出发，以每小时48～64千米的速度行驶，穿过黄松、道格拉斯冷杉、白杨和云杉森林。接着火车缓缓下行到广阔的草原地带，山艾树和花楸树点缀其间，然后攀爬至大峡谷的边缘。这里广阔的大草原地带野生动物种类丰富，有叉角羚羊、麋鹿、白头海雕、骡鹿，甚至山狮。大草原也和人类的历史息息相关。美洲原住民纳瓦霍人（Navasupai）、哈瓦苏派人（Havasupai）和霍皮人（Hopi）都和这片草地有着很深的渊源，这里也有很多开拓时期留下来的遗产。实际上，你的车厢还很有可能被拿着"枪"（假枪而已）、着装很狂野西部风的人"劫持"，或者有西部牛仔一路上对你唱着动情的小夜曲。

最后，火车停靠在大峡谷火车站，这又是一个美国的国家历史名胜。南缘站于1910年建成，是美国唯一一个木制的火车站。1905年，由松木和石头搭建的阿尔托瓦尔旅店（EL Tovar Hotel）在南缘站附近建成，一直服务于往来的旅客，现在仍然在营业。除此之外，道路仅存在于大峡谷的深壑中，蜿蜒穿过古老的岩石。

右图：基灵桥是赖于马铁路沿线的32座桥梁之一

下图：大峡谷铁路的车站和列车都给人以年代感

56
赖于马铁路
(RAUMA RAILWAY)

挪威西部（*Western Norway*）

乘坐赖于马铁路就好像上一堂面对面的地质课，只不过它没有真正的地质课那样难。这条114千米长的线路从位于罗姆达尔峡湾（Romesdalsfjorden）旁的翁达尔斯内斯镇（Åndalsnes）出发，开往具有重要战略位置的杜姆奥斯镇（Dombås）。沿线仅数十厘米远的是古老的片麻岩质巨魔墙（Troll Wall），是欧洲最高的垂直岩壁，从底到顶达1100米。赖于马铁路于1924年正式开通，主要负责社区之间的邮政以及旅客服务。沿路共有32座桥梁［包括穿越峡谷的壮美的基灵桥（Kylling Bridge）］和6条隧道［包括斯塔华姆（Stavem）马蹄形隧道］。整段旅途历时1小时40分钟，据说之后这条线要建成高速铁路。

57
阿尔戈马中央铁路
(ALOGOMA CENTRAL RAILWAY)

加拿大安大略省（*Ontario, Canada*）

大约在12亿年前，加拿大地盾古老的岩石地表断层开裂。从那时起，大冰期时代不断雕刻这个裂缝，直至形成了今天广阔壮观的阿格瓦峡谷（Agawa Canyon）。阿尔戈马中央铁路于1899年起修建，最初这条铁路是工业线路，连接了加拿大—美国边境安大略省的苏圣玛丽（Sault Ste Marie）和伐木镇赫斯特（Hearst），全长476千米。现在，它将喜爱自然的旅客运送到美加之间的北方针叶森林，只有徒步或者坐火车才能抵达这里。最刺激的路段是从峡谷壁降到峡谷底的一段，这段降幅大约有150米。

史前时期　57

58
昆布雷斯和托尔特克观光铁路（CUMBRESAND AND TOLTEC SCENIC RAILROAD）

美国新墨西哥州和科罗拉多州
（New Mexico and Colorado, United States）

从这条长103千米的窄轨铁路的沿途能学到很多有关古老岩石的知识，这条遗产线路从新墨西哥州的查马（Chama）出发，开往科罗拉多州的安东尼托镇（Antonito）。线路最初的定位是银矿开采路线，建于1880—1881年。从前这里的蒸汽火车现在仍走着这条铁路，它穿过海拔3053米陡峭的昆布雷斯山口，再往托尔特克峡谷开去，乘坐这条线路就好像在美国地质变化最丰富的区域里上一堂动态的地质课。从车窗口望去，可以看到里奥格兰德裂谷（Rio Grande Rift）、圣胡安（San Juan）火山地区、图萨斯山脉（Tusas Mountains）前寒武纪时代的岩芯，还有与大峡谷同样古老的变质岩。

59
成昆铁路（CHENGDU-KUNMING RAILWAY）

中国西南部
（Southwest China）

这条建在繁华的四川成都和云南昆明之间的火车线路被称为中国的"地质博物馆"线，全长1096千米的旅途沿途覆盖了所有样貌的自然环境。对于20世纪70年代的铁路建设者来说，修建这条铁路确实是一个挑战，不过如今，成昆铁路对于旅行爱好者来说是一条极美的观光线。线路沿途是崇山峻岭（有的山高近2000米）、悬崖峭壁、蜿蜒的峡谷和河流。沿线还有类似云南石林的地质奇观，那些奇形怪状的岩溶塔已有2.7亿年历史了。

右图：库兰达观光铁路会穿过这个星球上最古老、最重要的森林

库兰达观光铁路 (KURANDA SCENIC RAILWAY)

澳大利亚昆士兰州 (Queensland, Australia)

> 走进冈瓦纳雨林仅剩的区域，这里是观看地球古老植物的入口。

基本信息
- 时间点：5.1亿~5.7亿年前（冈瓦纳古大陆分裂时）
- 全程：37千米
- 最少用时：1小时45分钟
- 关键停靠点：凯恩斯、弗雷什沃特、库兰达
- 途经国家：澳大利亚

澳大利亚冈瓦纳雨林（Gondwana Rainforest）被联合国教科文组织（UNESCO）列为世界遗产名录，是地球上最重要的自然历史记录之一。从5.7亿年前冈瓦纳古大陆（包括南半球的大部分地区，以及阿拉伯和印度大陆）分裂到现在，这里的物种都没有改变。分裂之后的4000万年间，雨林覆盖了澳大利亚绝大部分区域，但之后的气候变化和人为干预使雨林骤减，只剩小片区域。在这些幸存的森林之中，人们发现了一些地球上

喜欢这条线路吗？
再看看这个

61
卡通巴观光铁路

澳大利亚新南威尔士州

在芬芳的蓝山山脉中，登上世界上最陡的客运铁路（倾斜52度），穿越长达310米的侏罗纪雨林。

最古老的植物，包括古时的蕨类植物和侏罗纪时代的南洋杉科植物（araucarians），也就是我们现在的针叶树的祖先。

这条37千米长的库兰达观光铁路途经北昆士兰的阿瑟顿高原（Atherton Tablelands），这片肥沃的高原是一份记录自然演化的标本，也是大分水岭（Great Dividing Range）的一部分。这条铁路始建于1887年，1891年建成通车，为澳大利亚内陆矿业运输而建，把锡矿工人辛苦采出的锡运往太平洋港口。

线路施工并不容易：山谷中的莱德林奇（Redlynch）到巴伦峡谷（Barron Gorge）路段尤其艰难——这里灌木茂密，坡度陡峭，瀑布众多，原住民也对这个铁路项目充满敌意。线路沿途的15个隧道、93条弯道和许多桥梁不仅都是徒手建造的，还需要征服这里320米高的海拔。完成这些以后，项目预算已经用完，无法根据最初的计划将铁路延伸到赫伯顿（Herberton）。

今天，库兰达观光铁路不再是经济命脉线，而更像是一条历史悠久的旅游观光线，沿途是厚重的植被史。火车的木质车厢有90年历史，从大堡礁城市凯恩斯（Cairns）出发，沿途经过峡谷、瀑布和植物群，通往巴伦峡谷国家公园（Barron Gorge National Park）。弗雷什沃特（Freshwater）中转站内，有一座向早期开拓者致敬的铁路博物馆。1913年建成的瑞士小木屋风格的终点站，仍然矗立在库兰达。

右图： 库兰达观光铁路沿途经过许多隧道和桥梁

62
普芬比利铁路
(PUFFING BILLY)

澳大利亚维多利亚州

(Victoria, Australia)

形成维多利亚丹德农山脉（Dandenong Ranges）的火山，在2亿年前最后一次喷发。不过现在山间仍然弥漫着许多烟雾。普芬比利铁路于1900年开通，之后山中的居民都可以坐火车去位于维多利亚州的首府墨尔本了。现在，这条铁路专为游客而设计，火车也不再是货运车厢，而是开放式的，不过火车还是靠老式的蒸汽火车头牵引，其中最老的火车头能追溯到1901年。从贝尔格雷夫（Belgrave）郊区到普芬比利火车站所在的简布鲁克镇（Gembrook），线路全长24千米，全程耗时90分钟。途中，列车会掠过一片片花楸林、桉树林，穿过木栈桥、本地的老火车站、蒸汽列车博物馆，还有一望无际的南大洋景色。

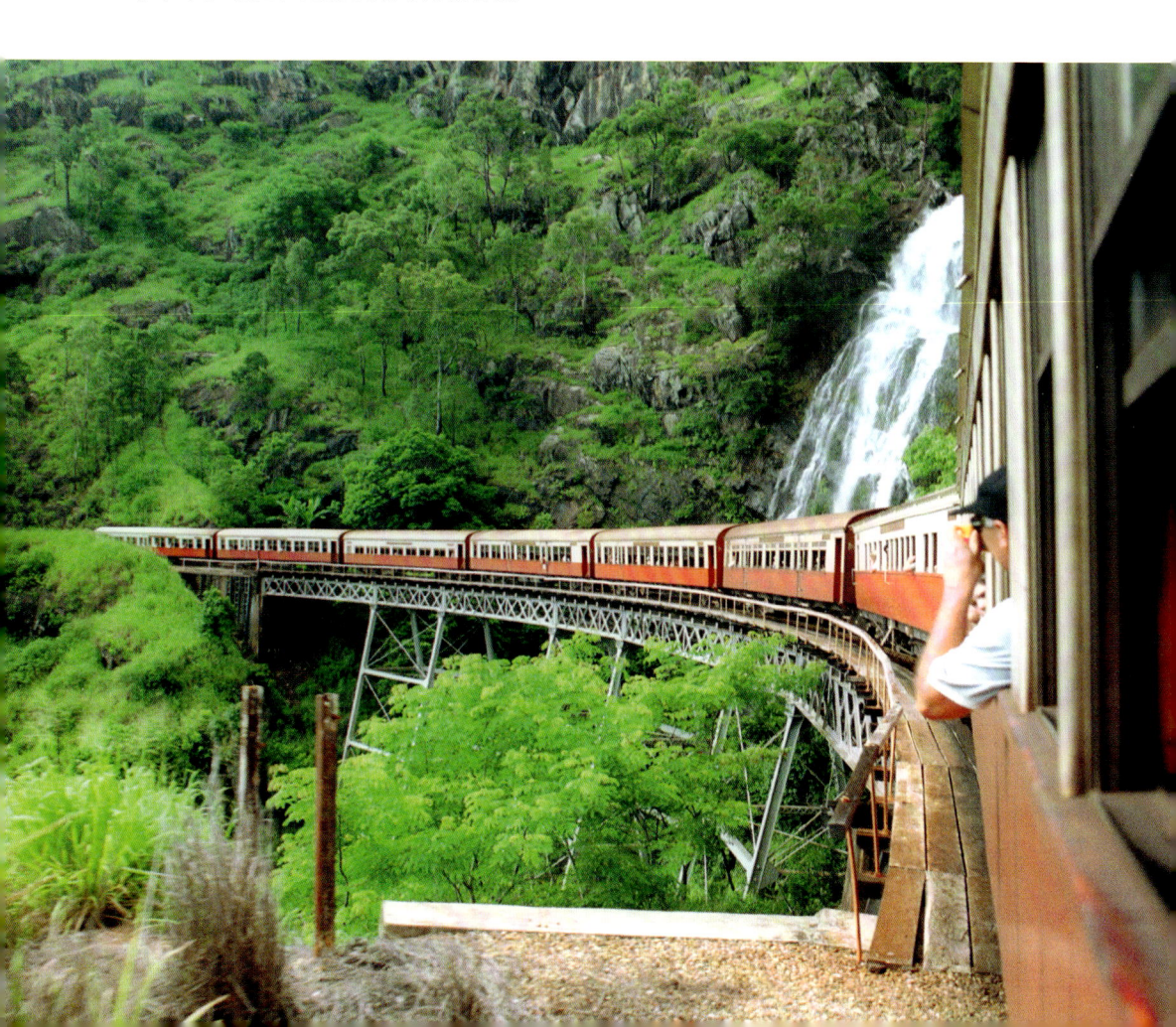

63
塞拉韦尔迪快车 (SERRA VERDE EXPRESS)

巴西巴拉那州 (Paraná, Brazil)

> 沿着最反重力的山间轨道穿过地球上最古老也最重要的森林地带。

基本信息
- 时间：6500万年前（大西洋沿岸森林的年龄）
- 全程：110千米
- 最少用时：3小时
- 关键停靠点：库里蒂巴、马伦比、莫雷蒂斯、巴拉那瓜
- 途经国家：巴西

乘坐塞拉韦尔迪快车是极精彩的火车之旅，同时也是一堂开阔眼界的自然史课，这趟列车会穿越这个星球上最重要的生物群系之一——巴西的大西洋森林［也叫大西洋沿岸森林（Mata Atlântica）］。虽然新闻在报道巴西的生物多样性时，经常会把亚马孙放在新闻标题里，然而大西洋森林的物种实际上可能更加丰富。据称，大西洋沿岸森林内的有些区域每公顷能有450种不同的树种，共有大约20 000种植物种类记录在案。此外还有大约2200种鸟类、哺乳动物、爬行动物和两栖动物，包括美洲虎、美洲豹猫、金狮狨和稀有的鬃毛三趾树懒。

这些物种依然存在，实在太神奇了。这片森林的历史可以追溯到6500万年前，南美洲大陆从非洲大陆分裂出来的时候，森林占地约150万平方千米。1500年，葡萄牙人发现巴西之后，他们先开发了大西洋沿岸森林中的塞古鲁港（Porto Seguro），森林砍伐活动自那时起就很猖獗。到现在，森林面积只剩原本面积的8%左右。

塞拉韦尔迪快车从位于内陆高原的巴拉那州首府库里蒂巴出发。库里蒂巴于1693年正式建城，几个世纪以来逐渐成为木材、谷物、巴拉圭冬青和咖啡种植等交易的重要商贸枢纽。到了19世纪60年代，人们想要建造一条前往巴拉那瓜港口的铁路，好将货物从铁路线运到海上。这个想法看起来不可行，但铁路建设工作还是于1880年开工了。仅仅用了5年时间，9000名员工就建造了14条隧道和许多桥梁，具有挑战性的马尔山脉地形就此被征服。看起来不可能的铁路就这样建好了。

库里蒂巴作为塞拉韦尔迪快车（因为韦尔迪也有绿色的意思）的起点挺合适。库里蒂巴长期以来一直采纳保护生态环境

更多穿梭于丛林间的火车

64
别什恰迪森林铁路
波兰东南部

这条窄轨林业线路从马伊丹出发,全长12千米,曾经为奥匈帝国供应木材。现在偶有蒸汽火车走过这里,沿途是郁郁葱葱的山景。

65
克列巴尼—奥尔日夫线
乌克兰西部

这条工业铁路线会穿过克列巴尼附近的森林,森林路段长3千米,也被称为"爱情隧道"。

左图:巴西的大西洋沿岸森林是世界上物种最多的动植物栖息地

库里蒂巴 CURITIBA
维达诺伊瓦 Véu da Noiva
圣约翰大桥 St John Bridge
Carvalho Viaduct 卡瓦略高架桥
皮拉夸拉 Piraquara
Marumbi 马伦比
Roça Nova Tunnel 罗卡诺瓦隧道
Morretes 莫雷蒂斯
ATLANTIC FOREST 大西洋沿岸森林
SERRA DO MAR 马尔山脉
ATLANTIC OCEAN 大西洋
PARANAGUÁ 巴拉那瓜

史前时期 63

相关的倡议，还拥有效率极高的交通系统。火车从库里蒂巴启程后开往皮拉夸拉，一个大西洋沿岸森林中的天然温泉小镇。然后，火车穿过高429米的罗卡诺瓦隧道。这条隧道是途经的所有隧道中最长的，位于海拔955米处，这里也是铁路的最高点。

火车呜呜地穿过郁郁葱葱的山脉，在棕榈树和无花果树林间穿梭，经过高70米的瀑布维达诺伊瓦（Véu da Noiva，意为新娘的面纱），水流撞击着融入一片绿意。远处的大西洋海平面在阳光下闪闪发光。随后，火车来到了圣约翰大桥，它55米高的金属桥身是最后建成的，也是最具挑战性的部分。金属制的桥桁架在比利时建好，用船运送到巴拉那瓜，最后再由火车运到这里。在之后的巴西反联邦主义革命（1893—1895年）期间，原本打算要炸掉这座桥，以防止反叛分子入境。庆幸的是，计划后来改变了。

过桥之后，塞拉韦尔迪快车沿着优美的卡瓦略高架桥行驶，这座弧线形的桥与马伦比山脉山体呈45°角，远看起来好像是漂浮在森林上空。然后，火车在德锡马港（Porto de Cima）俯身冲下途中最陡的斜坡，每100米下降近4米。

你可以暂搁原定的行程，在马伦比火车站下车，去马伦比山脉徒步旅行。经过马伦比之后，火车继续下行到莫雷蒂斯，这座城市以环绕城市的山丘命名（morros，意为山丘）。莫雷蒂斯河岸是满眼鲜活的绿色，这座城市因为它的美味餐饮而闻名——这里是品尝当地美食barreado*的好地方。

大约3小时后，火车抵达巴拉那州最古老的城市巴拉那瓜。考古证据表明，早在16世纪中期葡萄牙殖民者到来之前，本地原住民就已经在这里生活数千年了。这个生机勃勃的大港口城市里，货物运输业务依旧繁忙，只是一度作为经济命脉的铁路运输业现在以旅客服务为主了。

*barreado：一种当地特色美食，由炖牛肉和香蕉等烹制。

喜欢这条线路吗？再看看这个

66
雷德伍德森林蒸汽火车

美国加利福尼亚州

在古老红木车站咆哮山庄搭乘20世纪80年代的窄轨伐木运输路线，穿越5.2千米，火车由19世纪的蒸汽机车牵引。

右图：库里蒂巴到巴拉那瓜的火车旅行就像一堂自然史课

67
森林铁路
（FOREST RAILWAY）

中国台湾
（Taiwan, China）

中国台湾阿里山86千米长的铁路网络，虽然以前是为方便伐木工人砍树建造的，但现在是观赏这片古老森林的最佳观景处。当时占据台湾的日本人于1906年开始建造这条窄轨铁路。从修建"之"字形弯道到修建77座木桥，所有的方案都要面对山脉从中阻隔的问题。在神木站下车后继续往前走，会从一些神圣树木旁路过，其中最古老的树有3000年历史。或者，也可以在后半夜乘坐祝山线（沼平站—祝山站），在铁路的最高点祝山站（海拔2451米）等待日出。

68
肥萨铁路线
（HISATSU LINE）

日本九州
（Kyushu, Japan）

相较而言，在八代和隼人之间建造铁路要比在日本东海沿岸建铁路难一些。但在20世纪初，日本刚刚与大清和俄国交战，对两国很有防御心理。所以日本人选择了在内陆修建肥萨线。这条线路对于今天的铁路旅客来说是一个福音，因为这条全长124千米的旅途行驶得不紧不慢，沿途好似一幅慢慢展开的自然美景画卷。肥萨线沿着球磨川缓缓前行，然后驶回雾岛山。日本发布了三处日本境内最佳火车观景处，肥萨线停靠的吉松站附近正是其中之一。

河谷林业铁路上的旅游蒸汽列车行驶在罗马尼亚的喀尔巴阡山脉间,正沿途取水冷却发动机

69
瓦瑟尔河谷林业铁路（VASER VALLEY FORESTRY RAILWAY）

罗马尼亚北部
（Northern Romania）

罗马尼亚的喀尔巴阡山脉（Carpathian Mountains）庇护了欧洲最后的古老森林。这片山脉曾遍布窄轨森林铁路，主要用于将木材运出闭塞的山谷。现在，只剩下一条运营的铁路，这条全长22千米的河谷林业铁路在当地被称为莫科尼策尔（Mocăniţa）。线路建于1932年，从上维谢乌镇（Vişeu de Sus）开始，直至近乌克兰边境帕尔廷（Paltin）的锯木厂，伐木工人依然在使用这条线路。春季到秋季时，一辆旅游蒸汽火车也会走这条铁路。火车途中会停下，沿途取些水好给发动机降温，而火车燃料来自伐木场里的废木材。

70
西海岸荒野铁路（WEST COAST WILDERNESS RAILWAY）

澳大利亚塔斯马尼亚州
（Tasmania, Australia）

塔斯马尼亚的西海岸荒无人烟，鲜有交通道路，但是这里有许多崎岖的山脉和古老的雨林——这里的富兰克林氏泪柏（Huon pines）可以活2000多岁。1897年，人们在这片荒凉的边境上勇敢地建了一条铁路，连接了铜矿丰富的皇后镇（Queenstown）和斯特拉恩（Strahan）的港口。为了征服国王谷（King River Valley）和其他的陡坡，铁路沿途建造了各种桥梁，还利用了阿布特齿轨齿条传动系统［由瑞士工程师罗曼·阿布特（Roman Abt）设计］。现在，19世纪用的蒸汽列车仍然走在这条34.5千米长的重建铁路上。

71
飞鸟线（VOGELFLUGLINIE）

德国和丹麦
（Germany and Denmark）

候鸟沿着未曾改变的路线，在中欧和斯堪的纳维亚半岛之间来回迁徙，飞鸟线也是如此在不同的地形上驰骋。为了连接德国大都市汉堡和丹麦首都哥本哈根（大约5小时的旅程），火车必须通过波罗的海上的费马恩海峡（Fehmarn Belt strait）。整条路线并没有铺设隧道或桥梁，火车直接开到渡轮上。从德国费马恩岛（Fehmarn）的普特加登（Puttgarden）到丹麦洛兰岛（Lolland）岛上的勒兹比（Rødby）距离共18千米，乘客需要坐轮渡。这是欧洲境内为数不多的火车与轮渡相结合的旅程体验，不过享受这样旅行体验的时间不多了：费马恩海峡隧道会于2021年贯通。

72
鲁菲尼亚克洞穴火车 (GROTTE DE ROUFFIGNAG TRAIN)

法国多尔多涅省 (Dordogne, France)

> 登上一辆小巧的列车来趟短途旅行，
> 在古老的地下艺术画廊里徜徉

基本信息
- 时间：13 000年前（鲁菲尼亚克岩画的年龄）
- 全程：1千米
- 最少用时：1小时
- 关键停靠点：鲁菲尼亚克洞穴
- 途经国家：法国

鲁菲尼亚克洞穴里有相当多的动物：158只猛犸象、29只野牛、16匹马、12只野山羊、11只披毛犀、6只蛇和1只熊。它们藏在山洞里大约13 000年了。

这个洞穴是一个8千米长洞穴系统的一部分，洞穴大约在200万~300万年前从法国西南部的白垩纪石灰岩体中缓慢凿出。洞穴里面的岩画是由马格德林人（Magdalenian）创作的，在旧石器时代晚期，即末次大冰期时代末期时，马格德林人曾广泛

分布于整个欧洲。这些人是多产的艺术家，用燧石或骨头做工具，并用木炭色的氧化锰来装饰洞穴的墙壁。他们还因善捕哺乳动物而闻名。不知道是不是巧合，很多岩画的主角猛犸象在马格德林人生活的时代灭绝了。

至少从16世纪开始，人们已经知道鲁菲尼亚克洞穴里有这些画作，然而直到20世纪50年代，考古学家才意识到这些岩画很古老。从1959年开始，游客能够乘坐电力火车进入洞穴。火车限制了乘载人数，也就减少了人类对这种脆弱环境的影响。这条线路会在每年3月中旬到11月运营（虽然穿着暖和，但在洞穴里还是会冷）。

今天的洞穴入口在鲁菲尼亚克村附近，马格德林人很可能也是通过这个洞穴入口出入。这些岩画遍布整个地下迷宫。1小时的旅程里，火车只行驶了约1千米，因为这条线路主要专注于岩画最集中的区域。火车还会不时地停下来，好让乘客近距离观察岩画。除了岩画艺术，还有证据表明熊曾经住在这里，因为还发现了墙上的动物爪痕和地面上冬眠时的坑洞。

更多早期人类的遗迹

73

莱茵—鲁尔城市快线（S28）

德国

乘坐梅特曼—杜塞尔多夫线去探访古老的祖先遗迹。火车途经尼安德特，这里发现了第一个"尼安德特人"的化石，化石现在陈列在梅特曼的博物馆。

74

梅维尔火车

法国滨海阿尔卑斯省

线路全程约100千米，火车从尼斯出发，途经罗亚谷，最后停靠在唐德。沿途有上千新石器时代及青铜时代的岩石雕刻。

75

英吉利海峡隧道连接铁路

英国肯特郡

施工队在肯特的艾贝斯费特联因建设高速1号铁路，发掘出了一个被燧石包围的、有400 000年历史的大象骨架。这让人们对旧石器时代的英国有了新的认识。

最左图：游客可以乘坐电力火车进入鲁菲尼亚克洞穴

左图：鲁菲尼亚克的岩画创作于约13 000年前

史前时期　**69**

76

多瑙河谷铁路 (DANUBE VALLEY RAILWAY)

德国巴登—符腾堡州和巴伐利亚州
(Baden-Württemberg and Bavaria, Germany)

> 徜徉在欧洲第二长河流两岸的优美风景中。

基本信息
- 时间：1100万～1500万年前（多瑙河形成时）
- 全程：335千米
- 最少用时：5.5小时
- 关键停靠点：雷根斯堡、因戈尔施塔特、多瑙沃特、乌尔姆、伊门丁根、多瑙埃兴根
- 途经国家：德国

喜欢这条线路吗？再看看这个

77
穆尔格山谷铁路

德国巴登-符腾堡州

这条铁路穿越了古老的黑森林峡谷，全长58千米，从拉施塔特出发前往弗罗伊登施塔特。沿途会经过10条隧道、8座桥梁，景色壮观。

右图：铁路穿过上多瑙河谷的侏罗纪石灰岩地带

多瑙河是欧洲第二长的河流，发源于德国黑森林，汇入2860千米之外的黑海。多瑙河形成于大约1500万年前：随着阿尔卑斯山脉的隆起，水系类型也随之发生变化，这条新生的水流从山脉东边积流而出。多瑙河不仅仅在水文学中很有趣，而且一直是重要的水资源，是国家的分界线，也是一条超级水上高速公路。这些荣誉对于多瑙河来说是实至名归。

今天，坐火车可以游览德国境内多瑙河的大部分河道。19世纪中期时，人们提出要建造一条沿河铁路，主要出于军事目的。在"二战"期间，铁路成为进攻的目标，1945年纳粹军队撤退时，摧毁了许多铁路线上的桥梁。但之后，多瑙河谷铁路很快恢复了运行。

溯流而上，多瑙河谷铁路的第一段线路连接了中世纪城镇雷根斯堡和乌尔姆，途经拜恩州，这段上游路段会五次穿过多瑙河。然后火车会达到多瑙河裂口，多瑙河在这里穿过了侏罗山，接着火车来到因戈尔施塔特，这座城市因玛丽·雪莱创作的《弗兰肯斯坦》而闻名。

不一会儿，火车抵达美丽的多瑙沃特，接着穿过森林覆盖的山丘驶向乌尔姆，阿尔伯特·爱因斯坦就出生在这里。这里的乌尔姆大教堂高161.5米，是世界上最高的尖塔教堂。

多瑙河谷铁路的巴登—符腾堡州段是最美丽的一段，尤其是经过上多瑙河自然公园里的侏罗纪石灰岩峭壁时。在伊门丁根和图特林根之间有个多瑙河落水洞，多瑙河的河水在这里流入地下，导致部分河床一年中有200天都是干涸的。

铁路的终点在多瑙埃兴根，这里是多瑙河的发源地。在菲尔斯滕贝格宫殿里有一个装修华丽的池子，池中的那汪小型岩溶泉据说就是多瑙河这条滔滔长河的源头。

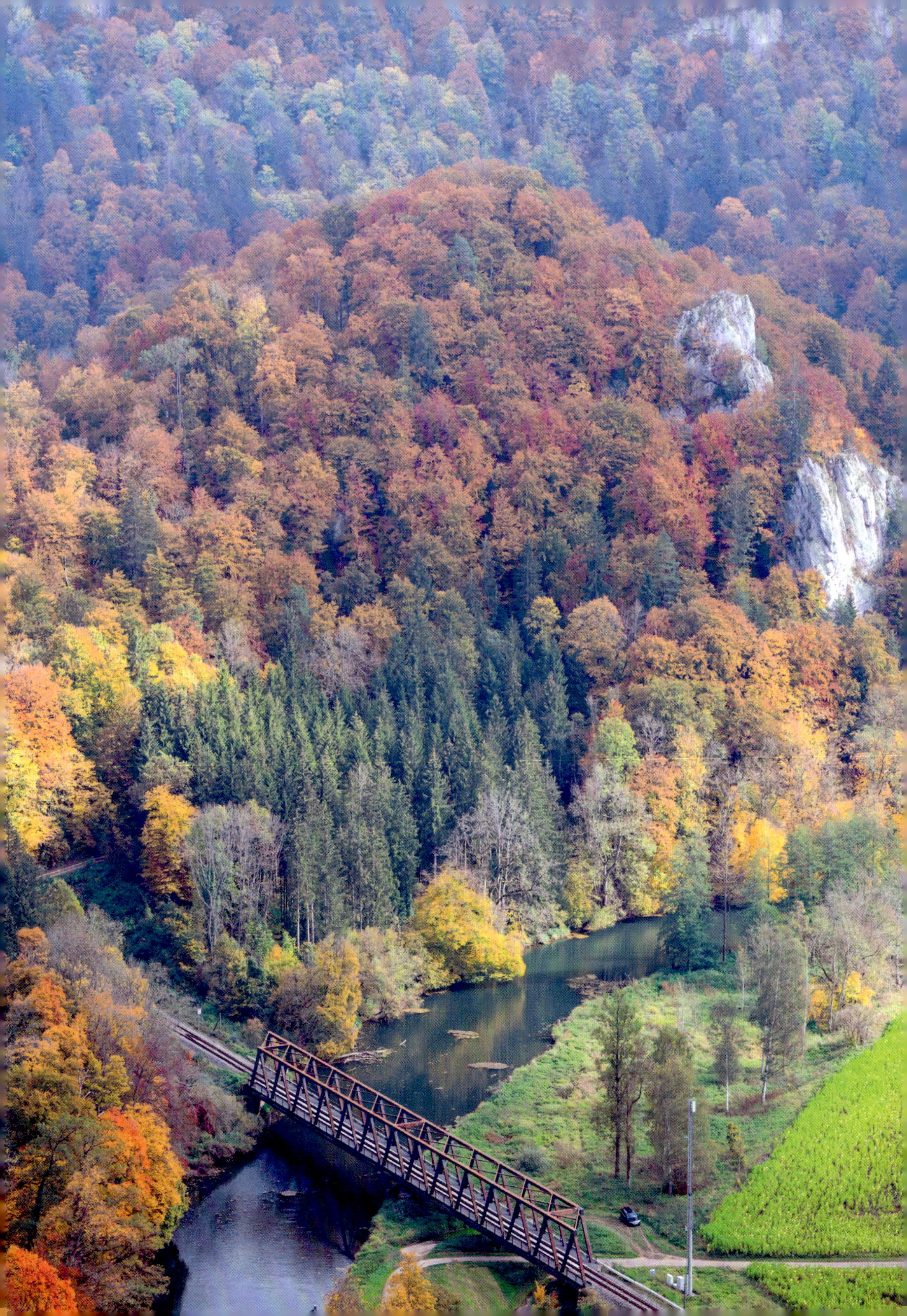

78
东德岛—东阔岛线
(DON DET-DON KHON)

老挝南部
(Southern Laos)

在多山的内陆国老挝，交通运输比较困难。即使是约 800 万年前形成的神圣的湄公河，也因季节性的水位波动，对交通运输帮助不大。也因此铁路交通运输方面还是做了些尝试：在四千美岛上，法国人在 1893 年曾试图建立一条铁路。东德岛—东阔岛线的窄轨铁路全长 7 千米，连接了横跨湄公河两岸的这两座棕榈树点缀的热带岛屿。到了 1950 年，这条铁路几乎被废弃，但现在仍然可以沿着铁路走走，从老混凝土码头穿过稻田，走上 170 米长的高架桥，桥上陈列着的那辆火车正在潮湿的空气中慢慢生锈。

79
布里恩茨—洛特峰铁路
(BRIENZ-ROTHORN RAILWAY)

瑞士伯尔尼高地
(Bernese Oberland, Switzerland)

布里恩茨湖形成于末次大冰期之后，整片湖水是一片让人惊叹的碧蓝，布里恩茨—洛特峰铁路则是观看这片湖的最佳地点。这条长 7.6 千米的线路于 1891 年开通，现在是瑞士唯一一条每日运营的蒸汽火车。在夏季的每周三下午，线路甚至提供特别的"蒸汽香肠快车"(Steam Sausage Express) 服务，司机会用火车上的蒸汽壶来烹制香肠。整段旅途从位于山间的布里恩茨启程，火车车头固定在车身后面，缓缓地推动车厢经过小木屋、松树林和开满野花的草地。2350 米的洛特峰山顶上是瑞士伯尔尼 (Bern)、上瓦尔登 (Obwalden) 和卢塞恩 (Lucerne) 三个区域的交界处。在山顶上，可以欣赏布里恩茨湖的全景和连绵起伏的阿尔卑斯山峰。

80
奥鲁罗—乌尤尼线
(ORURO-UYUNI)

玻利维亚西南部
(Southwest Bolivia)

你可以从玻利维亚的奥鲁罗乘坐火车去乌尤尼边境的阿尔蒂普拉诺高原（altiplano）前哨，全程大约315千米。但身处乌尤尼边郊时，会觉得往后铁路旅行的前景有些惨淡。火车墓地（Cementerio de Trenes）坐落在这里，这个古怪的墓地属于生锈的铁轨和画满涂鸦的火车，在20世纪40年代采矿业落寞时，它们被遗弃了，没有来得及等到火车复兴的机会。这片墓地坐落在绚丽的乌尤尼盐湖（Salar de Uyuni，约10 000～13 000年前形成）旁边，而火车孤寂地留在墓地里，被环境中的腐蚀性空气慢慢吞噬。也不知什么原因，这片阴森可怕的墓地远远比室内博物馆更能表述铁路的历史。

81
夏洛瓦火车
(TRAIN DE CHARLEVOIX)

加拿大魁北克省
(Québec, Canada)

圣劳伦斯河（St Lawrence River）流经五大湖至大西洋间的地质坳陷带，是北美关键的水路通道之一。从这片土地上的第一批居民直到做皮毛买卖的旅人，人们在圣劳伦斯河的两岸穿梭已久。现在，一条旅游列车也是如此，在魁北克市（Québec City）和拉玛贝尔（La Malbaie）的山区度假村之间，全长125千米的铁路上穿梭。夏洛瓦火车沿一条老伐木路线行驶，沿途会停靠在一些沿海村庄里，一路上提供美味的食物。因为一直都紧贴大型水路的边缘行驶，乘车的感觉就像是乘船在巡游，沿途留心还能看到海鸟和鲸鱼。

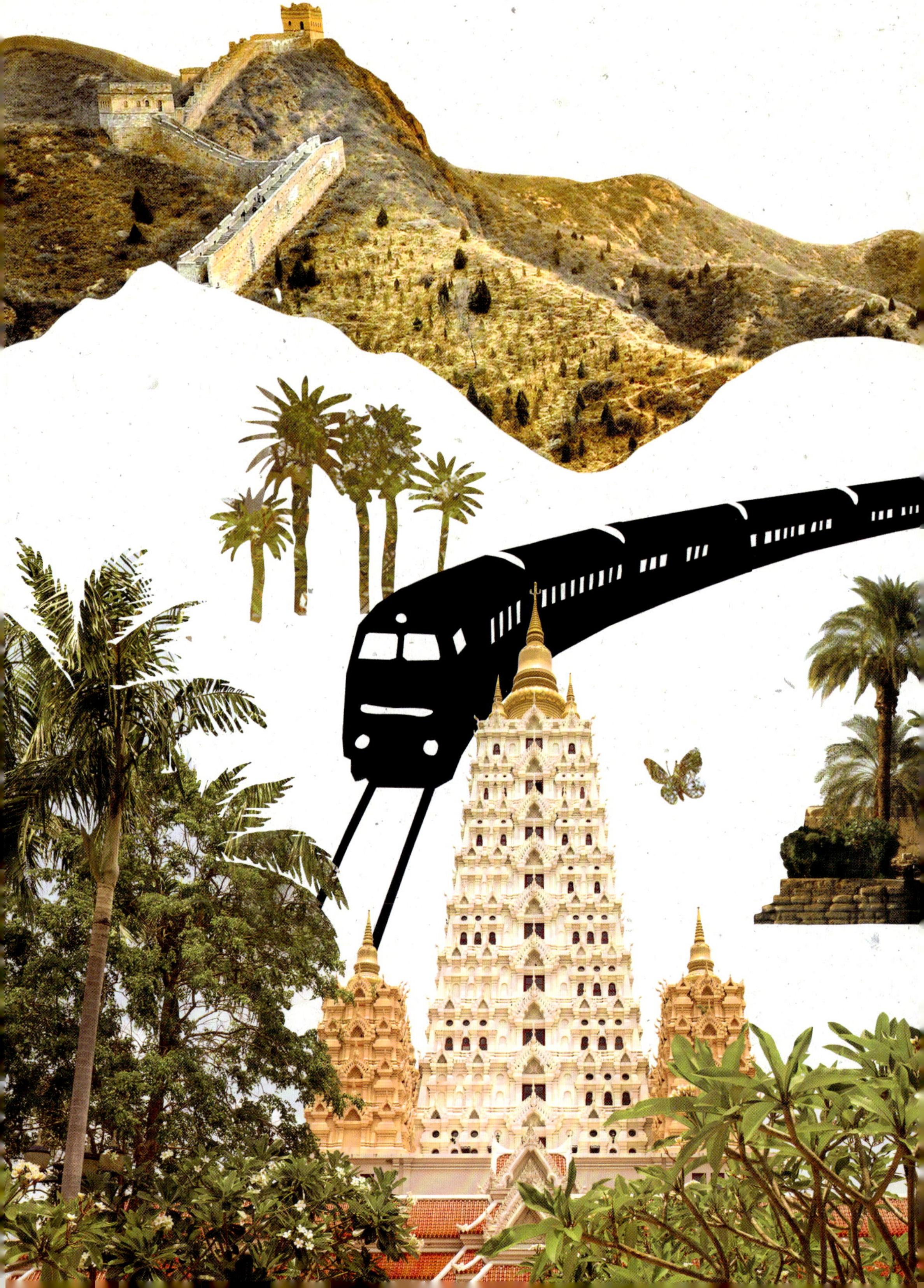

第 2 章
古代世界

从文明的诞生时期出发前往公元600年，沿途探索那些早已消失的帝国、宗教的起源、考古学的珍宝和古老的文化。

82
开罗—阿斯旺线 (CAIRO-ASWAN)

埃及尼罗河谷（*Nile Valley, Egypt*）

> 沿着世界上最长的河流之一回到法老时代。

基本信息：
- 时间：公元前3100年（早王朝时期开始时）
- 全程：879千米
- 最少用时：10～12小时
- 关键停靠点：开罗、吉萨、艾斯由特、基纳、卢克索、伊斯纳、伊德富、考姆翁布、阿斯旺
- 途经国家：埃及

另一条可供选择的古埃及线路

83
开罗—亚历山大线
埃及北部

乘坐2.5小时的火车游览尼罗河三角洲，火车连接了埃及的首都开罗（坐落有古代博物馆）和地中海港口城市亚历山大，这座城市由亚历山大大帝建于公元前331年。

是火车车厢？还是时间机器？很难说清。在乘火车经过尼罗河的时候，仿佛感觉回到了法老掌权的时代。这条非洲最长的河流似乎并不受现代化的影响。凝视着窗外的棕榈树、牛车、三桅帆船和偶然出现的骆驼，根本感觉不到已经过了5000年。

尼罗河是埃及的命脉。没有尼罗河的水资源和河漫滩，这片干旱的沙漠没有繁荣起来的可能。情形一贯如此，公元前6000年起，人们就在这里定居，并沿着河岸发展起来。在大约公元前3000年，上埃及和下埃及统一后，人们建立世界上第一个（仍有争议）国家，也创造了亚历山大大帝（Alexander the Great）到来以前一直主宰地中海的文明。对于古埃及人来说，尼罗河是重要资源，也是信仰中不可分割的一部分。河水两岸为生地（河东岸）和死地（河西岸），旁边矗立着巨大的金字塔。

很久之后，尼罗河也吸引来了铁路建造者。1851年，埃及的统治者邀请英国铁路工程师罗伯特·"火箭"·斯蒂芬森（Robert 'Rocket' Stephenson）建设一条铁路，从亚历山大出发前往开罗，途经尼罗河三角洲。线路在1854—1856年分段建设，这是非洲第一条铁路线。铁路最初通过火车轮渡来穿过卡夫拉·埃尔—扎亚特市内的尼罗河河道。1858年，埃及王位继承人溺水而死，据推测他乘坐的车厢是在这里掉进了水里。在此之后，斯蒂芬森修建了平旋桥以代替火车轮渡。

建设从开罗向南的铁路段花了更长的时间。到1898年，可以乘火车从开罗前往上游的边境城市阿斯旺，线路全程长879千米。现在，这是一条进入埃及南部的便捷路线。大多数旅客会登上"豪华"卧铺车厢在夜里继续前行。如果你从北到南旅行，起初在城里困意绵绵，醒来后却来到了一个不同的世界：粉色的

黎明正破晓，朝霞笼罩着泥砖房，远处有撒网的渔民，还有无尽的沙漠。

不过，夜间乘坐卧铺也意味着错过很多风景。理论上说，政府的限制性措施阻碍了游客乘坐更便宜的日间线开罗—卢克索—阿斯旺特快专列。但实际操作上，你可以在网上买这趟列车的票或者直接登上火车来解决这个问题。

离开开罗宏伟的拉美西斯火车站（Ramses Station）之后，火车首先会走过尼罗河西岸的因巴拜桥（Imbaba Bridge）。原来的桥于1892年开通，由古斯塔夫·埃菲尔（Gustave Eiffel）设计，现在的这座桥是20世纪20年代开始兴建的。接着，火车驶向吉萨，

下图：火车沿着尼罗河行驶，这条河仿佛千年来都不曾改变

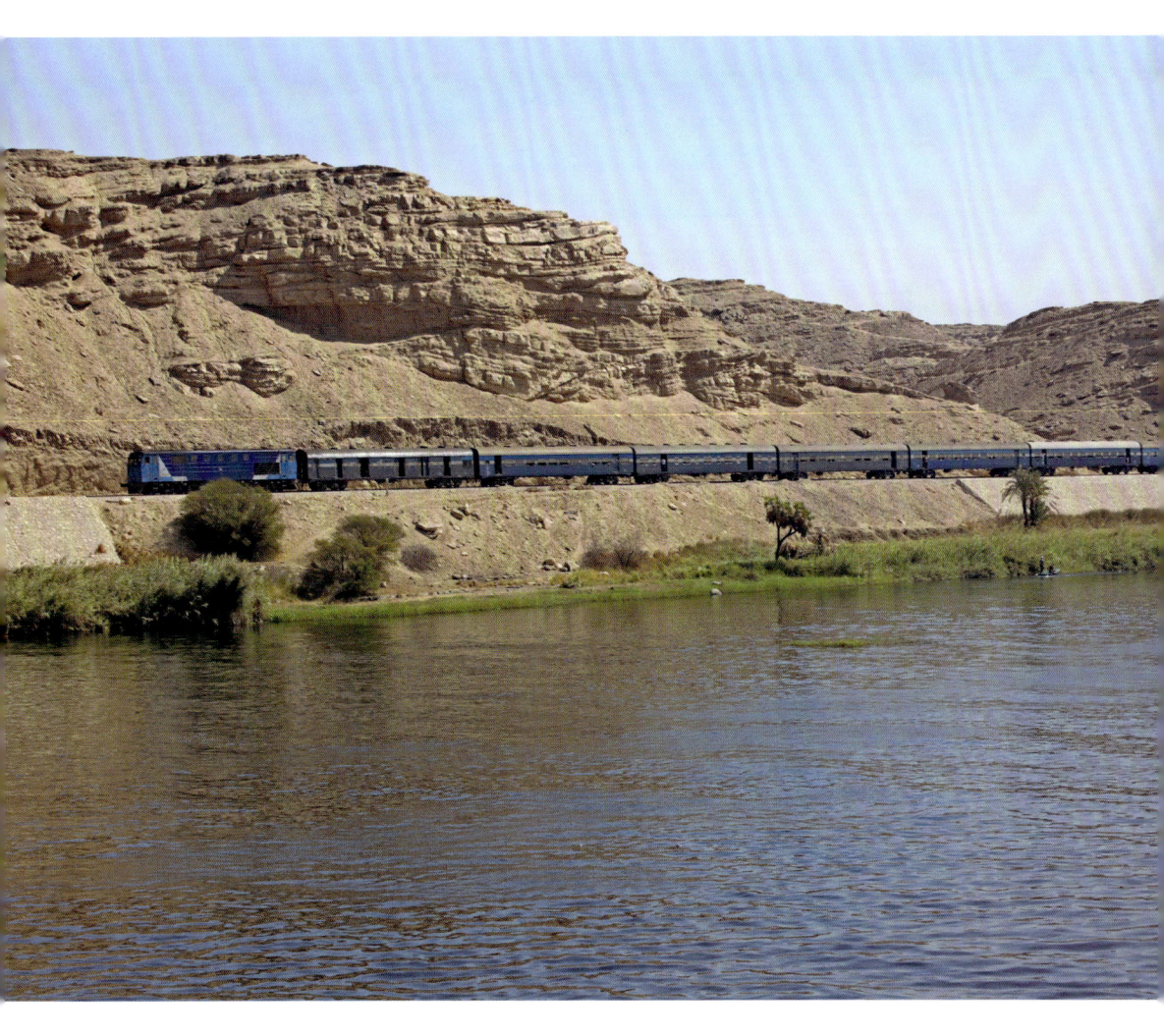

古代世界　77

三座金字塔就坐落在黄沙漫漫的吉萨郊区。这三座巨型纪念性墓葬建筑建于公元前2580年，是仅存的世界古代奇迹之一。

随着铁路沿尼罗河西岸向南行驶至拿戈玛第，埃及人的生活画卷正慢慢展开。火车继续开往尼罗河大弯道旁的基纳，从这里可以去丹德拉（Dendara）的希腊罗马式神庙。不过，卢克索才是观赏古埃及的最佳地点：85%的文明遗址都在这附近。河岸上的卢克索神庙（Luxor Temple）、卡纳克（Karnak）巨大错综的石阵和方尖碑、底比斯墓地（Theban Necropolis）和帝王谷都坐落在这座城市周围。

卢克索—阿斯旺段最初使用的是窄轨铁路。1896年，埃及军方在苏丹（Sudan）展开战役时，想要一条快速便捷的支援用铁路线。20世纪20年代，这条铁路转换成标准规格轨道。现在，走这条铁路从卢克索到阿斯旺要4个小时，途经伊斯纳、伊德富、考姆翁布等一系列古埃及遗址。

阿斯旺自古以来就是通往埃及南部的门户，在一座座沙漠沙丘之间它静静受着尼罗河第一个大瀑布的滋养。同时存在的棕榈树、摇摇欲坠的废墟，以及飘荡的三桅帆船，让整个城市好像穿越了时间。前往老大瀑布旅馆［Old Cataract Hotel，由旅行公司托迈酷客（Thomas Cook）建于1899年］，站在旅馆的阳台上，俯视这亘古不变的河流，为这趟火车之旅干上一杯。

右图：铁路沿着尼罗河，连接了开罗至埃及南部一些地标，比如卡纳克的大柱厅（Great Hypostyle Hall）

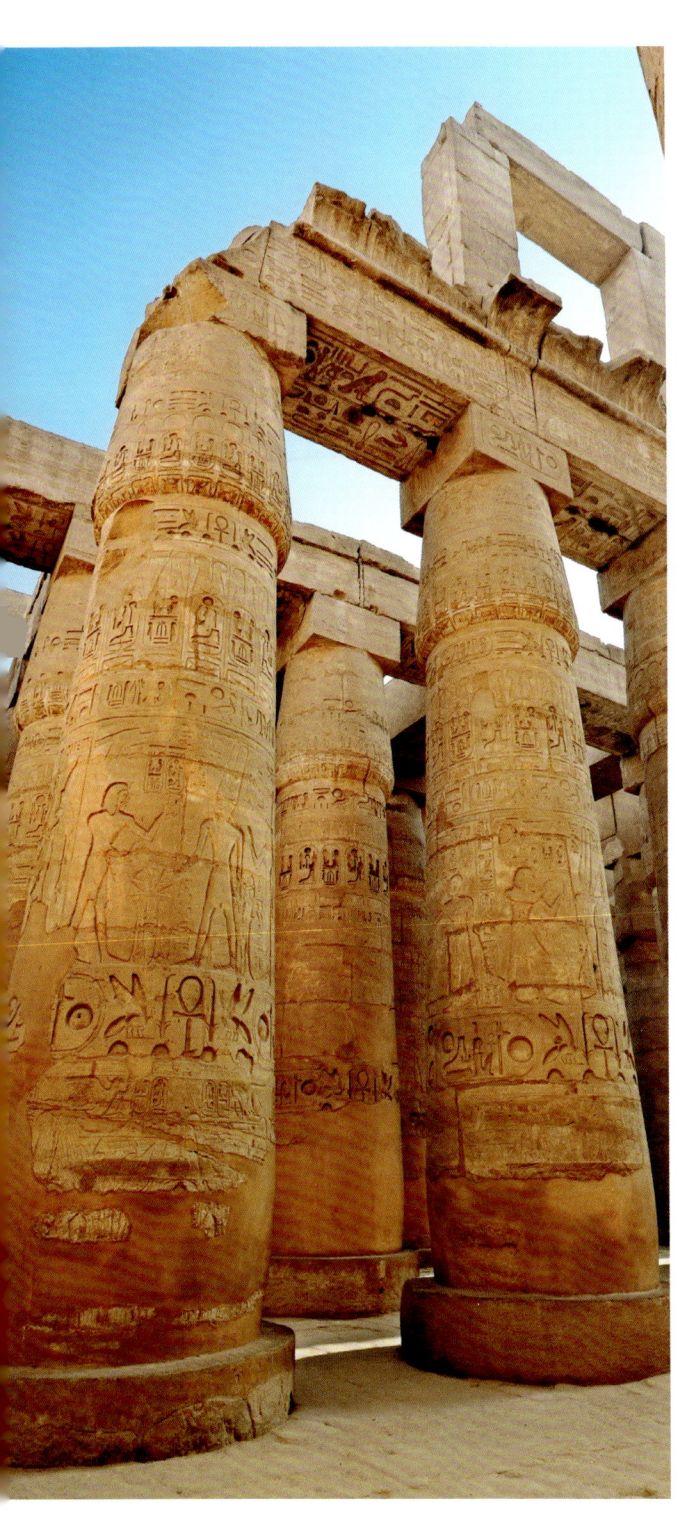

84
东部快车
(DOĞU EXPRESS)

土耳其
(Turkey)

　　这条长1944千米的东部快车以不太像特快专列的速度,从大都市伊斯坦布尔开往土耳其的最东边。确实,这辆列车得花上40个小时才能到达它的终点站——位于安纳托利亚高原东部、近亚美尼亚边境的卡尔斯市(Kars)。古时历代帝国都在争夺这片山脉周边的区域,比如埃尔祖鲁姆市(Erzurum)。在沿着幼发拉底河行驶一段路后,火车抵达埃尔祖鲁姆,这座城市可能建于公元前5000—前4000年,波斯人、拜占庭人、萨珊人、蒙古人等都统治过这里。埃尔祖鲁姆考古博物馆和塞尔柱(Seljuk)纪念建筑就讲述了那些历史故事。

古代世界　79

85
开伯尔邮政列车 (KHYBER MAIL)

巴基斯坦印度河流域 (Indus Valley, Pakistan)

> 探索曾经很伟大的一条铁路，
> 它从世界最古老文明的中心地带呼啸而过。

基本信息
- 时间：公元前3300—前1300年（印度河流域文明时期）
- 全程：1721千米
- 最少用时：32.5小时
- 关键停靠点：卡拉奇、海得拉巴、罗赫里、木尔坦、拉合尔、拉瓦尔品第、白沙瓦
- 途经国家：巴基斯坦

印度河流域文明是世界上最早建立的先进社会之一。印度河河漫滩上的考古遗址可以追溯到公元前3300年，也可能更早。贸易对文明的兴衰至关重要，不过也得益于一些重要的科技进步，比如，首次使用车轮运载式的交通工具。

让我们回到19世纪，那时候新的交通运输技术进入印度河流域。1851年，英国人开始在巴基斯坦北边阿拉伯海的卡拉奇港建造铁路。在1947年殖民者离开之后，新兴、独立的巴基斯坦拥有超过8000千米的铁路轨道。其中最著名的是开伯尔邮政列车，这条线路成为联合这个新生国家的中枢线路。

70年过去了，巴基斯坦的经济和政治受到了重创，开伯尔邮政列车也已今非昔比。但这趟列车在大部分日子里依然勇往直前，尽管很少能够准时到达。

在撰写本书的时候，英国外交和联邦事务部（UK Foreign and Commonwealth Office）建议不要前往巴基斯坦的大部分地区，因为那里正遭受恐怖主义的威胁——很遗憾，因为这是一条非常经典的线路。从卡拉奇出发，火车盘绕山谷蜿蜒而上，穿过信德省（Sindh），接着通过戈德里市的桥跨过印度河。接着，火车会经过旁遮普省（Punjab）的一片片棉花田和橘林，不一会儿，就到了重要的印度河流域考古遗址所在处哈拉帕。遗憾的是，这里古老的土砖墩在19世纪50年代被摧毁了，成千上万的砖块被拿去用作铁路道砟。

在经过文化之都拉合尔之后，火车转而向西北方向行驶，穿过拉瓦尔品第和印度河上的老阿塔克桥（Old Attock Bridge）。火车最后停靠在白沙瓦，这里离西边的阿富汗只有几千米远。

86
开伯尔山口铁路
（KHYBER PASS RAILWAY）

巴基斯坦西北部
（Northwest Pakistan）

开伯尔山脉（Khyber Mountains）在历史上极具战略意义。大流士一世（Darius I）、亚历山大大帝和成吉思汗都曾在阿富汗和巴基斯坦之间的这片楔形地带行军。相比那时而言，坐火车穿越这一地带就方便快捷多了。1925年，英国人从边境城镇白沙瓦修建了一条52千米长的铁路，直至海拔1065米的兰迪科塔尔（Landi Kotal），这里是整条铁路的最高点。这条线路后来并未定期运营，但在20世纪90年代，老式的蒸汽列车开始走这条崎岖的线路接待游客——沿途要通过92座桥梁，其中在4个车站需要调头爬坡。遗憾的是，2006年的洪水毁坏了铁路，线路停止了运营。

左图：开伯尔邮政列车和开伯尔山口铁路都停靠白沙瓦

古代世界　　**81**

87

皮利翁山小火车 (LITTLE TRAIN OF PELION)

希腊色萨利区（Thessaly, Greece）

> 乘坐窄轨火车穿过皮利翁半岛的橄榄树丛，前往希腊众神的避暑胜地。

基本信息
- 时间：公元前510—前323年（希腊古典时期）
- 全程：28千米
- 最少用时：1.5小时
- 关键停靠点：阿诺·莱科尼亚、阿诺·加泽亚、米里斯
- 途经国家：希腊

下图：埃瓦里斯托·德基里科桥是直线形的，但铁轨以曲线穿过桥身

皮立翁山是个传奇的地方。根据古希腊人的说法，这座1651米高的山峰被两个巨人扔上了皮利翁半岛的奥萨山（Mount Ossa），巨人想垫着皮立翁山登上奥林匹斯山（Mount Olympus）。据说，皮立翁山也是半人半马的肯陶洛斯诞生的地方。还有，皮立翁山山坡上的木头据说用来建造了阿尔戈英雄的船，他们乘着这艘船去寻找金羊毛。传说皮立翁山甚至是12位奥林匹克神的避暑胜地。可以说，皮利翁山在这个文明的神话中可谓是举足轻重。

现在不需要巨大的台阶或者虔诚的祷告力量才能爬上山。1894—1903年，一条宽60厘米的窄轨铁路——世界上最窄的

沃洛斯 VÓLOS

PELION PENINSULA
皮利翁半岛

MOUNT PELION
皮立翁山

米里斯 MILIÉS

阿诺·莱科尼亚 ÁNO LEHÓNIA

Evaristo de Chirico Bridge
埃瓦里斯托·德基里科桥

Áno Gatzea
阿诺·加泽亚

Taxiarchis Stream
塔夏西阿尔希斯溪

PAGASETIC GULF
帕格塞蒂克海湾

铁轨之一，铺设到了这里。这条60千米长的铁路从帕格塞蒂克海湾的沃洛斯港口上行至米里斯，这个村庄在皮立翁山山侧400米的地方。这条铁路由意大利工程师埃瓦里斯托·德基里科（Evaristo de Chirico）策划，他的儿子出生于沃洛斯，也就是超现实主义艺术家乔治·德基里科（Giorgio de Chirico）。乔治观察工作中的父亲后，开始逐渐对铁路这种奇特新颖的交通方式着迷，他的画作中经常会出现隐藏着的小火车。

火车在地形连绵起伏的皮利翁半岛的发展中起了关键性作用，铁路运输使本地贸易市场兴旺起来，也促进了人群的流动，推动了文化的传播。1971年，这条线路关停了，人们改走公路。但现在，这条线路作为一条遗产线路重新运营，在每年的复活节到10月期间每周六或周日运营（7月和8月每天都运营）。皮利翁山小火车不再走原来的路线了，而从阿诺·莱科尼亚车站出发，这里离沃洛斯很近，乘坐短途巴士就可以到达。火车会沿着原铁路最后的28千米铁路段上行至米里斯。

在早些时候，皮利翁山小火车的绰号叫"脏兮兮"号列车（Mountzouris），因为原先的蒸汽列车总是冒出黑烟。自那以后，这辆车就改成了柴油车，现在只拉三节旅客车厢，而不再像以前那样拉着25节以上的车厢，车厢里人和货物就要漫出来了。坐这条路线算不上是最舒服的——椅子是硬硬的木质椅，但是坐这辆车爬上葱郁幽深的山谷可是绝佳体验。皮利翁半岛和人

更多古希腊线路

88

卡塔科隆火车

希腊伯罗奔尼撒

记得在13千米的旅程中热热身，因为火车会从卡塔科隆出发，开往古老的奥林匹亚废墟，第一届奥林匹克运动会于公元前776年在这里举办。

89

雅典—塞萨洛尼基线

希腊

这条新的高速铁路线将会连接雅典（公元前3000年建立）和塞萨洛尼基（公元前315年建立），大大缩减希腊这两个最重要城市之间的旅途用时。

古代世界 **83**

喜欢这条线路吗？
再看看这个

**90
吕卡维多斯山缆索
铁路**

希腊雅典

在雅典最高的吕卡维多斯山上观看雅典城遗址，还能眺望古老的雅典卫城。这条倾斜的铁路直爬到山顶，全长210米。

**91
奥东托托斯齿轨铁路**

希腊伯罗奔尼撒

这条窄轨铁路于1896年开通，全长22千米，连接了季亚科普通和卡拉夫里塔。线路途经武拉伊科斯河谷峡谷，传说这条河谷是希腊神祇赫拉克勒斯劈开的。

们印象中那种一成不变的希腊海滩岛屿不同。岛屿上的山丘连绵起伏，苍翠欲滴；整个岛都被茂密的森林、橄榄树丛、青草和果树覆盖——在汗流浃背的夏天，空气里弥漫着的尽是凉爽、清新和芬芳。

这些山丘当然也对埃瓦里斯托的铁路策划团队的技术提出了挑战。为了征服这些坡度2.8%的山坡，以及阿诺·莱科尼亚和米里斯之间近乎垂直的深谷，埃瓦里斯托团队建设了一系列隧道、扶壁和连拱桥，连拱桥由大理石和石灰石建造，外形漂亮利落。卡洛拉马桥（Kalorema Bridge）让人印象尤其深刻。这条铁路的设计体贴入微，和周围的自然景色完美融合在了一起。从山间的泉水叮咚到帕格塞蒂克海湾的波光粼粼，这一路风景怡人。

随着铁路越来越靠近米里斯，地形更富变化。就在离终点站几百米处，火车来到"德基里科铁桥"，这座桥横跨了塔克西阿尔希斯溪所在的深谷。铁桥还有一个不寻常的设计：桥是直线形的，但铁轨以曲线穿过桥身。

火车在米里斯（意为"苹果树"）会多停留一会儿。在出发之前，旅客可以在村庄的广场周围闲逛几个小时，逛逛商店，参观18世纪的教堂。或者，也可以迈开双腿，在埃瓦里斯托·德基里科桥窄窄的人行道上走走，徒步走回阿诺·莱科尼亚的话，大约花费5.5小时。

右图： 皮利翁山小火车行驶的铁轨是世界上最窄的铁轨之一

最右图： 皮利翁路线上的桥梁和周围的自然环境融为一体

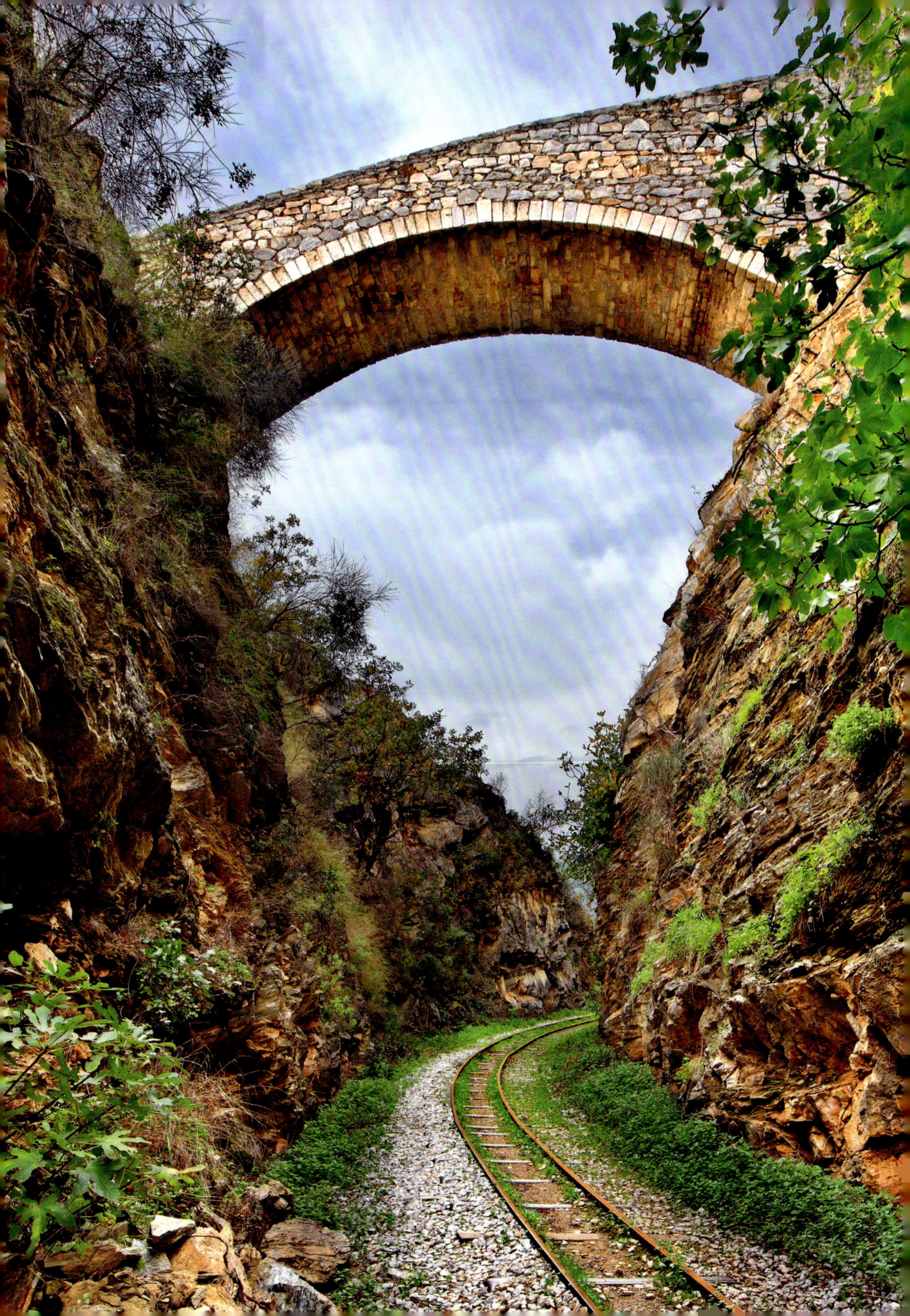

92
大奥姆登山有轨电车 (GEAT ORME TRAMWAY)

英国北威尔士 (North Wales, United Kingdom)

> 乘坐老式的缆索路面有轨电车，
> 来到青铜时代就在从事矿业开采的海岸岬角。

基本信息

- 时间：4000年前（在大奥姆开采铜）
- 全程：1.5千米
- 最少用时：20分钟
- 关键停靠点：维多利亚火车站、哈夫韦车站、大奥姆峰
- 途经国家：英国

右图：电车从1902年起就在大奥姆的岬角上奋力牵引

另一条有轨电车路线

93
T1号有轨电车
土耳其伊斯坦布尔

古老的T1号电车从卡巴塔斯开往巴格希勒，途经古老君士坦丁堡的很多历史遗址，其中包括令人惊叹的圣索菲亚大教堂。圣索菲亚大教堂建于532—537年，原来是座博物馆，现为一座清真寺。

青铜时代的北威尔士的采铜矿工要是有这辆小小的火车该有多好。大约在4000年前，史前人类就在大奥姆徒手挖出一些珍贵的金属了。大奥姆是一个巨大的石灰岩岬角，在海边小镇兰迪德诺（Llandudno）附近。但直到1901年，在这里的采矿业停止很久之后，才开始建设这条窄轨的单轨线路，线路将人和货物运到207米高的小丘之上。

大奥姆登山电车于1902年开始运营。现在，它是英国唯一的缆索路面有轨电车，也是世界上仅有的三条之一。电车轨道分为两个部分，彼此独立运行，有两辆电车同时在各自部分的轨道上运行。它采用的是平衡索道系统，下行的那辆电车用拉力牵引上行的另一辆。现在仍然用的是维多利亚时期的四个车厢。

电车轨道的下半段起点站在维多利亚火车站（Victoria Station，建于1904年），它在街道中倾斜着向上攀爬，车体的一半还在地面上时，兰迪德诺湾（Llandudno Bay）就被甩在了身后。旅客可以在近期翻修的哈夫韦车站（Halfway Station）下车，这里有关于这条铁路的展览，还有两个绞车司机在操控电车。从哈夫韦车站步行不远，就到了大奥姆海岬青铜时代的铜矿区，还可以在这里探索古老矿山地道。附近还有6世纪的圣图德诺（St Tudno）教堂——电车曾经搬运棺材上山以准备葬礼（送葬者必须为过世的人付全额的车票费用！）。

轨道的上半段没有那么陡峭，电车在草坡上缓缓驶过，沿途的绵羊和克什米尔山羊（这个山羊种群从19世纪中期起就在这片草坡上游荡了）在吃草。山顶的景色非常壮观，在晴朗的日子里，能看到湖区（Lake District）和马恩岛（Isle of Man）。

94
萨巴纳旅游列车
(TRENTURISTICO DE LA SABANA)

哥伦比亚中部
(Central Colombia)

哥伦比亚的国家铁路网络在20世纪90年代停运了,但"萨凡纳铁路"(Savannah Railway)一直在赶时髦。自1898年以来,53千米长的萨巴纳旅游列车一直在首都波哥大(Bogotá)和殖民小镇锡帕基拉(Zipaquirá)之间行驶。漂亮的蒸汽火车和柴油火车从萨巴纳旅游线路的北边启程,从新古典风格的萨巴纳火车站开往郁郁葱葱的安第斯山脉。音乐表演团队和兜售馅饼的小贩在车厢间游荡着。到了锡帕基拉,可以去主广场看看,还可以参观被联合国教科文组织列为世界遗产的盐矿[罗马天主教的盐教堂(Salt Cathedral)所在地],这些盐矿早在公元前5世纪就被开采了,那时是前哥伦比亚时期的穆易斯卡文化时期(Muisca)。

95
伊斯坦布尔地铁
(ISTANBUL METRO)

土耳其伊斯坦布尔 (Istanbul, Turkey)

在伊斯坦布尔建铁路是件让人有挫败感的任务。在这个如此有历史价值、长久以来作为文化十字路口的城市中,每一铁铲挖下去都会出现又一个让人着迷的过往。伊斯坦布尔的第一条地下铁路杜乃尔(The Tünel)于1875年开通,是世界上第二古老的地铁线。这条短途爬坡线路现仍在卡拉柯伊街区(Karaköy)和贝伊奥卢区(Beyoğlu)之间使用。然而,一条更现代、更快速的铁路线在1989年开建,现在仍然在施工中。期间,古怪的罗马蓄水池和拜占庭时期的船骸的发现导致了施工方面的延迟;而2009年于耶尼卡皮(Yenikapı)码头发现的新石器时期人类定居的遗迹,成功改写了历史,将伊斯坦布尔已知的历史追溯到大约6000年前。

96
雅典地铁
(ATHENS METRO)

希腊雅典 (Athens, Greece)

对于一条地铁而言,雅典地铁反而更像是座地下博物馆。为筹备2004年的奥林匹克运动会,雅典地铁于20世纪90年代开始挖建,在此过程中,人们发掘出很多古希腊时期的珍宝。现在,在这条地铁的地铁站内,这些珍宝在它们被发掘出土的地方展出。在宪法车站(Syntagma Station)上下车的旅客会路过玻璃展台内的古希腊双耳细颈瓶、前迈锡尼时期的坟墓和罗马时代的浴缸。在摩纳斯提拉车站(Monastiraki Station,位于雅典卫城的正下方),还可以看到伊利达诺斯河(Iridanos River)以前的石堤,2世纪时被改建成了管道。

下图:金丝雀码头的横贯铁路火车站是巨大铁路基建项目中的一部分

横贯铁路（CROSSRAIL）

英国英格兰东南部（Sountheast England, United Kingdom）

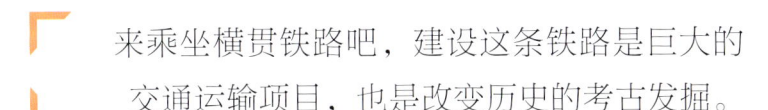

> 来乘坐横贯铁路吧，建设这条铁路是巨大的交通运输项目，也是改变历史的考古发掘。

基本信息

- 时间：公元43年（罗马人入侵不列颠）
- 全程：118千米
- 最少用时：1小时40分钟
- 关键停靠点：雷丁、希思罗、帕丁顿、托特纳姆法院路、利物浦街、金丝雀码头、罗姆福德、申菲尔德、阿贝伍德
- 途经国家：英国

一般认为，伦敦最初由罗马人建立，即罗马皇帝克劳狄一世（Emperor Claudius）入侵不列颠之后所创建。罗马人被这块看似不太吉利的河口沼泽地吸引，流经这片沼泽地的河流足够窄，能在河上修桥；这条受潮汐影响的河流也足够深，从海岸起航的船只能够通过——这里是战略上和商业上的双赢之地。

罗马人建的"伦底纽姆*"（Londinium）起初只是泰晤士河北岸的一小块居民地。在之后的几十年的时间里，这里被［爱西尼（Iceni）部落的女王布迪卡（Boudicca）］夷为平地又被重建，之后这座城建得更大，还修筑了石墙。在随后的千年时间里，这座城市形成了具有反弹式的恢复力特征——每次有敌人入侵、战争爆发，或是自然灾难，伦敦总是能收拾起残骸、继续前进。伦敦现在是世界上人口最多也最重要的城市之一，横贯铁路就是在伦敦丰富而多样的过去中挖建起来的。

横贯铁路是欧洲最大的基础建设项目之一，旨在缓解伦敦这座历史悠久而屡经波折的大都市拥堵问题。铁路从2009年起开始修建，预期2020年末或2021年初全线完工。这条东西走向的全新线路有118千米长，连接了伯克郡的雷丁直至埃塞克斯的申菲尔德镇。铁路的支线线路连接了希思罗机场和格林尼治地区的阿贝伍德。横贯铁路沿途会穿过伦敦市市中心，这一平方千米的地方从罗马时期直到中世纪都是首都。

修建这条铁路是一项艰巨的工程，全线建设10个全新的火车站点，开凿出共424千米长的隧道。建设这条铁路同时也是一场最大的考古发掘，施工过程中发掘出了一系列的古代文物以及改写了历史的考古遗址，遗址之上即是日新月异的伦敦。

*伦底纽姆：又称罗马伦敦，是约公元43年建于今伦敦城一带的居民地。

古代世界

白金汉郡
BUCKINGHAMSHIRE

SHENFIELD
申菲尔德镇

ESSEX
埃塞克斯

伦敦
LONDON

Romford
罗姆福德

老橡树公交站
Old Oak Common

韦斯特伯恩公园
Westbourne Park

皇家橡树区
Royal Oak

法灵顿
Farrington

利物浦街
Liverpool Street

斯特拉特福
Stratford

金丝雀码头
Canary Wharf

Paddington
帕丁顿

CITY OF LONDON
伦敦市市中心

Plumstead
普拉姆斯特德

Woolwich
伍利奇

Abbey Wood
阿贝伍德

梅登黑德
Maidenhead

伊灵百老汇
Ealing Broadway

Heathrow
希思罗

READING
雷丁

伯克郡
BERKSHIRE

River Thames
泰晤士河

    至今为止出土的最古老的物件是一块罕见的琥珀，它被埋在伦敦金融核心地带金丝雀码头基址的深处。这块树脂化石大约有5500万年的历史，可能会对于古老植物物种的研究，以及全球变暖问题的研究有帮助。同时，皇家橡树区的韦斯特伯恩河（River Westbourne）附近发现了一条有68 000年历史的水道，这里发掘出了北美野牛化石和现已灭绝的欧洲野牛（一种非常大的野牛）化石，化石上甚至可能还带有人类捕猎的痕迹。

    在伦敦市机场附近的北伍利奇挖掘隧道时，发掘了被称为中石器时代工具制造厂的地方。这里出土了大约150件燧石，包括一些燧石刀片，这意味着大约9000年前，人类就在泰晤士河

谷居住了。位于普拉姆斯特德的那些有3500年历史的木桩，见证了青铜时代的猎人建起木材通道，通过沼泽地。

利物浦街有特别丰富的意外收获。考古学家发现了20个沿着一条罗马时期的道路排列的头骨，遗骸只有头骨没有躯干。另外，还挖掘出了贝德莱姆墓地（Bedlam Burial Ground），在墓地中检测出细菌的DNA，这些细菌导致了1665年大瘟疫。法灵登的发现同样骇人：这里有个一个乱葬岗，埋葬着患黑死病死去的人，在14世纪中期，欧洲这场瘟疫造成了约2亿人死亡。

还有一些发现是让人愉悦的。在肯辛顿和切尔西行政区内的韦斯特伯恩公园，铁路建设者发现了维多利亚时期的火车库，这个火车库曾为伊桑巴德·金德姆·布鲁内尔（Isambard Kingdom Brunel）的前瞻性的大西部铁路（Great Western Railway）服务，这条铁路被认为是世界上最完整的早期主干线铁路。人们能通过这处尘封了100多年的遗址，了解到早期铁路运输的发展过程。在哈默史密斯—富勒姆区（Hammersmith and Fulham）附近的老橡树公交站，挖掘出了大西部铁路的列车修理厂（1906年修建，2009年弃用），在此之前，这里正准备拆除。列车修理厂里面有许多有趣的历史物件，会送至博物馆，而这个地址上会建起横贯铁路的新火车站。伦敦的历史车轮依然滚滚向前。

下图： 横贯铁路的火车建造者发现，伦敦是由层层叠叠的历史构建而成

98

地铁 Q 线—百老汇快车
(Q TRAIN-BROADWAY EXPRESS)

美国纽约（*New York, United States*）

> 乘坐纽约地铁Q线体验西班牙人、爱尔兰人、俄罗斯人和美国原住民的文化冒险之旅。

基本信息

- 时间：12 000年前（莱纳佩人在纽约所在区域定居）
- 全程：29千米
- 最少用时：1小时5分钟
- 关键停靠点：阿斯托里亚196号街、时代广场、联合广场、迪卡尔布大道、布莱顿海滩、康尼岛
- 途经国家：美国

可供选择的其他地铁线路

99
地铁C线
意大利罗马

在挖掘威尼斯广场下的路段时，人们挖掘出了一座两层高的文化建筑，建于哈德良皇帝统治时期（117—138年）。

100
马尔马拉隧道
土耳其伊斯坦布尔

伊斯坦布尔（建于公元前660年）一直是大洲间的十字路口。自2013年以来，这条位于博斯普鲁斯海峡之下、13.6千米长的铁路隧道连接着欧洲和亚洲。

纽约的地铁于1904年开通，现在是世界上路线延伸最广的地铁网络。纽约的地下交通好像一份意大利面条，列车在全长375千米的24条线路内，一年365天、每天24小时来回辗转于469个站点之间。

纽约地铁线路网络为美国人口最稠密的多元文化城市服务。无数移民来到这座城市，很多人留了下来。纽约地铁Q线或"百老汇快车"的火车之旅是一趟讲述移民故事的地下之旅，也是向莱纳佩人（Lenape）的故事致敬，他们算是真正的纽约本地人了。

莱纳佩人在约12 000年前第一次来到哈德孙河边的这片土地上，当时这里还是一片遍布森林和沼泽的荒野。这些早期居民走的一些道路现在仍在使用。像威克夸斯格克（Wickquasgeck）小道就是莱纳佩人主要的贸易路线，也就是今天百老汇的前身。这条线路南北走向的铁路横跨曼哈顿，全长24千米。

2016年之前，百老汇快车线路从皇后区（Queens）的阿斯托里亚（Astoria）希腊街区出发。从2017年开始，地铁Q线的新起点是曼哈顿的西班牙哈莱姆区（Harlem）的第96号街。然而，这条线路仍会在历史悠久的百老汇停靠，沿途会经过中央公园、爱尔兰裔美国人的地狱厨房*（Hell's Kitchen）的中心、耀眼夺目的时代广场、韩国城、先驱广场（帝国大厦位于此地）、联合广场、坚尼街和唐人街的中心。

*地狱厨房：正式行政区名为克林顿区（Clinton），又俗称为西中城（Midtown West），是美国纽约市曼哈顿岛西岸的一个地区。

你也可以轻松地转乘地铁R线（R Train），沿着百老汇继续行驶到曼哈顿南端，前往位于这里的美国国立美洲印第安人博物馆［坐落于怀特霍尔街（Whitehall Street）］了解更多莱纳佩人的故事。或者，还可以继续乘途经多元文化的地铁Q线，穿过东河（East River）来到布鲁克林。接着穿过展望公园（Prospect Park）、犹太人居住的米德伍德（Midwood）和弗拉特布什（Flatbush），还有俄罗斯人聚居区的布莱顿海滩［Brighton Beach，昵称为哈德孙河上的莫斯科（Moscow on the Hudson）］。列车终点站在康尼岛（Coney Island），这座半岛因游乐场和纳森餐厅（Nathan）的热狗而闻名，纳森餐厅于1916年由一个波兰移民创办。

下图：莱纳佩人的康尼岛和现在不一样了，这里成了纽约

101
塞图快车（SETHU EXPRESS）

印度泰米尔纳德邦（Tamil Nadu, India）

> 穿过长距离跨海的班本桥，
> 开启前往印度神庙的朝圣之旅。

基本信息
- 时间：公元前500—前300年（写就《罗摩衍那》时）
- 全程：603千米
- 最少用时：11.5小时
- 关键停靠点：钦奈、维卢布勒姆、蒂鲁吉拉伯利、马纳默杜赖、拉默纳特布勒姆、拉梅斯沃勒姆
- 途经国家：印度

拉梅斯沃勒姆镇（Rameswaram）是印度教徒朝圣的重要地点之一。连接班本岛（Pambam Island，拉梅斯沃勒姆所在地）和泰米尔纳德邦大陆的班本桥（Pamban Bridge）也是印度最令人印象深刻的铁路工程之一。拉梅斯沃勒姆的重要地位可以追溯到公元前500—前300年，那时候创作出了《罗摩衍那》（Ramayana）。这部古老的史诗记载了传说中的罗摩（Rama）王子的生平：其中有的章节描述了王子怎样指示他的猴子军队建造一座桥梁，这座

喜欢这条线路吗？再看看这个

102
赫尔德瓦尔—安拉阿巴德线

印度北部

这条线路在位于神圣的恒河沿岸的这两座城市间穿行了724千米，根据古老的印度教神话，毗湿奴沿河洒下了甘露（不腐败的花蜜）。

右图：长长的班本桥把班本岛与印度主大陆连接在一起

94　丈量世界：500条经典铁路路线中的世界史

桥梁横跨拉梅斯沃勒姆和楞伽（Lanka，现在的斯里兰卡），王子想要从罗刹魔王罗波那（Ravana）那里救回他的妻子悉多（Sita）。马纳尔湾（Gulf of Mannar）的那些巨石据说是那座桥的遗迹。《罗摩衍那》还讲述了罗摩因杀了同是婆罗门（祭司）的罗波那，供奉了一座沙做的林伽（印度教湿婆神的象征）来表达忏悔。拉梅斯沃勒姆目前的拉默纳特史瓦米寺庙（Ramanathaswamy Temple）可以追溯到16世纪和18世纪，据说寺庙里的沙和罗摩的那座林迦的沙是一样的。

工程师还没有建设从印度到斯里兰卡的交通道路，但是他们已经想办法建好了班本桥，班本桥将班本岛和泰米尔纳德邦的其他地方连接起来。这条长2065米的悬臂桥始建于1902年，曾经建造喜马拉雅铁路（Himalayan lines）的工人建造了这座桥。桥梁的预制件从英国运来，另外还灌了143根混凝土支柱。铁路建设中还修建了一座舍尔策（Scherzer）旋开式开合桥（桥身可以分开向上升），在中部合拢，部分桥段可以升起来好让船只通过。

班本桥于1914年通车。在这100多年里，它经受住了狂啸的飓风和腐蚀性的盐环境。确实，这座桥依然坚持继续运送一批又一批的印度教朝圣者，他们从全国各地涌向这里。塞图快车线路直接连接了泰米尔纳德邦的首府钦奈（Chennai）和拉梅斯沃勒姆内的一系列神圣之地，列车在朝圣高峰期会加班加点提供服务。

103
印度达显

印度

登上私人卧铺来一趟数天的印度朝圣之旅。沿途停靠点因出发的地点而异，无论停靠在哪里都会经过一些圣地，比如蒂鲁伯蒂（这是罗摩居住过的地方）。

104
加尔各答—布里线

印度东部

这条长499千米的铁路连接了热闹的西孟加拉邦的加尔各答和奥里萨邦的布里。奥里萨邦有重要的印度教朝圣地点——札格纳特神庙。

105
贾纳克布尔铁路
（JANAKPUR RAILWAY）

印度和尼泊尔
（India and Nepal）

作为尼泊尔唯一的客运铁路，这条在印度贾伊纳加尔（Jainagar）和比杰伊布尔（Bijalpura）之间运行的64千米长的窄轨铁路，已经不复存在了。铁路在2014年停运，那些停在铁轨上的老式机车已经慢慢生锈。在铁路还运营的日子里，火车里坐满了朝圣者，他们会在中途下车，前往圣城贾纳克布尔。据说佛陀和耆那教尊者马哈维亚（Mahavira）曾住在贾纳克布尔，这点在印度的《罗摩衍那》中提到过。这里巨大的拉杰普特（Rajput）风格的贾纳基寺（Janaki Mandir）很引人注目。好消息是这条铁路正在重建。

古代世界　　95

106
特拉维夫—耶路撒冷线 (TEL AVIV-JERUSALEM)

以色列中部 (Central Israel)

> 火车蜿蜒曲折地穿过《圣经》中提到的犹太山丘，最终抵达耶稣墓地。

基本信息
- 时间：公元30—33年（传说的耶稣死亡时间）
- 全程：82千米
- 最少用时：32分钟
- 关键停靠点：特拉维夫、罗得、耶路撒冷
- 途经国家：以色列

乘火车寻找那些著名的坟墓

107
塔克纳—阿里卡铁路
秘鲁和智利

新克罗人因制作木乃伊而最为人所知，他们在公元前5000年前就掌握了此项技术。这条全长63千米、塔克纳—阿里卡巴士铁路线路穿越了新克罗人居住的中心地带，在附近的博物馆里有木乃伊展览。

右上图：特拉维夫的雅法 (Jaffa) 老港口区浸润着波西米亚咖啡文化

右图：火车行驶在《圣经》中的风景里，一路俯冲抵达圣城耶路撒冷

为了好好享受这段历史性的旅程，你需要快点上车了。2019年，以色列的特拉维夫与耶路撒冷之间的高速线路通车。搭乘这条高速线路，旅途时间会缩减到只要32分钟。然而在这之前，坐火车仍然更悠闲，也更符合对旅行的预期，整个车程全程共100分钟。

从青铜时代起地中海怀抱的特拉维夫就有人居住了。不过，现在的特拉维夫感觉更现代和都市化，充满青春朝气，市中心处处是咖啡店和包豪斯风格的建筑。想要体验往昔的时光，就去城市东边坐火车吧。

火车先在农田中呼啸而过，前往19世纪修建的位于罗得（Lod）的火车站。《圣经》里提到，罗得是圣乔治（St George）的出生地。在有名的屠龙事迹后，他因拒绝放弃基督教信仰而（于303年）被杀。他的遗体被送回罗得，现在安置在一座美丽的教堂里。

丈量世界：500条经典铁路路线中的世界史

经过罗得之后，地形变得更加有挑战性，火车在蜿蜒曲折的犹太山丘（Judean Hills）的峡谷间行驶时，不得不开得慢一点。这片干旱、崎岖的地域呼应了许多《圣经》里的记载。比如，线路会进入利乏音谷（Rephaim Valley），据说当大卫王（King David）和非利士人（Philistine）起冲突时，经过了这条路。火车还沿着梭烈溪（Brook of Sorek）行驶了一段路，据说就是在这里大利拉（Delilah）劝参孙（Samson）说出关于他力量的秘密。

线路在耶路撒冷的圣经动物园（Jerusalem Biblical Zoo）也有一站，动物园内有辆专用小火车，在《圣经》中提到的动物间穿行。线路的终点站是耶路撒冷的马勒哈车站（Malha Railway Station）。耶路撒冷对于基督徒、穆斯林和犹太教徒来说，都是世界上最神圣的城市之一。据说于公元30—33年耶稣在这里受难而死。据称耶稣被处死的那天，他走过耶路撒冷旧城区的维亚多勒罗沙*（Via Dolorosa），这条路的尽头是圣墓大教堂（Church of the Holy Sepulchre），里面安置了耶稣墓。

*维亚多勒罗沙：有"受苦难的道路"的意思，是耶路撒冷旧城的街道，耶稣曾经背着十字架前往钉十字架的路。

宗教之旅

108
第比利斯—埃里温线
格鲁吉亚和亚美尼亚

公元前301年，亚美尼亚成为第一个官方采纳基督教的国家。这条用时10.5小时、自西向东运行的卧铺火车线路仍然和《圣经》有关：你会看到太阳从亚拉腊山慢慢升起，据说诺亚的方舟仍然停在山峰之上。

109
唐帕特里克和唐郡铁路
英国北爱尔兰

这条铁路只有6.4千米的路段被保留了下来，火车在唐帕特里克和英奇修道院间行驶。圣帕特里克是爱尔兰的主保圣人，在461年过世后被葬于唐帕特里克。

110
皮拉图斯铁路
瑞士琉森湖

这条世界上最陡的齿轨铁路爬上了皮拉图斯山。关于皮拉图斯山有些复杂难懂的神话传说，据说本丢·彼拉多的鬼魂居住在这里。

111
里海奥德赛
欧洲和亚洲

乘坐从亚美尼亚埃里温到哈萨克斯坦阿拉木图的豪华"金鹰"号火车，途中会经火车渡轮过里海。在古代，尤其是在亚历山大大帝时期（公元前356—前323年），关于这片海洋的范围曾引起热烈争论。

古代世界　　**97**

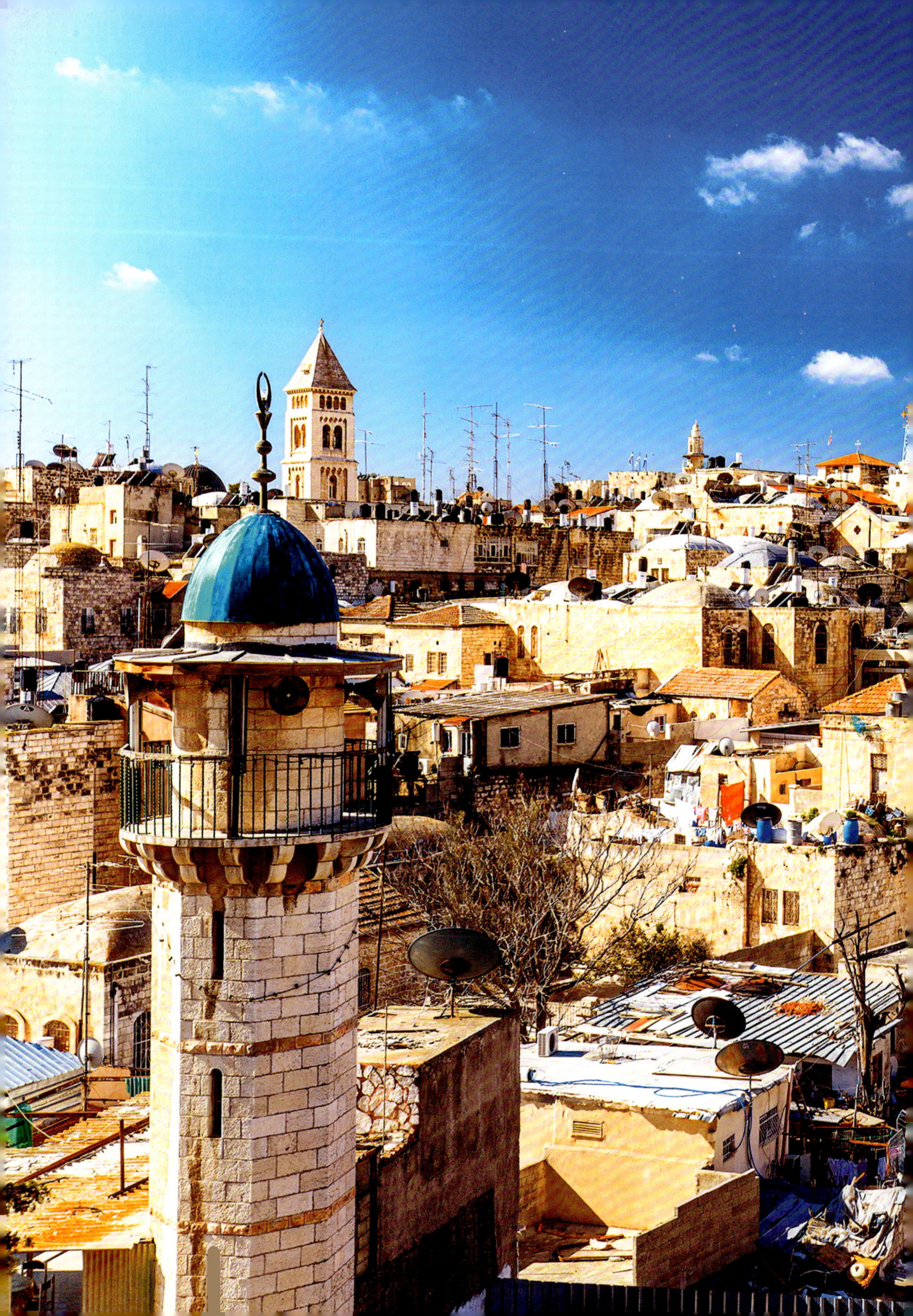

离开特拉维夫后，火车在《圣经》所描述的山丘间穿行，特拉维夫—耶路撒冷线的火车（见第96页）随后抵达耶路撒冷，这座城市对于基督徒、犹太教徒和穆斯林来说都是神圣之地

112
罗马—锡拉库萨线 (ROME-SYRACUSE)

意大利南部 (Southern Italy)

> 搭乘轮渡上的火车，行驶在连接"永恒之城"和古老西西里的线路上。

基本信息

- 时间：公元前214—前212年（锡拉库萨围城）
- 全程：832千米
- 最少用时：12小时
- 关键停靠点：罗马、福尔米亚、那不勒斯、马拉泰亚、圣乔瓦尼、墨西拿、锡拉库萨
- 途经国家：意大利

这条直通意大利首都罗马和西西里岛的火车之旅有很多让人喜爱的地方。整个旅途的风景都很优美，线路沿着这个国家阳光明媚的西南海岸线行驶，列车在散落着村庄的山坡、历史悠久的城镇和一片片柠檬树林之间呼啸而过。这条线路还成功地将铁路旅行的浪漫和迷你地中海巡游的刺激结合在一起。为了穿过把西西里岛从意大利靴子分开的墨西拿海峡，这辆列车直接驶上了一艘渡轮。走这段水路要30分钟，期间你可以在甲板上随意漫步，呼吸海风，也可以留在火车车厢里，舒服地窝在船上，体验在船上乘火车的感觉。

这条线路从罗马的泰尔米尼火车站（Termini station）启程，向南穿过拉齐奥（Lazio）和坎帕尼亚（Campania）的乡间，在福尔米亚山间的海滩度假胜地里与对面那片地中海眉目传情。福尔米亚这座古老的城市由希腊人建立，城内有一些罗马时期的遗迹，包括政治精英住的漂亮的度假别墅，还有贾诺拉（Giànola）的老港口。从福尔米亚出发，火车继续开往意大利南部的首府那不勒斯。这座城市坚毅、有情调、游客很少，食物还很美味（如果你有时间，可以去尝尝这里正宗的那不勒斯比萨。那不勒斯坐落

在与其同名的海湾里，维苏威火山在海湾旁若隐若现，好似一副气势凌人的姿态。

在进入内陆之前，火车会在海湾绕行，之后开往崎岖的阿马尔菲海岸线铁路。火车在萨莱诺市再次来到海边，和奇伦托海岸若即若离。奇伦托现在是自然保护区，很多壮丽的海湾最后都汇入这里，还有成片的橄榄树林和密布的逼仄小巷。

从奇伦托开始，火车几乎一直沿着波光粼粼的大海行驶，这里是意大利最欠发达的两个地区巴西利卡塔（Basilicata）和卡拉布里亚（Calabria）的海岸线。接着，列车穿过马拉泰亚遍布石洞的悬崖、种植柠檬树的镇子迪亚曼泰，还有贝尔韦代雷的罗马城堡。在萨武托河（Savuto River）的南边，列车沿着卡拉布里亚半岛（Calabrian peninsula）最狭窄的地方行驶，这片区域的大部分是由20世纪一片疟疾猖獗的沼泽地开垦出来的。沿线的景致越来越壮观，埃奥利群岛和西西里出现在眼前。

看见却够不着……从每个罗马人到意大利前总理西尔维奥·贝卢斯科尼（Silvio Berlusconi），都说要修建到西西里的桥——

罗马的其他铁路

113
罗马—奥斯蒂亚安蒂卡线
意大利拉齐奥

这条长30千米的旅途连接了罗马和保存完好的古老海港奥斯蒂亚安蒂卡，后者位于台伯河河口。

114
科布伦茨—特里尔线
德国莱茵兰—普法尔茨

这条长113千米的河畔铁路经过葡萄园林立的山坡，穿过4.2千米长的威廉二世隧道，抵达罗马人建立的奥古斯塔·特来佛里（现在叫特里尔）。

115
墨西拿—巴勒莫线
意大利西西里

踏上225千米长的火车之旅，跟随罗马人战略性的巴莱里亚古道，沿着西西里的北海岸线行驶。最后火车会停在西西里首府巴勒莫，这座城市拥有2500年的历史，是一个文化交融地带。

116
罗马—比萨线
意大利西部

这是一条环抱海岸线的火车之旅，全程历时2小时45分钟。列车从意大利首都罗马开往著名的比萨市，沿途会经过奇维塔韦基亚港口。线路走向大致沿着罗马人的罗马古道奥雷利亚大道（建于公元前241年）。

上图： 罗马—锡拉库萨线会通过火车轮渡穿过墨西拿海峡

古代世界　　**101**

但还是没修。直到现在，穿越墨西拿海峡仍需坐船。在圣乔瓦尼港口，火车轨道从码头直铺到轮渡中间，列车直接开到船上。

意大利南部和西西里之间的火车轮渡服务于1899年推出。在"一战"期间，一艘轮渡撞上了水雷；1943年，德国人又击沉了一艘，尽管后来被打捞起来，继续使用了好几十年。现在，预算减少是最可能影响火车轮渡的因素，但在写本书时火车轮渡仍在服务。轮渡走完这段水路，停靠在西西里的海港城市墨西拿后，把运载来的火车卸下，铁轨会再次铺设好。

从墨西拿出发，火车沿着西西里的东海岸线行驶，会经过塔奥敏纳和卡塔尼亚的度假胜地，埃特纳火山在身后悄悄酝酿。最后，火车停在锡拉库萨，这里金色的小径纵横交错，遍布天然的海港，一直蔓延至奥提伽岛上。希腊人早于公元前733年就在锡拉库萨定居，这里很快成为西方世界最大和最重要的城市之一。公元前214年，罗马人围攻这座城市，改变了它的命运。入侵者在围城攻击两年之后最终取得胜利，控制了整个西西里。即便是古希腊科学家阿基米德设计的精巧武器最后也没能挽救锡拉库萨，据称阿基米德设计的传说中的"铁爪"能把船从水里抬起来，可能会对今天转移火车有帮助？

左图：锡拉库萨在公元前3世纪被围攻达2年

喜欢这条线路吗？再看看这个

117
卡普里缆索铁路

意大利卡普里

迷人的意大利卡普里岛因皇帝恺撒奥古斯都（公元前27年—公元14年）流行起来。大概15分钟车程的缆索铁路线会带你探索恺撒心爱的度假胜地。

118
庞培车轨

意大利庞培

维苏威火山于公元79年喷发，掩埋了庞培，火山灰还掩埋了一项发明，即道路上的凹槽轨道——也许这是早期铁路的原型？

119
巴勒莫—阿格里真托线

意大利西西里

在这条137千米长的线路中穿越西西里，火车会从首府巴勒莫出发开往阿格里真托令人敬畏的神庙之谷，公元前6世纪希腊殖民地的居民建造了它。

120
中央缆索铁路

意大利那不勒斯

历史悠久的多山的那不勒斯（据说建于公元前680年）被这条倾斜的火车线路征服了。这条铁路攀爬到170米高，是世界上最繁忙的缆索铁路线之一。

121
埃格纳提亚铁路
(EGNATIA RAILWAY)

希腊和土耳其
(*Greece and Turkey*)

公元前200年左右，罗马人建造了埃格纳提亚古路（Via Egnatia），这条路连接了现在的阿尔巴尼亚海岸和拜占庭（Byzantium，现在的伊斯坦布尔）。2019年，欧盟计划建造一条"埃格纳提亚铁路"，这条565千米长的铁路大致走过埃格纳提亚古路希腊北部段的一部分。这条新的铁路线将西北海岸的伊古迈尼察（Igoumenitsa）连接到希腊与土耳其边境的亚里山德鲁波利斯（Alexandroupolis）港口。线路经过品都斯山脉（Pindos Mountains）和塞萨洛尼基（Thessaloniki，希腊的第二大城市），这座城市靠近派拉（Pella）的考古遗迹，派拉是亚历山大大帝的出生地。遗憾的是，埃格纳提亚铁路开启了，另一条线路却关闭了。塞萨洛尼基（Thessaloniki）到伊斯坦布尔的"友谊"号快线（Friendship Train Express）于2011年停运。

122
哈德良长城乡村铁路线
(HADRIAN'S WALL COUNTRY LINE)

英国北英格兰
(*Northern England, United Kingdom*)

你无法搭乘火车沿着哈德良长城行驶，公元122年哈德良皇帝建造了这座与他同名的长城。不过，全长97千米的纽卡斯尔—卡莱尔线（Newcastle-Carlisle，"哈德良长城乡村铁路线"）能够去往曾经标志着罗马帝国最北边的石堡垒。这条线路也恰好是世界上最早的客运铁路线——1836年，有史以来第一张火车票在布兰普顿（Brampton）车站售出。沿途便利的停靠点包括美丽的小镇霍特惠斯尔（Haltwhistle），从这里沿着霍特惠斯尔河（Haltwhistle Burn）走一小段路就到了长城；另外，火车还会停靠科布里奇（Corbridge），可以在这个曾经繁忙的罗马城市里散散步。

123
罗马—布林迪西线
(ROME-BRINDISI)

意大利南部
(*Southern Italy*)

罗马人在公元前312年建造了第一条路亚壁古道（Via Appia），道路从罗马延伸到了亚得里亚海岸的布林迪西。今天，这趟两座城市的直达火车之旅历时5小时，跟随早已不复存在的古罗马军团的足迹。线路途经卡普阿（Capua），这座城市里的主要街道科西嘉·阿皮奥（Corso Appio）仍然按照罗马时期的道路规划。接着，火车向东行至古老的十字路口小镇贝内文托（Benevento），这里有图拉真拱门（Arch of Trajan）和罗马剧场（Roman Theatre）。然后，火车从历史悠久的港口小镇巴里（Bari）驶向亚壁古道的沿海支线。火车最后停靠在布林迪西，这座城市是罗马"通往东方的门户"。这里的两个大理石石柱（其中一个基本毁坏了）标志着亚壁古道的尽头。

124
维苏威亚纳环游铁路
(CIRCUMVESUVIANA RAILWAY)

意大利坎帕尼亚
(*Campania, Italy*)

维苏威火山在公元79年喷发，火山碎屑流将庞培和位于埃尔科拉诺（Ercolano）的赫库兰尼姆古城（Herculaneum）的一切都掩埋了。这座火山现在仍然充满活力，从1世纪以来，维苏威火山喷发了30次，之后很可能还会喷发。所以不要推延，抓紧乘坐维苏威亚纳环游铁路，这条铁路全长47千米，走那不勒斯—索伦托线。火车从热闹的那不勒斯港口出发，会停靠庞培和赫库兰尼姆古城这两个命运多舛的城市，你会走在从火山灰中挖掘出来的豪华别墅、公共浴室和妓院之间。火车接着从那不勒斯的海湾行驶到柠檬树香弥漫的悬崖小镇索伦托，留在身后的维苏威火山好像正在沉思。

右图：火车会在斯普利特这座城市停靠，皇帝戴克里先在这里建造了退位后居住的宫殿

125
萨格勒布—斯普利特线 (ZAGREB-SPLIT)

克罗地亚（Croatia）

> 乘坐罗马火车慢慢穿过达尔马提亚，最后停在戴克里先宏伟壮观的海边宫殿旁。

基本信息
- 时间：284—305年（戴克里先皇帝统治时期）
- 全程：426千米
- 最少用时：6小时
- 关键停靠点：萨格勒布、奥古林、克宁、斯普利特
- 途经国家：克罗地亚

戴克里先（Diocletian）是达尔马提亚（Dalmatia）的宠儿。戴克里先于公元244年在斯帕拉特姆［Spalatum，现在克罗地亚达尔马提亚省的斯普利特（Split）］附近出生，从一介卑微的庶民成长为罗马第51位皇帝。在国家经过了一段动乱时期，几近分崩离析之后，戴克里先成功地平定这个帝国。这一路走来一定是非常艰巨的。到了305年，戴克里先准备退位，他建了一座巨大的堡垒式宫殿供退休时居住，宫殿在亚得里亚海旁，由白色的石头、意大利大理石和埃及石柱建成。今天，散落在斯普

利特周围的就是戴克里先美得让人眼花缭乱的宫殿建筑群，它已经被列入联合国教科文组织的世界遗产名录。

充满活力的克罗地亚首都萨格勒布，坐落在这个国家另一片罗马时代的遗迹里。安达通尼亚（Andautonia）建于公元前1世纪，地处萨瓦河（Sava River）河畔，在首都萨格勒布的西南方。从安达通尼亚城内的遗迹来看，这里曾是萨格勒布地区的行政和文化中心：主道立有柱廊，浴室也很宽敞，带地暖的别墅里画着精美的壁画。

萨格勒布和斯普利特之间的观光火车线穿越了整个国家，将这些历史遗迹连在一起。夏日里可以乘坐缓慢行驶的卧铺火车来体验这段旅程——但会错失一些景点。最好搭乘白天的火车去欣赏沿线葱郁的田野、整洁的葡萄园、波光粼粼的湖面、蜿蜒的河流与崎岖的石灰岩山脉。火车慢慢掠过壮丽的海岸线，一点点向斯普利特靠近。

这条线路的地形并不单一。火车要不断穿过隧道，在山间迂回前行，略略倾斜的平整铁轨让旅程尽可能开得平稳。途中会经过奥古林（Ogulin），这里有一座16世纪的塔楼；也会经过历史热点地区克宁（Knin），它是罗马时期的营地，是中世纪克罗地亚王国的首都，也是20世纪90年代巴尔干半岛战争期间塞尔维亚人的大本营。

更多文化之旅

126
马科梅尔—博萨线绿皮火车

意大利萨迪尼亚

这条46千米长的窄轨山地火车沿途风景如画，途经圆锥形石建筑群努拉吉，这是萨迪尼亚独有的神秘巨石遗迹，建于公元前1800年左右。

127
阿尔巴塔克斯—曼达斯线绿皮火车

意大利萨迪尼亚

这条159千米长的线路从萨迪尼亚东海岸的阿尔巴塔克斯港口驶向高地，这里有更多的努拉吉，还有崎岖的山峰、成片的罂粟田和葡萄园。

128
拉伦山小火车

法国比利牛斯-大西洋省

这条1米宽的齿轨铁路（建于1924年）从拉伦山山顶开往巴斯克地区的中心地带。巴斯克文化于7000年前起源于这里。

129
巴斯克铁路

西班牙北部

坐上"鼹鼠"号铁路，探索有7000年历史的巴斯克文化，"鼹鼠"号的绰号源于线路会经过许多隧道。这条圣塞瓦斯蒂安—伊伦线之旅缓缓抵达比利牛斯山的山脚。

左图： 探索布满鹅卵石街道的萨格勒布，从斯普利特坐火车到这里仅6小时车程

130
罗多彼山脉窄轨线
(RHODOPE NARROW GAUGE LINE)

保加利亚西南部
（*Southwest Bulgaria*）

位于保加利亚的班斯科（Bansko）和多布里尼什特（Dobrinishte）两个镇之间，这条125千米长的窄轨铁路是巴尔干最慢、风景却最佳的铁路线。穿越里拉（Rila）和罗多彼山脉间的溪谷需要5个小时，沿途阿尔卑斯山的景色美丽而神圣。这也并不奇怪：传说中色雷斯（Thrace）的女王罗多彼（Queen Rhodope）冒犯了希腊众神，宙斯（Zeus）将女王罗多彼变成了山脉，罗多彼山脉就这样被创造出来。火车在韦林格勒峡谷（Velingrad Gorge）中疾驰，穿过了温泉镇韦林格勒（Velingrad），又经过色雷斯平原（Plain of Thrace）。为征服1267米高的阿拉莫夫鞍形山（Avramovo Saddle），线路沿途有一个180度大弯道，修建了16座隧道和两个螺旋形环道。

131
"拉托里察"号列车
(LATORCA)

匈牙利和乌克兰
（*Hungary and Ukraine*）

乘坐这列火车追溯匈奴人的足迹，这个武士部族因5世纪"上帝之鞭"阿提拉（Attila）的领导而广为人所知。据说原本住在亚洲大草原的匈奴人开始向西迁徙，穿过里海、第聂伯河（Dnieper River）和喀尔巴阡山脉，到达现在的匈牙利驻扎。"拉托里察"号列车从匈牙利首都布达佩斯开往乌克兰首都基辅，基辅有宽阔的林荫大道，第聂伯河上还有一座座镀金的圆顶建筑。在这段24小时的旅途中，火车穿过壮丽的山脉、广阔的普斯塔平原（Puszta flatland，这里是阿提拉寄托马背精神的故乡），还经过蒂萨河（River Tisza），据说阿提拉被装在用铅、银和金制成的棺材中埋葬在这里。

古代世界

132
格但斯克—的里雅斯特线 (GDANSK-TRIESTE)

波兰、捷克、奥地利和意大利
(Poland, Czech Republic, Austria and Italy)

> 乘火车从波罗的海沿岸前往亚得里亚海，沿着古老的琥珀之路穿越欧洲。

基本信息
- 时间：公元前1600年（琥珀贸易兴起）
- 全程：1930千米
- 最少用时：24小时
- 关键停靠点：格但斯克、卡利什、维也纳、的里雅斯特
- 途经国家：波兰、捷克、奥地利、意大利

在古代，琥珀买卖是大生意。这些树脂化石在波罗的海一带很多，遍布欧洲乃至其他地区都有琥珀需求。埃及人认为琥珀能够帮他们保存木乃伊，罗马人和希腊人赞美它的药用价值。琥珀被制成珠宝，当作焚香，或做死者的陪葬品。因此，至少从公元前1600年起，从大陆北岸到地中海区域，人们建了一条"琥珀之路"（Amber Road）来运送这种珍贵的物质。

重走琥珀之路的铁路始于波兰格但斯克的港口。这里曾是欧洲琥珀贸易的中心地带，现在琥珀经济仍然蓬勃。这里还有专门的琥珀博物馆，以及处处林立的琥珀工坊。附近的格但斯克普鲁什奇（Pruszcz Gdanski）重建了有2000年历史的琥珀贸易站点。

从格但斯克出发，火车向南行驶，经过比得哥什（Bydgoszcz）后到达卡利什（Kalisz），卡利什以波兰最古老的城市而闻名（希腊—埃及地理学家托勒密在2世纪提到过这里）。尽管这个波兰最古老的称谓还值得商榷，卡利什在几个世纪以来确实是一个重要的贸易地点，地方博物馆里有许多

108　丈量世界：500条经典铁路路线中的世界史

这里出土的史前文物。

从这里你可以绕道维隆（Wielun）参加一年一度的夏季琥珀节（节日庆典最后还有罗马战车比赛）；也可以继续乘火车南行到卡托维兹（Katowice），接着穿过整个捷克共和国，前往辉煌的奥地利首都维也纳，这里的艺术史博物馆有精美的琥珀展览；还可以乘坐S7号城郊火车去多瑙河畔罗马时期的废墟卡农图姆（Carnuntum），从北赶来的商人带着波罗的海琥珀来这里交换南边的酒和小饰品。

经过维也纳后，火车驶向旅程终点的里雅斯特，这座古典的意大利城市矗立在亚得里亚海海岸的阿奎莱亚（Aquileia）遗址上。这里是建于公元前181年的古老的罗马手工艺中心，手工加工的琥珀原石工艺品让人惊叹连连，有些会在当地博物馆展出。

下图：波兰的格但斯克是古代的琥珀贸易之都

古代世界　109

北京—八达岭线（BEIJING-BADALING）

中国北部（North China）

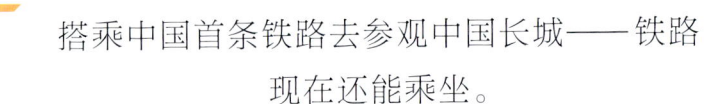

> 搭乘中国首条铁路去参观中国长城——铁路现在还能乘坐。

基本信息
- 时间：公元前221—前206年（长城初次建造的时期）
- 全程：61千米
- 最少用时：1小时20分钟
- 关键停靠点：北京北站、昌平、青龙桥、八达岭
- 途经国家：中国

下图：火车轻快前行，将高楼林立的北京城景致留在身后，一心一意地驶往长城

　　2000多年的时间里，每个更替的中国朝代都在继续修建和修复长城。公元前221年左右，秦始皇下令建造这道屏障以抵御北方游牧民族。在秦始皇统治的后期，这道城墙共绵延3100千米。到了17世纪明代晚期，明朝仍然在修复这座城墙——今天看起来不可思议的巨大壁垒和墙壁上嵌的瞭望台，就是明朝人修复的。不过，这些执着的壁垒工人没能考虑到现代技术的攻击。他们提防着那些想越过城墙的袭扰者，没想到城墙之下还有。

　　中国第一条征服长城的铁路是中国人建的第一条铁路。京包铁路的首段建于1905—1909年，线路连接了首都北京到河北

张家口
ZHANGJIAKOU

Yanqing
延庆

八达岭
BADALING

GREAT WALL
OF CHINA
中国长城

Qinglongqiao
青龙桥

Changping
昌平

YAN MOUNTAINS
燕山

BEIJING
北京

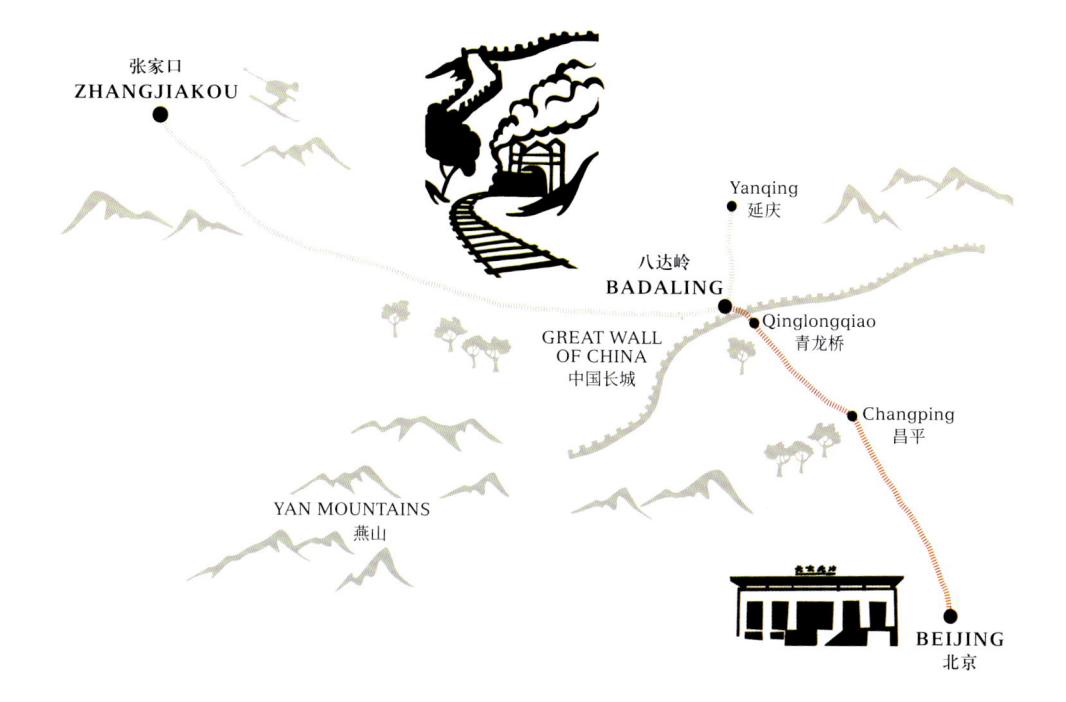

省西北部的张家口（京张路段），由铁路建设先驱工程师詹天佑设计并亲自主持修建。铁路横跨燕山，北京长城正是依此山而建。

为了掌控地势陡峭的长城南口—八达岭段，詹天佑在北京北边56千米外的青龙桥修建了一条人字形铁路。在这里，火车由双牵引式机车带动进入车站，再由机车反向带动驶出车站，这样就能在更短的平地距离内攀爬上坡。

詹天佑还建造了一系列的隧道，其中包括1092米长的八达岭隧道。那时工人没有机械，所以泥土都靠徒手来挖。不过，詹天佑的竖井施工方法从井中和井侧同时施工，加快了进程。这条铁路在预算资金内提前竣工。

詹天佑成为国家英雄，被称为"中国铁路之父"，他的墓地和栩栩如生的铜像都位于1908年建的青龙桥火车站处。八达岭是北京西北约61千米外的铁路最高点，这里有詹天佑纪念馆，可以看到这个了不起的人用过的许多绘图工具、书籍和手稿。

京包铁路建成100多年了，当人们想前往保护得最好的长城段时，这条铁路仍然最受欢迎。八达岭长城最初建于1505年，城墙高6~9米，平面呈梯形，底宽6.5~7.5米，顶宽4.5~5.8米，

更多中国火车之旅

134
北京—郑州线

中国

这条800千米长的火车线路从首都北京出发，穿越黄河，抵达郑州。这里是华夏文明的重要发祥地，也是中华武术文化的摇篮。

135
昆明—桂林线

中国西南部

出入古时部落居住的云南和广西变得越来越方便了，这条890千米长的铁路将旅途时间从20小时大幅缩减到只要5小时。

古代世界

能"五马并骑,十人并行"。在周末和节假日,游客蜂拥而至,因而八达岭长城被保护得小心翼翼,这里实在是一个让人印象深刻的景点。乘火车旅行,而不是坐观光巴士,往往意味着能够自己掌控旅行。

从北京北站出发到八达岭,共80分钟的行程。途中能看到居庸关风景区,再靠近一点看的话,长城的石墙就好像在树木丛生的山脊间蜿蜒前行。在八达岭火车站出发,有往返的巴士前往长城的游客中心,游客中心内有博物馆、电影院、餐厅和缆车——或者,你也可以选择徒步上山。

然而,时代在变化。作为2022年北京冬季奥运会的重要配套工程,一条从北京到张家口的高铁于2019年建成,连接北京的体育场馆和河北的滑雪场。这条线路会取代詹天佑的开创性铁路,大大缩减旅途时间。新线路的修建很好地解决了如何穿过长城的问题。中国在八达岭修建了世界上最大和埋置最深的火车站,站点位于地表下102米处。这条铁路建设过程采用了世界上最先进的精准微损伤控制爆破技术,有效避免了对联合国教科文组织的世界遗产——中国长城的不利影响。

下图: 中国长城据测量,总长度约为6700千米

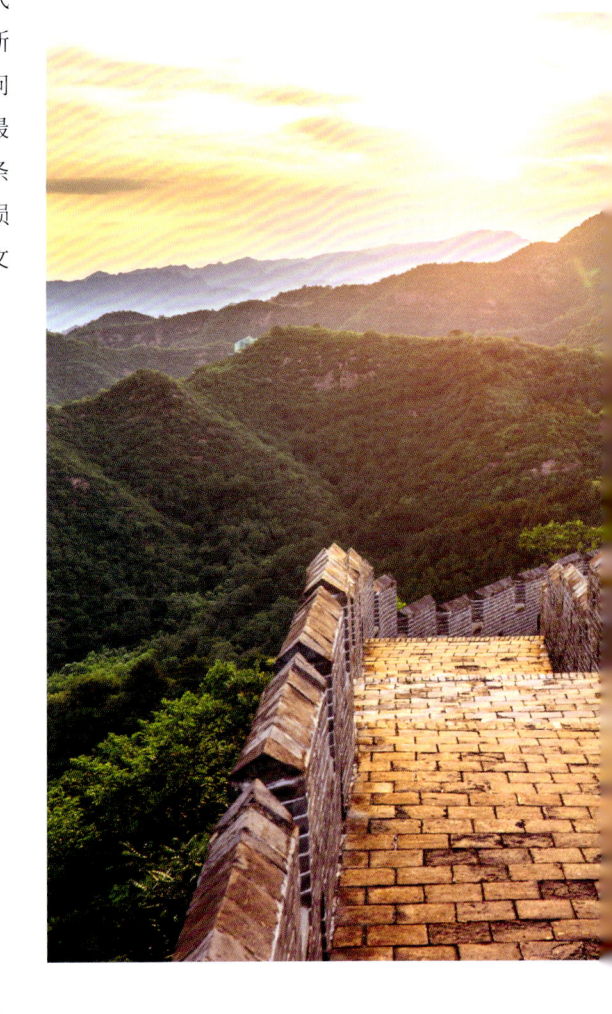

丈量世界:500条经典铁路路线中的世界史

136
萨龙湾—科林斯湾线
(SARONIC GULF-GULF OF CORINTH)

希腊伯罗奔尼撒
(Peloponnese, Greece)

欢迎来到"世界上第一条铁路"！某个意义上的第一条吧……6千米宽的科林斯地峡将伯罗奔尼撒半岛和希腊大陆连接起来。同时，科林斯地峡也将萨龙湾和科林斯湾分开，船只能绕伯罗奔尼撒航行。这让古希腊人有些烦恼，公元前600年左右，古希腊人建造了迪欧科斯（Diolkos，意为拉船的人）。这是一条石头砌成的道路，有两个平行的凹槽。据说古希腊人用绞车这一轮式装置，再花费不少力气，拉着船穿过陆地，路上形成的船的辙痕就是一条巨大的捷径路线——这也就是铁路的原型。今天，人们仍能看到迪欧科斯的痕迹。

137
伊兹密尔—塞尔丘克线
(IZMIR-SELÇUK)

土耳其西部 (Western Turkey)

这段精彩的旅程从伊兹密尔开始，这个大都市在爱奥尼亚海边一座山脉的一侧。伊兹密尔是古代士麦那的遗址，士麦那的历史始于亚历山大大帝的建城，直至希腊—土耳其战争（1912—1922年），这座城市被烧为灰烬。从伊兹密尔开始，这段历时75分钟的火车之旅会抵达古老的世界七大奇迹之一。希腊诗人西顿的安提帕特于约公元前140年第一次历数了世界上的奇迹景观。他只陈述了六个奇迹，但仍然包括了以弗所（靠近塞尔丘克火车站）的阿耳忒弥斯神庙。遗憾的是这座庙宇只留下了残垣断壁，但是这座伟大的城市以弗所作为世界上保存最好的古希腊—古罗马城市之一，仍然是留存于世界的奇迹。

古代世界

138
突尼斯—拉古莱特—迈尔萨线
(TUNIS-GOULETTE-MARSA)

突尼斯北部（*Northern Tunisia*）

19千米长的突尼斯—拉古莱特—迈尔萨线是突尼斯的第一条铁路，于1872年投入使用。这条线路途经的土地有着更令人敬仰的历史。突尼斯作为首都，一部分是8世纪阿拉伯的麦地那（medina）风格，一部分是19世纪欧洲风格的林荫大道。然而，乘火车到这座城市的北边城郊时，你会进入又一个好像完全不一样的时代。古老的迦太基于约公元前813年由腓尼基人建立，并在公元前600年前成为地中海的贸易中心，然而在公元前146年却被古罗马摧毁了。在迦太基—汉尼拔火车站（Carthage Hannibal Station）下车后沿着拜尔萨山（Byrsa Hill）步行，沿途能欣赏那些历史遗迹：澡堂、大教堂和老港口，它们零零星星地散落在海边。注意：英国外交部目前建议，除必要情况，近期尽量不要去突尼斯旅行。

下图："九州七星"号标志性的深栗色列车环绕着日本九州岛行驶

139
大阪—百舌鸟古坟群线
(OSAKA-MOZU-FURUICHI)

日本本州岛中部
（*Central Honshu, Japan*）

大阪是摩天大楼和霓虹灯组成的超级大都市。然而，一趟短暂的火车之旅就可以带你回到1500年前。市中心的南边就是百舌鸟古坟群，这是一片古老的墓地。这些古坟是在250—650年为日本的国家精英建造的。在日本各地，有40座超过200米长的古坟，其中有11座在百舌鸟古坟群。这些大阪市内的古坟巨大又神秘。坐阪和线去百舌鸟站（需15分钟）的沿途风景令人惊叹。

114　丈量世界：500条经典铁路路线中的世界史

140
"九州七星"号列车（KYUSHU SEVEN STARS）

日本西部九州岛（Kyushu, Western Japan）

> 乘坐豪华的列车在日本最西边的岛屿中穿行，这座岛是古时去往倭奴国的门户。

基本信息
- 时间：公元前660年（神武天皇建日本国）
- 全程：1200千米
- 最少用时：4天
- 关键停靠点：福冈、汤布院町、宫崎、隼人、仙台、八代
- 途经国家：日本

九州岛是日本第三大岛，是日本这个国家的发源地。根据《日本书纪》（日本编年史），传说中的神武天皇于公元前660年在九州岛南面创立了日本国。关于这一点还没有发现实证，但是确有证据表明在公元前10世纪以前这里已有人类定居的痕迹。另外，九州的吉野里町遗址（公元前400—前300年）也是日本最重要的考古地点之一。

关于倭奴国（古时日本的称呼）的第一个文字记载始于1世纪，见于中国的《汉书》。古时日本和中国之间的贸易发展顺利，九州岛可能是一个贸易停靠港口。这个岛是最靠近亚洲大陆的——穿越朝鲜海峡，韩国离这里只有128千米远。因此，九州岛一直是这个相对封闭的国家和其他亚洲大陆地区之间的文化和经济纽带。

这样就并不奇怪了，几个世纪之后，九州岛是日本境内第一个欢迎且引进西方新型交通运输技术的。就是在这里，1868年，九州岛长崎首次把铁路引进日本。苏格兰商人托马斯·布莱克·哥拉巴（Thomas Blake Glover）修建了一条13千米长的实验性铁路，来试运行他的"铁公爵"号（Iron Duke），这辆蒸汽火车是他从上海进口过来的。这一切给日本人留下了深刻的印象，之后，铁路很快就开始运营了。

九州岛现在共有大约3000千米长的铁路线。第一条九州新干线（Kyushu Shinkansen，子弹头列车）于2004年运营，连接了福冈和鹿儿岛等城市。但九州岛上的大部分轨道都是窄轨线，这些线路在葱郁的山丘、温泉和沿海村庄之间不紧不慢地纵横交错。

总而言之，这里有许多铁路，沿途尽是美丽的风景。现在让我们将故事快进到2013年，九州岛首次推出了日本首列豪华

古代世界　115

去海港的火车之旅

141
"欧洲之星"号列车
伦敦—马赛线

英国和法国

从伦敦搭乘"欧洲之星"号列车到马赛（共6.5小时），沿途去探索地中海的港口箩筐老城，这里是希腊人于公元前600年所建的贸易市场。

142
布加勒斯特—康斯坦察线

罗马尼亚东南部

这条225千米长的火车之旅从罗马尼亚的首都布加勒斯特出发，前往最大的黑海港口康斯坦察。罗马诗人奥维德于公元17年在这里去世，他的雕像现矗立于康斯坦察的奥维德广场。

143
达卡—吉大港线

孟加拉国

乘火车从孟加拉国首都达卡前往港口城市吉大港，旅程共需要5.5小时。根据托勒密的《地理学》（作于公元150年），吉大港是当时东方最重要的港口。

卧铺列车"九州七星"。"九州七星"由7个标志性的深栗色车厢组成，包括一个休息厅车厢、一个餐车和5个卧铺车厢，只可以容纳28名乘客。每间宽敞的木质镶板车厢都配有手工打磨的家具、独特的室内装潢和聘请设计师设计的浴室。钢琴在蓝月酒吧车厢里清脆作响，美味的时令佳肴在木星餐厅里供应，列车的大窗户让欣赏美景变得无拘无束。坐"铁公爵"号可享受不了这些。

"九州七星"有2天或4天的行程供选择。4天的旅程会围绕九州岛行驶，沿途经过岛上7个县中的5个。旅程从福冈（九州最大的城市）的博多火车站开始，直至邻近的本州岛的新干线。从福冈出发，火车向东行驶到汤布院町，这是一个隐藏在由布山下的乡村度假小镇。小镇里有许多的温泉，是舒缓身心泡泡温泉的好地方，或者也可以去遍布咖啡馆的主街散散步，还可以去金鳞湖走走。

一夜之后，火车沿着九州岛东海岸继续向南行驶，途中能欣赏到北太平洋的美丽海景。然后，火车停靠在宫崎，这里据说是

上图：乘子弹头列车在繁忙的福冈和鹿儿岛间穿梭

神武天皇的出生地，你可以沿着这里的堤道走到青岛的神社。

尽管这是一辆卧铺列车，旅途的第二晚乘客会在传统的日式旅馆住宿。第三天早上，火车从隼人站出发，途经九州最南端的鹿儿岛，这座城市由日本最活跃的火山之一樱岛守护着。到了仙台，"九州七星"沿着蜿蜒西海岸的肥萨橙铁路线行驶。开往八代的路上，沿途是成片柑橘园和历史悠久的城镇，还有温泉、禅寺。火车会在日落时分停下来，方便乘客享用晚餐，再好好休息一晚。

第四天，火车继续向八代驶去。在特定的站点，乘客可以再次下车，乘船游览绿树成荫的天草群岛。这里曾经是基督徒的家园，信徒日益增多，直到17世纪被打压。然后，火车驶回福冈，这样就穿过了整个九州岛。

路线可能有所不同：预订前请查询cruisetrain-sevenstars.com获取最新信息。

贸易火车之旅

144
哈尔施塔特盐矿列车
奥地利萨尔茨卡默古特

自公元前5000年以来，人类就在萨尔茨卡默古特地区采盐了。现在，一列火车将乘客从青铜时代的矿山带到山脉之上。

古代世界　　**117**

汉志铁路（HEJAZ RAILWAY）

沙特阿拉伯、约旦和叙利亚（Saudi Arabia, Jordan and Syria）

> 让我们记得这条沿古代商贸路线而建的命运多舛的铁路，它曾被阿拉伯的劳伦斯摧毁。

基本信息
- 时间：公元前300年—公元200年（香料之路兴起时）
- 全程：1320千米
- 最少用时：4天
- 关键停靠点：麦地那、泰布克、穆达拉劳拉、安曼、大马士革
- 途经国家：沙特阿拉伯、约旦、叙利亚

下图：沙特阿拉伯的马达因萨利赫废墟遗址可追溯到1世纪

从阿拉伯半岛建一条运输通道直到黎凡特（Levant）的这个想法，已经和那里的山丘年岁一样久了。2000多年前，这片区域是香料之路（Incense Route）的关键路段，从也门和阿曼的乳香和没药都途经这里运往地中海。汉志铁路这条芬芳的贸易高铁穿过沙特阿拉伯的汉志，途经麦加（Mecca）、麦地那和马达因萨利赫（Mada'in Saleh），然后抵达约旦的佩特拉（Petra）和安曼（Amman），还有叙利亚的大马士革（Damascus）。

第一条沿着类似路线建成的铁路目的并不是运送香料，而是运送朝圣的人们。这条窄轨的汉志铁路是由奥斯曼土耳其人建造的，想要缩短伊斯坦布尔（土耳其）和麦加之间的旅程时间。

上图：曾在汉志铁路上行驶的一辆老式蒸汽机车停在约旦境内

那时候，穆斯林朝圣者乘坐火车最多只到大马士革，从大马士革开始，一段艰苦又危险的旅程就开始了：要骑两个月的骆驼才能到达圣城麦加。

在这片区域建铁路不容易。崎岖的悬崖、软塌的沙地、炎热的天气，还有当地部落的敌意都给铁路建设带来麻烦。除了需要建许多桥梁，火车的木质车厢还被当地人偷走用作柴火烧掉了，原本的木车厢只好改成铁质车厢。还好，修至麦地那的线路终于在1908年开通了。

"一战"阻碍了建设麦加延线的计划。在阿拉伯反抗奥斯曼帝国的起义（Arab Revolt，1916—1918年）期间，由托马斯·爱德华·劳伦斯（T. E. Lawrence）带领的"为了阿拉伯"游击队一再袭击铁路线。这段铁路之后就没能恢复了。在火车首次运行后不到十年，线路南段就已废弃。残余的铁轨在沙漠中隐约可见，而麦地那的老终点站已经改建成汉志铁路博物馆。

铁路北段也遭受了影响。约旦的磷酸盐列车仍然走从南部城市马安（Ma'an）到红海度假胜地亚喀巴（Aqaba）的支线，但安曼和大马士革之间的铁路于2006年停运了。遗憾的是，叙利亚的内战使这条历史悠久的铁路真的再难恢复了。

古代世界

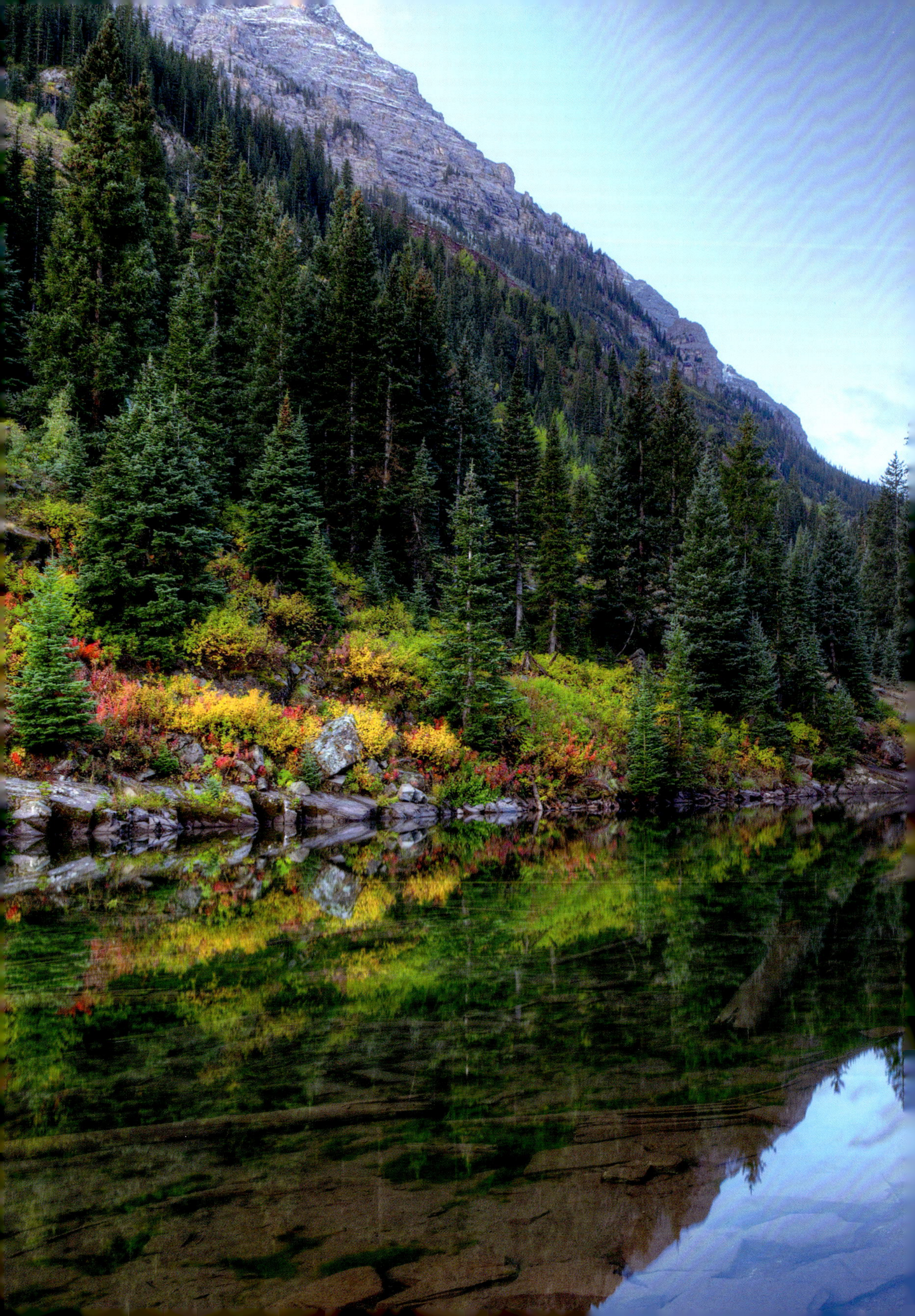

"西南酋长"号（下页）横跨了美国大片区域，火车从美国芝加哥开往洛杉矶，沿途经过壮丽雄浑的落基山脉

146
"西南酋长"号列车 (SOUTHWEST CHIEF)

美国 (United States)

> 乘坐芝加哥和洛杉矶之间的这条经典列车，沿途想象着早期美国原住民生活的时代。

基本信息
- 时间：500年（美国原住民耕种和狩猎生活方式发生变化）
- 全程：3645千米
- 最少用时：42小时
- 关键停靠点：芝加哥、堪萨斯城、阿尔伯克基、弗拉格斯塔夫、洛杉矶
- 途经国家：美国

"西南酋长"号横穿了美国的中心地带。线路从芝加哥出发，沿着密歇根湖畔行驶，接着穿过北美大平原，直冲上落基山脉，又穿越红色的岩石地、西南边的沙漠，最后停靠在太平洋边的洛杉矶。

这条路线沿途处处散落着历史的痕迹。沿铁路线的那些河流让人想起了16世纪的西班牙征服者、西班牙人建立的城市、配枪的美国西部牛仔、美国内战时期战场、好莱坞电影里的地点，还有在圣贝迪诺的第一家麦当劳。除此之外，沿途的美洲荒野隐约向人倾诉着克里斯托弗·哥伦布登陆北美以前这里的生活。列车以不紧不慢的速度行驶，透过车上的巨大的车窗，人们可以慢慢了解这片地域的地理范围和地质多样性。这一切不禁让人想到，在麦当劳的巨无霸和薯条出现之前，古人是如何在这片土地上生活的。

美国西南部的第一批定居者是靠狩猎为生的游牧族群，但是随着玉米（约公元前2000年）的传入，人们的生活方式逐渐由游牧转为农耕。大约公元500年，农作物选择性育种的出现让人们拥有更高产的作物种子；定居区域稳定了下来，人口开始迅速增加。同样在公元500年左右，弓和箭的出现革新了北美大平原上的部落猎捕美洲野牛的方式。美国各处原住民的生活方式开始发生变化。

"西南酋长"号火车之旅是探索美国原住民历史的迷人旅程。列车隆隆穿过美国中西部的草原、沙漠地带的灌木丛，感觉就像回到了过去。但是，这种回到过去的感觉也源于一些和历史直接相关的事。比如，当火车在盖洛普至新墨西哥州阿尔伯克基段行驶时，会穿过纳瓦霍人（Navajo）的土地——这时候会

有一个纳瓦霍族导游上车,来给旅客讲解这片区域的传说和历史。线路还穿过美国原住民的定居点,像是新墨西哥州的圣费利佩村(于1706年建立),还有科罗拉多州拉洪塔的科谢印第安博物馆(Koshare Indian Museum),这里有别的地方没法比的美国原住民器物展览。

　　这条铁路可以追溯到圣菲路道(Santa Fe Trail),圣菲路道是19世纪时密苏里州和美国西部间的贸易线路。1859年,艾奇逊、

下图:美铁"西南酋长"号列车从阿尔伯克基出发向西驶去

探访祖先的冒险之旅

147
珊瑚海岸铁路
斐济维提岛

约公元前1500年，人们首次定居在太平洋的斐济群岛。珊瑚海岸铁路使用重组的曾用于运送甘蔗的机车运行于古老的窄轨铁路上，两旁是甘蔗种植园。

148
铃兰铁路线
日本北海道

阿伊努族是北海道岛的原住民，可能于公元前300年前就来到这里。乘坐铃兰来看看阿伊努人的历史吧：从札幌市出发，乘1小时火车会到达白老町，这里有复原的阿伊努族村落。

149
"中心地带飞行者"号列车
美国中西部

这条332千米长的线路在俄克拉荷马州和得克萨斯州之间，牛仔和印第安人相遇了。在欧洲人到来前的几千年里，美洲印第安人就定居在美国中西部，俄克拉荷马州的美洲印第安人文化中心讲述了印第安人的故事。

150
塔那那利佛—安达西贝线
马达加斯加中部

乘坐20世纪30年代的米西林列车探索马达加斯加。印度尼西亚的海员在1世纪开始就在此定居。这些像巴士的列车不定期地从塔那那利佛驶往安达西贝的曼塔迪亚国家公园，全程共145千米。

托皮卡和圣菲铁路公司（Atchison, Topeka and Santa Fe Railway，简称AT&SF）获得批准，沿着这条老路新修一条铁路。到1872年，铁路的主线修到科罗拉多州，1885年，线路延至洛杉矶。

工业产业的兴建和扩张可能是修建这条铁路的最初目的。但20世纪30年代的美国，也正处于火车魅力大爆发的年代。艾奇逊、托皮卡和圣菲铁路公司的"圣菲超级酋长"号列车（Santa Fe Super Chief）芝加哥—洛杉矶线于1936年首次运行，那时它是火车之旅的最佳选择。列车的标志以羽冠为灵感，机身统一有标志性的红黄色相间色调（羽冠的设计是向大平原印第安首领致敬，他们戴着彩色的羽毛头饰），还有普尔曼公司（Pullman）生产的豪华卧铺车厢，以及车上提供的美食佳肴，这一切都使它受到社会名流的青睐，列车因此而闻名。可惜的是，"圣菲超级酋长"号列车在1971年停止运行了。"西南酋长"号是"圣菲超级酋长"号的继任者，相比较而言，"西南酋长"号没有"圣菲超级酋长"号那么引人注目，继续走着和以前差不多的路线。"西南酋长"号列车上的饮食比不上"圣菲超级酋长"号，但沿途经过的风景依旧美丽。

沿途的景色由旅行方向决定。西行线的火车在下午3点左右离开芝加哥的联合车站（Union Station），晚上10点左右会到达堪萨斯城。第二天早上醒来，会看见堪萨斯州西边的风景，一路绵延至科罗拉多州的落基山脉。接着，新墨西哥州映入眼帘，这里是旅途的亮点之一：火车会在这里穿过惊险的拉顿山口，山口位于桑格雷—德克里斯托山脉（Sangre de Cristo Mountains）之上。然后，火车于午餐时间抵达拉斯维加斯，之后是拉米（圣菲铁路的终点）、阿尔伯克基，晚上9点，会到达大峡谷所在的亚利桑那州弗拉格斯塔夫。在夜间，火车会穿越莫哈韦沙漠，在第二天的早餐时间段，抵达洛杉矶。

东行线的火车在下午6点以后从洛杉矶出发，第二天早晨抵达弗拉格斯塔夫。线路沿途会经过美国原住民聚居的城市，如温斯洛和盖洛普，然后会在阿尔伯克基短暂停留，接下来的一下午都穿梭于新墨西哥州的其他地区，日落时分火车抵达科罗拉多。当晚，火车会在堪萨斯平原上行驶，晨光破晓之时可能已到达州首府托皮卡或堪萨斯城。越过密苏里州平原和密西西比河，最后停靠在"风城"芝加哥。

151
蒂哈查皮山口铁路线
(TEHACHAPI PASS RAILROAD LINE)

美国加利福尼亚州
(California, United States)

  在欧洲人到达之前，原住民基塔内穆克人（Kitanemuk）在加利福尼亚的蒂哈查皮山口已经行走了上千年之久。直到19世纪，南太平洋铁路公司（Southern Pacific Railroad）看中了这座山口的潜力。这条45千米长的蒂哈查皮山口线于1876年开通，连接了旧金山和洛杉矶之间的铁路终段。铁路由3000个中国劳工从花岗岩体中凿出，线路的亮点是长达1.17千米的蒂哈查皮山环道（Tehachapi Loop），这是一条大型的向上螺旋形弯道。每天大约有40辆货运列车走过这个弯道；唯一的旅客列车是偶有运营的美铁"海岸星光"号（Coast Starlight），只有在常规铁路关闭时，这辆列车才绕道经过这里。

左图：芝加哥市内的公共雕塑云门（Cloud Gate），艺术家安尼什·卡珀尔（Anish Kapoor）创作

古代世界 **125**

152
贾斯珀—鲁珀特线火车 (JASPER-RUPERT TRAIN)

加拿大西部（Western Canada）

> 穿越不列颠哥伦比亚省的荒野，在雄伟的山脉和森林之间了解原住民和开拓者的历史。

基本信息
- 时间：公元前3000年（茨姆锡安人居住在鲁珀特王子港一带）
- 全程：1160千米
- 最少用时：2天
- 关键停靠点：贾斯珀、乔治王子城、鲁珀特王子港
- 途经国家：加拿大

最坚韧的茨姆锡安人（Tsimshian）在不列颠哥伦比亚省的荒野中生活了数千年。在鲁珀特王子港，考古学家发掘出了5000年前茨姆锡安人建造的房屋遗迹。从很久以后的18世纪开始，欧洲的皮毛商人和随后寻找金矿的人也来到这片大陆。1914年，太平洋铁路大干线（Grand Trunk Pacific Railway，简称GTP）开通，连接了马尼托巴省的温尼伯和太平洋的鲁珀特王子港，穿越了不列颠哥伦比亚省荒凉的边境。

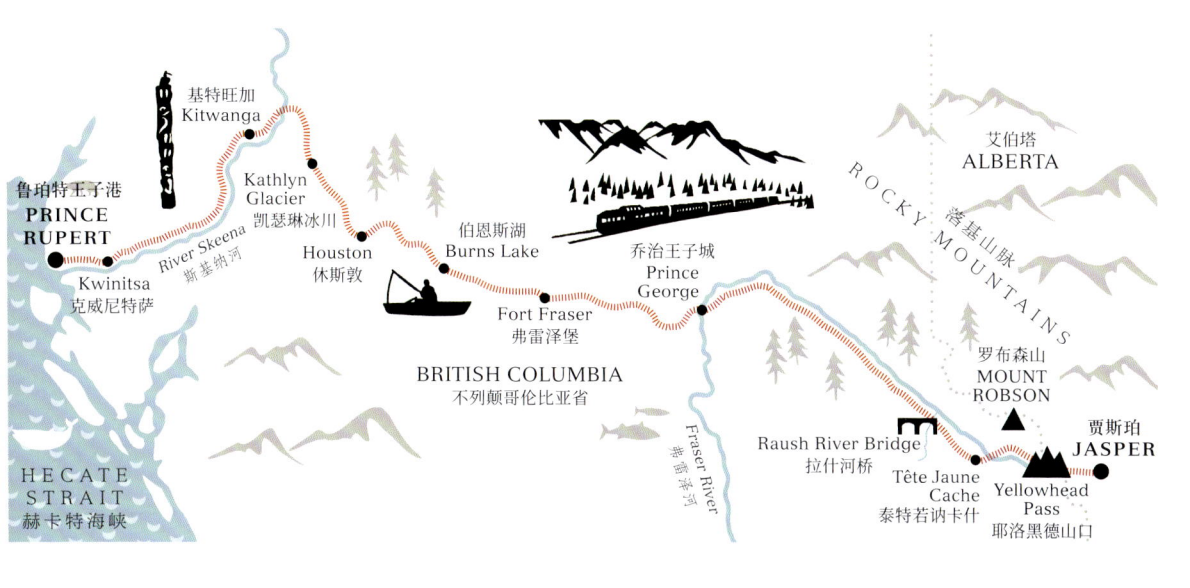

尽管通了火车，这一大片荒凉的地区仍然人烟稀少。线路经过了不列颠哥伦比亚省的大多数城镇，从艾伯塔的贾斯珀到不列颠哥伦比亚的鲁珀特王子港，沿途地广人稀。线路沿途的自然风景壮丽雄浑，世界上很少有人能让大自然臣服，哪怕只臣服一半，而这段旅途则展现了征服大自然时所需的那种坚韧不拔的精神。

从贾斯珀出发，这段冒险之旅就此启程。火车从耶洛黑德山口掠过落基山脉，沿着游满鲑鱼的弗雷泽河蜿蜒地穿过森林，沿途是加拿大落基山脉最高峰罗布森山的美丽景色。线路还经过了建铁路时的临时营地，泰特若讷卡什就是其中之一，蒸汽轮船曾从这里起航，沿着弗雷泽河继续航行。距离起点53千米处，火车会走过拉什河桥，这里特别适合拍照留念。

然后，火车会在乔治王子城停靠一夜。乘客也可以去旅店住宿，不用担心像坐卧铺列车那样错失许多风景。第二天清晨，更多壮美的风景像一幅画卷在途中徐徐展开。火车隆隆驶向皮毛交易之城弗雷泽堡，1914年，太平洋铁路主干线的"最后一钉"仪式就在这里举行。一会儿，凯瑟琳冰川就出现了，同时还能见到那些原住民遗址（记得寻找基特旺加的图腾柱）。

火车继续行驶到斯基纳河（一个茨姆锡安人的词汇，意思是"云中的水"），接着抵达克威尼特萨铁路博物馆。最后，火车停靠在美丽的鲁珀特王子港，在这里的赏鲸船、海鲜小屋中，在去观赏灰熊的旅途之间，茨姆锡安人的文化随处可见。

左图：贾斯珀—鲁珀特线连接了落基山脉和太平洋

古代世界

153
圣诞老人快车
(SANTA CLAUS EXPRESS)

芬 兰
(*Finland*)

  在这辆舒适的长途卧铺列车上，起初还在芬兰首都赫尔辛基的文化街道间睡意蒙眬，醒来的时候发现自己已经在白雪覆盖的北极圈内。火车大约在晚上10点出发，向北行驶12小时，893千米之后，圣诞老人快车抵达罗瓦涅米（Rovaniemi）。罗瓦涅米位于北纬66度，是芬兰拉普兰的首府，据说这里是圣诞老人的家乡——你可以去圣诞老人村去看看圣尼古拉*（St Nick）。或者，还可以去驯鹿农场见见当地的萨米人［也叫拉普人（Lapp）］，至少从1世纪开始，萨米人就居住在这片冷到不可思议的冰天雪地之中。

154
昆明—海防铁路
(KUNMING-HAIPHONG RAILWAY)

中国和越南
(*China and Vietnam*)

  从东山文化所在地到今天少数民族的散居地，中国和越南交界的边境一直是极有趣的人类学关注地点。1910年，法国人修建昆明—海防窄轨铁路，跨中越边境。线路穿越了少数民族聚居的城镇和一片片壮丽的山脉，沿途经过了152座隧道和178座桥梁，包括四岔河上那座令人惊叹的人字桥**，高102米。遗憾的是，这条观光铁路线的大部分路段都停运了，但新的高速铁路昆明—河口铁路穿越了中国的云南省。在越南边境，乘客可以乘出租车到老街火车站，继续乘坐法国人修的这条铁路去海防。从这里启程可以看到碧绿的水流、喀斯特地貌的岛屿，还有航游的中国式帆船。

---

*圣尼古拉：一名基督教徒，米拉城（今土耳其境内）的主教，据说他悄悄给人送礼物，被认为是圣诞老人的原型。
**人字桥：即五家寨铁路桥，也称次南溪河铁路桥，位于云南省红河州屏边苗族自治县北部南溪河左岸支流四岔河峡谷之间，是昆河铁路上的标志性工程之一。

155
合肥—福州线
（HEFEI-FUZHOU LINE）

中国东部
(*Eastern China*)

这条808千米长的合肥—福州高铁于2015年通车，两地的旅途时间由14小时缩减到只要4小时。速度变快的同时也带来了遗憾：这是中国沿途风景最美的铁路之一。火车穿过长江，沿途经过170座桥梁，途经武夷山的茶叶种植园，还有云雾缭绕、松柏林立的黄山。这个风景如画的地方被列入了联合国教科文组织的世界遗产名录。

156
韦莱斯—比托拉线
（VELES-BITOLA）

马其顿南部
(*Southern Macedonia*)

火车缓缓驶过培拉贡尼亚（Pelagonia）的平原时，已很难想象这里曾是古时最强盛王朝的腹地。在腓力二世（Philip Ⅱ，公元前359—前336年）执政期间，马其顿帝国（Macedon）掌控了整个希腊世界。赫拉克利-林克斯提斯城（Heraclea Lyncestis，现在的比托拉）由腓力二世创建。现在，这条129千米长的铁路沿线是迷人的乡间景致：略凌乱随意的车站和连绵起伏的田野。从瓦尔达尔河（Vardar River）旁摇摇欲坠的老城瓦莱斯（Veles）出发，火车轰隆隆向西南方向驶入山间，开往普里莱普（Prilep），从这里出发可以去特雷斯卡维克修道院（Treskavec Monastery）。之后火车继续穿越平原到达比托拉，奥斯曼时期的联排别墅、土耳其集市和腓力的老城遗址在这里静静等候着。

157

摩诃波涅槃快车（MAHAPARINIRVAN EXPRESS）

印度比哈尔邦和北方邦（Bihar and Uttar Pradesh, India）

> 做好准备，从这趟佛教朝圣之旅中得到启示。

基本信息

- 时间：公元前563年（据说是佛陀释迦牟尼诞生之时）
- 全程：2285千米
- 最少用时：8天
- 关键停靠点：新德里、格雅（菩提伽耶所在地）、瓦拉纳西（鹿野苑所在地）、戈勒克布尔（拘尸那揭罗所在地）、蓝毗尼、贡达（舍卫城所在地）、阿格拉
- 途经国家：印度

摩诃波涅槃快车的旅途可能是世界上最具心灵启示的火车之旅了。这趟数天的旅程会跟随佛教创始人乔达摩·悉达多的足迹。

根据传统的说法，悉达多是一个王子，在公元前6世纪出生于印度和尼泊尔边境的一个小王国。他儿时的成长伴随着优渥的特权，但长大之后，开始对生活的意义产生了疑问。最终，悉达多离开宫殿，成为一个流浪的圣者，足迹遍布印度北部。悉达多在路上一边操练冥想，一边过着苦修的生活，一直在寻找生命的真谛。最后，他在久坐于菩提树下40天后，终于发现了长期以来一直在寻求的东西。

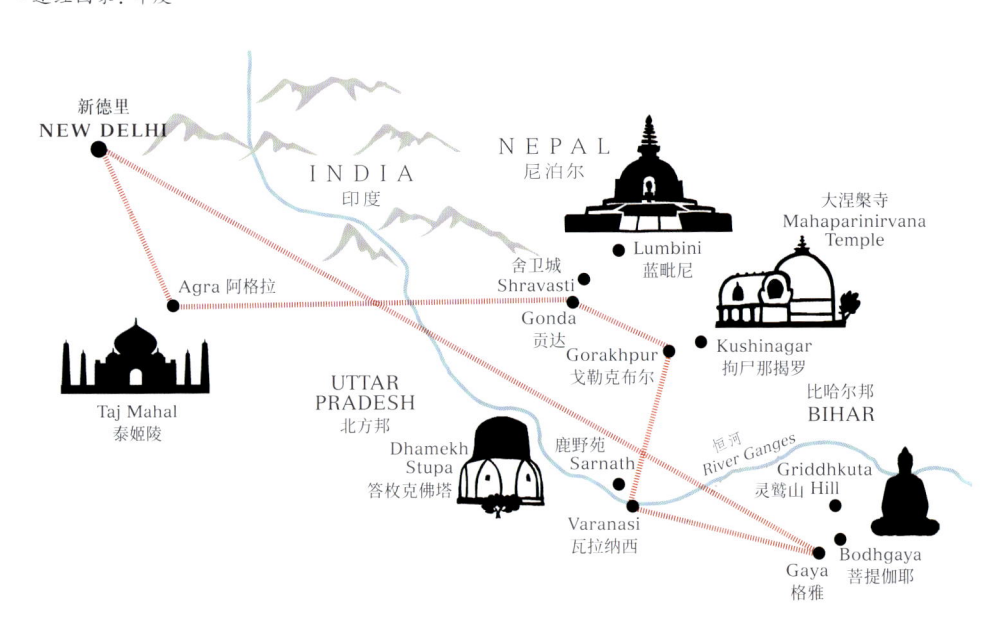

130　丈量世界：500条经典铁路路线中的世界史

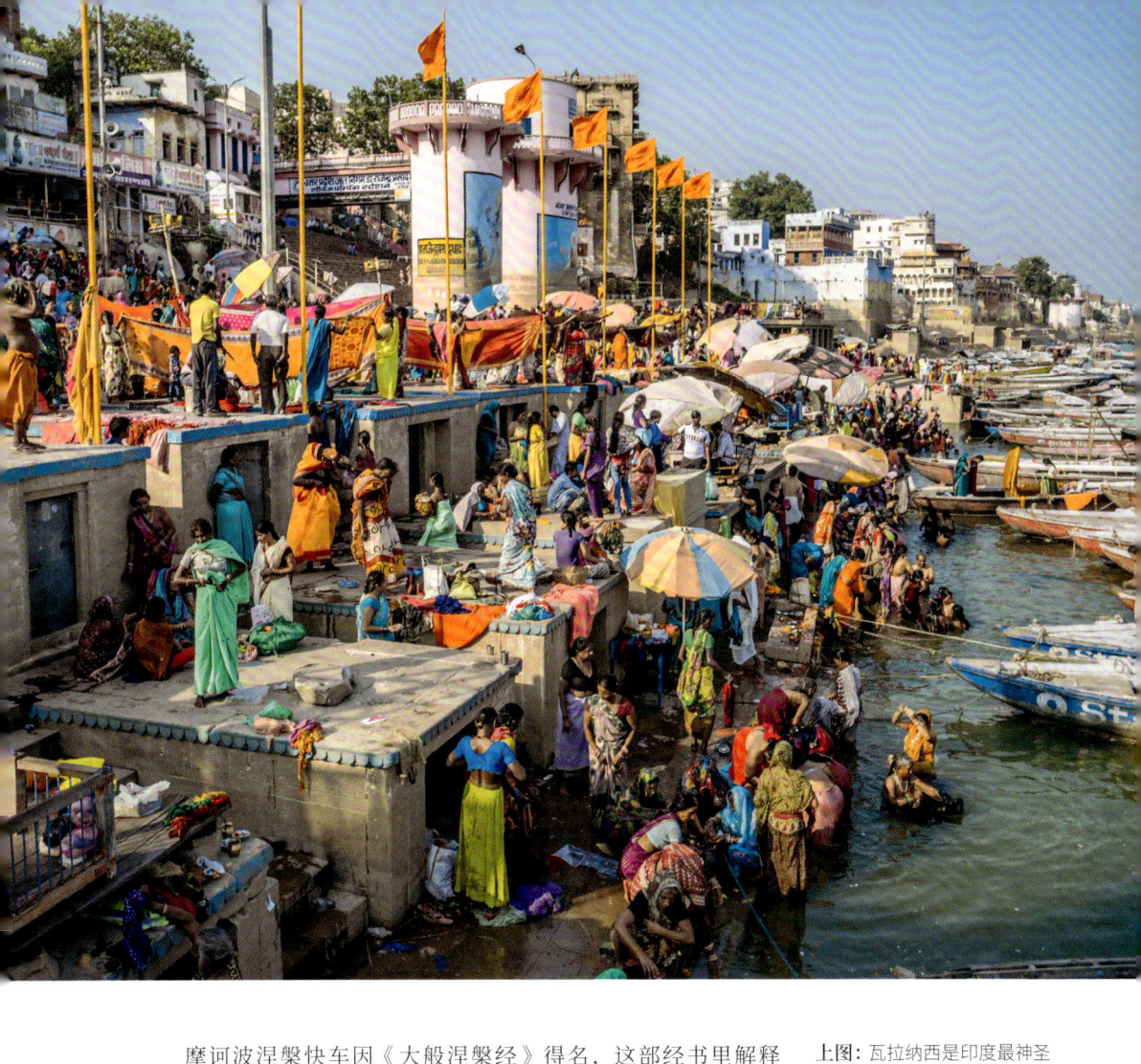

上图：瓦拉纳西是印度最神圣的城市之一

  摩诃波涅槃快车因《大般涅槃经》得名，这部经书里解释了佛陀的教导。这趟心灵之旅倒并不会直接将乘客送往涅槃的境界。相反，线路是迂回曲折的循环线，从印度首都新德里出发，也于新德里结束，沿途会经过和悉达多有关的地方。这是一个旅游观光线路，途中多次停靠，让乘客自主享受短途旅行，全程走完需要8天。不过，也没有什么可以阻止一个独立旅行者策划自己的旅行路线，何况印度铁路网络覆盖广阔（还有公交车和出租车）。

  从新德里出发，火车径直穿过北方邦平原，驶出1000千米之后抵达古城格雅。这是离圣城菩提伽耶最近的站点，悉达多于此顿悟。现在，菩提伽耶内有一尊巨大的盘腿佛陀像。摩诃菩提寺也在附近，在这里的菩提树之下佛陀领悟了人生真谛。

古代世界   **131**

旅程中有一天的行程是乘坐巴士参观比哈尔邦的景点，其中包括灵鹫山，佛陀在这里传教数月。下一站，火车会从格雅到恒河岸边的瓦拉纳西。瓦拉纳西是印度教最神圣的城市，也是世界上现存的最古老的城市之一。在鹿野苑以北10千米处，佛陀第一次传教，宣讲他的教义。34米高的答枚克佛塔是这里的地标，佛塔的砖瓦最早可以追溯到公元前200年。

接下来，火车隆隆地驶向戈勒克布尔，这里是去小村庄拘尸那揭罗的最佳站点，村庄在戈勒克布尔火车站以西55千米处。拘尸那揭罗是佛陀圆寂的地方，据说佛陀在这里重生。大涅槃寺在遍地绿草的花园和古老废墟遗址之间，寺庙里有一尊1500年历史的卧佛金像。

从拘尸那揭罗可以乘坐巴士越过边境进入尼泊尔，去参观蓝毗尼的圣地（注意：需要签证）。这里是佛教最初的起点：乔达摩·悉达多出生的地方。这里还有一座宗教公园，园内有很多寺院，出生地的神龛前摆满了供品。

在戈勒克布尔重新登上火车之后，下一站是贡达，距舍卫城只有很短的车程。佛陀一生大部分的僧侣生活在印度河—恒河平原上的这座古城内度过，他一直在这里的祇园精舍宣讲教义。现在仍可以拜访祇园精舍遗址。在舍卫城之外矗立着一座窣堵坡，在这里佛陀显现了他的双神变（Twin Miracle）：据说他上半身生出了火，下半身则生出水，水火交替自如，火焰和水流也在身侧来回变幻，这样的神通持续了好几天。

之后，摩诃波涅槃快车侧身挤进阿格拉——这座城市和佛教没有直接的联系，不过没人想错过这里的泰姬陵。从这里到新德里只要几个小时，朝圣之旅就这样结束了。

东方沙漠快线（ORIENTAL DESERT EXPRESS）

摩洛哥东部（ Eastern Morocco ）

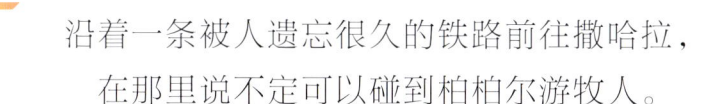

> 沿着一条被人遗忘很久的铁路前往撒哈拉，在那里说不定可以碰到柏柏尔游牧人。

基本信息
- 时间：公元前1300年（柏柏尔人在撒哈拉聚居）
- 全程：304千米
- 最少用时：12小时
- 关键停靠点：乌季达、布阿尔费
- 途经国家：摩洛哥

看起来瑞士人是如此擅长建造铁路，他们甚至能在撒哈拉沙漠中找出一条……21世纪初期，在摩洛哥居住的瑞士侨民埃迪·孔茨（Edi Kunz）在摩洛哥较东边发现了一条废弃的南北走向的单轨铁路。铁路连接了乌季达（Oujda）喧闹的集市——靠近阿尔及利亚边境的贸易站点和偏远的布阿尔费（Bouarfa）——位于沙漠边缘地带。这条长期被遗忘的铁路在荒凉的东方高原（Oriental Plateau）上，不过，东方高原更会让人想起柏柏尔人（Amazigh），而不是想到火车。

1912—1955年，法国是摩洛哥的保护国，建设这条铁路的初衷是为了运送法国军队。后来，这条铁路主要从布阿尔费运煤到地中海沿岸。现在，殖民国的军队早已离开，煤矿也已经关闭，这条铁路反而重新运营了。每周偶尔会有几次运矿的火

下图： 20世纪60年代，旅客在铁路因撒哈拉沙漠被遗弃之前搭乘东方沙漠快线

车经过这里，每年还会有少数铁路冒险爱好者走这条路。

　　孔茨私人运营的东方沙漠快线是一辆柴油列车，提供空调观景车厢。这辆列车更像是一辆私人的士，而不是火车。因为没有别的火车走这条线路，这辆火车可以随时随地停下来，让旅客好好欣赏羊群，或者去沿途的村庄看看，又或是近距离欣赏贝尼迈特海尔（Beni M'thar）废弃的天主教堂。不过，有时候也会因为一些相对切实的原因停车，比如，需要乘客帮忙铲除铁轨上的沙子。当路上碰到牧民经过时，火车一定会停下来，好让大家一起喝喝薄荷茶，聊聊天。这些强壮的沙漠居民仍过着非常传统的生活，似乎和最早的柏柏尔人的生活方式一样，他们早在3000多年前就从尼罗河谷向西迁徙到了这里。

上图：乌季达老贸易站的主广场

134　　丈量世界：500条经典铁路路线中的世界史

159
毛里塔尼亚铁路
(MAURITANIA RAILWAY)

毛里塔尼亚

(*Mauritania*)

一些世界上最长的列车正徜徉在毛里塔尼亚广袤的沙漠中。这些火车从撒哈拉沙漠边缘的塔扎迪特（Zouérat）的矿山拖运铁矿，送往大西洋港口努瓦迪布（Nouadhibou），全程要走704千米。这是毛里塔尼亚唯一的铁路，这些火车长达2.5千米，如同行走的金属巨兽，成为沙漠间引人注目的景观。通常在这里，你只能看到骑着骆驼的游牧民族，他们是很久以前的毛里塔尼亚国（Kingdom of Mauretania，公元前300年—公元700年）柏柏尔人的后裔，这个国家也以此命名。遗憾的是，这里只有货运火车，没有旅客列车，尽管还是会有"乘客"跳上拉铁矿的车厢，坐在铁矿堆上搭便车。

古代世界　135

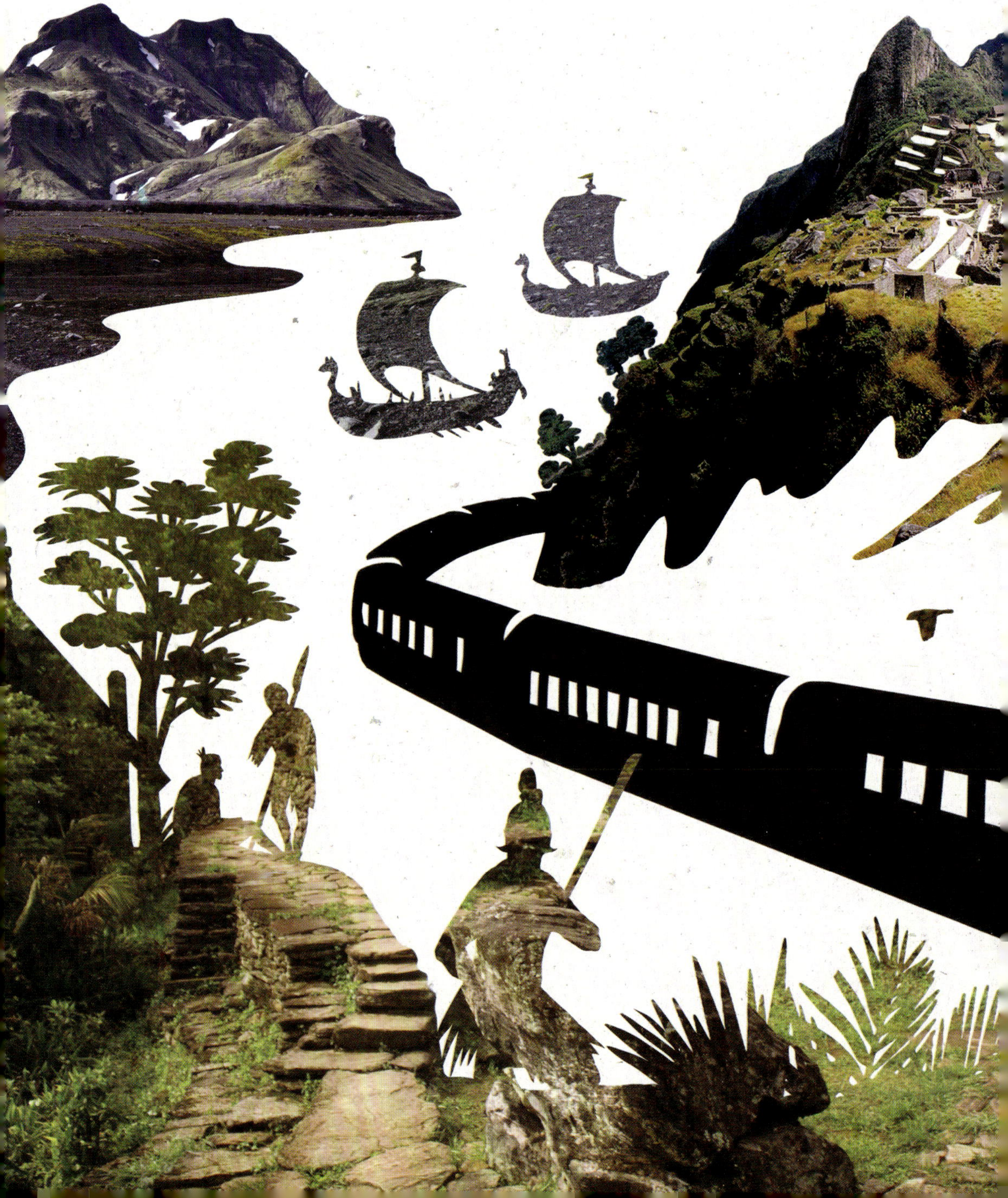

第 3 章

中世纪时期

> 探索公元600—1500年的中世纪时期，旅途中陪伴你的是朝圣者、商人、十字军，还有那些遗失的文明。

曼谷—清迈北线
(BANGKOK–CHIANG MAI NORTHERN LINE)

泰国（Thailand）

线路穿越泰国中部平原，连接了新的首都、旧的古都，以及遥远高原上的王国。

基本信息
- 时间：1296年（兰纳王国建立）
- 全程：751千米
- 最少用时：14小时
- 关键停靠点：曼谷、大城、华富里、彭世洛、南奔、清迈
- 途经国家：泰国

下图：旅程终止于清迈周围郁郁葱葱的高原地带

这趟曼谷至清迈的火车之旅好像要把泰国历史基础知识都塞到14小时的旅途里。它也是一条从泰国首都前往郁郁葱葱的高原地带的便捷路线。

自19世纪90年代起，建设曼谷—清迈北线的前期调研开始；1922年，铁路正式通车，沿途是昭披耶河*广阔的冲积平原。能在这片肥沃的草原上建成铁路是一项了不起的壮举，途中要穿过厚密的丛林，还要攀登一座座高山。联合整个泰国的铁路主干线也正是由这些线路构建，沿线是泰国历史悠久的中部走廊。

10世纪后半叶，泰国人迁移到亚洲东南部。当时高棉帝国统治这一地带。但在1238年，泰国的一位酋长建立起独立的素

*昭披耶河：又称湄南河，是泰国第一大河，自北而南地纵贯泰国全境。

上图：从当年一个小贸易站发展而来的曼谷如今是繁华的首都

可泰王国（Kingdom of Sukhothai），王国位于泰国的中部平原地带；这里的人民称自己是泰（意为"自由"）。素可泰王国在随后的一个多世纪持续繁荣，直到1350年，素可泰王国以南相距不远的城邦阿育他亚（Ayutthaya）日渐强盛，以至于高棉帝国也不得不对它俯首称臣。再往北，兰纳王国（Kingdom of Lan Na，意为"百万稻地王国"）也变得昌盛。1296年，兰纳王国宣布独立，并设立清迈为首都。

所有这些中世纪的权谋之争都发生于这条铁路沿线上。全长751千米的北线从曼谷起始，曼谷早期曾是阿育他亚王国内的一个小贸易站，1782年时已发展成首都。曼谷现在的地位毋庸置疑。城内的玻璃高楼就像鸡尾酒玻璃杯，让人头晕目眩，还有时髦的酒吧、喧闹的俱乐部、拥堵的交通，以及庙宇、集市和商场。

曼谷的华喃峰车站（Hualamphong Station）建于1916年，站楼采用新文艺复兴风格，这里的火车有白天班次及夜间卧铺。首先，火车在城区中隆隆行驶，城区铁轨旁的简陋房屋向铁轨中央微倾，随后眼前渐渐出现一片片青绿的稻田。大约1小时

中世纪时期 **139**

30分钟后，火车来到大城*车站，即之前提到的阿育他亚王国曾经的都城。据说，在这座古城最繁荣的时期，城内建有许多镀金的寺庙，闪烁的光辉在数千里之外都能看到。而现在，这座曾经辉煌的城市处于衰落的氛围（18世纪时这里被缅甸人劫掠），那些红砖废瓦好像正讲述着往昔的辉煌。人们可以在大城车站租一辆嘟嘟车或是自行车游览这座古城。

从大城出发后，北线继续前往泰国最古老的城市之一华富里。华富里曾是阿育他亚王国设立的第二个都城，如今有点颓败。不过，华富里城内仍然有座800年历史的高棉时期的庙宇，因庙内居住成群的猕猴而闻名。

火车继续北行，停靠于彭世洛。朝圣者会在这站下车，前往城内重要的佛教寺庙菩喜罗他那玛哈泰寺（Wat Phra Si Ratana Mahathat）。彭世洛是离素可泰遗址最近的站点（位于彭世洛西北方向58千米处）。素可泰遗址已被部分修复，这部分遗址建筑分布较为集中，但占地面积巨大——包括一座皇宫和26座庙宇，这些古迹都坐落于围建城墙的长方形旧城中。

铁路穿过苍翠的山脉抵达清迈，地形渐渐更富于变化，空气也更加凉爽。在铁路没建好之前，兰纳王国的所在地偏僻遥远，如同香格里拉般触不可及。直到1932年，这片区域正式成为暹罗（Siam，也就是现在的泰国）的一个省。这里好像是另一片分离的陆地，拥有茂密的丛林、受缅甸影响的菜式、与众不同的方言，以及手工艺品和传统文化。

尽管清迈已经相当现代化，但它仍存留一些古老的气息，尤其是在拥有护城河的老城区中，坐落着僻静的寺庙和低矮的木头房。清迈也是前往远北荒野的通道。你可以徒步登上山丘，与兰纳部落的人们相遇，他们的生活和火车到来前一样，不曾改变。

右图：黎明寺矗立于曼谷昭披耶河河岸

*大城：又称阿育他亚，是泰国大城府的首府，坐落在昭披耶河河谷。泰国华人称其为大城，此名字更为华人世界所知。

140　丈量世界：500条经典铁路路线中的世界史

161
曼谷—乌汶叻差他尼线
(BANGKOK–UBON RATCHATHANI)

泰国东部
(Eastern Thailand)

    这趟全长575千米的火车之旅从泰国首都曼谷出发。线路途经古都大城，再西行至高棉帝国曾经的腹地，这一地带曾经极具影响力。旅途的终点是乌汶叻差他尼，这座位于泰国伊桑地区（Isan Province）深处的城市拥有许多高棉遗址。可以在那空叻差是玛*站（Nakhon Ratchasima Station）下车，前往披迈石宫探访，这是一个建于11世纪晚期的复杂寺庙建筑群；到了这里，意味着从柬埔寨吴哥起始的古代高棉高速抵达尽头。或者也可以在四色菊下车，这里通向许多遗址，包括供奉湿婆的窣堵坡大水池宫（Prasat Wat Sa Kamphaeng Yai）。

*空叻差是玛：又译"呵叻"。

162
马德望竹子火车
(BATTAMBANG BAMBOO TRAIN)

柬埔寨西北部
(Northwest Cambodia)

    马德望市周围有些遗址——其中包括著名的高棉埃普农庙（Wat Ek Phnom），这座庙宇证明自11世纪以来这里已有人定居。不过，更令人好奇的遗址是已废弃的马德望—金边铁路线，它现在却运行着一种独特的交通工具。竹子火车（金属框架镶上木板，再组装上小型发动机）会载着货物或乘客，一路穿过灌木丛，越过桥梁，在铁轨上行驶几千米前往其他村庄。如果两辆竹子火车在同一轨道上相遇，会暂时拆除一辆，好让另一辆通过。

163

奈良线（JR NARA LINE）

日本本州岛（Honshu, Japan）

线路连接京都和奈良两座古都，在这趟短暂的火车之旅中体味日本的过去。

基本信息
- 时间：794年（日本迁都至京都）
- 全程：35千米
- 最少用时：50分钟
- 关键停靠点：京都、东福寺、稻荷、宇治、奈良
- 途经国家：日本

在50分钟内，你就能乘火车穿越回日本历史中最有影响力的年代之一。佛教于6世纪通过中国传到日本后，引发日本国内巨大变化。日本于710年将奈良设立为第一个长期首都，佛教成为国教。奈良的东大寺于752年建成，寺内的大佛殿仍是世界上最大的木制建筑。

不过奈良作为都城的时间较短暂。784年，日本迁都长冈，794年迁至京都。此后京都一直是历代王朝的首都，直到1868年，

京都被东京取而代之（后者也被称作江户）。奈良线即在京都和奈良之间，全程所需时间不长，但沿途历史厚重。

京都是日本最迷人的城市。在飘香的茶屋和纵横的小巷之间，甚至还能偶然见到艺妓出没，过去几个世纪似乎没能在这里留下时光的印记。不过，奈良线的始发站却十分前卫。线路第一站是1236年建成的禅寺东福寺。东福寺的大门和庙堂令人过目难忘，不过最美的要属秋景，秋季时通天桥两岸枫树一片火红。接下来是稻荷站，8世纪建成的伏见稻荷大社有5000多座红色鸟居排成一列，蜿蜒地绵延至神社后面的山上。

在前往奈良的途中，火车会在宇治暂作停留。城内的宇治上神社据说是日本现存的最古老的神社，可追溯到1060年。宇治也是日本第一个种植绿茶的地方，因出色的酿茶技术和清香的绿茶面而闻名。

离开宇治后不到1小时，火车抵达奈良站。除了东大寺，奈良市内还有春日大社（最受人尊敬的神道教神社）和一座佛教艺术博物馆。平城宫遗址位于奈良，当奈良还是都城时，日本天皇即居住于平城宫。平城宫原本的建筑结构没能保留，但遗址的占地规模也显露出它曾经的辉煌。

迷人的古迹

164
睿山鞍马铁路线
日本本州岛

从京都出发后，乘坐30分钟的电力火车抵达鞍马山中的村庄。这里有一座8世纪的佛教寺庙。

165
仰光环形铁路
缅甸

缅甸仰光市建于11世纪，登上仰光的通勤火车，在这座缅甸最大的城市中穿梭。这条铁路一天的运载量为150 000人，乘坐这条铁路可以很好地了解当地的风土人情。

166
莱万托—拉斯佩齐亚线
意大利利古里亚

这条18千米长的观光线将五渔村中位于悬崖边摇摇欲坠的5座小镇连接起来，其中最古老的是蒙特罗索镇，建于643年。

167
佛罗伦萨—比萨线
意大利托斯卡纳

这条76千米长的铁路从佛罗伦萨起始直至比萨。佛罗伦萨是文艺复兴的发源地，而比萨的那座斜塔——在1372年建成的时候就是倾斜的了。

上图：在伏见稻荷大社下车，这里有5000多座红色鸟居排成一列，蜿蜒地绵延至神社后面的山上

左图：银阁寺是京都众多圣地中的一处

中世纪时期　143

168

钢铁丝绸之路(IRON SILK ROAD)

中亚（ Central Asia ）

> 随着中国及周边地区的铁路建设越来越蓬勃发展，乘坐火车追寻丝绸之路变得切实可行。

基本信息
- 时间：15世纪50年代（丝绸之路逐渐没落时）
- 全程：6400千米
- 最少用时：4~5天
- 关键停靠点：莫斯科、阿斯坦纳、阿拉木图、乌鲁木齐、吐鲁番、兰州、西安
- 途经国家：俄罗斯、哈萨克斯坦、中国

公元前200年左右，中国正式开始和西方世界建立联络，在接下来的1500年里，丝绸之路在中亚徐徐展开。这条充满传奇色彩的贸易线路有许多支线，但主要连接当时中国的长安（现在的西安）和土耳其西部的君士坦丁堡（现在的伊斯坦布尔）。骆驼车队一路向西，载满纸、香料、火药，还有我们标题中说到的丝绸。艺术、建筑、哲学、技术、宗教都在沿着丝绸之路双向流通。

然而，到了13世纪，丝绸之路逐渐衰微。蒙古帝国瓦解后，接下来的中国朝代是之前提到的、致力于修建长城的明朝，期间丝绸之路基本关闭。1453年，拜占庭帝国落入奥斯曼人手中，奥斯曼人限制了通向西方的贸易。商人只好去海上寻求发展，丝绸之路就这样沉寂了。

丈量世界：500条经典铁路路线中的世界史

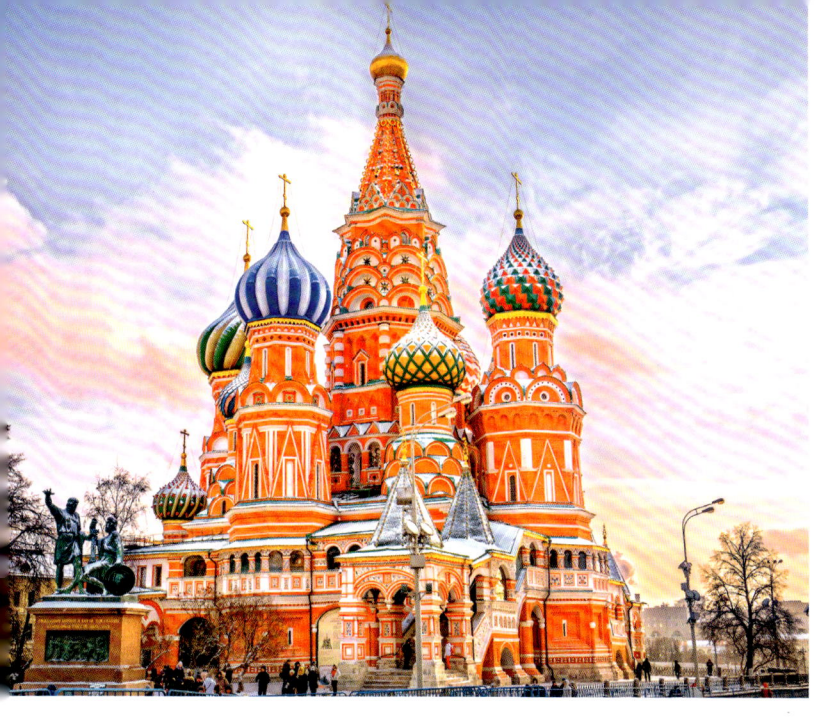

左图：莫斯科红场上最醒目的是圣瓦西里大教堂

更多和丝绸之路有关的铁路

169
红其拉甫铁路
巴基斯坦北部

到2030年，一条全长682千米的铁路可能会穿过喀喇昆仑山脉来到红其拉甫口岸，它曾经是丝绸之路上入境中国的关键路段。

170
"金鹰"号列车丝绸之路
俄罗斯、乌兹别克斯坦、土库曼斯坦、哈萨克斯坦和中国

登上豪华的"金鹰"号列车，以别具一格的方式跟随丝绸之路。这趟21天的火车之旅连接了莫斯科和北京，途经梅尔夫、布哈拉、吐鲁番和西安等地。

171
比拉斯布尔—曼迪—列城线

这条喜马拉雅山脉上的铁路将会沿丝绸之路支线建设，建成后会拥有世界上海拔最高的火车站，位于5359米高的塔格朗拉。

现在，丝绸之路正迎来新生。钢铁丝绸之路，又叫泛亚铁路，是一条经亚洲连接中国和欧洲的高速铁路项目。到2020年，这条铁路网能够互连40个国家；伦敦—北京的跨陆地铁路运输有望缩减到只要2天，而不再是现阶段的15天。

钢铁丝绸之路尚未建成，不过一些路段已经在运营。从20世纪50年代起，著名的蒙古纵贯铁路已连接莫斯科和北京，途经蒙古首都乌兰巴托。最近，北京和莫斯科之间有另一条更为直接的中间通道。从莫斯科出发，铁路旅客可以穿越哈萨克斯坦，跟随中国境内的古丝绸之路一路抵达北京或者终点站西安。另外一条绕得稍远的线路会经过乌兹别克斯坦的首都塔什干，沿途有古老的丝绸之路城市，比如撒马尔罕和布哈拉。

目前，从莫斯科到哈萨克斯坦的阿斯坦纳需两天半时间，沿途经过散落的村庄、木屋小镇，还有俄罗斯老奶奶在火车站台叫卖零食。渐渐地，眼前出现越来越多山丘，然后是开阔无边的大草原。石油储量丰富的阿斯坦纳1997年才刚成为哈萨克斯坦首都。这座"不太合群"的城市于平原中凸显而出，城内林立前卫的摩天大楼。再往南一点的阿拉木图是一座更具特色的大都市，城内有一条条林荫大道，还可以看到白雪皑皑的天山山脉。

火车继续穿越哈萨克斯坦的大草原，越过常年大风的准噶尔山口，来到中国境内。这条呈直线的峡谷地带是穿越天山山

中世纪时期 **145**

更多贸易火车

172
琴托瓦利快车

瑞士和意大利

火车在瑞士的洛迦诺和意大利的多莫多索拉间运行，经圣哥达山口穿越阿尔卑斯山脉，13世纪以来的邮政马车都会经过圣哥达山口（火车则会探头潜入圣哥达隧道）。

173
盖尔默缆索铁路

瑞士伯恩

这条欧洲最陡的缆索铁路连接了盖尔默湖和格里姆瑟尔山口附近的汉德格。汉德格有一座安养院，自1142年起就为途经阿尔卑斯山的旅客服务了。

脉的唯一路径，也一直是迁徙、贸易和入侵的门户——而现在是火车的必经之路。

从这里开始，铁路穿越半沙漠化地带来到新疆维吾尔自治区首府乌鲁木齐，乌鲁木齐曾是古代贸易篷车停靠的关键站点，现在这里有座丝绸之路博物馆。再往东一点的吐鲁番更有趣了。吐鲁番背靠赤红色的火焰山，这里曾经是草原游牧民族的天下。最有氛围的要属蛟河附近破败的悬崖堡垒。这座堡垒建于公元前108年，随后逐渐成为丝绸之路上重要的贸易站，直到13世纪成吉思汗西征至此。火车还会经过嘉峪关，嘉峪关是中国明长城的最西端；经过兰州时，丝绸之路与黄河交汇了。

西安是丝绸之路的起点，也是终点。中国的第一批使臣从长安（古时的西安）出发，2000多年前的丝绸之路开始孕育。不过，西安最辉煌的时期是在唐朝，当时人口迅速增长，长安城修建起巨大城墙，来自西方的商品也都纷纷涌入本地市场。今天，你仍可以漫步于西安巨大的墙垒之上；还可以去看附近的秦始皇兵马俑，这批陶俑军队于2000多年前同秦始皇一起下葬。眯起眼，透过喧嚣车流的烟尘，仿佛能看到这里曾经车马攒动。

右图：钢铁丝绸之路沿着古代的贸易道路高速行驶

174
南疆铁路
(SOUNTHERN XINJIANG RAIWAY)

中国西部 (*Western China*)

喀什曾经是东西方的贸易纽带。威尼斯商人马可·波罗东游来到喀什，称这里为"贸易的起点，许多商人在这里将他们的商品推向世界"。这条1446千米长的南疆铁路沿着丝绸之路一条关键支线建设，连接喀什和吐鲁番，依天山山脉南坡前行。老喀什的维吾尔族风格已经与汉族文化融合在一起。在喧闹的集市和喀什星期天大巴扎上，往昔的印记依稀呈现，商人的生意依旧热火朝天。

175
东方丝绸之路快车
(ORIENT SILK ROAD EXPRESS)

乌兹别克斯坦 (*Uzbekistan*)

乘坐东方丝绸之路快车经过丝绸之路上最宏伟的历史地标。这趟为期10天的旅程会经过乌兹别克斯坦境内的古城。火车经过突厥化蒙古王子帖木儿（1336—1405年）的出生地沙赫里萨布兹（Shakhrisabz），城内仍有帖木儿的宫殿废墟。穿过克孜勒库姆沙漠（Kyzylkum Desert）后，火车抵达布哈拉（Bukhara），这座城市有许多闪闪发光的圆顶建筑和精巧复杂的砖砌纪念碑。接着，火车来到希瓦（Khiva），城中有许多《一千零一夜》故事般的清真寺和陵墓。之后，火车抵达撒马尔罕，在这里可以欣赏15世纪建成的比比·哈内姆清真寺（Bibi-Khanym Mosque）和巨大的拉吉斯坦广场（Registan Square）。

中世纪时期 **147**

176
"波斯之心"铁路 (HEART OF PERSIA)

伊朗（Iran）

登上这辆豪华的列车，
徜徉于最雄伟的城市之间。

基本信息
- 时间：633—656年（穆斯林征服波斯）
- 全程：约4020千米
- 最少用时：14天
- 关键停靠点：德黑兰、马什哈德、亚兹德、伊斯法罕、设拉子、卡尚、舒什塔尔、苏萨
- 途经国家：伊朗

喜欢这条线路吗？再看看这个

**177
布拉格—卡罗维发利线**
捷克

这条铁路全长236千米，从捷克首都布拉格起始，直至卡罗维发利，卡罗维发利由建城的皇帝查理四世命名。

伊朗处处渗透着悠久历史。伊朗是世界上最古老文明的发源地之一，许多庞大的帝国也曾坐落于此。尤其是阿契美尼德人（Achaemenid），在公元前480年时统治了世界很大比例的人口，是这之前有史以来统治人口数量最多的国家。但自7世纪，伊斯兰国家击败萨珊王朝后，这里的文化发生巨大变化。与伊斯兰文化融合后，波斯的科学、文学、哲学、艺术迈入黄金时代。

行驶于"波斯之心"铁路上的"金鹰"号列车提供五星级服务，线路会环游伊朗这一处于战略要冲的国家。无可挑剔的旅客服务、柔软舒适的车内装潢、打磨得锃亮的木制器具，还有悦耳的钢琴声从休息车厢里传来，这一切都成功营造出火车之旅曾经最为浪漫的时光。与此同时，车窗外一帧帧闪过古老的伊朗的画面。

"金鹰"号列车每年运营三四次，每次旅途为期两周。列车从伊朗首都德黑兰启程，不妨先去德黑兰的国家博物馆了解这里的历史，馆内的展览相当精彩，部分文物有35 000年历史。火车从德黑兰出发后，一系列古老遗址和历史城市慢慢呈现。

随后，火车来到马什哈德，这里有世界上最大的清真寺。什叶派伊玛目派的第八任伊玛目阿里·礼萨（Imam Reza，765—818年）即葬于寺内，"波斯文学之父"菲尔多西（Ferdowsi，940—1020年）也安息于城内一座白色大理石坟墓中。接着，火车来到沙漠之城克尔曼，马可·波罗于1271年到访过，这是一座重要的贸易枢纽城；在城内一座古老土坯（泥砖）建筑内，集市依然熙熙攘攘。之后，火车驶向倚山而建的城市伊斯法罕。伊斯法罕是曾经的都城，仍高度保有优雅的波斯风格，城内有巨大的广场、精心修剪的花园、优雅的桥梁、镶嵌精美瓷砖的清真寺闪闪发光。"诗人之城"设拉子在过去2000年以来一直都是伊斯兰世界的文化中心，也是中世纪伊斯兰世界重要的城市之一。总而言之，这条线路包含豪华的火车、壮丽的国家，以及不朽的历史。确实是高度发达的文明。

探索古迹的火车之旅

178
基辅缆索铁路

乌克兰

这条缆索铁路途经圣弗拉基米尔山，连接基辅上城区和地势较低的波迪尔经济区，波迪尔区内的一些建筑可以追溯到9世纪基辅建城时。

179
特拉维夫—阿卡线

以色列

第一批十字军于1099年占领雅法（即现在的特拉维夫）。跟随雅法的海岸线上行来到阿卡，它于1104年被十字军攻占，城内仍有十字军的城堡。

180
索非亚—梅兹德拉线

保加利亚

乘火车穿越巴尔干山脉，这条山脉是保加利亚帝国（建于681年）的天然堡垒。

左图： 为体验优雅的波斯风格，可以乘坐一辆豪华列车前往伊斯法罕

181
莱茵河左岸铁路
（WEST RHINE RAILWAY）

德国莱茵河谷
（Rhine Valley, Gernmany）

莱茵河左岸铁路全长185千米，由科隆（Cologne）起始沿莱茵河至缅因（Mainz）。其中最美的路段要属穿越莱茵河中游的科布伦茨—宾根段（Koblenz-Bingen），莱茵河中游被联合国教科文组织列入世界遗产名录。沿河两岸鹅卵石村落、葡萄藤枝蔓密布，还有40多座中世纪时期的城堡，诉说着几百年间这座河谷重要的战略意义。在巴哈拉赫（Bacharach）下车后，可以参观12世纪的斯塔莱克城堡（Stahleck Castle）。斯塔莱克城堡于20世纪重建，现在是一座旅馆。在圣戈阿（Sankt Goar）下车后，可以参观荒废的莱茵岩古堡（Rheinfels，建于1245年），它是莱茵河畔最大的城堡。还可以去上韦瑟尔（Oberwesel）的申贝格城堡（Castle Schönberg），原建于11世纪前10年的城堡已被烧毁，但遗迹现已焕然一新，成为一座豪华酒店。

182
28路电车线
（TRAM 28）

葡萄牙里斯本
（Lisbon, Portugal）

伴着哐当声响，经典的黄色电车在阿尔法玛区陡峭的街道中攀爬。这个城区街道密集紧凑，是葡萄牙首都里斯本最古老的城区。714—1147年，摩尔人统治里斯本，中世纪时期的阿尔法玛区基本上是由摩尔人塑造的。1755年的里斯本大地震基本上把这座城市夷为平地，唯有阿尔法玛区屹立不倒。具有20世纪30年代风格的"重新改装"（Remodelado）的28路电车需40分钟吱吱嘎嘎走完自己的全程。电车从马丁莫尼士广场出发后，经由格拉萨区来到阿尔法玛区，沿途经过巨大的摩尔人城堡。随后，电车来到市中心拜沙区（Baixa）漂亮优雅的广场，经过基亚多区（Chiado）的文化中心、里斯本上城街道上林立的酒吧，最后停靠在巴洛克风格的埃什特雷拉圣殿旁。

183
瓦拉纳西—克久拉霍快线
(VARANASI-KHAJURAHO EXPRESS)

印度北部
(North India)

　　克久拉霍很长时间以来都没有通火车，其实倒也好。正因为这座古老的情色艺术遗迹难以抵达，它才得以保存完好，没有遭受侵略者迂腐守旧的挑剔眼光。克久拉霍位于印度中央邦风沙吹拂的平原地区，约在950—1050年的昌德拉王朝时期建成。寺庙的石雕上雕刻着《爱经》(Kama Sutra)。色情的仙女、私通的男女、纵欲狂欢和人兽交合，这些雕刻题材全都囊括。2008年，占西（Jhansi）至克久拉霍的铁路支线开通了。这样一来，每周都会有固定直达班次；从印度教圣城瓦拉纳西到这里的庙宇约需11小时。

184
东南铁路
(FERROVIE DEL SUD EAST)

意大利普利亚
(Puglia, Italy)

　　有几条小铁路在意大利版图的下方，好似在意大利的细高跟上摆动，那就是东南铁路。这些可爱的铁路通往普利亚境内一些城镇，沿途是无尽的果园和橄榄树林。最初迈锡尼的希腊人来到普利亚定居，不过这里的特鲁洛建筑年代没那么久远。独特的特鲁洛建筑拥有干砌式石壁，屋顶是圆锥形。小城阿尔贝罗贝洛（Alberobello）内有许多特鲁洛建筑，其中最老的可以追溯到14世纪。乘坐全长113千米的巴里—塔兰托线抵达阿尔贝罗贝洛，火车会在风景如画的山顶城镇马丁纳弗兰卡（Martina Franca）停靠。在这里，可以选择乘坐103千米长的马丁纳弗兰卡—莱切线，终点站莱切是一座美丽的巴洛克风格小镇。

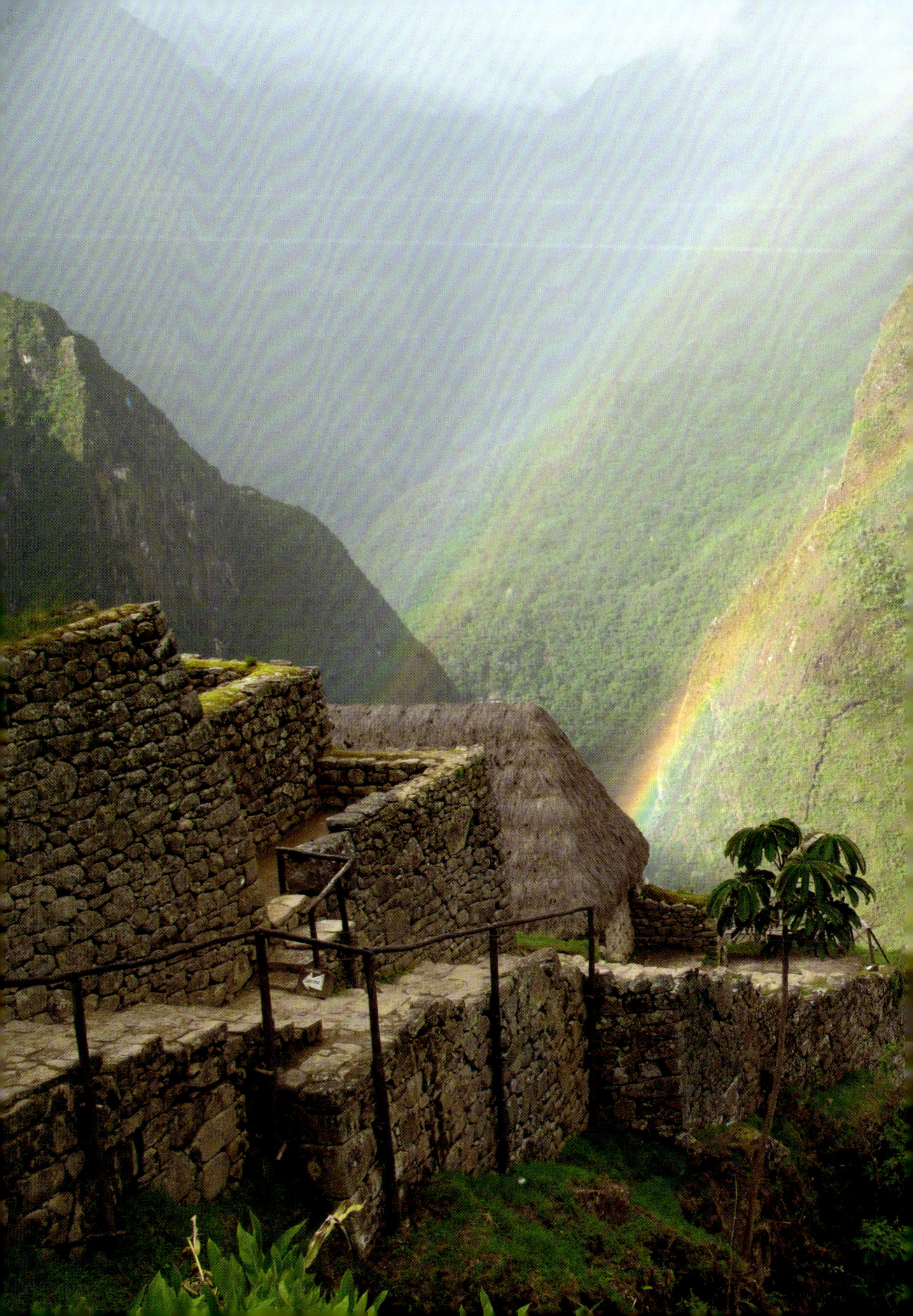

乘坐库斯科—马丘比丘线（下页）穿越圣谷中心地带，来到秘鲁高原上失落已久的印加古城。豪华的贝尔蒙德·海勒姆·宾厄姆列车一路散发着20世纪20年代的复古情调

185
库斯科—马丘比丘线 (CUSCO-MACHU PICCHU)

秘鲁南部（Southern Peru）

> 乘坐火车从印加帝国时期最重要的城市启程，直到抵达最神奇的印加遗址。

基本信息

- 时间：1200—1572年（印加帝国统治时期）
- 全程：86千米
- 最少用时：3小时
- 关键停靠点：波罗里、奥扬泰坦博、阿瓜斯卡连特斯
- 途经国家：秘鲁

库斯科不是铁路的起点，马丘比丘也不是终点。不过，这条穿越圣谷的铁路的确连接了印加帝国的都城和最壮观的历史遗址。

印加帝国大约于1200年建成，据说开国君主曼科·卡帕克（Manco Cápac）来自的的喀喀湖。在印加帝国成立后的300多年里，早熟的印加文明发展迅速，成为南美洲前所未有的最大帝国。在帝国巅峰时期，它的疆域从北至南共绵延5500千米左右。然而，到了16世纪中期，西班牙征服者抵达这里之后采取的一些不友善的武力行为，导致印加帝国近乎彻底消失。

不过这些好战的征服者从来没有找到过马丘比丘。这座城堡隐匿于雾气朦胧的安第斯山脉山褶间，难以被发现。不过，印加人自己于1540年左右遗弃了这座城市。马丘比丘在随后的350多年

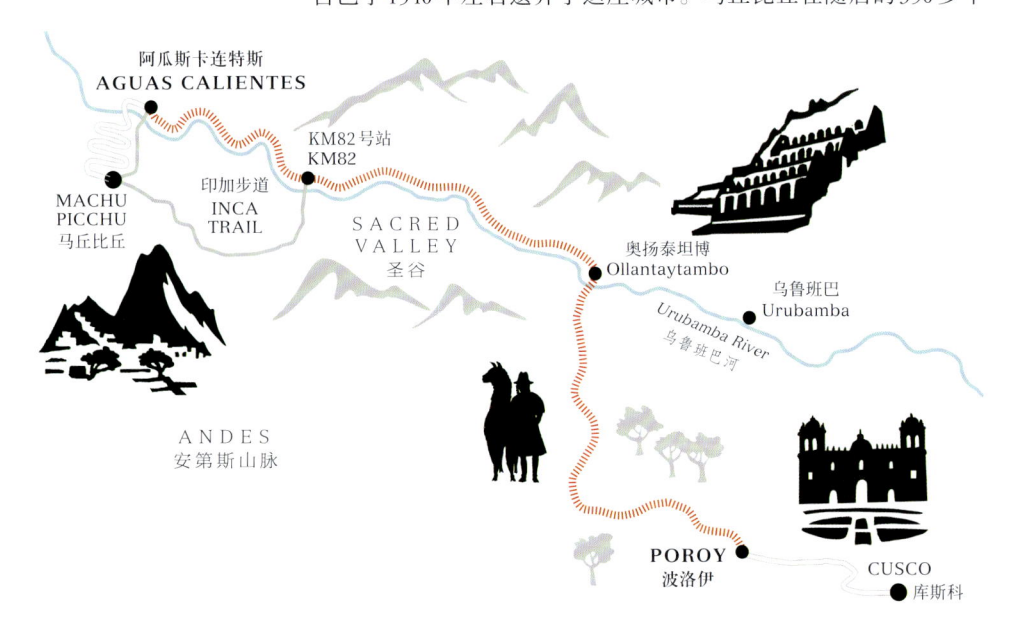

的时间里几乎被遗忘，直到1911年，美国探险家海勒姆·宾厄姆（Hiram Bingham）"重新发现"这座城市，并将它带入了公众的视野。

从某个角度来说，探险家海勒姆·宾厄姆到今天依然在向世界介绍马丘比丘。库斯科—马丘比丘线上最豪华的列车便以他的名字命名。火车外观漂亮清爽，供应的餐饮也美味，餐点由锃亮的黄铜餐具呈上桌，桌面上铺着白色亚麻桌布，豪华的贝尔蒙德·海勒姆·宾厄姆列车通过这些精细的布置，将20世纪20年代的复古风格带到秘鲁高原。这条线路也是最昂贵的选择。还有另两辆列车可供选择：中档火车"全景观光"号（Vistadome），没有那么奢华，但配有全景大窗户，还有免费点心；或者经济型火车"远征"号（Expedition），窗户大小也合适，不过没有免费点心。还有一些经济实惠的火车主要服务于本地人，外国游客无法搭乘。

尽管价格标签和列车装修不一样，窗外的风景是相同的——三辆车都行驶于穿越圣谷的窄轨铁路。近期，列车会从波洛伊站出发，波洛伊位于库斯科以西13千米处。自从2009年的山体滑坡毁坏了波洛伊和库斯科之间成"之"字形的铁路段，火车需要改从波洛伊始发了。库斯科仍是线路真正意义上的起始点。这座坐落于海

另一条可选择的印加列车

186
"安第斯山脉探险者"号列车

秘鲁南部

这条豪华列车之旅全长338千米，连接了库斯科和普诺（Puno），普诺位于的的喀喀湖旁，（传说）印加帝国的开国君主曼科·卡帕克来自于这里。

上图：库斯科曾是印加帝国的都城

中世纪时期 **155**

上图：列车穿过秘鲁的圣谷，车身统一是清爽的蓝色调

拔3400米的城市曾是印加帝国的心脏地带。今天库斯科城内层层叠叠的、辉煌的历史建筑是印加帝国时期和之后的殖民时期建造的。

旅行者需要乘公交车或者出租车去波洛伊火车站（KM13号线）。火车从这里出发，一路蜿蜒上行，最终抵达高原地带，眼前出现一片片原野和村落。当地村民用颜色亮丽的编织披肩（k'eperina）兜住玉米，或用作孩子的襁褓系负在背上。接着，火车下行，经"之"字形弯道来到乌鲁班巴山谷，跟随这里湍急的河水一路抵达谷底附近的奥扬泰坦博（KM67号站）。一座巨大的印加堡垒遗址俯瞰着这座鹅卵石铺就的小镇。

在KM82号站，火车会与一些徒步者邂逅：印加步道从这里开始，徒步前往马丘比丘共需4天。随着火车继续前行，眼前的山谷越来越窄，直到最终抵达繁忙的阿瓜斯卡连特斯（KM111号站），火车之旅到这里算结束了……不过还未到达旅程的终点。

阿瓜斯卡连特斯距马丘比丘有5千米的公交车程。马丘比丘的石城遗迹矗立在几乎不可能建城的高耸山脊之上，在这山巅之上，废墟中的石头时常会从陡峭的山坡上滚落下来，这是多么让人惊叹的终点。即便是今天，也还没有人真正了解这里的城堡是用来做什么的：储藏可可豆？还是保护未失贞操的少女？又或是举办祭祀仪式？无论修建马丘比丘的目的是什么，它可能都是世界上最宏伟也最神秘的旅途终点了。

"自由"号列车 (TREN DE LA LIBERTAD)

厄瓜多尔北安第斯山脉（Northern Andes, Ecuador）

> 乘坐这条曾经一度废弃、最终于21世纪重新修复的铁路线，去探索昔日印加帝国的地域。

基本信息

- 时间：1450—1500年（印加帝国征服厄瓜多尔）
- 全程：54千米
- 最少用时：8小时15分钟
- 关键停靠点：奥塔瓦洛、圣罗克、安德拉德·马林、圣安东尼奥、伊瓦拉、霍加布兰卡（Hoja Blanca）、萨利纳斯
- 途经国家：厄瓜多尔

下图："自由"号列车会停靠在伊瓦拉，这里的雪糕极美味，很有名

15世纪以前，现为厄瓜多尔的这片地带住了许多部落。后来印加帝国逐渐崭露头角。1495年，印加统治者瓦伊纳·卡帕克（Huayna Cápac）在奥塔瓦洛（Otavalo）征服了这些部落。亚华科查湖（Laguna Yahuarcocha）附近的水有些微红，据说是在一场尤为血腥的大屠杀之后，卡帕克下令将尸体抛入湖中。随后几个世纪中，居住在厄瓜多尔的安第斯人先后遭受印加人、西班牙人的剥削掠夺。而现在穿越这片区域的列车叫拉利博塔德列车，即"自由"号列车。

这条铁路会穿越厄瓜多尔北边的高地，曾经用来运送这里的羊毛、棉花、羊驼毛毯和亮丽的织毯。而其后的泛美公路运输似乎比它更具吸引力，这条铁路随即被弃用了。不过在近几年，其中54千米长的路段重新开启，连接了贸易城镇奥塔瓦洛和曾

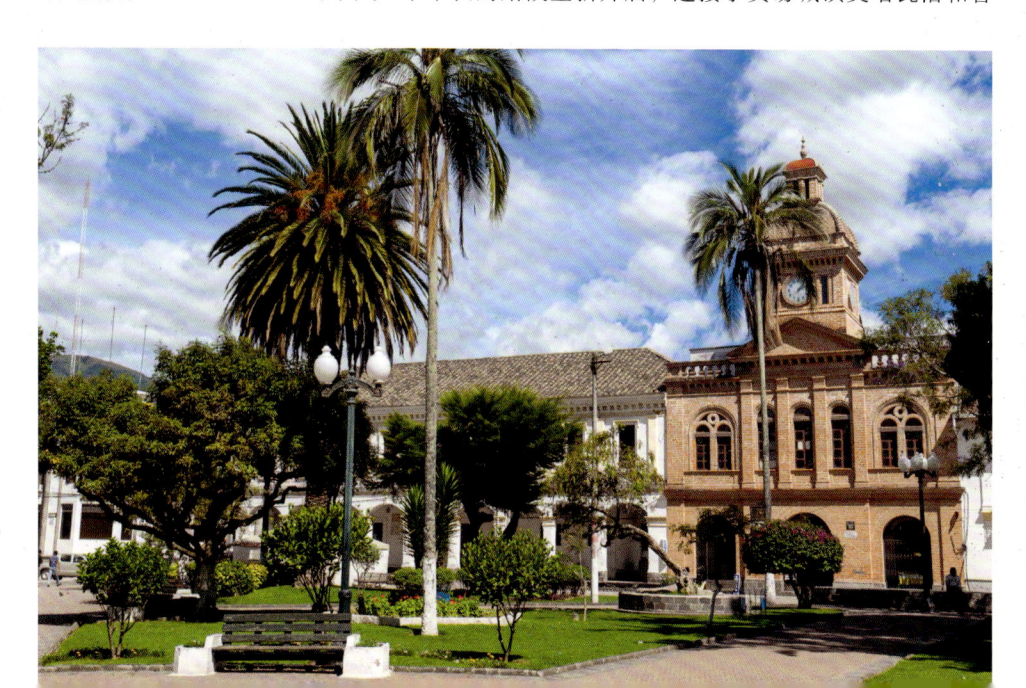

经的盐矿开采中心萨利纳斯（Salinas）。现在这条铁路只为旅客服务，而不再运输纺织物。

奥塔瓦洛的大集市——尤其是斗篷广场集市上，售卖的本地织品让人眼花缭乱，在这里买毯子再好不过。每周五至周日，列车会从这座高海拔（海拔2535米）的贸易中心出发向北行驶，穿过栈架桥，驶过人工隧道，缓缓经过令人叹为观止的安第斯山脉景致。这里有若隐若现的山脉、翠绿的山丘，还有玉米地、龙舌兰和甘蔗田。车上的木质活动框格窗可以滑下来，方便近距离观看美景。

途中，列车会停靠高原村庄安德拉德·马林（Andrade Marín），可以参观这里的纺织博物馆；还有圣安东尼奥，这里有许多木雕作坊。在因巴布拉省的省会伊瓦拉（Ibarra），可以尽情享受帕拉冰激凌（helados de paila）：这是一种在铜盆里搅拌制作出的水果冰糕。在终点站萨利纳斯，邦巴舞舞团已经准备迎接旅客，之后可以享用美味的本地午餐。

下图：火车从奥塔瓦洛出发，这里的集市最是五彩斑斓

188
O 号和 V 号列车
(O AND V TRAINS)

韩国
(*South Korea*)

　　白头大干山脉不仅仅风景壮丽,是韩民族的精神脊柱。据禅宗大师道诜国师(Doseon Guksa,826—898年)称,白头大干山脉支配着韩民族的气运(生命能量)。全长257千米的环线O号列车围绕韩国中部内陆地区行驶,列车从首尔启程,沿途经过"治愈之都"堤川、太白(太白山巅开满杜鹃花),以及荣州的佛教寺庙。汾川站是O号列车和V号列车的换乘站,在此换乘V号列车前往铁岩站,这是历时1小时、令人激动的山谷之旅,途中会穿越神秘的、散发能量的白头大干山脉。

189
萨奇堪德快车
(SACHKHAND EXPRESS)

印度
(*India*)

　　根据锡克教创始人古鲁那纳克(Guru Nanak,1469—1539年)的教义,世上有五个宝座(代表权威的王座)。其中列于首位的永恒王座位于旁遮普邦阿姆利则(Amritsar)炫目的金色寺庙建筑群之内。永恒王座所在处对面是哈尔曼迪尔庙(Hari Mandir,意为神之住所),这座镶金的庙宇好似漂浮在水池中间。还有两个宝座与阿姆利则相距不远。其中一座位于远处比哈尔邦的巴特那(Patna);另一座位于阿姆利则以南2082千米,马哈拉施特拉邦的楠代德(Nanded)。萨奇堪德快车虽是长途,却是直达线路:锡克教朝圣者可以从阿姆利则出发,穿越一半的印度国土前往楠代德瞻仰永恒王座。

中世纪时期　　**159**

190
高野铁路线
（KOYA LINE）

日本本州岛
(Honshu, Japan)

高野山是日本最神圣的山之一，山间的迷雾中矗立着100多座庙宇。自从佛教僧侣空海于9世纪在此建立圣坛，并创立日本真言宗，高野山随后成为日本佛教界的中心。朝圣之旅最简便的方式是乘坐高野线，线路全长64千米，连接都市大阪和高野山脚的极乐桥站。列车隆隆南行，跨过河流，走过隧道，抵达神圣的纪伊半岛。在极乐桥站可以乘缆车登上高野山顶，旅程就此结束。

191
波尔多—圣埃米利永线
（BORDEAUX-SAINT-ÉMILION）

法国西南部
(Southwest France)

这条长45千米的铁路沿线散落着星星点点的葡萄园，连接酒香之都波尔多和令人陶醉的小镇圣埃米利永。可以先去波尔多的红酒博物馆了解关于葡萄的知识，然后前往因葡萄酒而闻名的中世纪设防城镇圣埃米利永。这座城市由一位8世纪的僧侣埃米利安努斯（Aemilianus）建立，他起初隐居于这里的一个山洞中。圣埃米利永最重要的姐妹城市是鲁拉德（Jurade）。鲁拉德修建于1199年，圣埃米利永酿制的葡萄酒会送到这里评定质量。可以去鲁拉德的红酒屋品鉴厅亲自评测葡萄酒。

特兰西瓦尼亚环线 (TRANSYLVANIA CIRCUIT)

罗马尼亚特兰西瓦尼亚（Transylvania, Romania）

> 这趟可怕的火车之旅会途经中世纪的村庄和巍峨的山脉，进入德古拉的巢穴。

基本信息
- 时间：1431—1476年（弗兰德·穿刺公的一生）
- 全程：约1033千米
- 最少用时：18小时
- 关键停靠点：布拉索夫、锡吉什瓦拉、梅迪亚什、克卢日-纳波卡、奥拉迪亚、阿拉德、锡比乌
- 途经国家：罗马尼亚

下图：布兰城堡据称是弗兰德·穿刺公——德古拉伯爵的故居

"特兰西瓦尼亚"这个词足以描绘一幅生动的画面。它让人想起令人毛骨悚然的黑暗森林，矗立于岩石之上的邪恶城堡，当然，还有吸血鬼。罗马尼亚的这片区域曾是德古拉伯爵的故乡，德古拉伯爵是爱尔兰作家布拉姆·斯托克（Bram Stoker）于1897年创作的哥特小说的主角。小说的原型应该是15世纪居住于此地的弗兰德·德古拉，又被称为"弗兰德·穿刺公"——一位喜欢将敌人穿刺在木桩上的王子。

乘坐当地的火车就可以巡游看似阴森可怖的特兰西瓦尼亚，沿途有壮观的中世纪德古拉风格的城镇和喀尔巴阡山脉的美景。线路从山丘环绕的布拉索夫起始，城市中心融合了美丽的哥特式和巴洛克风格。这里距离布兰镇的"德古拉城堡"仅有很短的巴士车程。其实，布兰城堡（建于1377年）与弗兰德仅有细

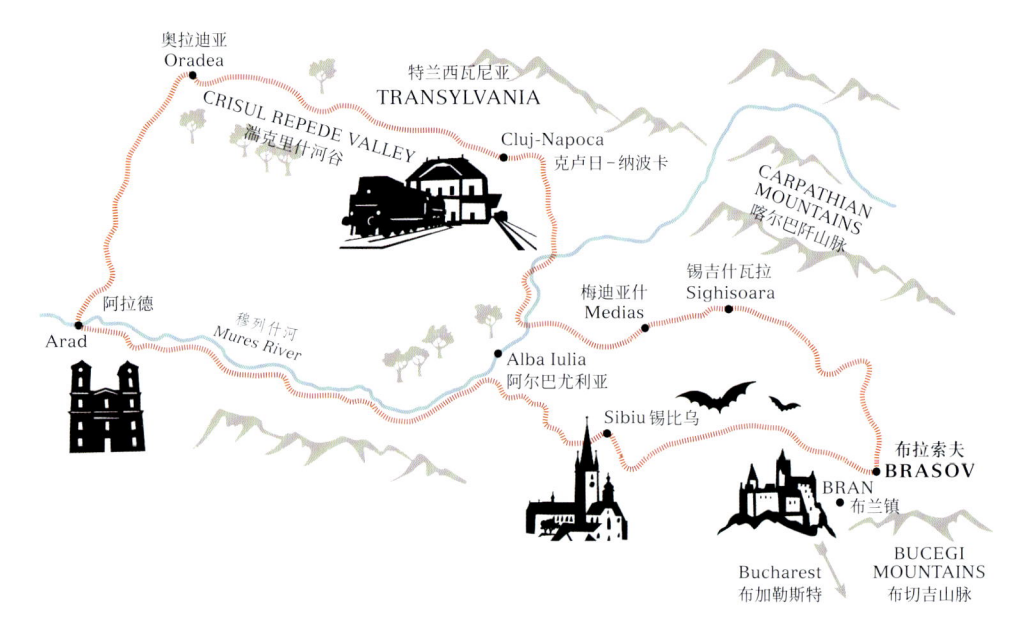

微联系，但坐落于布切吉山脉之中的城堡塔楼和堡垒看起来的确很有吸血鬼风格。

经过布拉索夫后，继续西行即来到锡吉什瓦拉。1431年，在锡吉什瓦拉古老的房屋和撒克逊城堡之间，弗兰德降生了。再往西北是特兰西瓦尼亚的首府克卢日-纳波卡，这里遍布巴洛克建筑和波希米亚咖啡馆。在斯托克的小说中，主角乔纳森·哈克（Jonathan Harker）乘坐火车来到克卢日-纳波卡（当时叫克劳森堡），下榻于皇家酒店。老特兰西瓦尼亚酒店方声称，皇家酒店的灵感即来源于他们的酒店。

从克卢日-纳波卡出发继续向西，穿过碧绿的湍克里什河谷后来到奥拉迪亚，这座城拥有许多精致的直线派建筑家，在其与匈牙利边境的交界处还有新艺术风格的建筑。接下来，列车转向南前往穆列什河上的主要贸易中心阿拉德。可以去阿拉德参观沃邦*防御堡垒和东正教修道院，再往西去是特兰西瓦尼亚最具童话风格的城镇锡比乌。锡比乌由德国殖民者建于12世纪，城内有迷人的塔楼、广场和鹅卵石街道。锡比乌福音大教堂的地下室葬有坏公爵弗拉德的儿子米赫内亚（Mihnea），他于1510年被刺死。

---

*沃邦：全名塞巴斯蒂安·勒普雷斯特雷·德·沃邦（Sébastien Le Prestre de Vauban，1633—1707年）法国元帅，著名的军事工程师。著有《论要塞的攻击与防御》《筑城论文集》等。

喜欢这条线路吗？再看看这个

**193
佩特任山缆索铁路**

捷克布拉格

这条用时5分钟的缆车之旅从风景如画的布拉格小城启程后向山丘驶去。途中会经过查理六世的饥饿墙（建于1360—1362年），它是布拉格中世纪防御工事的一部分。

**194
格迪米纳斯山缆索铁路**

立陶宛维尔纽斯

这辆小型缆车只需35秒即可上山，来到维尔纽斯城堡的建筑群。这里的建筑最初于10世纪建立，直至18世纪还在加盖。

195
集通铁路
(JITONG RAILWAY)

中国内蒙古自治区
(Inner Mongolia, China)

  自从元太祖成吉思汗于13世纪创建蒙古帝国，驰骋于这片辽阔大地以来，内蒙古一些偏僻的草原并没有太大变化。不过，集通铁路上的火车自1995年以来就在这里疾驰了，最初这些火车都由蒸汽驱动。集通铁路位于工业城市集宁和通辽之间，线路全长945千米，曾是世界上最后一条蒸汽机车运营的主干线。这片工业区煤炭丰富，选用前进型2-10-2轮式蒸汽机车有其道理，可以合理利用当地的煤炭资源运营铁路。蒸汽机车一直运营到2005年，最终改换成柴油动力。

196
迪拜地铁
(DUBAI METRO)

阿联酋迪拜
(Dubai, United Arab Emirates)

  文字记载中第一次提到迪拜是在1095年左右，那时候波斯湾中的这片沙地还只是一座小渔村。谁能料想它会成为一座金属及玻璃建造的前卫大都市？迪拜的各项城市建设中，交通发展势头相当迅猛。这里不再依赖于阿巴拉船——不过你仍然可以乘坐这种传统木船过迪拜湾（Dubai Creek）。现在，迪拜拥有世界上最长的全自动地铁网——全长75千米的地铁线完全是无人驾驶。另外，有些地铁站就像现代艺术展览厅，有灯光、雕塑和3D展。用电子纸技术包裹的地铁车厢也成为流动的艺术。

197
奥尔堡—里伯线 (AALBORG-RIBE)

丹麦日德兰半岛 (Jutland, Denmark)

> 乘火车探索史上最令人生畏的
> 航海者留下的遗产。

基本信息
- 时间：793—1066年（维京时代）
- 全程：338千米
- 最少用时：4小时30分钟
- 关键停靠点：奥尔堡（林霍尔姆岛）、霍布罗、奥胡斯、瓦埃勒（耶灵）、里伯
- 途经国家：丹麦

更多维京冒险

198
哥本哈根—罗斯基勒线
丹麦

跟随维京人的路线，从参观丹麦哥本哈根的国家博物馆中的展览启程，之后来到罗斯基勒的海盗船博物馆欣赏11世纪的海盗船，线路全程共需35分钟。

自8世纪后期开始，征战者从斯堪的纳维亚半岛启航，对其他国家发动突袭，一路强取豪夺。这些古斯堪的纳维亚人（Norseman，意为北方人）主要来自丹麦、挪威和瑞典，并非来自同一个种族，但因其相似的作战方式、未开化的行事和异教信仰而联合在一起。通常，他们是一些宗族成员或者农民。但是，把这些人放在同一艘海盗长型船上，并告知之后有冒险，还会有许多战利品，这些人就变了样——他们成了盗贼、破坏者、杀手。这些人被赋予海盗的古老北欧名字：维京人（vikingr）。

通常认为，793年维京人对英格兰林迪斯法恩修道院的突袭，标志着维京时代的开始；1066年，哈罗德国王（King Harold）于约克附近的斯坦福桥击败哈拉尔·哈德拉达（Harald Hardrada，维京最后一位国王），标志维京时代的结束。几个星期后，哈罗德国王也于黑斯廷斯之战中败阵。不过，这些划时代的战役是在英国境内展开的，但丹麦仍是维京人的精神家园。

日德兰半岛的火车之旅中，北欧海盗的遗产尤为丰富。火车从热闹的大学城奥尔堡出发，奥尔堡坐落于利姆海峡最窄处，这条海峡将日德兰半岛和北日德兰大区分开。对于维京人来说，利姆海峡就像一条风暴般迅捷有力的超级高速公路，将东部的卡特加特海与北海连接起来，这样往西去更为方便快捷。维京人大约于700年在此定居，奥尔堡的林霍尔姆岛墓葬群便是证据，它是斯堪的纳维亚半岛中最大的古代墓葬群。这里已发现近700座坟墓和150艘石船，历史可追溯至铁器时代和维京时期。

从奥尔堡1902年建的漂亮车站出发，乘火车向南行驶前往玛丽艾厄峡湾顶端的集贸小镇霍布罗，沿途是丹麦湛蓝天空下的美景。从霍布罗出发可以抵达菲尔卡特遗址，菲尔卡特是一

座建于980年的维京环形城堡，你可以参观这里古老的堡垒、长方形的地基，还有维京农场风格的游客中心。

　　建设菲尔卡特为站点是为服务奥尔堡至奥胡斯铁路段，奥尔堡的下一站是奥胡斯。奥胡斯是丹麦建的第二个城市，前身是由维京人于8世纪建立的防守点阿罗（Aros）。今天，古老的阿罗掩埋于新城奥胡斯之下，在奥胡斯的维京博物馆可以了解当地的历史。城市的地下宝藏发掘后，经鉴定与阿罗属于同时期。

　　从奥胡斯出发，有一条直达的南行火车会开往瓦埃勒森林覆盖的山丘中去，瓦埃勒是日德兰半岛东海岸顶端的另一座城市。瓦埃勒是中世纪重要的贸易站点，从这里出发可以抵达耶灵遗址，它已被联合国教科文组织列入世界遗产。遗址中有巨大的坟冢，还有两座迷人的符文石。其中一座由老戈姆国王（King Gormthe Old）竖立，另一座（于965年）由他的儿子蓝牙哈拉尔德（Harald Bluetooth）竖立，石上写道："哈拉尔德赢得了丹麦和挪威两地，并让丹麦人成为基督徒。"这座符文石标志着一

左图： 奥胡斯的前身是维京人的城镇阿罗，不过现在的奥胡斯文明程度更高了

中世纪时期　**165**

个重要的历史时刻：维京人皈依了基督。

　　火车经瓦埃勒后继续西行穿越日德兰半岛，这段惊险的旅程就要抵达终点里伯——丹麦最古老的城市。维京人大约于700年在这里建起一座贸易市场，人们在市场售卖手工艺品赚钱（里伯居民会售卖自家的薄荷）。里伯位于瓦登海海岸，这里是长型海盗船发动攻击的完美发射台。如今，每当看到里伯城内鳞次栉比的中世纪半木制房屋，时间穿越之感油然而生。这里还有一座精致的老教堂和艺术博物馆，馆内展藏着一些丹麦人的作品。不过，最有气氛的要属海盗中心（Vikinge Center），这里持剑的战士将8世纪鲜活地带到我们面前。

下图：里伯是丹麦最古老的城镇，位于瓦登海海岸——这里是维京人发动海上袭击的完美发射台

199
索尔兰德铁路
(SØRLAND RAILWAY)

挪威南部
(Southern Norway)

乘坐索尔兰德铁路追随维京人的过去，全长600千米的铁路连接了奥斯陆（Oslo）和斯塔万格（Stavanger）。维京海盗船博物馆是奥斯陆的必游之地，馆内有两艘世上保存得最完好的木制维京海盗船，历史均可追溯至9世纪。订好靠窗的车位后，登上火车从奥斯陆启程，8小时之后将来到北海旁的斯塔万格，沿途的窗外景致是高山丘陵、翠绿山谷和壮丽海岸。抵达斯塔万格后，可以参观当地的考古博物馆，还可以前往哈夫斯峡湾（Hafrsfjord）观看巨大的"岩中剑"纪念碑。该纪念碑为纪念872年的维京海战而建，这场战役为挪威统一铺平了道路。

200
远北铁路线
(FAR NORTH LINE)

英国苏格兰
(Scotland, United Kingdom)

远北线是英国最北端的铁路，线路从因弗尼斯（Inverness）起始，至威克（Wick）和瑟索［Thurso，靠近英国东北端的约翰奥格罗茨（John o'Groats）］，全长257千米，穿越了古皮克特人（Pict）的居住地。这个北方部落曾抵抗过罗马人，也和维京人战斗过，最终于843年与苏格兰人融合。皮克特人留下的唯一书面遗产是他们雕刻的石头，在远北线沿途可以看到一些：鹰石［从丁沃尔（Dingwall）火车站下车］、尼格十字石板（位于因弗戈登），还有邓罗宾城堡内的18座石碑。远北线的起终点也都很有历史。因弗尼斯的克雷格·帕尔德里格（Craig Phadrig）山丘曾经是一位皮克特国王的堡垒。瑟索的凯瑟尼斯地平线博物馆（Caithness Horizons Museum）展出更多皮克特人的故事。

中世纪时期 **167**

"威尔士之心"铁路（HEART OF WALES）

英国威尔士和英格兰（Wales and England, United Kingdom）

> 火车隆隆驶过威尔士和英格兰的边界，
> 从抵挡入侵者而建的防御堤坝正中穿过。

基本信息
- 时间：757—796年（麦西亚王国奥法统治时期）
- 全程：195千米
- 最少用时：4小时
- 关键停靠点：斯旺西、拉内利、卡马森、兰达弗里、兰德林多德威尔斯、奈顿、克雷文
- 途经国家：英国

如果回到8世纪，在麦西亚王国（Mercia）和威尔士边境游荡的话，你可能会被割掉双耳（或者更坏的情况也有）。当时，英格兰最大的王国麦西亚和西边的威尔士的关系不太好。实际上也可以说关系挺糟糕，麦西亚国王奥法（King Offa）在两地交界处建起一条240千米长的防御堤坝禁止凯尔特人入境。

庆幸的是，现在两地早已不再剑拔弩张。实际上，还有一条可爱的小型铁路从充满历史的威尔士边界正中穿过。这里不再有令人紧张不安的气氛，只有最让人愉快的火车之旅。

"威尔士之心"铁路于1868年全线通车，连接了一系列坐落于山谷中的偏远村落。它是英国主干线铁路的一部分，但当

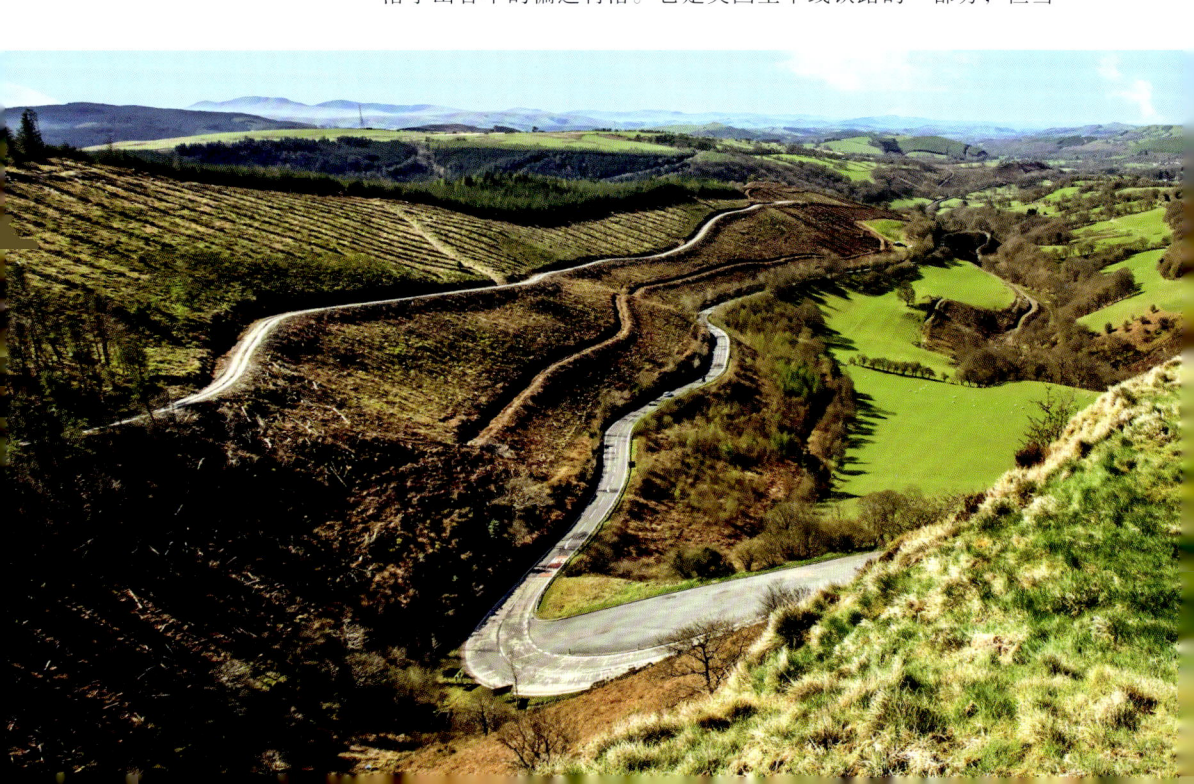

火车缓缓穿越山丘和乡间小站（从这些站出发去登山探险最为理想），跟随连绵起伏的地形前行，这趟火车之旅则更像一场冒险，而不是按部就班地赶往一个又一个车站。

在威尔士第二大城市海湾城斯旺西（Swansea），铁路很快绕过拉赫尔河口（Loughor Estuary），往东北方转向，前往威尔士仍保有自然美的乡郊。在列车上，可以一路欣赏到成群的绵羊在葱郁的山坡上吃草；优雅的工程［尤其是建于18世纪的拱桥辛霍迪高架桥（Cynghordy Viaduct）］。一些路段需要攀爬陡坡，比如费力地爬上偏远的糖面包车站（Sugar Loaf Station）后，还需再继续上行，登上糖面包山山顶。列车还会途经维多利亚式水疗小镇、自然保护区，以及若隐若现的布莱克山（Black Mountains）。

铁路经集市小镇奈顿（Knighton）穿越英格兰和威尔士的交界，它的威尔士名叫堤坝上的城镇（Tref-y-Clawdd）。奥法堤的中心堤段即位于此，现在仍能看到这座防御工程的遗迹。

线路的终点在什罗普郡（Shropshire）的郡首府什鲁斯伯里（Shrewsbury）。在奥法统治时期，这座塞文河上的战略防御要地曾守卫麦西亚王国边境。从11世纪的修道院和城堡，再到半木制房屋鳞次栉比的中世纪街道，什鲁斯伯里处处渗透着历史。

更多可选择的英国境内路线

202
伦敦—坎特伯雷线

英国英格兰

同乔叟《坎特伯雷故事集》（作于1387—1400年）中的朝圣之旅一样穿越威尔德区。故事中的朝圣者从伦敦出发，前往坎特伯雷主教座堂的托马斯·贝克特圣所。

203
斯沃尼奇铁路

英国多塞特

乘坐怀旧的蒸汽列车，从海边的斯沃尼奇出发，前往氛围荒颓的科夫城堡，线路全长10千米。科夫城堡建于11世纪，但在英国内战期间被部分毁坏。

204
贝里圣埃德蒙兹—林肯线

英国英格兰东部

1214年，历史上关键性的大宪章会议在贝里举行。列车从贝里出发开往林肯，林肯市内展出着划时代的《大宪章》原稿。

左图："威尔士之心"穿过僻静的乡郊，途经兰达弗里（Llandovery）周围的山谷

中世纪时期 **169**

205
松果火车
(TRAIN DES PIGNES)

法国普罗旺斯

(Provence, France)

松果火车的行程全长151千米，这条窄轨铁路于19世纪90年代首次开通。人们常用松果来给这辆蒸汽机车点火，火车因此得名，现在，它已改为柴油动力。这条风景优美的旅途连接尼斯的蓝色海岸和阿尔卑斯山脚下的迪涅莱班（Digne-les-Bains）。途中会经过瓦尔河谷（Var Valley），河谷间散落着中世纪城镇。沿途精华之处要属昂特勒沃（Entrevaux）了，那里的城堡静静耸立于瓦尔河旁，城内的老城区四周围有城墙，进城需要通过城门和吊桥。这些精巧的防御性措施主要针对摩尔撒拉森人（Moorish Saracen），他们在8世纪和11世纪袭击了下普罗旺斯。

206
诺里奇—大雅茅斯线
(NORWICH-GREAT YARMOUTH)

英国诺福克

(Norfolk, United Kingdom)

伯尼·阿姆斯站（Berney Arms）是最令人好奇的火车站了。它位于诺里奇—里德姆—大雅茅斯沿线，孤零零地坐落在诺福克水道间的霍尔沃盖特沼泽地中。12—14世纪，人们在这里挖泥煤时留下沟渠，日积月累形成水道。伯尼·阿姆斯站也是19世纪40年代期间人力凿建的。这里的原拥有者是托马斯·伯尼，他同意将地卖给铁路建设者——前提是建一座永久性的火车站。就这样，伯尼·阿姆斯站建成，远离了文明世界。现在，只有在乘客特别要求时，列车才会停靠伯尼·阿姆斯站，徒步旅行者和挂念伯尼·阿姆斯酒吧的人们会在这里下车。酒吧距离车站1.6千米远，中间隔着田野，与车站一样遗世独立。

下图：1492年，格拉纳达的阿尔罕布拉宫的沦陷标志着摩尔人统治西班牙的结束

"安达卢斯"号列车（AL-ANDALUS）

西班牙南部（Southern Spain）

乘坐豪华火车探索摩尔人的奇迹，行驶于西班牙阳光灿烂的南部。

基础信息：
- 时间：711—1492年（摩尔人统治西班牙的时期）
- 全程：约965千米
- 最少用时：7天
- 关键停靠点：塞维利亚、赫雷斯、龙达、格拉纳达、利纳雷斯-巴埃萨、科尔多瓦
- 途经国家：西班牙

安达卢斯是摩尔人统治西班牙时的称呼，阿拉伯人于8世纪攻下伊比利亚后，创建了安达卢斯。安达卢斯也是一辆列车的名字，会带领你探索摩尔人留下的永恒遗产。

"安达卢斯"号列车焕发着美好年代*的魅力。列车有四节休息车厢，有的将20世纪20年代的车厢翻修得崭新，有的是20

*美好年代：指欧洲社会史上从19世纪末开始，至"一战"爆发这段时间。这个时期被上流阶级认为是"黄金时代"，此时的欧洲处于一个相对和平的时期，随着资本主义及工业革命的发展，科学技术日新月异，欧洲的文化、艺术及生活方式等都在这个时期发展日臻成熟。

上图：科尔多瓦是火车的关键停靠站之一，作为安达卢斯的都城达三个世纪

世纪30年代的古董车厢，还有一节卧铺车厢曾是英国皇室御用，载着皇室成员往返于加来（Calais）和法国南部。不过，精彩的不仅仅是酒水车厢悦耳的琴声，沿途的历史更引人注目。

旅行从塞维利亚（Seville）烈日炙烤下的橘林间出发，这里曾是安达卢斯第二大城市。城内仍矗立着104米高的吉拉达钟楼，这座钟楼建于12世纪，起初建成为宣礼塔，后改为基督教的钟楼。同样地，摩尔人宏伟的塞维利亚王宫在几个世纪中持续扩建，但建筑仍然保持着穆德哈尔式建筑的高度。

离开塞维利亚后，更多安达卢西亚的城镇在向你招手：雪莉酒飘香的历史城镇加的斯（Jerez，于公元前1100年由腓尼基人修建）；在内华达山脉山脚，地处峡谷顶端的龙达（Ronda）；还有文艺复兴时期的城镇乌贝达（Úbeda）和巴埃萨（Baeza）。不过，摩尔人最杰出的作品位于格拉纳达（Granada）和科尔多瓦（Córdoba）。

坐落于山丘之中的格拉纳达是安达卢斯最后的堡垒。1491—1492年，天主教势力向安达卢斯的阿尔罕布拉宫防守点发动进攻，随后苏丹波伯迪尔*（Sultan Boabdil）的投降标志着摩尔人的西班牙不复存在。苏丹住的阿尔罕布拉宫依旧壮观，宫殿陈设一应俱全，拥有精心设计的豪宅、浴室、军营、清真寺，还有花园。

科尔多瓦在长达三个世纪间一直是安达卢斯的都城，市中心有一座科尔多瓦清真寺，这是摩尔人最精美的清真寺，寺中的洗礼花园内建有喷泉。它的柱式大厅令人过目难忘，由856个红白相间的拱形结构柱子支撑。16世纪时，西班牙彻底基督教化，因而基督教堂的中殿也被生硬地建在这里。摩尔人已离开，而摩尔建筑的宏伟壮丽仍然还在。

*又称为穆罕默德十二世。

208
"跨坎塔布连山脉经典"号列车
(EL TRANSCANTÁBRICO CLÁSICO)

西班牙北部 (Northern Spain)

登上西班牙最奢华的列车，追随中世纪的圣地亚哥朝圣之路。

基本信息
- 时间：829年（圣地亚哥-德孔波斯特拉建起第一座教堂）
- 全程：644千米
- 最少用时：8天
- 关键停靠点：莱昂、比利亚萨纳-德梅纳、毕尔巴鄂、桑坦德、奥维耶多、卢阿尔卡、费罗尔、圣地亚哥-德孔波斯特拉
- 途经国家：西班牙

走在圣地亚哥朝圣之路（又叫圣雅各之路）的朝圣者需要长途跋涉穿越西班牙北部，旅途中可享受不到什么奢华服务。在中世纪朝圣途中，人们需要一路拖着行李，吃饭在沿途便宜的小饭馆解决，住宿是睡在没怎么装修的朝圣者旅馆里。乘坐"跨坎塔布连山脉经典"号列车途经同一路线的旅客享受的可不再是这样的体验了。

数个世纪以来，圣雅各之路吸引着从农民到王公权贵等各阶层的人，这些人都会前往加利西亚（Galicia）的圣地亚哥-德孔波斯特拉朝圣。据说，使徒雅各于1世纪来到加利西亚传道。之后他回到圣地，最终殉道而死，但据称他的遗体被带到西班牙的东北部。人们于829年建起一座教堂来安置这位圣人的遗骸。在其后的300年，圣地亚哥成为中世纪欧洲最主要的朝圣点。

*也译作海边的散提亚拿。

中世纪时期　173

朝圣之旅

209
佛罗伦萨—罗马线
意大利

乘火车沿着部分"法兰契杰纳朝圣之路"开启朝圣之旅,途中跟随圣方济各的脚步来到阿西西,线路的终点是罗马的梵蒂冈。

210
玛丽亚采尔铁路
奥地利

这条全长91千米的铁路位于施蒂里亚的阿尔卑斯山脉,通往天主教的朝圣地玛丽亚采尔,自1157年起这里已经视神迹的圣母玛利亚为偶像了。

211
努里亚山谷齿轨铁路
西班牙加泰罗尼亚

12世纪的努里亚神殿坐落于比利牛斯山内的一座冰川山谷之内,只有从弗雷塞河畔里瓦斯乘坐齿轨铁路才能抵达,铁路全长12.5千米。

212
瑞吉山铁路
瑞士卢塞恩湖

瑞吉山铁路是欧洲第一条齿轮铁路(于1871年开通),线路从维茨瑙度假村出发,开往瑞吉山山顶。自1400年左右以来,瑞吉山一直是朝圣点,这里的治愈之泉也吸引着人们前来。

圣雅各之路有很多条路线,"法国之路"[圣让-皮耶德波尔(St-Jean Pied de Port)是起点]是最受欢迎的一条。不过还有其他路线,比如沿着西班牙北部海岸线的"北部之路"。尽管"跨坎塔布连山脉经典"号列车并不是精准地跟随哪条路线,但沿途的景致可以很好地展现这片区域重要的历史意义。

"跨坎塔布连山脉经典"号列车并不行驶于常规的铁路,而是行驶在西班牙铁路公司最后一条1米宽的铁轨线上。这条铁路是欧洲最大的窄轨铁路系统,和大多数列车行驶的宽轨主线铁路网分开运营。

列车从莱昂出发,莱昂是"法国之路"上的重要城市。在登车前,可以先欣赏莱昂城内的哥特式教堂,教堂内有令人赞叹的花窗玻璃,圣伊西多罗宗座圣殿内还有与《新约》相关的壁画。莱昂的圣马科斯旅馆曾是12世纪的修道院,在朝圣者前往圣地亚哥的途中,这座修道院是他们的庇护所,而现在则是一座豪华旅馆了。

列车还提供五星级服务。卧铺车厢是豪华镶木的,套房内有独立的卧室、浴室和休息厅。每天晚上,列车都会停靠在安静的地方,方便乘客安稳入睡。在大多数中餐和晚餐时段,人们会下车享用该地区的佳肴,餐车则会供应早餐。列车上有4个休息室是翻新自20世纪20年代的普尔曼车厢,有图书馆,甚至还有热闹的小型夜店专用车厢。

从莱昂出发后,列车继续向东行驶穿过卡斯蒂利亚-莱昂的高原地带进入巴斯克(Basque)郊区。然后,列车掉头西行至北部的海岸("北部之路"也在这里),前往加利西亚的费罗尔。遗憾的是,这条窄轨铁路并不从费罗尔到圣地亚哥,所以在朝圣之旅的最后一段,人们得从费罗尔坐长途汽车去圣地亚哥了。

沿路有不少精彩地点。穿越坎塔布连山脉时,列车会经过郁郁葱葱的梅纳山谷;停靠桑坦德和令人兴奋的毕尔巴鄂(弗兰克·盖里设计的古根海姆美术馆在这里);卡韦松-德拉萨尔站是前往中世纪小城海边的桑蒂利亚纳的必经之路。

有一条徒步远足路线能抵达欧罗巴山国家公园,可以前去观看科瓦东加圣坛——为纪念722年打败摩尔人的一场胜利战争而建,据说科瓦东加是西班牙境内基督教的发源地。列车还会到达阿斯图里亚斯的首府奥维耶多,城内有三座9世纪的教堂,它曾是西班牙境内唯一的基督教城市。阿维莱斯的古老城镇、

希洪内绵延的海滩、卢阿尔卡林立的漂亮的白色房屋，以及开往费罗尔的沿途风景也十分美丽。

最后来到圣地亚哥，这座城内迷宫般纵横交错的小巷和华丽的巴洛克式教堂都已被联合国教科文组织列入世界遗产名录。教堂内有著名的圣雅各之墓，朝圣者络绎不绝——人们尽其所能地乘坐各式交通工具赶到这里，只为表达对圣雅各的敬意。

上图："经典"号列车之旅于圣地亚哥-德孔波斯特拉结束，圣雅各墓现安置于城内的巴洛克式大教堂内

213
波尔图—里斯本线
（PORTO-LISBON）

葡萄牙西部
(Western Portugal)

波尔图—科英布拉—里斯本线全长335千米，这三座城市都很有历史。11世纪，波尔图成为葡萄牙郡的首府，葡萄牙郡是现代葡萄牙的前身。坐落于杜罗河口的波尔图港口群山环绕，因酿造葡萄酒闻名。向南行驶1小时之后，火车到达科英布拉（Coimbra）。1131年，科英布拉成为葡萄牙第一个首都。这里有葡萄牙最古老的大学，也有许多年轻的学生，还有巴洛克风格的宫殿和热闹的咖啡馆。从科英布拉出发后继续向南行驶2小时，就到了里斯本，里斯本于1255年成为首都。这座城市充满活力，街区很有特色，还有葡萄牙全境最好吃的蛋挞。

中世纪时期

214
"贝尔蒙德大爱尔兰"号列车
(BELMOND GRAND HIBERNIAN)

爱尔兰（Ireland）

> 碧绿山丘、清澈湖泊，还有城堡、传说和威士忌——乘坐豪华列车来探索翡翠岛的奥秘。

基本信息
- 时间：800年（《凯尔经》创作完成）
- 全程：约1200千米
- 最少用时：5天
- 关键停靠点：都柏林、科克、基拉尼、戈尔韦、阿斯隆、韦斯特波特
- 途经国家：爱尔兰

下图：下火车短途旅行，游览传奇的布拉尼城堡

爱尔兰的《凯尔经》（Book of Kells）创作于9世纪，曾被称为"西方世界最重要的瑰宝"。这本书很迷人——它是一部装饰华美的四福音书手抄本，有复杂的海岛文字、基督教图案、凯尔特结，还画了一些神秘的生物，这些颜色绚丽的插图都是手绘的。《凯尔经》在都柏林的三一学院图书馆中展藏，表现了爱尔兰这个国家本身的美丽、灵性和神秘。

"贝尔蒙德大爱尔兰"号列车也能带你体验美丽而神秘的爱尔兰。这辆车于2016年投入使用，是爱尔兰的第一辆豪华火车。列车车厢设计得十分漂亮，每节车厢都有名称，来源于爱尔兰

左图:"贝尔蒙德大爱尔兰"号列车是前往康尼马拉的豪华之旅

宗教之旅

215
韦尔斯—沃尔辛厄姆轻轨铁路线
英国诺福克

一辆小巧的蒸汽机车行驶于这条长6千米、宽260毫米的窄轨铁路上,铁路终点是沃尔辛厄姆。沃尔辛厄姆长期以来都信奉圣母玛利亚,自1061年这里已是朝圣点。

216
沙夫山铁路
奥地利

陡峭的沙夫山铁路是蒸汽动力的齿轨铁路,会攀爬至沙夫山之上,到达1190米的高度。铁路会从圣沃尔夫冈出发,圣沃尔夫冈建于976年,圣徒于同年在此建起教堂。

217
蒙塞拉特山齿轨铁路
西班牙加泰罗尼亚

乘坐这条铁路线前往山顶的蒙塞拉特修道院(建于1025年)朝圣要轻松得多,这条齿轨铁路全长5千米,途中会穿过百年大桥。

218
马斯特里赫特—亚琛线
荷兰和德国

德国的亚琛曾是加洛林帝国(600—888年)的都城。坐落于此的国王查理曼的宫殿废墟现已成为一座主教堂的核心建筑。这里距荷兰的马斯特里赫特有1小时车程。

各地的郡县名,设计灵感来源于乔治亚都柏林风格(Georgian Dublin)和当地民俗风格的融合。为期5天的"传说和湖泊"环线从爱尔兰的首都都柏林出发,沿线有许多爱尔兰最出色的景点,还有最青翠的乡间风景。

火车会从美丽脱俗、生机勃勃的都柏林出发,这座位于利菲河(River Liffey)旁的城市由维京人于8世纪创建。火车从1846年建的都柏林休斯敦火车站启程,车站名字来源于爱尔兰共和党人肖恩·休斯顿(Sean Heuston),他在1916年反抗英国的"复活节起义"之后被处决。

从都柏林出发后,"大爱尔兰"号继续向西南方行驶,在绿意盎然的风景中驶向爱尔兰的第二大城市科克(Cork)。科克市的海港色彩缤纷、青春朝气,尊美醇酒厂的威士忌正等待你来品尝。行程第二天有前往布拉尼城堡(Blarney Castle)的支线行程,可以观赏这里的寓言石,乘船游玩基拉尼三湖(Lakes of Killarney)。

第三天,火车来到水岸城市戈尔韦(Galway),它是12世纪时的一座小型堡垒,现在发展成盖尔(Gaelic)西边的首府。可以来这里喝一点烈性黑啤,跟随节奏动感的音乐尽情玩笑聊天。第四天,火车来到克卢湾(Clew Bay)旁的城镇韦斯特(Westport),沿途经过阿什福德城堡(Ashford Castle,曾是中世纪的堡垒,现在是五星级旅店)和美丽、令人赞叹的康尼马拉国家公园(Connemara National Park)。第五天,"大爱尔兰"号列车返回都柏林。

中世纪时期 **177**

219
哈拉曼高速铁路 (HARAMAIN HIGH SPEED RAIL)

沙特阿拉伯西部（*Western Saudi Arabia*）

> 欣赏这条为朝觐者缩短旅途时间的铁路线，
> 线路连接了穆斯林的神圣城市麦地那和麦加。

基本信息
- 时间：632年（穆罕默德去世）
- 全程：453千米
- 最少用时：2小时
- 关键停靠点：麦地那、阿卜杜拉国王经济城、阿卜杜勒-阿齐兹国王国际机场、吉达、麦加
- 途经国家：沙特阿拉伯

这条新建的哈拉曼高速铁路主要服务于两座穆斯林最神圣的城市：麦地那和麦加。线路于2009年开工，全长453千米，在2018年开通，在烈日炎炎、风沙漫天的沙地里修建铁路可不太容易。

自从632年先知穆罕默德逝世之后，麦加的一座小型石制建筑克尔白（Kaaba）就成为伊斯兰教最神圣的地点。克尔白位于麦加的禁寺内。伊斯兰教的五功之一是朝觐——去克尔白朝圣，克尔白是每个穆斯林此生至少去一次的地方。50年前，每年大约有100 000个教徒会去麦加朝圣。现在的数字是每年300多万，这样的客流量对交通基建设施产生了巨大的运载压力。

由于考虑到哈拉曼高速铁路之后的运载量，沿途的火车站设计得十分周到。比如，起点站就建得很宽敞。四座火车站由福斯特建筑事务所设计，合起来的占地面积是伦敦特拉法加广场的30倍还要多，每年将可接待6000万的旅客。火车站的设计也符合伊斯兰式风格，如阿拉伯风格窗花（mashrabiya）；颜色搭配也蕴含重要意义：麦加车站的金色调呼应了克尔白的金色叶子，麦地那车站的翠绿色调则呼应了城中的先知寺。

对于穆斯林来说，开通这条线路是个好消息。哈拉曼线还将阿卜杜勒-阿齐兹国际机场和红海港口吉达连接起来，吉达也对非穆斯林的游客开放。吉达的巴拉德区（Al Balad）是热闹的集市中心，这里古老的珊瑚建筑是体验沙特阿拉伯丰富历史的最佳地点。

喜欢这条线路吗？再看看这个

220
安卡拉—科尼亚线

土耳其中部

高速列车在安卡拉和科尼亚之间驰骋，速度就和科尼亚的托钵僧圈舞一样快。可以在鲁米神殿看到托钵僧圈舞，鲁米是一位诗人，他于1273年创建了苏菲派。

右图：新建的哈拉曼高速铁路会将成千上万的穆斯林送往圣地麦加

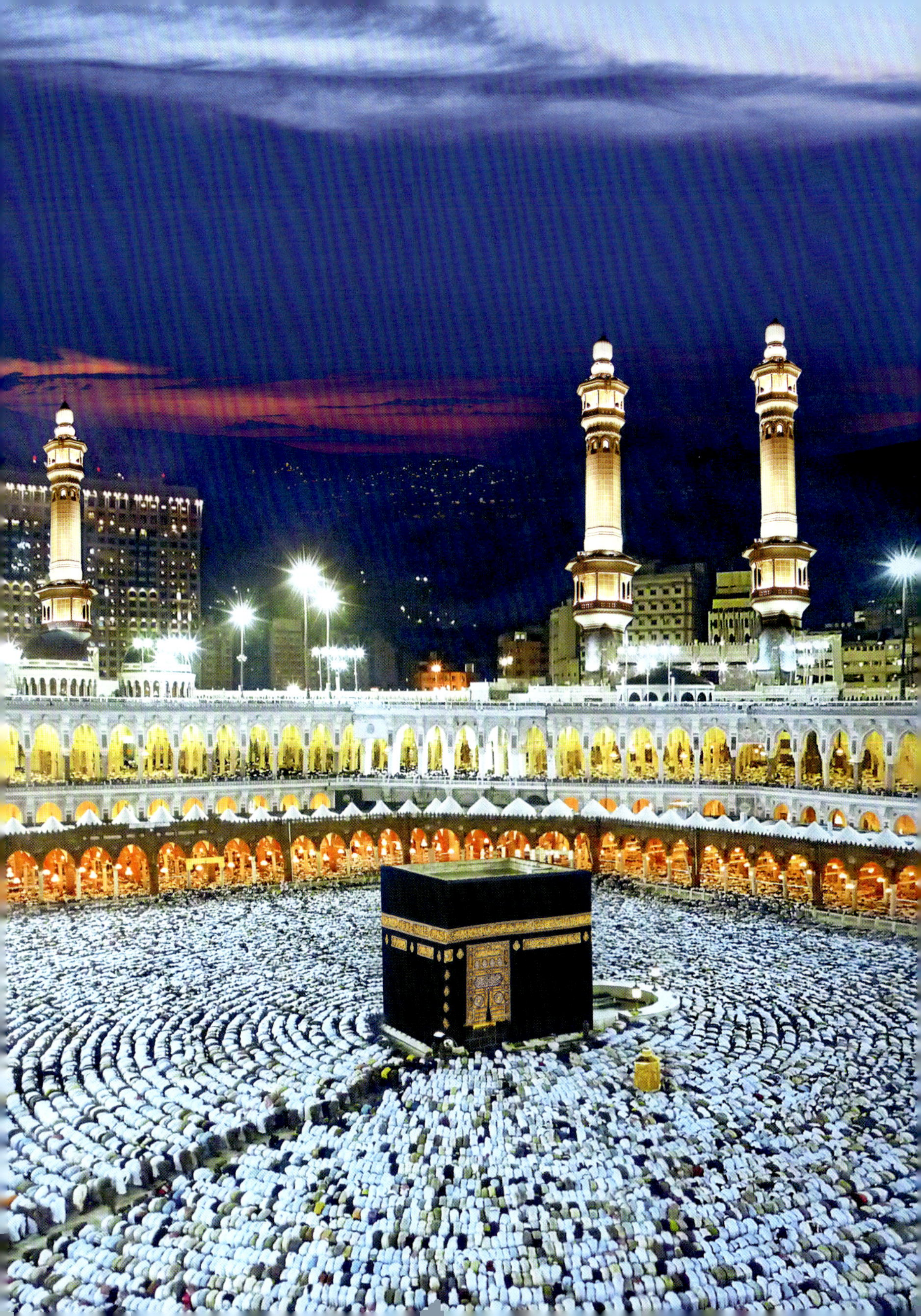

221
希农—鲁昂线 (CHINON-ROUEN)

法国北部 (Northern France)

> 跟随英雄圣女贞德的生平，
> 她是中世纪法国的少女英雄。

基本信息
- 时间：1412—1431年（圣女贞德的一生）
- 全程：约426千米
- 最少用时：5小时30分钟
- 关键停靠点：希农、图尔、布卢瓦、奥尔良、巴黎、鲁昂
- 途经国家：法国

法国拥有完美的铁路网，可以乘坐铁路追随圣女贞德的足迹——她曾是农村少女，后来成为法国人永远铭记的圣人和女英雄。1412年，贞德降生了，正处于英法百年战争时期（1337—1453年）。贞德小时候得到神迹的启示，要求她带兵驱逐侵略者。所以在1429年，贞德来到希农的卢瓦尔河谷，劝说法国王储查尔斯给她一支军队，允许她领兵解救被围攻的奥尔良（Orléans）。

我们的火车之旅从宏伟的希农城堡废墟出发，你可以漫步于废墟中的大厅原址，贞德就是在这里和查尔斯见面，废墟之下是中世纪古城。她带兵从希农出发，沿卢瓦尔河向东北方行进，和希农—鲁昂铁路同一路线。然后，她在图尔（Tours）暂作停留，在这里换上一身戎装后，继续奔赴战场。过路的旅客仍然能在图尔买到称心如意的衣服：图尔中心许多半木质结构的建筑中有不少是服饰商店。街上的饭馆还会提供丰盛的图赖讷*式菜肴。

接下来，贞德来到布卢瓦（火车也会抵达这里），越过河流继续前进——现在河上的石桥只能追溯到18世纪。兰斯（Reims）的大主教也在布卢瓦城堡为贞德祷告祝福。如今这座城堡已改变不少，但它仍是兰斯城内最显著的建筑。

贞德继续领兵前去解救奥尔良。战争胜利后，她来到奥尔良圣十字主教座堂庆祝。这座教堂之后被重建，如今的玻璃花窗上绘制有她的故事。贞德住过的房子毁于纳粹的炮火，但已按照原貌重建。

最后，火车继续北行，经过巴黎来到终点站——诺曼人的城市鲁昂。1431年，贞德在鲁昂被处以火刑，年仅19岁——老集市广场中的一片花圃标志了她牺牲之处。2015年，位于前主教广场的圣女贞德博物馆在主教宫的原址上对外开放，这里也曾有贞德为自由而征战的足迹。

*图赖讷：法国历史上的一个行省，首府为图尔。1790年在法国大革命进行的过程中设置了省这一新的行政单位，原图赖讷行省被分为三个省：安德尔－卢瓦尔省、卢瓦尔－谢尔省和安德尔省。

222
卡特里派—德弗努耶德铁路
(TRAIN DU PAYS CATHARE ET DU FENOUILLÈDES)

法国比利牛斯

(Pyrenees, France)

卡特里派约于1100年出现。由于秉持的信条理念不同，卡特里派的信徒甚至去挑战罗马的神学，因而遭到教宗英诺森三世（Pope Innocent III）下令铲除。卡特里派信徒于是隐藏于比利牛斯山脉山脚的城堡里（最终还是被发现）——这条60千米长的铁路就在这片区域。卡特里派—德弗努耶德铁路最初于1904年通车，现在的旅游火车"红色列车"（Train Rouge）即行驶于这条铁路。铁路从佩皮尼昂（Perpignan）附近的里韦萨尔特（Rivesaltes）起始，直至山城阿克萨（Axat）。沿途有森林、葡萄园，还有隧道和高架桥。卡特里派的教徒曾隐藏在铁路沿线那些高山中的房屋内：比如，如今已是废墟的方乌伊莱代教堂，还有高山上的城镇皮伊洛朗（Puilaurens）。不过，这些城市最终没能逃过1255年的十字军铁蹄。

左图：圣女贞德于1431年在鲁昂被处死

中世纪时期 **181**

223
战地铁路线
(BATTLEFIELD LINE)

英国莱斯特郡
(Leicestershire, United Kingdom)

1485年的8月22号，理查三世（King Richard Ⅲ）和他的英格兰皇位争夺者亨利·都铎（Henry Tudor）在博斯沃思原野开战，有20 000多人参战（战后亨利七世坐上王座）。天蒙蒙亮时战斗便打响了。到了正午，理查战死。都铎王朝就此建立。在这条全长8千米的蒸汽动力战地铁路上，流淌过多少战士的鲜血，实在难以想象。铁路从村庄沙克斯通（Shackerstone）起始，沿着运河穿过宁静的莱斯特郡郊区，抵达安比昂山山脚的珊顿车站（Shenton Station）。历史学者曾认为博斯沃思原野战役的地点在安比昂，这里有一座遗迹中心。不过现在，他们认为安比昂以南几千米才是原址。

下图："太平洋海岸"号穿越布伦海姆地区世界一流的葡萄园

224
莱娜图复古铁路
(LENNAKATTEN VINTAGE RAILWAY)

瑞典东部乌普萨拉
(Uppsala, Eastern Sweden)

想必也不用再去猜弗尔克范格之战（Battle of Fýrisvellir）中谁赢了，这是健硕者史泰邦（Styrbjörn the Strong）和胜利者埃里克（Eric the Victorious）之间的王位争夺战。战役的地点在弗尔克范格平原（Fýrisvellir Plain），位于现今乌普萨拉境内潮湿泥泞的土地上。乌普萨拉是瑞典最古老的城市之一，是中世纪重要的贸易中心和政府集会中心。乌普萨拉也是莱娜图复古铁路的起点，这条蒸汽动力观光铁路全长33千米。火车每年夏季运营，从乌普萨拉出发向东行驶，穿越平原后来到小镇法灵厄（Faringe），沿途停靠马里隆（Marielund）、菲耶诺拉（Fjällnora）与阿尔蒙厄（Almunge）。

"太平洋海岸"号列车（COASTAL PACIFIC）

新西兰南岛（South Island, New Zealand）

> 列车沿着壮丽精彩的太平洋海岸线行驶，波利尼西亚航海者于800年前首次抵达这里。

基本信息
- 时间：1250—1300年（波利尼西亚人抵达新西兰）
- 全程：347千米
- 最少用时：5小时30分钟
- 关键停靠点：皮克顿、布莱海姆、凯库拉、基督城（阿丁顿）
- 途经国家：新西兰

在形容东西真的特别好，绝非平平无奇之辈的事物时，新西兰人会说："像糖一样甜。"围绕南岛东北端海岸线行驶的"太平洋海岸"号，就的确适合用"很甜"来形容。

"太平洋海岸"号行驶于北干线，建设这条特别的铁路可谓一波三折。北干线从19世纪70年代就开始建设，花了75年时间才竣工。首段路线从皮克顿港口到布莱海姆，于1875年开通。之后铁路工程继续向南延伸，但在"一战"和经济大萧条期间停滞不前。1935年，建设恢复。然而，"二战"期间的劳动力短

更多途经毛利遗产线路

226
维卡山口铁路

新西兰南岛

这条全长13千米的铁路连接了怀帕拉和怀卡里。途中会穿过维卡山口，这里有许多古老的毛利岩画艺术。

227
奥克兰西铁路线

新西兰奥克兰

毛利人于1350年首次来到现在的奥克兰一带定居。奥克兰西线上的伊甸山和阿尔伯特山可以看到毛利人曾经的防御土垒。

缺导致进程再次中断。到了这一阶段，人们已经意识到铁路建成后可以节省不可再生能源——汽油的消耗，这促使人们想要更快建好铁路。1945年，皮克顿至南岛最大城市基督城的路段终于通车了。

今天，许多旅客乘坐北干线铁路时都会买火车轮渡套票。旅程从北岛出发，首先会坐3小时的轮渡穿过库克海峡。这条海上观光线从新西兰首都惠灵顿的港口启程，穿过一片开放式的水域后，侧身进入岬角地带，经夏洛特王后峡湾来到皮克顿。皮克顿让人想起勇猛无畏的波利尼西亚航海者——毛利人的祖先，波利尼西亚人于1250年左右来到这里，他们划独木舟漂洋过海，无意间发现了这片土地。就这样，皮克顿也成为新西兰境内最早的考古遗址之一，怀劳浅滩就在皮克顿南边。1939年，一个在校男生在怀劳浅滩发现墓葬点。随后，人们在这里挖掘出44副人骨，其历史可追溯到1285—1300年，DNA检测显示其中有些人骨属于波利尼西亚人。

第一批来到新西兰的人们更倾向于择海而居，"太平洋海岸"号大多数时候也沿海而行。在每年10月至次年4月期间，"太平洋海岸"号每天都会发车。地处码头边的皮克顿火车站是北干线铁路起点，建于1914年，采用防水板材质建造。"太平洋海岸"号沿弧线穿过山谷，来到葡萄藤林立的莫尔伯勒地区，这里的主要城镇布莱海姆是旅途第一站，城内有许多美味佳肴，还可以品尝美酒——城内共有20多座葡萄园，相隔都不远。

经过布莱海姆后，列车继续上行，穿过一座座山丘，远处渐渐出现白雪皑皑的山峰。接着，列车走过阿瓦蒂里桥，掠过格拉斯米尔湖；离开皮克顿约90分钟后，来到海边。随后的97千米路程中，列车经过岩石岬角、沙滩；海鸥在天空尽情翱翔，海豹享受着日光浴。幸好"太平洋海岸"号拥有超大观景窗和车顶天窗，这一路的美景一览无余。在开放式车厢上感受清新的海风，没有玻璃遮挡，可以尽情拍照了。

观赏海洋生物的最佳选择是在倚山小镇凯库拉下车，它是新西兰的赏鲸之都。赏鲸旅游总部所在的建筑是凯库拉镇内最老的建筑。1945年，北干线在这里正式通车。这里仍然能看到一个纪念铭牌，纪念铁路建设中不幸死去的8名工人。

经过凯库拉之后，沿途是更多壮观的海岸线，随后铁路转向内陆，海景变换成翠绿的山谷。最后，火车来到终点站——基督城的郊区阿丁顿。这里曾是新西兰最大的铁路中心，很多火车头都在这里建造。从阿丁顿前往基督城市中心仅需乘坐短途巴士或出租车，基督城从2011年毁灭性的地震创伤中恢复过来，现在是一座充满生机、富有活力的城市。基督城中一座19世纪的教堂在地震中毁坏，人们在一座临时建成的纸板教堂（Cardboard Cathedral）中聚会，街上的许多商店和咖啡馆用五颜六色的集装箱来做店面。毕竟，近800年间新西兰一直是幸存者的土地。

下图： 临时的纸板教堂矗立在震后的基督城中

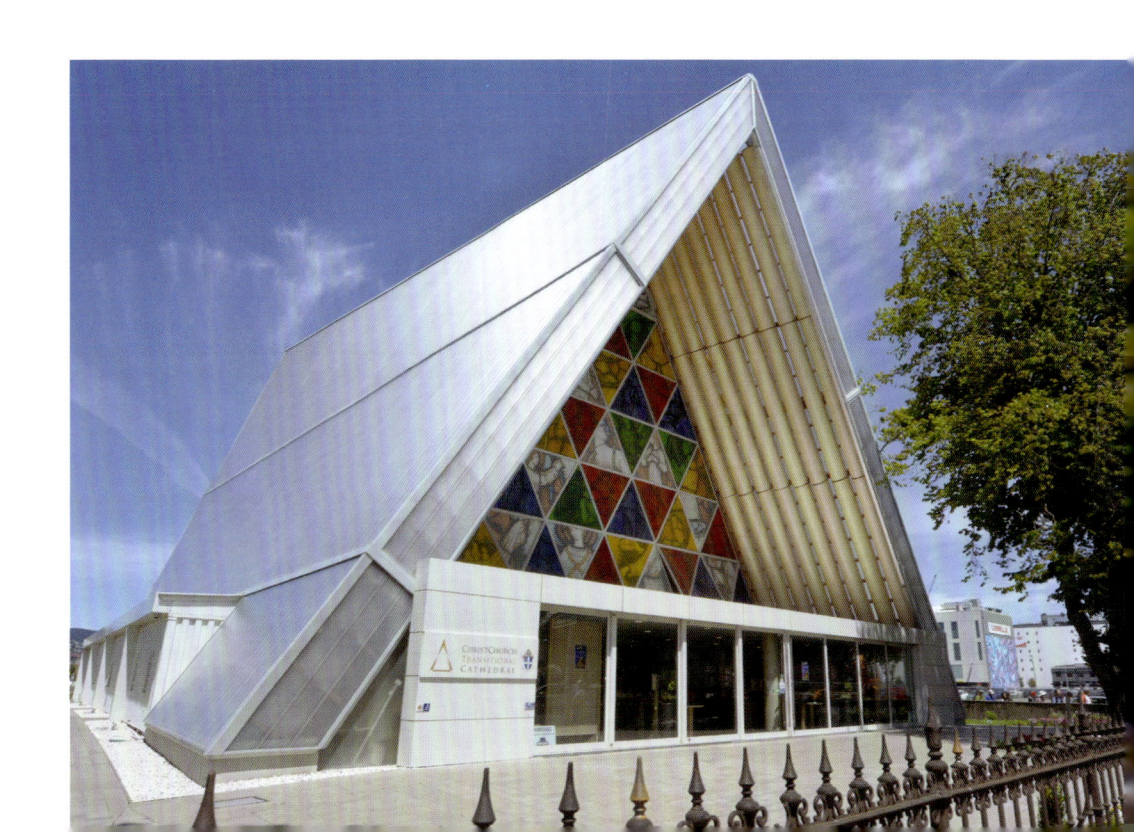

228
佛得峡谷铁路（VERDE CANYON RAILROAD）

美国亚利桑那州（Arizona, United States）

> 列车缓缓驶过美国西部蛮荒时期的峡谷，这里有奇妙的动植物种类，还有美洲原住民的历史。

基本信息
- 时间：650年（西纳瓜人迁徙到亚利桑那州）
- 全程：32千米
- 最少用时：4小时（环形路线）
- 关键停靠点：克拉克代尔、珀金斯维尔
- 途经国家：美国

西班牙探险家第一次来到亚利桑那中部的山峰时，命名这里为"无水之山"。几个世纪之后，考古学家借用这个名字来称呼650—1425年美洲原住民居住的地带。不过，居住于亚利桑那佛得山谷的西纳瓜人（Sinagua）水资源一直充裕。

佛得峡谷在惊心动魄的莫戈永边缘，而佛得河如同沙漠中飘动的一条罕见银丝带。佛得河切割着峡谷中已风化的砂岩峭壁和黑色的玄武岩岩层，河水分隔的两岸呈现出多样的生态系统。杨属科和悬铃木属植物都出现在河岸旁。多刺的梨果仙人

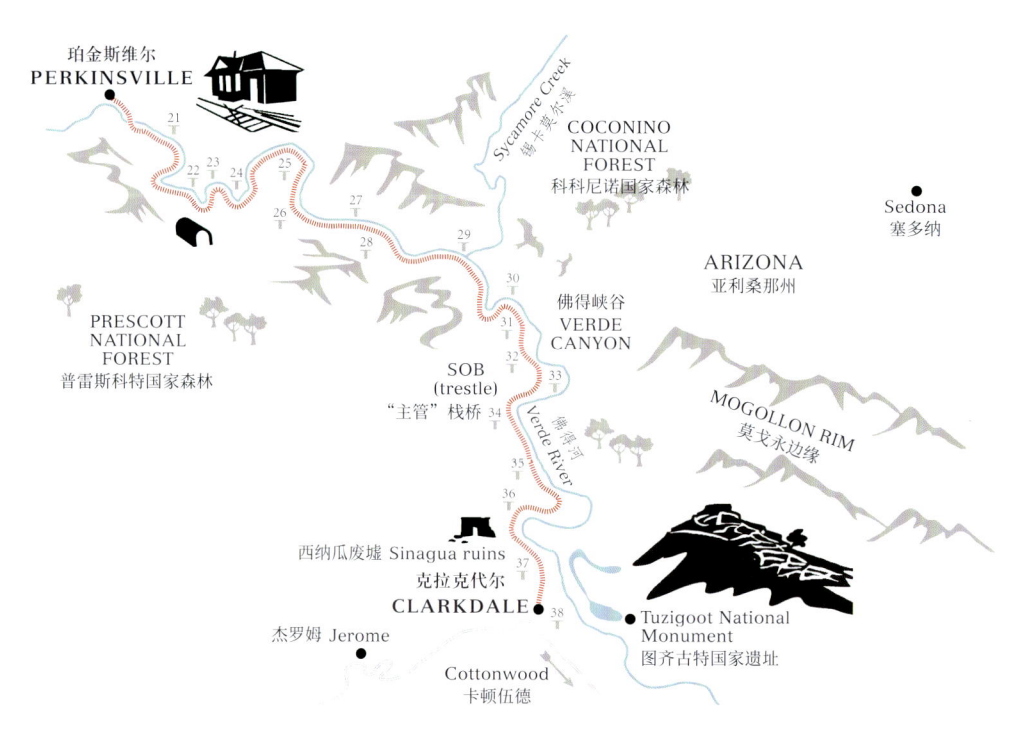

丈量世界：500条经典铁路路线中的世界史

上图：已是历史遗产的古董列车服务于亚利桑那州的佛得峡谷铁路

掌每年秋天开深红色的花；万寿菊属和翠雀属的植物则在春天开花。野生动物也有很多，有草原狼、短尾猫、鸣禽属，还有攫禽属。在每年12月到次年3月，白头海雕都会来这里。

沿峡谷蜿蜒而行的不只是佛得河。一条全长61千米的铁路支线于1912年建成，负责将杰罗姆矿山采炼出的铜矿运往圣达菲主干线上的德雷克站（Drakestation）。自1990年起，这条32千米长的路段即以佛得峡谷铁路命名。

旅程从克拉克代尔启程，这里的采矿业兴起于1914年，是现代最早的矿业镇之一。克拉克代尔曾经的市中心区域已被列入美国国家史迹名录。现在的克拉克代尔火车站建于20世纪90年代，不过这里的火车更有历史。这些火车由20世纪50年代的FP7柴油机车牵引，而其中最有年头的客车车厢来自于1936年的圣达菲"摇铃"号（Santa Fe Bell）。火车的酒水车厢仍然保留着从前的皮革制车顶，这列车厢曾属于艾奇逊、托皮卡和圣

中世纪时期　187

> 喜欢这条线路吗？
> 再看看这个
>
> **229**
> "密苏里河奔跑者"号列车
>
> 美国密苏里州
>
> 这趟旅程从堪萨斯城到圣路易斯，途经曾被密西比文化所浸漫的土地。卡霍基亚土墩遗址（800—1600年）就在圣路易斯河对面。

塔菲铁路公司，驰骋于芝加哥和洛杉矶之间的铁路。

火车提供头等、经济和豪华私人车厢三种服务。无论是哪种服务，乘客都可以前往开放式观景车厢享受无拘无束的观景体验。车上还有专业的讲解员解说佛得峡谷的地理、生物和人类学相关的背景知识。

这里的人类历史要比火车早得多。图齐古特国家遗址于1125—1400年形成，是一座西纳瓜人的印第安村落，位于克拉克代尔以东、佛得山谷内一块裸露的岩石地上。在这里你仍能看到曾经的古村落遗迹，共80个房间，可以容纳250人左右。这里是佛得山谷内最大且保存得最好的西纳瓜人遗迹了，不过山谷内还有更多其他遗迹，坐火车时能看到。

佛得峡谷铁路无疑专为旅游观光设计，火车以每小时19千米的速度悠闲地来回踱步。从克拉克代尔（38号里程碑）出发后，火车缓缓经过老铜矿沿线堆积的铜渣。在37号里程碑附近，能看到峡谷峭壁上西纳瓜人曾经的居住地；还有一座古老的城墙，西纳瓜猎人会隐藏在其后狩猎。在33号里程碑附近，火车来到沿线最高的桥梁——"主管"栈桥，火车走弧线通过这座桥时，回头望能看到整个火车车身。

继续向前，会经过一片史前形成的湖床，许多白头海雕喜欢这里。接着，火车跨过锡卡莫尔溪，穿越科科尼诺和普雷斯科特国家森林。在29号里程碑，有一片美洲原住民的居住地，还有原住民的岩石壁画。经过一些千奇百怪的岩层后，火车来到22号里程碑附近207米长的隧道。再经过一座桥后，火车来到珀金斯维尔的大牧场（建于1900年）。电影《西部开拓史》（*How the West Was Won*，1962）的部分场景在这里取景。

珀金斯维尔曾经的木制火车站现在是一座谷仓。不过火车还是会在这里停靠，机车头可以分离并转移到另一端，然后调头返回克拉克代尔——再次体验佛得山谷的历史。

右图：佛得峡谷铁路沿途是高耸的悬崖峭壁和连绵起伏的沙漠

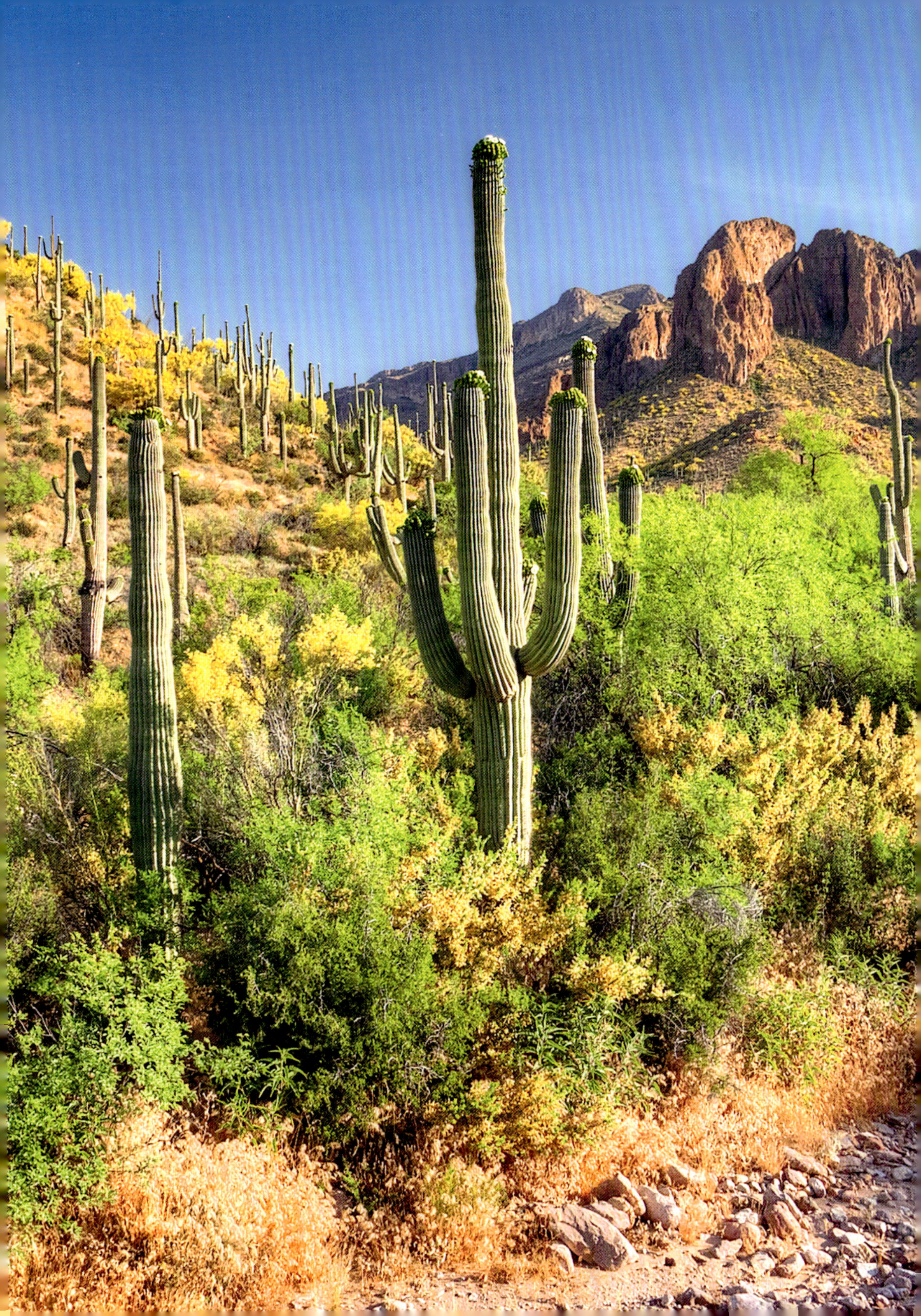

地铁 2 号线 (METRO LINE 2)

墨西哥墨西哥城 (Mexico City, Mexico)

> 乘坐墨西哥城的地铁，体验阿兹特克人曾经的湖岛首府，如今它已被现代化的大都市掩埋。

基本信息
- 时间：1325—1521 年（特诺奇提特兰成为阿兹特克帝国首都）
- 全程：21 千米
- 最少用时：36 分钟
- 关键停靠点：第四大道、塔库巴、伊达尔戈、索卡洛、皮诺·苏亚雷斯、查瓦卡诺、塔斯奎纳
- 途经国家：墨西哥

下图：墨西哥城的革命纪念碑位于地铁 2 号线上

　　特诺奇提特兰很迷人。这座城市建于 1325 年，据说是按维齐洛波奇特利神（Huitzilopochtli）的指示建造的，维齐洛波奇特利神告诉迁徙中的阿兹特克人（Aztec），当他们看见一只鹰站在仙人掌上吃蛇时，就在这个地点上定居。阿兹特克人就遵从神的吩咐，修建了这样一座雄伟的城市，城中有广场、庙宇、运河、堤道；在墨西哥谷遍地岩石的湖岛上，还有奇南帕（chinampas，意为漂浮的花园）。特诺奇提特兰容纳人数最多的时候曾是 300 000 人的家，这一切在西班牙征服者埃尔南·科尔特斯（Hernán Cortés）出现后戛然而止。

　　科尔特斯于 1521 年征服特诺奇提特兰——他随后的所作所为基本上毁掉了这座城市。城内所有建筑被摧毁，原址上盖起一

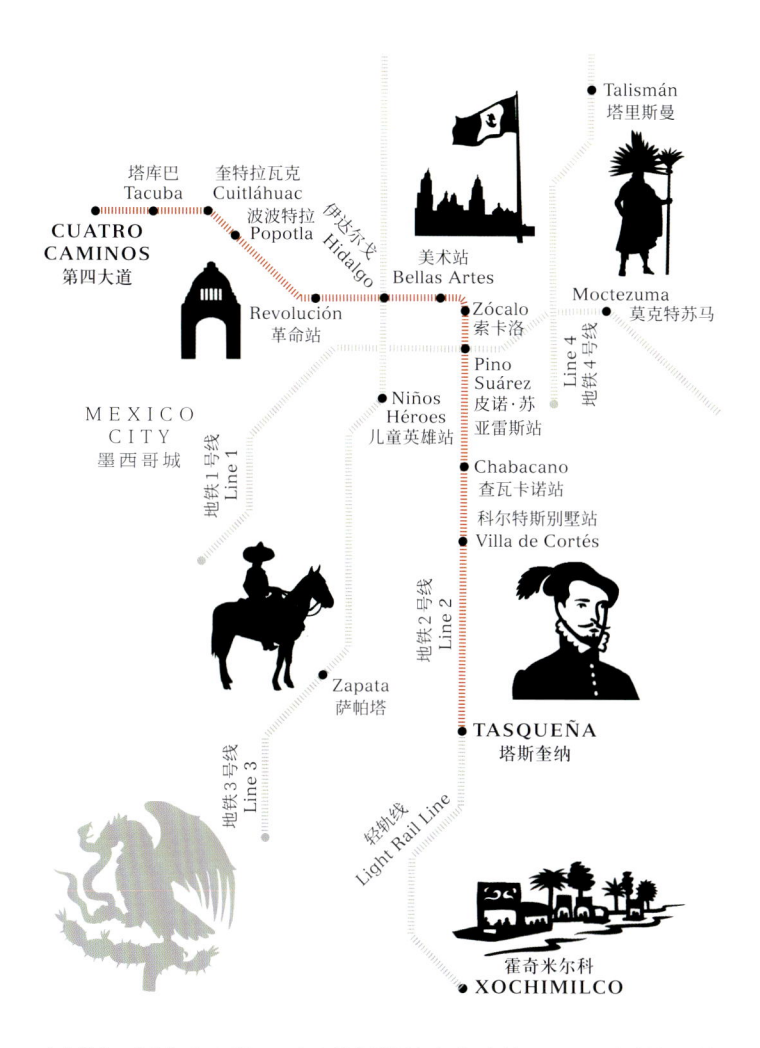

座新城。原本令人赞叹不已的阿兹特克人建筑早已不见踪影。就这样，每个人都以为再也见不到这些建筑了，直到墨西哥城——从特诺奇提特兰原址上拔地而起的大都市，准备修一条地铁线。

　　墨西哥地铁于1967年动工；到1972年时，已经开通三条地铁线，建地铁过程中有许多考古发现。比如，在建皮诺·苏亚雷斯地铁站时，工人发现了阿兹特克人为风神埃埃卡特尔（Ehécatl）建造的一座圆形金字塔。为了保存原址，地铁站的修建绕开这里。沿线还发现了一些更不同寻常的遗迹，在挖建塔里斯曼地铁站时，出土了一副有12 000年历史的古老猛犸象骨架。

　　1978年，这次不是地铁工人，而是电气工程师发现了重要历史遗迹。在索卡洛（墨西哥最大的广场宪法广场）附近挖建时，

中世纪时期　**191**

工程师被露出的大神庙绊倒。这座多层的巨大神庙由两座庙宇组成，一座献给维齐洛波奇特利神，另一座则献给雨神特拉洛克（Tlaloc）。在墨西哥市市中心的地下，隐藏着阿兹特克人的精神支柱。

除了建设过程中地底有趣的考古发掘，墨西哥地铁还是世界上最大的地铁线之一。线路全长227千米，有200多个站点，每年客流量达16亿人。这条地铁线也是一堂生动的历史课，沿途的站点常以历史人物命名：莫克特苏马站以阿兹特克帝国伟大的国王命名，他在与科尔特斯战斗中败阵；儿童英雄站为纪念一群勇敢的军校学生，在1846—1848年的美墨战争中，这些孩子为守卫查普特佩克军校奋力抵抗；萨帕塔站则为纪念埃米利亚诺·萨帕塔（Emiliano Zapata），他是1910—1920年墨西哥革命中的英雄。

地铁2号线沿线与过去的历史联系尤为紧密。火车从第四大道出发，向东行驶开往塔库巴站，塔库巴地处阿兹特克人曾经的特拉科潘城邦；奎特拉瓦克站在墨西哥重要路道附近（墨西哥城—塔库瓦路道），这条路与曾经的特诺奇提特兰堤路重合；在波波特拉站附近有一棵凋零的墨西哥落羽杉，据说埃尔南·科尔特斯1520年有次在遭遇挫折后坐在这棵树下哭泣。

经过几站后，火车到达革命站，附近有一座高67米的墨西哥革命纪念碑。接下来是伊达尔戈站，伊达尔戈是1810年墨西哥独立战争的发起者。

索卡洛既是特诺奇提特兰的心脏地带，现在也是墨西哥城的中心。市中心大型广场就在这站，每天广场中都会升降巨大的墨西哥国旗。在这一站下车后，还可以去探访教堂、国家宫和大神庙。走过索卡洛地下通道可以到达下一站皮诺·苏亚雷斯，并途经地铁早期建设者发掘的大神庙遗址。

地铁2号线从市中心出发向南，经过以科尔特斯命名的一站后，火车抵达终点站塔斯奎纳。如果你愿意的话，可以在这里继续乘坐轻轨，前往五彩缤纷、河流遍布的霍奇米尔科，它被称为墨西哥的"小威尼斯"。霍奇米尔科建于前哥伦比亚时期一座湖泊小镇的遗址之上，这里与特诺奇提特兰之间曾经有一条运河。如今，人们只有透过霍奇米尔科，才能依稀记起往日的运河，还有500多年前曾遍布墨西哥谷和特诺奇提特兰的奇南帕。

丈量世界：500条经典铁路路线中的世界史

231
尤卡坦高铁
(YUCATÁN HIGH-SPEED RAIL)

墨西哥尤卡坦
(Yucatán, Mexico)

在玛雅文明晚期，约600—1200年，墨西哥尤卡坦半岛的玛雅文明已发展得相当成熟。这里有不可思议的庙宇之城，比如奇琴伊察（Chichén Itzá）、乌斯马尔（Uxmal），以及悬崖顶端的城镇图卢姆（Tulum）。当时这些城市都已达到居住人口最高值，城内建筑的辉煌程度也达顶峰。这些城市曾经如此让人兴奋，许多人都慕名前往。现在，新一波人潮也即将涌入这片地区。墨西哥政府已提议在尤卡坦建高速铁路网（现在尚没有铁路）。据计划，火车会以每小时180千米的速度行驶于尤卡坦州首府梅里达（Mérida）和加勒比海港口蓬塔韦纳多（Punta Venado）之间，沿线还会有关键的玛雅遗址。虽然原计划是2017年竣工，但2017年线路才刚开始修建……

左图：今天的墨西哥城——但谁能了解地底有多少阿兹特克人留下的遗迹呢

中世纪时期

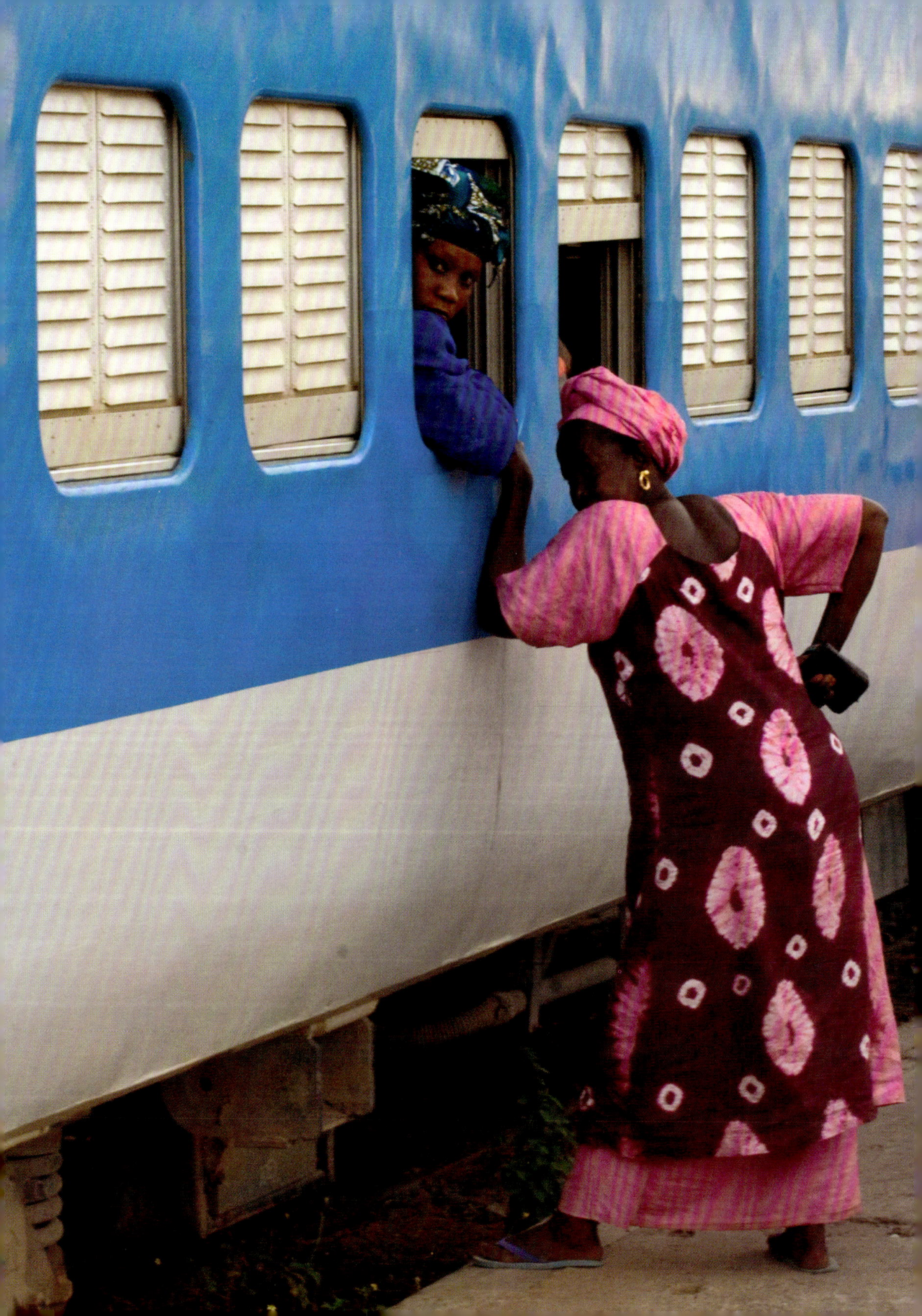

232
达喀尔—巴马科快线 (DAKAR-BAMAKO EXPRESS)

塞内加尔和马里（Senegal and Mali）

> 追忆这条曾缓缓穿过西非金色平原的线路——希望有一天还能乘坐。

基本信息

- 时间：1230—1600年（马里帝国时期）
- 全程：1235千米
- 最少用时：46小时
- 关键停靠点：达喀尔、捷斯、久尔贝勒、京吉内奥、卡夫林、坦巴昆达、基迪拉、卡伊、贾穆、卡蒂、巴马科
- 途经国家：塞内加尔、马里

喜欢这条线路吗？再看看这个

233
梅克内斯—非斯线

摩洛哥

这条铁路全程需45分钟，连接了两座摩洛哥封建时期建立的城市。梅克内斯（建于11世纪）城内有壮观的纪念碑和清真寺，非斯（建于789年）好比迷宫般的中世纪麦地那。

左图： 曾是本地交通生命线的达喀尔—巴马科快线于2009年停运

等待达喀尔—巴马科快线的会是怎样的命运呢？直到近期，偶尔还有火车在塞内加尔和马里的首都之间运行。老旧的火车在这条法国人修的铁路上呼啸而过，线路连接了大西洋的港口城市达喀尔和尼日尔河旁的巴马科。线路原定的行程一般少于2天，但是火车晚点4小时、8小时，甚至12小时也是家常便饭。火车也都脏脏的，看起来很破败。坐这些火车建议带上自己的床垫，还要趁早登车，好找一个能合得上门的车厢。穿越边境城镇基迪拉就要花上几个小时。

尽管如此，这条铁路曾经是本地的交通生命线。乘坐这条线路慢慢穿过西非平原的体验也十分独特，沿途会经过红色土地、黄色稀树草原、泥砖建的村落，看见猴面包树上跳跃的猴子，还有火车站叫卖的商贩。然而，由于这条线路基础设施破败不堪，同时资金短缺，这条早已不能称之为"快线"的铁路于2009年停运了。

西非这一带曾经很富有，马里帝国（1230—1600年）是该地区有史以来最大的王国。在顶峰时期，它从现在塞内加尔大西洋海岸线，经马里延伸至尼日尔，包含现在的毛里塔尼亚东部、几内亚，甚至加纳北部。马里帝国的国力因铜、盐、金贸易而兴旺——14世纪初期，马里帝国供应旧世界[*]几乎一半的金需求。

现阶段，这里对资金和铁路的迫切需求就快要实现了。2016年，塞内加尔以及马里和中国签订协议重振这条铁路。协议包括建设现代化火车站及升级铁轨，火车行驶速度将从每小时19千米提升至100千米。不管怎样，希望快线能再次运营……

[*]旧世界：是指在哥伦布发现新大陆之前，欧洲所认识的世界，包括欧洲、亚洲和非洲，这个词是用来与新大陆（包括北美、南美和大洋洲）相对应。

中世纪时期

234
富士急行线
(FUJIKYU RAILWAY)

日本本州岛
(Honshu, Japan)

富士山在日本人精神世界中占有重要地位。这座完美的锥形火山是日本人的圣山,在日本的艺术作品中频繁出现,甚至 1000 日元的纸币上也印有富士山图案。这趟短途火车之旅沿途都可以欣赏到富士山美景。这条长 26 千米的富士急行线是距离这座山最近的铁路。铁路连接大月市和河口湖町,许多乘客会在中途的富士山站下车。想要征服富士山的登山者会在这里搭乘富士登山巴士来到铁路起点站,他们的目标是追赶于 663 年首位登顶的一位不知名的僧侣。

235
北京—杭州线
(BEIJING–HANGZHOU)

中国东部
(Eastern China)

610 年,北京和杭州最终通过 1794 千米长的京杭大运河连接起来,运河还连接了中国境内另五条大河。京杭大运河最早开凿于公元前 5 世纪至前 4 世纪,是世界上最长的人工开凿的运河。现在,同样有一趟从北京至杭州的火车之旅(经上海)行驶于相似的路线,穿过这片富饶的地区。跟随大运河的水流抵达徐州,运河水道与这里的汉兵马俑博物馆邂逅,这些兵俑铸于西汉时期。或者也可以在苏州下车,美丽的石桥架在这里的河段上,沿河布满悬挂的红灯笼。湖岸城市杭州是运河的终点,可以参观这里的运河博物馆。

236
赖斯楚格线
（REISSZUG）

奥地利萨尔茨堡
（Salzburg, Austria）

虽然无法乘坐萨尔茨堡的赖斯楚格线，但绝不妨碍欣赏这条铁路。这条短小的私人铁路是货物运输线，从萨尔茨堡市内的侬柏格女子修道院（Nonnberg Nunnery）起始，把物资运送至山顶的萨尔茨堡城堡内，这是世界上最古老的缆索铁路。赖斯楚格线于1495年左右建成，最初用雪橇式小车运送物资，不过很快就换成木制轨条。从前，货物都用麻绳牵引，靠人力或者牛来往上拉，途中要经过5座相同朝向的城墙，每座城墙上会有扇木门，小车通过木门进入城堡。现在，赖斯楚格线是钢制铁轨，其他并没有变化，仍旧用以往的老路线将物资送上山。

237
"飞翔的荷兰人"号缆索铁路
（FLYING DUTCHMAN FUNICULAR）

南非开普敦西部
（Western Cape, South Africa）

1488年，西班牙探险家巴尔托洛梅乌·迪亚士（Bartolomeu Dias）航行至非洲大陆最南端——他是第一位做到的欧洲人。如果那时候有"飞翔的荷兰人"号缆索铁路，他定会对其倍加称赞。这条短途铁路使抵达开普敦角成为现实：开普敦角位于非洲最南端，地势最险恶的地方。从开普敦地势低较的车站出发，只需3分钟火车就载着乘客上行87米，来到高处的灯塔。从这里举目远眺，是灌木丛覆盖的山丘、波涛汹涌的海浪，还有惊险的岩石峭壁。你甚至还可能看见曾经的"飞翔的荷兰人"号的幽灵，这是一艘17世纪的大船，后来不幸于海上失事，铁路的名字即来源于这艘船。

中世纪时期　**197**

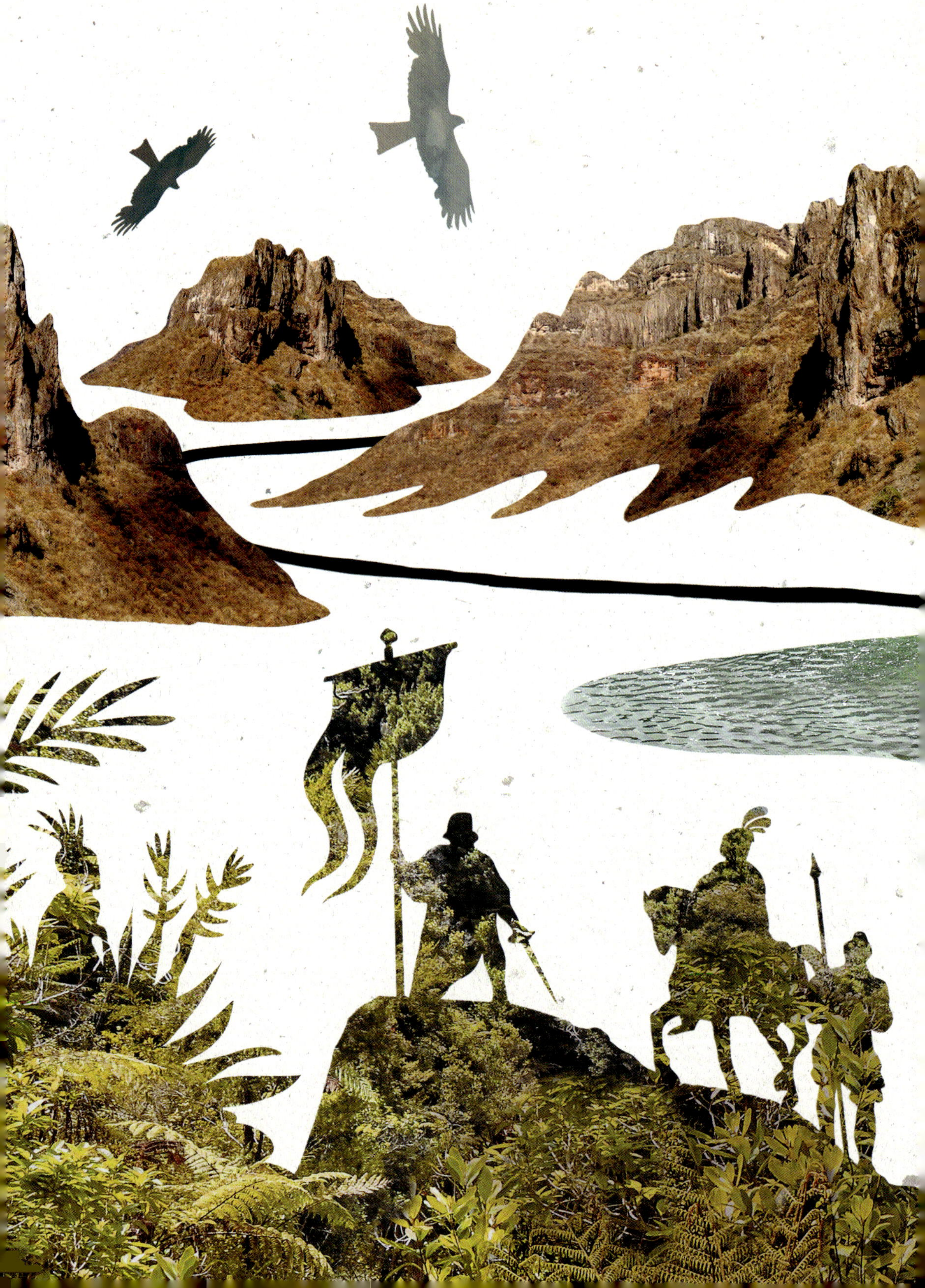

第 4 章
走向现代世界

进入公元1500—1800年的地理大发现及启蒙时代，期间人们探索和开发新的边境，铁路的出现也近在咫尺。

238

皇宫列车(PALACE ON WHEELS)

印度北部(Northern India)

> 探索令人赞叹的莫卧儿建筑，还有那王公宫殿般辉煌的拉杰普特城市。

基本信息
- 时间：1526—1857年（莫卧儿帝国统治时期）
- 全程：1972千米
- 最少用时：8天
- 关键停靠点：新德里、斋浦尔、瑟瓦伊马托布尔、奇陶尔加尔、乌代布尔、杰伊瑟尔梅尔、焦特布尔、珀勒德布尔、阿格拉
- 途经国家：印度

印度拉杰普特*种姓的王公**曾经的出行很是奢华。他们中最显要的人物绝大多数拥有私人车厢，这些私人定制的车厢就像"车轮上的皇宫"，装饰着挂毯，绘制有壁画，还有金色刺绣工艺和雕镂窗花。1947年，印度的独立迅速终结了拉杰普特诸邦时代，这些火车厢便成为多余之物。这就是故事背景，直到印度首辆豪华旅游列车出现，这些车厢才得以重获新生。

*拉杰普特：意思是拉者之子。他们传统上是印度的战士民族，分布于印度中部、印度北部、印度西部与巴基斯坦一部分。

**王公：即摩诃罗阇（摩诃意为"大"，罗阇或拉者意为"王"），是一个梵语头衔，中文意译为大君或者简单直译为印度王公，意为"伟大的统治者""伟大的君主"或者"高级王"。一般在中文使用的习惯中，未被英国殖民统治之前的独立君主翻译为"大君"、接受英国殖民统治的半傀儡君主为"印度王公"。

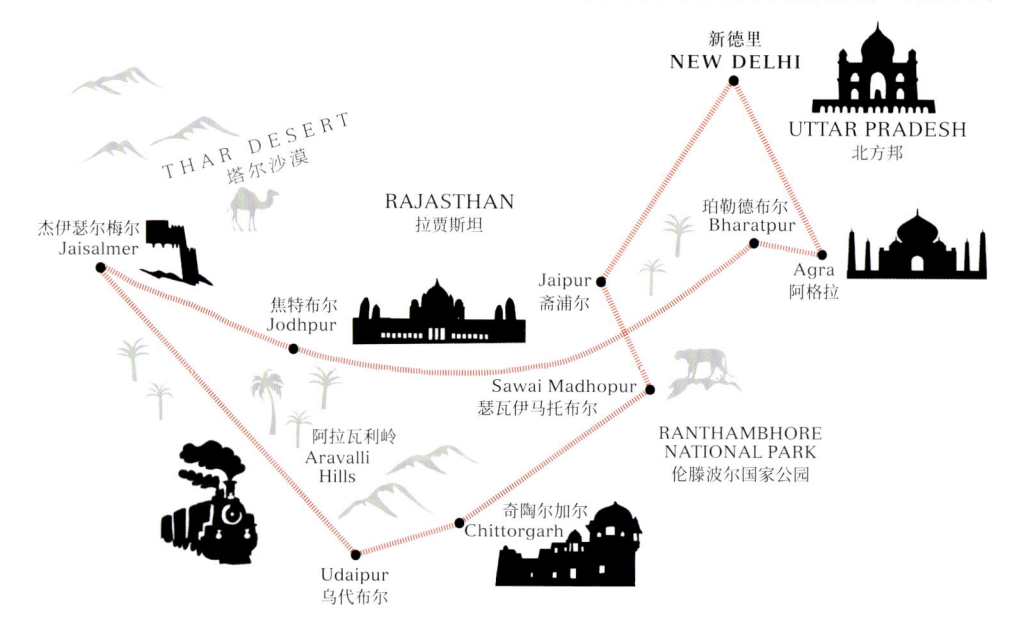

新德里 NEW DELHI
UTTAR PRADESH 北方邦
THAR DESERT 塔尔沙漠
RAJASTHAN 拉贾斯坦
珀勒德布尔 Bharatpur
杰伊瑟尔梅尔 Jaisalmer
Jaipur 斋浦尔
Agra 阿格拉
焦特布尔 Jodhpur
Sawai Madhopur 瑟瓦伊马托布尔
阿拉瓦利岭 Aravalli Hills
RANTHAMBHORE NATIONAL PARK 伦滕波尔国家公园
奇陶尔加尔 Chittorgarh
Udaipur 乌代布尔

上图：皇宫列车的列车员自豪地站在列车旁，火车正行驶于拉贾斯坦邦巡回路线

　　皇宫列车于1982年开通，它的蒸汽机车曾拉载王公的私人车厢。现在，皇宫列车改为燃油动力，新车厢是按从前的王公私人车厢仿制，而车内设施进一步升级，配有豪华套房、洗浴室及空调。这些车厢真的相当奢华。比如，由彩色玻璃和次宝石装饰的锡罗希（Sirohi）车厢，华贵程度就如同布勒达布格尔（Pratapgarh）附近著名的金色堡垒*。杰伊瑟尔梅尔车厢顶部有雕镂的木制窗户，灵感来源于沙漠城市中的高楼。每节车厢会配有私人侍从，枝型吊灯下餐车内影影绰绰，供应的都是皇室级别的菜肴。印度境内还有几辆豪华列车，但皇宫列车算得上是它们的鼻祖了。

　　皇宫列车的经典行程是称为"一周仙境之旅"的巡回线路，首都新德里是起始站，途经庄严的拉贾斯坦。现在的拉贾斯坦邦可追溯到6世纪，曾被印度教父系氏族统治。不过，最为丰富的遗产属于拉杰普特人和莫卧儿帝国交好期间。1526年，蒙古裔战神巴布尔（Bubur）带领莫卧儿帝国战胜德里王国（Kingdom of Delhi），随后巴布尔继续前往印度次大陆征战，并统治印度次大陆直至1857年。拉杰普特人抵抗过这些伊斯兰侵略者，但最终与

*金色堡垒：又名杰伊瑟尔梅尔城堡，建于1156年，以黄色砂岩建造，在日出时分的晨曦中呈金色，因此又名"金色城堡"。

走向现代世界　　**201**

他们达成和平协议。印度最宏伟的建筑正体现着两方文化的融合。

莫卧儿帝国发迹于混乱之城德里。德里拥有最引人瞩目的莫卧儿古迹：庞大的红堡，印度最大的清真寺——贾玛清真寺，还有皇帝胡马雍（Emperor Humayun）优雅的波斯风格陵墓。皇宫列车从德里市中心的萨夫达火车站（Safdarjung Station）出发，在出发前会举办乘客欢迎仪式——玻璃杯盛佳酿，颈间戴花环，眉间点蒂卡*。

首先，列车向西南方行进抵达斋浦尔，这座"玫瑰粉色的城市"由王公杰伊·辛格二世（Maharaja Jai Singh Ⅱ）建于18世纪，他曾住在附近的琥珀堡（一座壮观的砂岩堡垒）。杰伊·辛格对科学很痴迷，巨大的简塔·曼塔（Jantar Mantar）天文台即是他所建。

接下来，列车来到瑟瓦伊马托布尔。可以从这里出发前往伦滕波尔国家公园，这是一片丛林荒野，莫卧儿时期的遗迹散落其间，野生老虎也徜徉于此。阿克巴（Akbar，1556—1605年执政的莫卧儿皇帝）于16世纪开创狩猎活动，随后狩猎成为皇室传统，而主要的狩猎对象则是大型猫科动物。现在，游客用相机来"捕猎"，老虎的生存不会受到这种形式的"捕猎"影响了。

列车继续向西南方行驶，经过巨大的奇陶尔加尔城堡后，来到闪耀的白色湖边城市乌代布尔。乌代布尔辉煌的"城市宫殿"（建于1553年）融合了拉贾斯坦和莫卧儿风格。这里还有一座18世纪的"湖之宫殿"，矗立于皮秋拉湖上，远看好似一个婚宴蛋糕，是印度境内最"上镜"的景色。接下来是杰伊瑟尔梅尔，这是一座地处塔尔沙漠中的城堡，四周建着城墙，或者说它更像一座沙堡，透着《一千零一夜》故事般的神秘感。

经过杰伊瑟尔梅尔后，列车向东折返来到"蓝色城市"焦特布尔。焦特布尔曾是马尔瓦拉吉普特人（Marwari Rajput）的领地，巨大的梅兰加尔城堡占据着这座城市。在返回德里之前，列车来到北方邦的阿格拉，令人过目难忘的莫卧儿红堡即坐落于此，王公贵胄的陵墓散落于城中。别忘了这里还有如梦似幻的大理石建筑泰姬陵，由沙贾汗皇帝建于1631—1648年，是一座保存完好的莫卧儿遗址。

更多奢华的印度列车

**239
"德干奥德赛"号列车**

印度

在孟买登上这辆豪华火车，开启为期8天的德干之旅。列车会探索德干苏丹国1527—1686年所统治的地域。

**240
"金色马车"号列车**

印度南部

"金色马车"号为期8天的奢华之旅途经印度南部最精彩的地方。18世纪50年代，不列颠东印度公司曾尝试努力掌控这一地区。

**241
王公快车**

印度拉贾斯坦邦

在最昂贵的奢华列车上邂逅莫卧儿，王公快车在2012—2015年度"世界最奢华列车"投票中连续上榜。这条线路运行于拉贾斯坦邦及其周边地区。

---

*蒂卡：即印度妇女额头上的红点，被称为"吉祥痣"。在印度，女性在参加重大活动时、每逢喜庆活动时通常会点上吉祥痣。

右上图：皇宫列车会停靠在斋浦尔，风之宫坐落于此

242
贡根铁路
（KONKAN RAILWAY）

印度西部（Western India）

全长741千米的贡根铁路于1998年竣工，线路连接孟买的大都市带和卡纳塔克邦（Karnataka）的港口门格洛尔（Mangalore）。这是一项绝妙的铁路工程：为驰骋于阿拉伯海和西高止山脉之间，沿线共有2000多座桥梁和约90条隧道。沿途是河流、山谷、高山，芒果树和椰子树林，还有小巧的村落。铁路还会穿越曾经是葡萄牙属印度的心脏地带。1505—1961年，来自伊比利亚半岛的民族也曾统治部分印度次大陆。1510年，果阿旧城（Old Goa）成为葡属印度总督辖区的总督首府。在卡马里站（Karmali Station）下车后可以抵达这座曾被称为"东方罗马"的果阿旧城，漫步于城中废弃的女修道院和教堂之间。

243
蓝色列车 (THE BLUE TRAIN)

南非 (*South Africa*)

登上世上最辉煌的列车之一，在比勒陀利亚和开普敦古老的风景间驰骋。

基本信息

- 时间：1652年（开普敦建立）
- 全程：1600千米
- 最少用时：27小时
- 关键停靠点：比勒陀利亚、马济斯方丹、金伯利、开普敦
- 途经国家：南非

豪华木制镶板车厢，白色亚麻餐桌布，金制水龙头；每三位乘客配一位男管家；开怀畅饮南非的酒，古巴雪茄无限抽。一旦登上钴蓝色的蓝色列车后，一切都不惜工本。列车在南非首都比勒陀利亚（Pretoria，2005年改名为茨瓦内）和西南部城市开普敦之间行驶。

这辆蓝色列车一直魅力非凡。20世纪20年代，蓝色列车的前身——联合有限公司（Union Limited）和联合快车（Union Express）为搭载因金矿业务而富裕起来的精英阶层而设计。早期的列车提供豪华设施和服务包括牌桌和热水。"二战"期间，军方下令翻新这辆列车，久而久之，它成为今天"铁路上的里兹*"。

右图：南行的蓝色列车途经金伯利的大坑洞露天矿

*里兹：英文为Ritz，这里意为奢华。来源于1898年巴黎开业的里兹酒店，这座酒店开创了豪华饭店经营之先河，其设施豪华、法餐精致而正宗，为优雅的上流社会服务。另外，美国俚语中，Ritz意味奢侈、阔气的排场。

丈量世界：500条经典铁路路线中的世界史

左图：北行的蓝色列车会停靠马济斯方丹，乘客可以在这站下车，前往维多利亚时期的米尔纳勋爵旅店品茶

蓝色列车散发着20世纪早期的浪漫情怀，而窗外的风景则更有古老和荒芜之感。荷兰人于1652年建立开普敦，定居地逐渐扩大，开普褶皱山带（Cape Fold Mountains）和半沙漠化的大卡鲁（Great Karoo）地区便成为边境探险者深入内陆时难以逾越的障碍。铁路征服了这里（开普敦和比勒陀利亚之间的铁路于1893年建成），不过穿越此地还是相当有挑战性的。透过大车窗望去，无边无际的非洲稀树草原上，野生鸵鸟群和趾高气扬的跳羚偶有跃过；还有裸露岩石间的瀑布、灌木覆盖的高山和繁星点点的辽阔天空。

南行的蓝色列车会在金伯利镇（Kimberley）停靠，可以探访这里的大坑洞露天矿。这座矿坑开采于19世纪70年代的钻石热潮。北行的蓝色列车会停靠维多利亚小镇马济斯方丹（Matjiesfontein），这是座穿越时间的城市：有机会可以漫步于城中显得不太"搭调"的英式街道，还可以前往19世纪的米尔纳勋爵旅店（Lord Milner Hotel）中喝雪利酒。

另外值得一提的是，蓝色列车提供顶级豪华享受，而相较而言少了些许浮夸的"索索洛扎美尔"号（ShosholozaMeyl）和蓝色列车行驶于同一路线（约翰内斯堡—开普敦段），但票价是蓝色列车的二十分之一。

老矿井和早期社会

244

道格拉斯—伊林港线

马恩岛

英国人于1765年购买了马恩岛的统治权。这条全长25千米的窄轨蒸汽铁路从马恩敦至伊林港。

245

阿尔赫西拉斯—博瓦迪利亚线

西班牙南部

西班牙的岬角直布罗陀于1713年割让给英国。1890年，阿尔赫西拉斯—博瓦迪利亚线建成，铁路抵达峡谷顶端的城市龙达，英国的官员乘坐这条线路前往避暑胜地。

246

曼谷空铁

泰国

登上这条全长36千米的悬浮列车铁轨，驰骋于交通拥堵、寺庙林立的曼谷，自1767年起曼谷成为泰国首都。

247

华盛顿—威廉斯堡线

美国

这条全长265千米的旅程从首都华盛顿至最著名的古老城镇——于1699年殖民时期建立的威廉斯堡。

走向现代世界　**205**

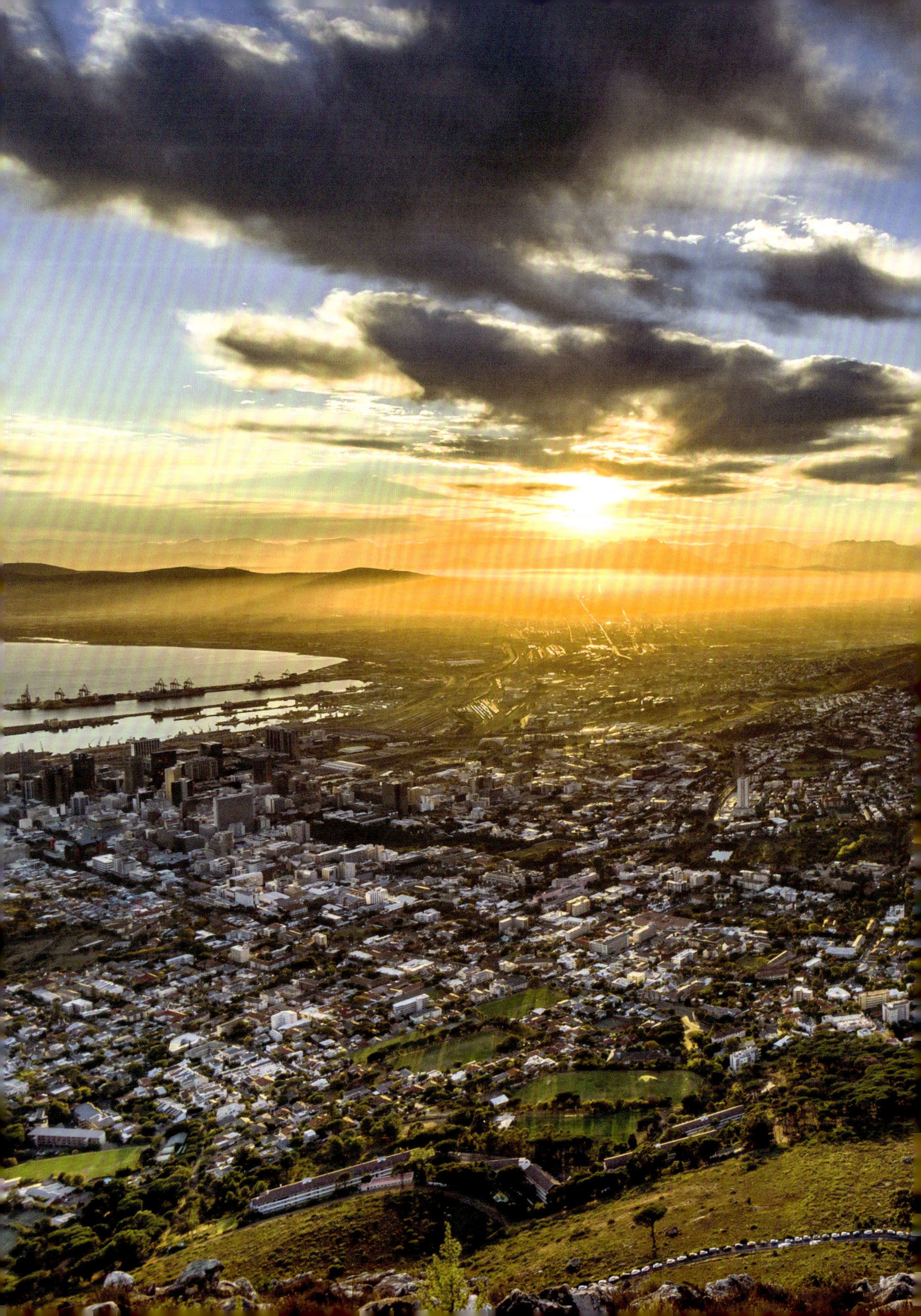

开普敦是豪华蓝色列车行程的起点（前页），也是终点。开普敦由荷兰人于1652年创建，若隐若现的桌山之下是都市街道和海岸

248
巴黎—莫斯科快线
(PARIS-MOSCOW EXPRESS)

法国、德国、波兰、白俄罗斯和俄罗斯
(France, Germany, Poland, Belarus and Russia)

1693年,英国和平主义者威廉·佩恩(William Penn)首次提出"泛欧议会"的概念。他在此前创立了宾夕法尼亚州,还主张统一美国殖民地,认为这样一个类似于欧罗巴合众国*的组织能够防止战争发生。每周发车一次,全长3484千米的巴黎—莫斯科直达快线就好比这个提议的火车版本。从巴黎启程后,列车经过斯特拉斯堡(Strasbourg)——情理之中,这座玫瑰色的法国石头城是欧洲议会的中心。列车沿线呼啸而过的还有法兰克福、柏林、华沙和明斯克等重要城市。出发37小时后,列车抵达莫斯科。

249
科克—科夫城郊铁路
(CORK-COBH SUBURBAN RAIL)

爱尔兰南部科克郡
(County Cork, Southern Ireland)

科克港已见证众多意义重大的启航。1611—1870年,数千名被驱逐的爱尔兰罪犯由科克港启程流放至美国,随后流放至澳大利亚;有300万移民心怀寻求美好生活的梦想,从科克港启程奔赴海外;1912年4月12号,英国皇家邮轮泰坦尼克号最后停靠的港口是科克港,三天后沉没。其中意义最重大的启程要属科克—科夫城郊铁路通车,这条全长18.5千米的线路围绕港口向西行进,热闹的科克市是起点,终点是漂亮的海港城镇科夫。在科夫的老维多利亚式火车站,一座博物馆内展出着这里的海运历史。

---

*欧罗巴合众国:或欧洲联邦共和国,是指由传统欧洲国家联合形成一个新的统一主权国家。这个国家的政治结构与美利坚合众国相似,即成立新的联邦政府,并由联合的各国家让渡部分权力给联邦政府,这些必须让渡的权力至少包括行政权、最高司法权、部分立法权等。

250
哥本哈根—马尔默线
(COPENHAGEN-MALMÖ)

丹麦和瑞典
(*Denmark and Sweden*)

17世纪初,穿越厄勒海峡(Øresund Strait)两岸的旅程仍属于丹麦境内之旅。但在1658年,丹麦人将这条战略要道的东岸割让给瑞典,厄勒海峡便成为丹麦和瑞典两国的分界线。现在,从哥本哈根(丹麦的首都)开往马尔默(瑞典第三大城市)的列车会行驶于厄勒海峡上空和海底。全长16千米的厄勒连接路(Øresund connection)包含三个路段:一架长8千米的斜拉桥;一条长4千米的海底隧道;两个路段的中间是人工岛屿佩伯霍尔姆(Peberholm),这里是野生动植物的庇护所。

251
里约地铁4号线
(RIO METRO LINE 4)

巴西里约热内卢
(*Rio de Janeiro, Brazil*)

里约于1979年开通地下交通系统。不过,正当人们挖掘全长16千米的地铁4号线,即伊帕内马(Ipanema)时髦的海滩区和巴拉达蒂茹卡(Barra da Tijuca)2016年主奥林匹克公园之间的路段时,发掘出一堆有趣的废弃物。在里约南部的伊帕内马区地铁建设中,工人发现一座古老的垃圾堆,里面有各种各样的珍宝。其中一些石器工具据说已有3000年历史。另有一些古老物件属于17世纪殖民时期至19世纪封建时期,包括硬币、烟斗、未开封的香水瓶,甚至还有象牙制的牙刷。

走向现代世界

巡游列车 (TREN CRUCERO)

厄瓜多尔 (Ecuador)

> 登上奢华火车，行驶于复兴的铁路网，前去探索大型火山和令人印象深刻的殖民城市。

基本信息
- 时间：1534年和1538年（基多城和瓜亚基尔建立）
- 全程：446千米
- 最少用时：3天
- 关键停靠点：杜兰（瓜亚基尔）、亚瓜奇、布凯、阿劳西、科尔塔、里奥班巴、乌尔维纳、基多
- 途经国家：厄瓜多尔

下图：火车再次隆隆驶过厄瓜多尔境内的安第斯山脉

巡游列车不仅仅是一辆火车——它是凤凰涅槃。厄瓜多尔铁路网曾是20世纪早期的铁路工程壮举，而早在十多年前已严重破损、破败不堪。绝大多数的定期货运和客运服务已停止，洪水和塌方毁坏了轨道；列车也已破损，再也没有修过；沿途的车站日渐颓败；当地人甚至开始在某些路段的铁轨之上建造房子。尽管偶尔有几辆旅游列车慢吞吞地行驶于短途路线，但铁路的前景终究是一片黯淡。

但这一切在2008年改变，厄瓜多尔总统拉斐尔·科雷亚（Rafael Correa）批准了一项大型铁路改造项目，他也是一个铁路迷。2013年，从首都基多至西海岸港口城市瓜亚基尔，全长446千米的铁路重新开通。另有一条位于基多北部，奥塔瓦洛和伊瓦拉之间的铁路于2015年开通，铁路全长54千米。豪华巡游列车走完全部行程需4天，部分路段由柴油动力机车牵引，部

地图标注

- IBARRA 伊瓦拉
- OTAVALO 奥塔瓦洛
- QUITO 基多
- Cotacachi volcano 科塔卡奇火山
- Guagua Pichincha volcano 瓜瓜皮钦察火山
- Cayambe volcano 科拉松火山
- Corazon volcano 卡扬贝火山
- Illiniza Norte volcano 伊利尼扎诺特火山
- Machachi 马查奇
- Antisana volcano 安蒂萨纳火山
- Cotopaxi volcano 科托帕希火山
- Illiniza Sur volcano 伊利尼扎苏尔火山
- Latacunga 拉塔昆加
- AVENUE OF THE VOLCANOES (ANDES) 火山大道（安第斯山脉）
- Carihuairazo volcano 卡里瓦伊拉索火山
- Ambato 安巴托
- Tungurahua volcano 通古拉瓦火山
- Urbina 乌尔维纳
- CHIMBORAZO VOLCANO 钦博拉索山
- Colta 科尔塔
- Riobamba 里奥班巴
- El Altar volcano 埃尔阿尔塔火山
- Sangay volcano 桑盖火山
- DURÁN 杜兰
- Yaguachi 亚瓜奇
- Guayaquil 瓜亚基尔
- Milagro 米拉格罗
- Naranjito 纳兰希托
- Alausí 阿劳西
- Devil's Nose 魔鬼之鼻
- Sibambe 辛帕贝
- Bucay 布凯
- Guayas River 瓜亚斯河

帝国铁路

253
岛屿快线
印度

全长945千米的班加罗尔—甘尼亚古马里铁线穿过绿树成荫、惹人喜爱的喀拉拉邦。列车会停靠科钦，1503年时这里被葡萄牙人占据——它是欧洲人在印度的第一个殖民地。

254
槟榔山缆索铁路
马来西亚

探访建于1786年的槟岛首府乔治市。这条海拔1996米的缆索铁路建于1923年，英国殖民者曾乘坐这条铁路上山避暑。

分则由蒸汽动力机车牵引。夜间列车还会停靠极具特色的庄园，可乘坐巴士游览村庄和国家公园。

东行的巡游列车被称为"云间列车"，列车从位于瓜亚斯河河口的杜兰启程。杜兰是厄瓜多尔第二大城市瓜亚基尔铁路段末端站，瓜亚基尔由西班牙征服者法兰西斯科·德奥雷亚纳（Francisco de Orellana）于1538年创建。16世纪早期，厄瓜多尔由印加帝国统治；1534年，西班牙人征服印加帝国后，统治厄瓜多尔长达300年。瓜亚基尔市内仅留存少量殖民时期建筑（1942年的地震将很多古建筑夷平）。但拉斯佩尼亚斯社区（Barrio las Peñas）附近仍有许多富有老派魅力的建筑，还有条热闹的海滨长廊。

瓜亚基尔不仅是巡游列车的起点，也是厄瓜多尔铁路历史的起点。厄瓜多尔的第一条铁路于1873年开通，连接杜兰和内陆城市米拉格罗。巡游列车第一天便行驶于这条路线，从米拉格罗出发行至布凯，在甘蔗、香蕉和菠萝种植园间隆隆驶过。

走向现代世界　　211

1888年，铁路首次铺设到布凯，到这里时，远处已然可见若隐若现的安第斯山脉，延伸线的施工就此停止。直到1901年，美国工程师约翰·哈曼（John Harman）发现另一条可行延长线——经过一片许多秃鹫盘旋的山坡地带，这一带又叫"魔鬼之鼻"。

第二天，巡游列车出发后沿潺潺河（Chanchán River）行驶于哈曼大胆提议的路线。当列车慢慢向上攀登，沿途郁郁葱葱的森林景致逐渐变成贫瘠的高地。在辛帕贝站，列车来到让人头晕目眩的"魔鬼之鼻"盘旋路段。从"魔鬼之鼻"到村庄阿劳西，这段路在12千米的距离内上升了500米。经过"魔鬼之鼻"后，列车继续开往里奥班巴，沿途穿过高山和奎奴亚藜*田，还有南美驼正悠闲地吃草。

第三天，巡游列车抵达旅程最高点，即海拔3609米高的乌尔维纳站，圆胖的钦博拉索山在车站以西若隐若现，它是厄瓜多尔最高的山峰。当列车抵达这里，火山大道就不远了。火山大道上共有20座火山，山顶冰雪皑皑，偶尔有阵阵浓烟冒出。这场面好似一场欢迎仪式，火山吹着号角欢迎列车抵达基多——1908年6月25日，当瓜亚基尔—基多线的列车首次抵达终点时，也曾受到这样的款待。

基多由西班牙人创建于1534年，这座城市地处一座印加古城的废墟之上，是保存最完好的西班牙美洲殖民时期历史遗迹。基多市中心是宽阔的独立广场，广场四周有粉刷一新的大教堂和政府宫（Government Palace）。另外，城内有许多"基多巴洛克式"内饰风格的教堂。

第四天，巡游列车行驶于奥塔瓦洛和伊瓦拉之间的路段，这段旅程在本书的第三章（第157页）讲过。这样，厄瓜多尔境内几乎所有铁路都已囊括于本书。还不赖吧，可别忘了21世纪初，这里的铁路网几乎完全废弃。

---

*奎奴亚藜：又叫藜麦，是藜科藜属植物。穗部可呈红、紫、黄，植株形状类似灰灰菜，成熟后穗部类似高粱穗。原产于南美洲安第斯山脉的哥伦比亚、厄瓜多尔、秘鲁等中高海拔山区。

右图：列车从辛帕贝出发，开始攀登"魔鬼之鼻"盘旋路段

探索古迹

255
圣胡安地铁
波多黎各岛

全长17千米的圣胡安地铁在早期新世界中呼啸而过,沿途有欧洲人在美洲最早的定居点,如创建于1508年的卡帕拉。

256
阿尔戈维利斯列车
印度尼西亚爪哇岛

这趟全长725千米的旅程从万隆启程,前往苏腊巴亚,途经风景优美的爪哇岛。沿途最引人瞩目的地点是建于1755年的雍亚卡他,它是印度尼西亚的文化中心。

257
旧金山缆车
美国

1776年,西班牙殖民者在多山的旧金山半岛创办都勒教会;1873年,旧金山缆车系统建成;到现在,只有三条缆车线保留下来。乘坐鲍威尔街—海德街的缆车线抵达市场街,然后乘复古有轨电车南行至教堂街,都勒教会就在附近。

258
魁北克老城缆索铁路
加拿大魁北克市

魁北克市由西班牙探险者萨缪尔·德尚普兰于1608年创建。魁北克老城缆索铁路连接了这座拥有城墙的漂亮城市的上城和下城。

走向现代世界　　**213**

259
"佛蒙特州人"号列车 / 伊桑·艾伦快车
(VERMONTER / ETHAN ALLEN EXPRESS)

美国纽约州和佛蒙特州（*New York and Vermont, United States*）

> 乘火车进入佛特蒙州，跟随美国爱国者和开拓者的足迹，驰骋于他们创立的"绿山之州"。

基本信息
- 时间：1738—1789年（伊桑·艾伦的一生）
- 全程：983千米/388千米
- 最少用时：13小时45分钟/5小时30分钟
- 关键停靠点：华盛顿、纽约、巴特尔伯勒、艾塞克斯枢纽—伯灵顿站、圣奥尔本斯/纽约市、奥尔巴尼、卡斯尔顿、拉特兰
- 途经国家：美国

伊桑·艾伦（Ethan Allen）是一位农民、哲学家、政治家、爱国者、开拓者、英雄，难怪有辆火车以他命名了。艾伦也因创建18世纪60年代的民兵团"格林山兄弟会"而为人所知；"格林山兄弟会"为争取土地权利而做出的斗争，成为创立佛蒙特州的基础。1775年，艾伦还和他的兄弟们从英国人手中成功夺取提康德罗加堡，这一胜利成为美国在独立战争中取胜的重要基石。

美铁旗下的两辆列车会进入艾伦曾经的活动中心地带。全长388千米的伊桑·艾伦快车从纽约出发，沿哈德孙河谷开往

佛蒙特州的拉特兰。列车会停靠历史城镇卡斯尔顿，这是座如图画般完美的新英格兰小镇，城内的主路是林荫大道，还有一所漂亮的大学（建于1787年）。伊桑·艾伦和贝内迪克特·阿诺德将军就是在卡斯尔顿碰面，商量如何攻下提康德罗加堡的。提康德罗加堡位于尚普兰湖南边的水道狭窄处，是座星型构造的城堡，距卡斯尔顿以北45分钟车程。

美铁的另一辆"佛蒙特州人"号列车从华盛顿出发后开往纽约，这条全长983千米的路线相较伊桑·艾伦快车更偏西北方。列车穿过康涅狄格州（艾伦在这里出生）和马萨诸塞州后，来到佛蒙特州的乡村牧场和森林覆盖山脉之间。阿斯库特尼山的景色很漂亮，有乡间村落、潺潺小河、河上木桥，在秋日里火红落叶的映衬之下，这一切尤为壮观。

"佛蒙特州人"号列车抵达的倒数第二站是以美国最小城市而闻名的伯灵顿，不过它也是佛蒙特州最大的城市了。伊桑·艾伦在伯灵顿的威努斯基河上建了一座鳕鱼角*风格的农庄，他最后的日子在这里度过。现在这座农庄已成为博物馆，馆内展出这位18世纪开拓者的生平。1789年，艾伦逝世。现在，他安息在伯灵顿郁郁葱葱的格林山公墓中，墓冢上方高耸着他的雕塑。

革命性的铁路

260
瓜纳华托缆索铁路

墨西哥

乘坐缆索铁路探访瓜纳华托，它已被联合国教科文组织列入世界遗产名录。这条短途缆索铁路线会来到埃尔·皮皮拉雕像前，皮皮拉（1782—1863年）是墨西哥独立战争期间的英雄。

261
波士顿和缅因铁路

美国马萨诸塞州

这条老铁路的一部分路段现在是分钟人**自行车道，这条路线大体上是1775年保罗·里维尔那次革命性的骑行路线，他骑着马赶去列克星敦报信。

---

*鳕鱼角：美国东北部马萨诸塞州伸入大西洋的一座半岛，面积1033平方千米。1914年，美国在该半岛与大陆连接处开掘鳕鱼角运河，鳕鱼角实际上成为一座岛屿。

**分钟人：指美国独立战争时期马萨诸塞州一类招之即来的特殊民兵组织。

走向现代世界

262
费城—华盛顿线
(PHILADELPHIA-WASHINGTON DC)

美国
(United States)

这条全程长217千米的火车之旅连接了美国最具开拓性的两座城市。具有丰富历史底蕴的费城是"美国的诞生地",城内有众多历史遗迹,《独立宣言》(1776年)和美国宪法(1787年)均诞生于费城的美国独立纪念馆。列车从费城出发后向西南行驶,穿过悬臂桥巴里司令大桥(Commodore Barry Bridge),经过特拉华(Delaware)、萨斯奎汉纳(Susquehanna)的河流和巴尔的摩(Baltimore)的港口。两个小时之后,列车抵达建于1790年的美国首都华盛顿。华盛顿内遍布博物馆和纪念建筑,比如美国国家档案馆大楼,馆内展有美国原始建国文件的复印件。

263
德里—科尔雷恩线
(DERRY-COLERAINE)

英国北爱尔兰
(Northern Ireland, United Kingdom)

这条线路如此美丽,又有如此富有争议的历史。这条全长44千米的铁路着实令人着迷,它位于围建城墙的德里市/伦敦德里和科尔雷恩之间。沿福伊尔河(River Foyle)穿越翡翠色的景致后,列车沿荒凉的大西洋海岸线继续前行。铁路沿线还有爱尔兰最长的铁路隧道。这里的基调与从前大不一样。"德里围攻战"是爱尔兰"威廉战争"(Williamite War,1688—1691年)中的第一场战争,参战双方是跟随苏格兰国王詹姆斯七世(King James VII,也称作英格兰詹姆斯二世)的天主教徒和跟随荷兰王子威廉·奥兰治亲王(William of Orange)的新教教徒。德里和科尔雷恩都是新教的据点,最后新教击败天主教势力,爱尔兰接下来几个世纪的历史走向就此改变。

右图:纯粹的哈利·波特风格!一辆蒸汽火车正驶过格伦芬南高架桥

"詹姆斯党"号蒸汽列车 (JACOBITE STEAM TRAIN)

英国苏格兰 (Scotland, United Kingdom)

> 在"英俊王子查理"和哈利·波特的陪伴下,乘坐英国最壮观的铁路线之一。

基本信息
- 时间:1745年(詹姆斯党"四五"叛乱)
- 全程:66千米
- 最少用时:2小时10分钟
- 关键停靠点:威廉堡、巴纳维、格伦芬南、洛海勒特、阿里塞格、莫勒、马莱格
- 途经国家:英国

苏格兰"詹姆斯党"号蒸汽列车充满奇幻魔法。列车蒸汽滚滚,沿途湖泊闪闪!还有骑着扫把的巫师从头顶飞过!好了,也许最后这一幕只是电影《哈利·波特》里的情节(这辆火车在电影中出镜)。即便没有巫师,这趟非凡的火车之旅依然引人注目。

"詹姆斯党"号蒸汽列车行驶于西高地铁路线的马莱格支线,支线全长198千米,建于1889—1894年,从格拉斯哥至高地城镇威廉堡。这条铁路毫无疑问是工程壮举:沿途需要经过群山峻岭、荒郊野岭,更别提经过兰诺赫沼泽地的一段铁路悬浮于草皮之上。

地图标注：

- SKYE 斯凯岛
- RUM 拉姆岛
- INNER HEBRIDES 内赫布里底群岛
- MALLAIG 马莱格
- Morar 莫勒
- 尼维斯湖 Loch Nevis
- EIGG 埃格岛
- 阿里塞格 Arisaig
- Loch Morar 莫勒湖
- Loch Eilt 埃尔特湖
- Glenfinnan Viaduct 格伦芬南高架桥
- 喀里多尼亚运河 Caledonian Canal
- MUCK 穆克岛
- Loch Nan Uamh 乌尼夫湖
- Lochailort 洛海勒特
- Loch Ailort 埃洛特湖
- Glenfinnan 格伦芬南
- Glenfinnan Monument 格兰芬兰纪念塔
- Loch Shiel 希尔湖
- Loch Eil 爱尔湖
- 巴纳维 Banavie
- Old Inverlochy Castle 老因弗洛希城堡
- FORT WILLIAM 威廉堡
- BEN NEVIS 本尼维斯山

喜欢这条线路吗？再看看这个

265

格拉斯哥—斯特兰拉尔线

英国苏格兰

乘坐列车在苏格兰西南部飞驰，来到彭斯乡郊。这条全长152千米的旅程会经过阿洛韦，罗伯特·彭斯出生的那座房子现已是博物馆。

下一路段是从威廉堡到西岸的渔业社区。这条路段充分体现了工程师罗伯特·麦卡平爵士（Sir Robert McAlpine）的才智，他运用大量水泥征服了多山地形。拥有21个桥洞的格伦芬南高架桥是他的杰作。全长66千米的威廉堡—马莱格线最终于1901年开通。

威廉堡—马莱格线不只穿梭于美景之间，还穿梭于时空之中，带人回到17世纪和18世纪——1685—1688年执政的苏格兰国王、天主教徒詹姆斯七世（也称为英格兰詹姆斯二世）被推翻，他信奉新教的女儿玛丽和女婿威廉·奥兰治亲王得到扶持。詹姆斯则被流放，而他的追随者被称为"詹姆斯党"。1715年的詹姆斯党暴动没能将詹姆斯的儿子送回王位，但詹姆斯的孙子"英俊王子查理"查理·斯图亚特（Charles Stuart）仍尝试卷土重来。1745年，他携50人于格伦芬南的希尔湖登陆。在克波赫（Keppoch）、莫勒（Moror）、洛奇尔（Lochiel）等地的宗族成员加入麾下后，查理的队伍逐步壮大。查理受到鼓舞，并于湖边一座山丘上立志以其父亲的名义称王。詹姆斯党"四五"叛乱就此拉开帷幕，不过仍以失败告终：1746年，查理在卡洛登战役中被击败。詹姆斯党人时代至此结束。在格伦芬南的高地上，人们建起一座高塔纪念这段时期。

苏格兰铁路公司旗下一些定期运营的列车也行驶于威廉堡和马莱格港口之间，但"詹姆斯党"号蒸汽列车更有迷人哈利·波特风格。列车在每年5月中旬至10月初运营，老式蒸汽机车牵引的是20世纪60年代的马克一型一等车厢和标准车厢。

列车从威廉堡出发，在英国最高的山峰本尼维斯山（海拔1345米）身影的映照下前行。经过老因弗洛希城堡废墟后，它驶过海王星阶梯附近的喀里多尼亚运河，来到村庄巴纳维。

经过巴纳维后，列车来到群山环抱的爱尔湖——这里曾是高地部落酋长唐纳德·卡梅伦的家乡，他的支持对于1745年的詹姆斯党叛乱至关重要。列车继续开向荒野，准备迎来"大荧幕时刻"：穿越格伦芬南高架桥。此时，"詹姆斯党"号蒸汽列车全速前进，在380米高的长桥上蜿蜒而行，就好像真的载着哈利和伙伴去霍格沃茨魔法学校。长桥下的格兰芬兰纪念塔凝视着幽谷。这里有座游客中心，在格兰芬兰火车站还有座铁路博物馆。

随后，列车围绕小岛点缀的爱尔湖、埃洛特湖和乌厄夫湖行驶。河岸的王子石标志查理王子乘船逃走的地点。在卡洛登战役后，查理逃至此地，乘坐一艘法国船远走，从此再也没能踏上苏格兰的土地。接着，列车抵达英国最西的铁路站阿里塞格。经过莫勒湖（英国最深的淡水湖）后，列车来到海岸，眼前是白色的沙滩和岩石尖坡。最后，列车停靠在小镇马莱格，即线路的终点——如果你想像英俊王子查理一样"乘船游海"，可以在这里搭船前往斯凯岛。

早期火车

**266
阿洛厄马车道**

英国苏格兰

已经消失的古老马车道是这条铁路的前身，阿洛厄马车道大约建于1766年，连接阿洛厄的索希和福斯湾的港口。

下图：格兰芬兰纪念塔向曾与英俊王子查理并肩作战的苏格兰宗族成员致敬

北干线（MAIN NORTH LINE）

澳大利亚新南威尔士州（New South Wales, Australia）

> 乘火车从悉尼出发前往霍克斯伯里河地域，澳大利亚的第一批定居者在此安家。

基本信息
- 时间：1789年（人们首次抵达霍克斯伯里河）
- 全程：80千米
- 最少用时：1小时20分钟
- 关键停靠点：悉尼、斯特拉斯菲尔德、霍恩斯比、芒特库灵盖、贝罗拉、科万、霍克斯伯里河、戈斯福德
- 途经国家：澳大利亚

数千年来，澳大利亚原住民顾林凯族（Guringai）一直居住在新南威尔士州的霍克斯伯里河一带。他们称这条河叫Deerubbun，意为"宽阔的深水河"。但1788年，当第一支英国舰队抵达南部的植物学湾（Botany Bay）时，这里的人口骤然变化。1789年，新来者首先来到霍克斯伯里。1794年，他们逐渐在此安顿下来。不久，更多囚犯、士兵和自由人也来到这里。肥沃的霍克斯伯里逐渐成为新南威尔士州新兴殖民地的粮仓。顾林凯族被迫离开本属于他们的土地，有些人甚至面临比被驱逐更坏的情形。

现在，这片地区看起来没有多少变化，尽管澳大利亚最大城市悉尼距离这里非常近。轮渡仍然会从名为怀斯曼斯轮渡的小镇出发，首次船只服务由曾是囚犯的所罗门·怀斯曼（Solomon Wiseman）于1827年创办。从悉尼市中心乘坐北干线的旅客会搭乘另一条路线。北边的考格拉角与霍克斯伯里南岸的老牡蛎养殖镇布鲁克林之间，一座八拱铁路桥横跨霍克斯伯里河两岸。原来的桥梁由纽约联合桥梁公司建于1889年，1946年建起了一座新桥替代旧桥，但现在仍然可以看到旧桥的桥墩。

北干线的列车从悉尼中央车站出发。列车经过奥林匹克公园（2000年奥运会在这里举办），驶过帕拉马塔河上的箱式梁桥约翰惠顿桥，开往霍恩斯比的乡郊。从这里开始，铁路沿着顾林凯的蔡斯国家公园行进，顾林凯市是一座荒野之城，蜿蜒的溪流、热带雨林、澳大利亚桉树林、红树林、岩石峭壁、原住民岩石艺术等勾勒出整座城市。在顾林凯山站、贝罗拉站或科万站下车后，都可以抵达顾林凯。或者，也可以继续前行，在布鲁克林的霍克斯伯里站下车后搭乘小船旅行。还可以随火车驶过霍克斯伯里河铁路桥，经风景优美的布里斯班水岸国家公园前往戈斯福德，霍克斯伯里北部一座怡人的小城。

左图：北干线之旅从高楼林立的悉尼市中心启程

走向现代世界　**221**

268
西米纳斯铁路（WEST MINAS RAILWAY）

巴西米纳斯吉拉斯州（Minas Gerais, Brazil）

> 乘蒸汽火车回到17世纪淘金热时期的巴西。

基本信息
- 时间：1693—1695年（米纳斯吉拉斯州淘金热时期）
- 全程：13千米
- 最少用时：35分钟
- 关键停靠点：圣若昂-德尔雷伊、蒂拉登蒂斯
- 途经国家：巴西

西米纳斯铁路始建于1879年，在巅峰时期穿越了巴西东南部米纳斯吉拉斯州，全长775千米。如此长的铁路网如今缩短成13千米的窄轨铁路，位于圣若昂-德尔雷伊（São João del Rei）和漂亮的城镇蒂拉登蒂斯（Tiradentes）之间。即便如此，西米纳斯铁路也足以让人们了解是什么曾让这一地带成为巴西最富裕的地方。

寻找财富的葡萄牙牛仔——也被称为"财富猎人"，于1693年首次在米纳斯吉拉斯州的山脉间发现金矿，随后引发成千上万人怀揣掘金的热切盼望来到这里。一时间，米纳斯吉拉斯州的州首府欧鲁普雷图（Ouro Preto）成为新世界中人口最多的城市。直至今天当列车隆隆驶过这里，山坡上那些18世纪金矿旁矿业施工的告示牌仍然清晰可见。同时还可以见到河上漂浮着的木筏：这些木筏属于现代的金矿勘探者，他们用泵将河床的金矿吸上岸。

列车从蒂拉登蒂斯出发再合适不过了——这座曾经的殖民地已然变成一座富有独特魅力的城镇，城内的街道由鹅卵石铺成，白色房屋点缀在翠绿的山丘之间，还有座圣安东尼奥主教堂，内部装饰耗费数百公斤黄金。蒂拉登蒂斯仍然保留始建于1881年的火车站，每周五至周日，列车会在这里静候乘客。本地人都将这辆蒸汽动力机车称为"抽烟的玛丽"。

"玛丽"从蒂拉登蒂斯出发后，沿着莫尔蒂斯河继续吞云吐雾般地呜呜行驶，将圣若泽市连绵起伏的山脉抛之脑后。随后，列车抵达圣若昂-德尔雷伊，老火车站、工坊和圆形房屋组建成一座铁路博物馆，馆内有各样老式车厢和火车头全套设备。可以来到圣若昂热闹的历史中心进一步了解这座城市，市中心遍布殖民时期住宅，城中广场四周围种树木，许多教堂的内部的金饰源于米纳斯吉拉斯州的金矿。

右图：复古蒸汽火车从漂亮的前殖民城镇蒂拉登蒂斯出发

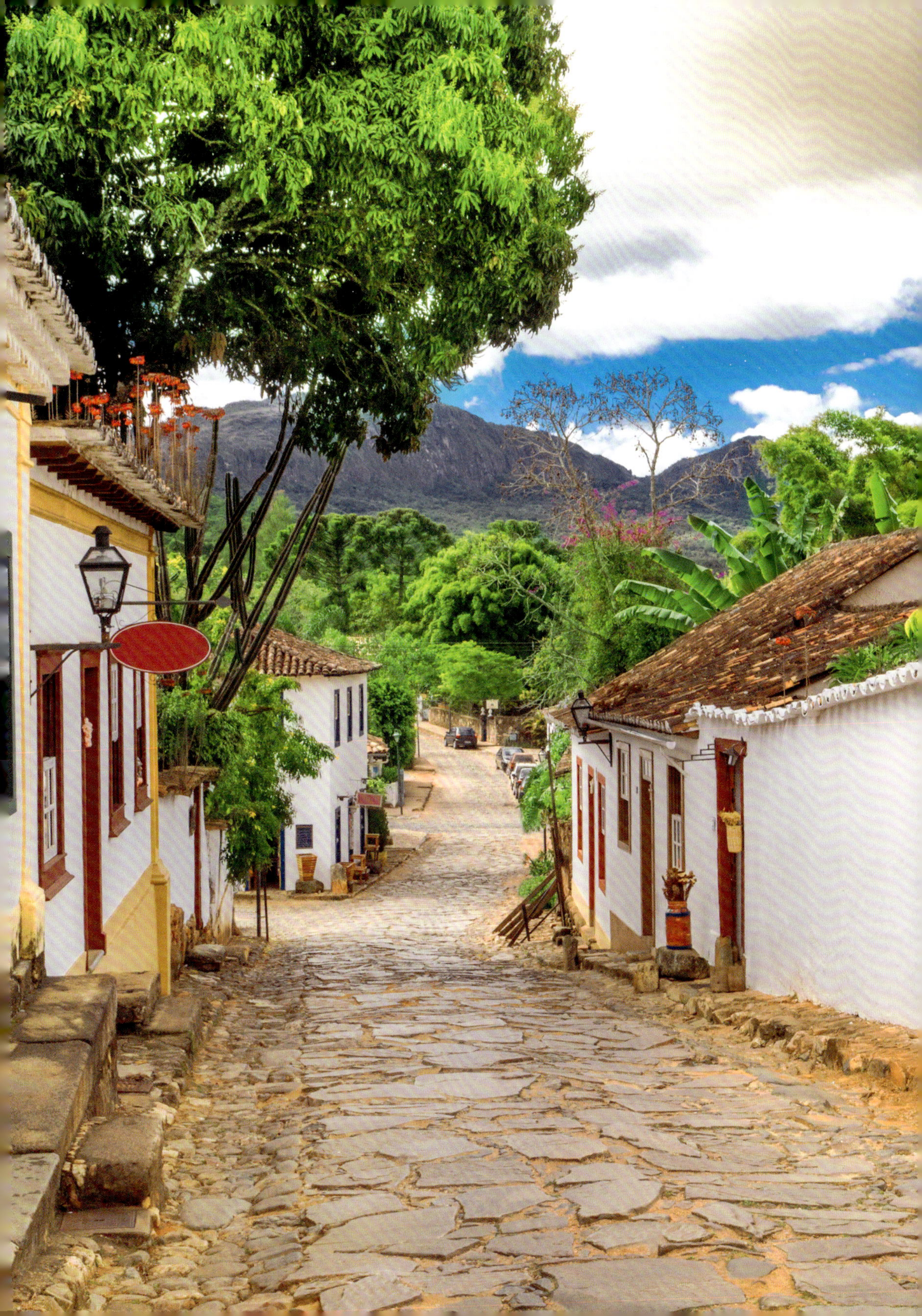

269
沃拉顿马车道
（WOLLATON WAGONWAY）

英国诺丁汉郡
（*Nottinghamshire, United Kingdom*）

"从前的路道上现已铺设铁轨，马拉的铁路车厢行于其上……"沃拉顿厅的珀西瓦尔·威洛比爵士（Sir Percival Willoughby）于1604年对亨廷登·博蒙特（Huntingdon Beaumont）这样说，亨廷登·博蒙特是斯特尼（Strelley）煤矿的租户。这句话的"路道"指的是沃拉顿马车道——世界上第一条地上铁路。沃拉顿马车道全长3千米，轨道是木制的，马拉着车厢在上面行走。今天这条轨道已不见踪影，但人们认为它应该位于马车古道（Old Coach Road）沿线，连接斯特尼和诺丁汉的郊区沃拉顿。伊丽莎白时代的沃拉顿厅仍然矗立，现在是一座博物馆。另外，沃拉顿厅也是2012年的电影《蝙蝠侠：黑暗骑士崛起》（*Dark Knight Rises*）中出镜的韦恩庄园。

270
米德尔顿铁路
（MIDDLETON RAILWAY）

英国约克郡
（*Yorkshire, United Kingdom*）

铁路虽小，但意义非凡——这便是米德尔顿铁路。米德尔顿铁路全长仅1.6千米，从英国的汉斯莱特至利兹。1758年，它成为第一条依国会法令而得以保全的铁路。起先是马拉着煤车走在这条铁路之上，1812年，蒸汽动力火车取而代之，列车采用的是开创性的齿轮齿条传动系统。这里也成为发动机的设计中心。此后，这条铁路运载过不同运力的列车，也成为世界上持续运营的、最古老的公共铁路。现在这条铁路由志愿者管理，于周末和节假日运行。

271
梅瑟轨道
(MERTHYR TRAMROAD)

英国威尔士

(Wales, United Kingdom)

理查德·特里维西克（Richard Trevithick）于1771年出生在康沃尔（Cornwall），自小在采矿业的耳濡目染中成长。18世纪90年代，特里维西克发明高压蒸汽发动机，并很快将其应用到火车上。1804年，特里维西克带着他的轮式机车来到南威尔士的梅瑟轨道，想要证明轮式机车能拉动10吨重的铁。全长15千米的梅瑟轨道旨在服务当地的铁矿工程，曾是英国第一条金属制铁轨之一。这条轨道上的货车通常是由马拉的，1804年2月21日，梅瑟轨道上的货车则由特里维西克设计的"奇怪玩意"牵引：世界上第一辆行驶于铁轨上的蒸汽机车诞生。如今，梅瑟轨道已不复存在，不过，徒步旅行者能通过特里维西克步道的潘尼达伦—阿伯塞农线（Penydarren-Abercynon）重温这条曾经的轨道线路。

272
米德兰铁路
(MIDLAND RAILWAY)

英国峰区

(Peak District, United Kingdom)

1951年峰区成为英国第一座国家公园——这个时刻对英国乡郊来说至关重要。自1604年以来，一系列的议会圈地法令逐步限制人们进入曾经共有的土地，议案着重强调了环境保护。确实，19世纪60年代，米德兰铁路径直穿过德贝郡（Derbyshire，现在属于国家公园）如田园诗般美丽的部分区域，将自然环境保护置于不顾，为建铁路而修建的墓石高架桥（Headstone Viaduct）也多少影响了蒙萨尔峡谷（Monsal Dale）。如今，这条铁路已经不再运营，而这座23米高的五拱高架桥工程仍让人赞叹。喜爱自然的徒步爱好者可以走峰区中13千米长的蒙萨尔步道（Monsal Trail）穿过这座桥。

走向现代世界

273
铜峡谷铁路 (COPPER CANYON RAILWAY)

墨西哥西北部 (Northwest Mexico)

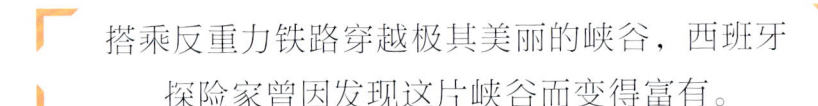

> 搭乘反重力铁路穿越极其美丽的峡谷，西班牙探险家曾因发现这片峡谷而变得富有。

基本信息
- 时间：17世纪前10年（西班牙人抵达铜峡谷地带）
- 全程：655千米
- 最少用时：15小时
- 关键停靠点：洛斯莫奇斯、埃尔富埃尔特、特莫里斯、巴维奇沃、波萨达-巴兰卡斯、迪维萨德罗、克雷尔、库奥特莫克、奇瓦瓦
- 途经国家：墨西哥

西班牙探险家于16世纪晚期首次抵达墨西哥奇瓦瓦，此次是为寻觅金银财宝而来。迎接他们的是一片令人生畏的景色：铜峡谷将西马德雷山脉拦腰截断——铜峡谷不只是一座峡谷，而是众多峡谷连接成的一张巨网，其纵深达1800米。

铜峡谷并没有铜。西班牙人认为峡谷的绿色调源于铜，铜峡谷因此得名；实际上，是覆盖峡谷的地衣给峡谷染上绿色色调。不过，西班牙人在这里发现了银。1632年，西班牙人开始在峡谷腹地深处开采丰富的银矿层。采矿并非易事——因而他们强

丈量世界：500条经典铁路路线中的世界史

上图：奇瓦瓦太平洋铁路到达铜峡谷边缘的迪维萨德罗车站

迫当地的塔拉乌马拉人（Tarahumara）做工，并驱赶骡子日夜苦干拖矿。

如果他们那时有奇瓦瓦太平洋铁路（El Chepe）——铜峡谷铁路就好了。奇瓦瓦太平洋铁路直至1961年才开通，对西班牙采矿者来说有些遗憾。19世纪70年代，人们首次提议在加利福尼亚湾至奇瓦瓦内陆之间建铁路，不过提议的人不是寻求发财致富的采矿业人士，而是美国社会主义者阿尔伯特·金西·欧文（Albert Kinsey Owen）。欧文想要在海滨城镇托波洛万波创建一个乌托邦殖民地，并提议在他的乌托邦和美国之间建设一条铁路。欧文的殖民地失败了，但建铁路的提议却得以延续。平原地带的铁路路段首先建设起来，直到20世纪40年代，工人才着手应对在山脉间铺设铁路的艰巨任务。在首次提议近90年后，这条铁路终于全线通车。

今天乘坐奇瓦瓦太平洋铁路线时，其实很能理解为什么这项工程耗费的时间如此之久。这条全长655千米的铁路上共有

走向现代世界　**227**

87条隧道和36座桥梁。列车必须走过盘旋弯道、陡峭岩壁，还需从海平面攀登至海拔2400米。

铜峡谷铁路有两趟列车服务：每周三一班车的经济号（Clase Economica）和每天发车的一等特快号（Primera Express），后者有躺椅和餐车。两辆车都有始发时间表，但表上时间是弹性的：时常会有些晚点。不过，这样的火车之旅值得等待。

奇瓦瓦太平洋铁路由西向东，自海滨城市洛斯莫奇斯起始，经广袤的农田来到埃尔富埃尔特。埃尔富埃尔特是座如今有些沉寂的前殖民城市，但曾在采矿热时期一度繁荣。埃尔富埃尔特城内有座柱廊式的市政大厅，城中的广场仍然花团锦簇。经过埃尔富埃尔特后，列车继续向上攀登，周遭的一切变得盎然有趣。它缓缓经过仙人掌遍地的山脚后，一直向上攀登、攀登，直到登上锯齿状的山岭。在这片古老、令人头晕目眩的景色中，等待它的是蜿蜒的溪流、绵延的松树林，还有风化剥落的岩石。

抵达特莫里斯镇后，列车来到镇内的圣芭芭拉峡谷。在峡谷中，列车走过两段U型弯道：弯度达180度的拉佩拉隧道（"拉佩拉"意为"梨子"）和曲线优美的北河桥，因而峡谷峭壁之上有三层层叠的铁轨。伴随这一路壮观的风景，列车抵达巴维奇沃车站，这是一个恰到好处的旅途驿站。你可以从这里出发前往峡谷中的印第安人村落塞罗卡维，村中有座古老的耶稣会教堂；还可以前往乌里克峡谷，它是铜峡谷系统中最深的峡谷。

经过巴维奇沃后不久，列车停靠于迪维萨德罗站，这里的风景是沿线最美的。迪维萨德罗站位于铜峡谷边缘，仿佛摇摇欲坠；从迪维萨德罗站站台能眺望到铜峡谷，在绵延的宏伟岩体之中，铜峡谷与塔拉雷夸峡谷、乌里克峡谷相遇。列车停靠的时间充裕，可以有足够时间从迪维萨德罗车站的塔拉乌马拉商贩那儿买玉米饼和编织篮。

现在列车开始下行了，经过塔拉乌马拉山的首府克雷尔，这里是许多塔拉乌马拉人的家乡，城内还有座手工艺品博物馆。接着，列车停靠于库奥特莫克的门诺会社区（这里的奶酪很有名），最后抵达终点站奇瓦瓦。奇瓦瓦算不上是最可爱的城市，但它的老殖民中心中有豪华的住宅，这些建筑的辉煌得益于附近山丘中采出的银。

274
苏克雷—波托西线 巴士火车
(SUCRE-POTOSÍ BUSCARRIL)

玻利维亚中部
（ Central Bolivia ）

是巴士，还是火车？玻利维亚的巴士火车两者兼有：这是一辆改良后的巴士，行驶于火车铁轨上。这条铁路是本地交通生命线，位于苏克雷和波托西之间，途经壮观的弗赖莱斯山脉，8小时的行程连接了一座座小巧的村落。建于1538年的苏克雷是玻利维亚的法定首都，也是玻利维亚最为迷人的城市，城内的白色房屋和绿茵广场已被联合国教科文组织列入世界遗产名录。波托西也因其古老的矿业被列入世界遗产名录。这座城市建于1545年，这一年人们在波托西的赛罗里科（Cerro Rico）发现大量银矿。波托西随后成为当时世界上最大的工业综合体，直到今天依然能看到16世纪采矿业的遗迹。

左图：西班牙人在大约17世纪起探索惊险的铜峡谷

"塞万提斯"号列车 (CERVANTES TRAIN)

西班牙中部 (Central Spain)

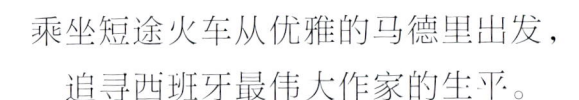

乘坐短途火车从优雅的马德里出发,追寻西班牙最伟大作家的生平。

基础信息:
- 时间:1547—1615年(米格尔·德·塞万提斯的一生)
- 全程:30千米
- 最少用时:30分钟
- 关键停靠点:马德里、埃纳雷斯堡
- 途经国家:西班牙

下图:伟大作家米格尔·德·塞万提斯葬在马德里的修道院里

"读的书越多,知识越丰富;走的路越多,见识越广博。"这是米格尔·德·塞万提斯在其著作《堂吉诃德》(作于1605—1615年)中所说。当然,这位西班牙最伟大的作家生活于17世纪,还没有机会坐上火车。但单从这句话,容我们斗胆猜测,这位作家对于长途旅行是赞赏的。

这辆旅游观光"塞万提斯"号列车由马德里开往埃纳雷斯堡,其行程安排寓意非凡。列车的行程根据这位"现代小说之父"的生平设计。"塞万提斯"号列车从西班牙优雅且富有活力的首都马德里出发,塞万提斯于1615年在此逝世。他曾被安葬于城内

的赤足三一修道院,但人们于17世纪晚期重建修道院时挪动了墓冢,自此塞万提斯墓便不知去向。2015年,人们利用透地雷达和DNA分析技术,才再次发现他的遗骸。现在,塞万提斯遗骸已重新葬入圣伊尔德丰索教堂。为纪念这位伟人,人们在马德里的西班牙广场中建起堂吉诃德和侍从桑丘·潘沙的大型铜像。

乘坐"塞万提斯"号列车的旅客会来到马德里宏伟的阿托查火车站,一同候车的还有一班衣着华丽的演员:他们扮成堂吉诃德、桑丘·潘沙、盲人诗人,还有塞万提斯本人。在30分钟的旅途中,这些演员会为乘客编故事,讲笑话。列车从马德里出发后向东行驶,经过烈日炙烤下的农田后,来到埃纳雷斯堡。埃纳雷斯堡是塞万提斯的出生地,其中世纪建的市中心已被联合国教科文组织列入世界遗产名录——透过这座城市,仿佛能依稀瞥见西班牙文学艺术的黄金时期。埃纳雷斯堡的必看景点包括欧洲历史最悠久的大学(建于1293年)、引人注目的圣尼诺大教堂,还有栖息于城市建筑尖顶和钟楼上的白鹳。埃纳雷斯堡的市中心是塞万提斯广场,市中心一条叫老街的主街是步行街。塞万提斯博物馆坐落于此,所在建筑即塞万提斯的出生地点。

艺术文学之旅

276
曼托瓦—维罗纳线

意大利北部

这条37千米长的火车之旅所经过的地方,呼应了莎士比亚的故事《罗密欧与朱丽叶》(作于1595年)中的地点:比如湖滨城镇曼托瓦和以阳台自夸的维罗纳。

277
沿海铁路线

丹麦

这条从首都哥本哈根至赫尔辛格的铁路全长仅46千米,赫尔辛格是莎士比亚笔下《哈姆雷特》(作于1603年)的故事背景。

278
博德斯铁路

英国苏格兰

探访苏格兰爱丁堡市的王子街花园来追忆沃尔特·司各特爵士;再从附近的威瓦利站搭乘火车前往特威德班克,这是离阿伯茨福德楼最近的站,司各特曾居住于此。

279
阿姆斯特丹—莱顿—代尔夫特线

荷兰

乘铁路游览17世纪荷兰黄金时期的城市,包括遍布河道的阿姆斯特丹和代尔夫特。代尔夫特是画家扬·弗美尔的家乡,《戴珍珠耳环的少女》即是他的画作。

走向现代世界   **231**

温尼伯—丘吉尔线 (WINNIPEG-CHURCHILL)

加拿大曼尼托巴省和萨斯喀彻温省
(Manitoba and Saskatchewan, Canada)

> 登上世界上最慢的铁路线，俯冲入亚北极地带的荒野，探索毛皮捕兽人和北极熊的藏身处。

基本信息
- 时间点：1670年（哈德孙湾公司成立）
- 全程：1710千米
- 最少用时：44小时
- 关键停靠点：温尼伯、波蒂奇拉普雷里、托戈、哈德孙湾、帕斯、汤普森、吉勒姆、丘吉尔
- 途经国家：加拿大

下图：有时可以在远北城镇丘吉尔看到闪烁的北极光

没有公路可以抵达哈德孙湾的城镇丘吉尔，乘坐跨陆地火车是唯一的方法：这段旅程据说（仍有争议）是世界上最慢的火车之旅，会抵达加拿大最北端的主线站。

首批来到哈德孙湾的探险家乘船而至。1610年，英国航海家亨利·哈德逊（Henry Hudson）在寻找传说中通往中国的西北水道时，发现巨大的哈德孙湾。1668年，双桅帆船"无双"号（Nonsuch）成为第一艘进入哈德孙湾的船只。"无双"号的船员登岸后的整个季度都在和第一民族人*交易皮毛。待返程时，

*第一民族人：数个加拿大境内民族的通称，法定与印第安人同义，指的是在现今加拿大境内的北美洲原住民及其子孙，但不包括因纽特人和梅蒂人。

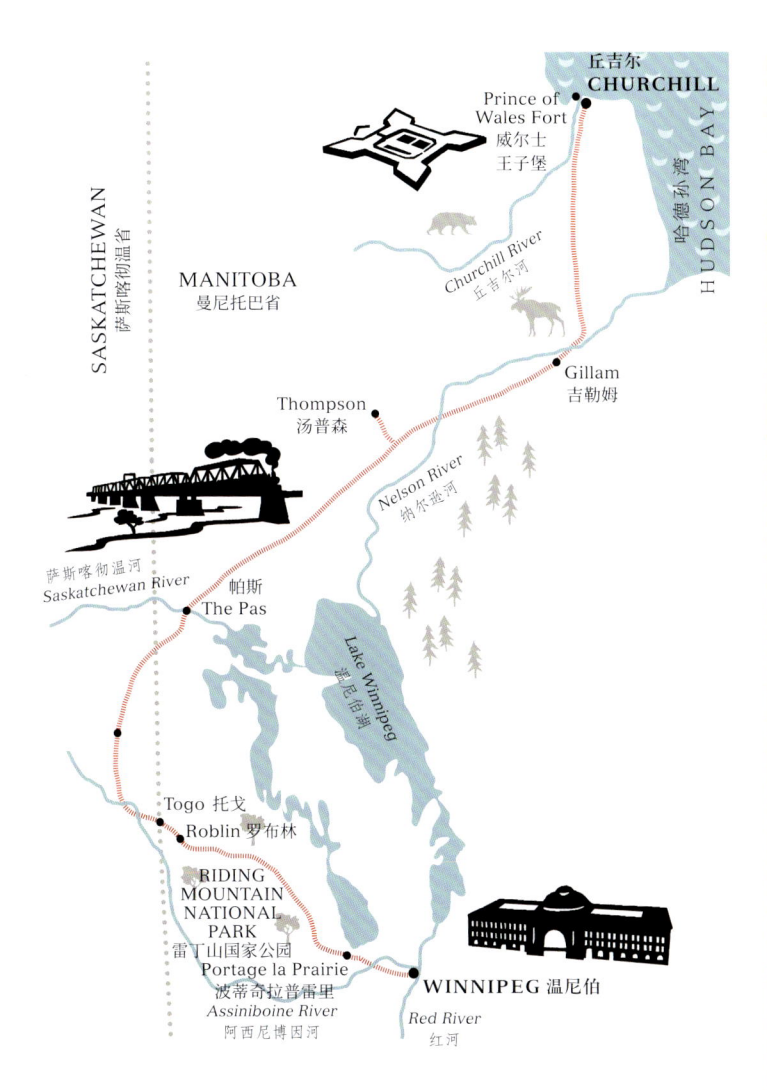

跟随探险家的足迹

281
圣赫勒拿岛铁路
英国海外领地

大西洋南部的圣赫勒拿岛于1502年由葡萄牙人发现，而于1826年在此建造索道的是英国人，这条倾斜索道长达183米。现在这条索道已修建成陡峭的楼梯，叫雅各的天梯*。

282
"阿迪朗达克"号列车
美国和加拿大

10小时的"阿迪朗达克"号列车之旅连接纽约和蒙特利尔，沿途漂亮的哈德孙河谷以亨利·哈德逊命名，他于1609年成为首次探索这里的欧洲人。

283
"海湾地区人"号列车
澳大利亚昆士兰州

荷兰的航海者于17世纪首次来到卡奔塔利亚湾。现在，深入澳大利亚内陆的探险者会乘坐这趟"海湾地区人"号列车，其全程长152千米，在海湾城镇诺曼顿和克罗伊登之间运营。

船上已皮毛满仓。1670年，进入哈德孙湾贸易之英格兰探险总督公司（又称为哈德孙湾公司）因此次贸易中对哈德孙湾做出卓越贡献，被特批为皇家特许公司。人们在海湾周围建起更多贸易站——包括1717年创建的丘吉尔镇。直到20世纪初，丘吉尔镇仍是哈德孙湾公司的贸易站。

对于哈德孙湾公司的贸易站来说，铁路有点姗姗来迟。1880年，建设通往哈德孙湾的铁路得到许可，但阻碍接踵而至：资金问题、线路更易、苔藓沼泽地，以及"一战"的爆发都耽搁了铁路建设进程。1929年，温尼伯—丘吉尔线终于全线通车。

现在这条线路的行驶速度堪比当初铁路的建设进度——有

---

*雅各的天梯：雅各的故事见于《圣经》28：12节："梦见一个梯子立在地上，梯子的头顶着天，有神的使者在梯子上，上去下来"。

走向现代世界　**233**

时候行驶速度还比不上快步走。苔藓沼泽地反复冻结和融化会导致铁轨变形，所以开得太快的话列车可能会脱轨。轨道旁时常能看到侧翻的货运车厢。行驶速度慢有慢的好处：乘客有充足的时间沉浸于沿途1600多千米的加拿大荒野景致中。

每周发车三次，北向行驶的温尼伯—丘吉尔线从曼尼托巴省省会温尼伯出发。这座欣欣向荣的城市地处红河和阿西尼博因河交汇处，是通往加拿大西部和亚北极区域的门户。温尼伯的河岸中心区福克斯是餐厅和酒吧的聚集地，出发前一天来这里吃晚餐是不错的选择，第二天中午即将登车启程。

从温尼伯"学院派"风格的联合车站（Union Station）出发后，列车隆隆驶过各样生态区：大草原上的麦田和仅一条主街的小镇；落叶林和间或点缀其间的农庄；还有一望无际的针叶林。在丛林密布之间，列车来到林间的城镇帕斯，克里人（Cree）在此地居住了约9000年，而欧洲人于17世纪90年代首次来到这里。1909年，帕斯路段建成；在加拿大政府的资金到位之前，北向至哈德孙湾的沿线暂停施工。1910—1911年，项目得以继续施工，首先建设的是萨斯喀彻温河大桥。

接下来，列车抵达吉勒姆。吉勒姆以"无双"号船长扎卡里·吉勒姆（Zachary Gillam）命名。随后，列车驶过纳尔逊河上的长桥。随着沿线的云杉林渐渐淡去，列车逐渐向巴伦地带（Barren Grounds）靠近。这片湖泊和溪流密布的荒野长期被苔藓和地衣覆盖，还有驯鹿徜徉其间。

在出发45小时后，列车缓缓驶进终点站丘吉尔。丘吉尔是加拿大唯一的北极深水港，仅有800常住人口。但这里的白鲸（每年7月至8月）和北极熊（每年10月至11月）数量可观，当地的北极光（每年9月至次年3月）也吸引了成群游客。

在丘吉尔仍能看到哈德孙湾公司贸易时代的遗迹。威尔士王子堡坐落于丘吉尔河上的一座孤岛中。这座星型堡垒建于1732—1771年，拥有11米高的厚重城墙，曾可承重40门加农炮。1782年，法国军队占据并毁坏了威尔士王子堡。没过多久，这座堡垒就被抛弃，仅剩下碎石瓦砾。庆幸的是，人们意识到它是一座重要的历史遗迹，并于20世纪30年代重建城堡——得多亏随铁路而来的人力和物力了。

284
卡斯观光铁路
(CASS SCENIC RAILROAD)

美国西弗吉尼亚州
(West Virginia, United States)

卡斯观光铁路穿越西弗吉尼亚州的波卡洪特斯县（Pocahontas County），该县以波卡洪特斯（1596—1617年）命名。广受赞誉的波卡洪特斯是一位美洲原住民酋长的女儿，一直致力于维持定居于詹姆斯敦（Jamestown）的首批欧洲殖民者与自己族人间的和平。卡斯观光铁路会上行至阿勒格尼山脉（Alleghenies）的鲍尔德诺布（Bald Knob）。欧洲殖民者曾与本地居民协议，将阿勒格尼山脉定为西面分界线——但他们很快就反悔了。建于1901年的卡斯观光铁路最初是木材运送线；现在行驶于这条全长18千米铁路上的依然是谢伊（Shay）公司的蒸汽机车，它的每个车轮上都有直接传动装置，专为攀爬陡坡和弯道设计。旅途中，蒸汽活塞的叮当声和发动机的鸣奏一路相伴。

左图：亨利·哈德逊于1610年发现了现在称为哈德孙湾的海湾

走向现代世界　235

285
勃朗峰电车轨道线
（MONT BLANC TRAMWAYS）

法国阿尔卑斯山脉
（Alps, France）

1786年8月8号，雅克·巴尔玛（Jacques Balmat）和米歇尔·帕卡尔（Michel Paccard）二人成为首位登顶勃朗峰的登山者。如果当时有勃朗峰电车轨道，他们毫无疑问会赞赏有加，电车为登山爱好者节省不少体力。全长12千米的勃朗峰电车轨道于1907年通车，登山者都爱乘坐这条齿轨铁路来征服4810米高的勃朗峰。登山者从村庄圣热尔韦（Saint-Gervais）出发，经比奥纳塞冰川（Bionnassay Glacier）抵达海拔2372米的鹰巢站（Nid D'Aigle）。在这站下车后，他们汇入登山主线开始登山，并于夜里在山间小屋留宿，第二天清晨登顶。当然，可以仅为欣赏壮观风景而乘坐勃朗峰电车轨道线。

286
华盛顿山齿轨铁路
（MOUNT WASHINGTON COG RAILWAY）

美国新罕布什尔州
（New Hampshire, United States）

记录中第一位登顶华盛顿山的人是外来移民达秘·菲尔德（Darby Field），当地的阿本拿基族人（Abenaki）不会攀登华盛顿山，他们相信这座山是神的居所。菲尔德登顶的本意是在证明众神几乎没有影响这片土地。1869年，人们再次征服华盛顿山：世界上第一条齿轨铁路（即便是现在，也是世界上第二陡峭的齿轨铁路）于华盛顿山山坡上建起。生物燃油或是蒸汽动力列车驶完5千米全程需65分钟。新罕布什尔州的山谷美景北临加拿大，东面大西洋。在华盛顿山山顶上可眺望新罕布什尔州极美的山谷景色。

287
大南岔河观光铁路
(BIG SOUTH FORK SCENIC RAILWAY)

美国肯塔基州
(Kentucky, United States)

大南岔河观光铁路全长126千米，铁路建设需归功于20世纪的伐木工人，以及一位17世纪的樵夫。建设这条铁路的初衷是为服务斯特恩斯（Stearns）周围的采矿业和林业。行驶于此的柴油动力旅游列车会停靠曾经的矿区，矿区站名叫蓝鹭矿业社区（Blue Heron Mining Community）。列车还会在丹尼尔·布恩国家森林郁郁葱葱、溪水泠泠的山野中穿梭，森林以边境开拓者丹尼尔·布恩（Daniel Boone，1734—1820年）的名字命名。常身着鹿皮装束的丹尼尔·布恩帮助移居者开拓了肯塔基州的荒野。民间所流传的丹尼尔·布恩的故事多少有些添油加醋的成分，他也被称为首位美国家喻户晓的民间英雄。

288
世界尽头列车
(END OF THE WORLD TRAIN)

阿根廷火地群岛
(Tierra del Fuego, Argentina)

葡萄牙探险家斐迪南·麦哲伦（Ferdinand Magellan）于1520年首次航行至南美洲大陆顶端的群岛地带，并将这里命名为火地群岛。直到1902年，铁路才铺设至这片世界尽头。这条窄轨伐木线从刑事殖民地乌斯怀亚（Ushuaia，地球最南端的城市）起始至苏珊娜山（Mount Susana）。乌斯怀亚监狱于1947年关闭，今天游客所乘坐的世界尽头蒸汽机车行驶于从前因犯乘坐的路线，全长7千米。列车从乌斯怀亚附近出发，攀登至火地岛国家公园。途中，列车会经过马卡雷纳瀑布和"树坟"，犯人于70年前打扫过这里。

走向现代世界　237

289
"壮游"（GRAND TOUR）

英国、法国和意大利（United Kingdom, France and Italy）

> 同18世纪精英一同搭乘上流社会的列车，让思绪在欧洲文化中心间徜徉。

基本信息
- 时间：1720—1790年（"壮游"的全盛时期）
- 全程：约1800千米
- 最少用时：17小时至几年不等
- 关键停靠点：多佛尔、加来、巴黎、里昂、都灵、威尼斯、佛罗伦萨、罗马
- 途经国家：英国、法国、意大利

对于18世纪即将成年的英国贵族来说，壮游是必经的成年礼。毫无疑问，这些精英阶层的孩子富裕且有壮志雄心，而在踏足社会之前，他们首先想要体验的是异国他乡的文化。一批批年轻人怀揣对艺术的热爱以及对希腊语和拉丁文的一知半解，踏上了壮游之旅。途中会有位"领熊人"——年长监护人陪同，以免他们陷入不必要的麻烦。

大多数壮游者会离开数月，也有的长达数年。他们一心挂

238　丈量世界：500条经典铁路路线中的世界史

念无与伦比的古董，还有意大利文艺复兴时期的辉煌——旅程途经巴黎，年轻人想在这里学习如何变得成熟老练（还有性知识）。年轻男士——基本算得上是成年男性了，会从英国多佛尔的白崖（White Cliffs）出发，乘船抵达法国港口加来，全程可能要花上36小时。从加来出发后继续南行，经290千米的旅程抵达法国首都巴黎。现在，连接伦敦和巴黎的"欧洲之星"号（Eurostar）列车全程仅需两小时。

抵达巴黎后，壮游者首先会前往凡尔赛宫一日游（现在从市中心坐火车仅需13分钟）。他会漫步于塞纳河边，汲取巴黎的时尚气息。接着，壮游者会前往富丽堂皇的卢浮宫，并对其赞赏有加。不过，那时的卢浮宫并不像今天这般拥有如此多的现代艺术收藏（1793年它才成为公共博物馆）。

如果这位年轻人没有私人火车车厢，他会乘坐公共马车从巴黎出发前往里昂，经塞尼山口穿越阿尔卑斯山脉。这段旅程很陡峭，有些吓人，冬季里得用上雪橇。直到1810年，拿破仑建起了一条穿过塞尼山口的公路，不过对于壮游者来说，这路建得太迟了。1868—1871年，塞尼山口铁路在此运营——这是

喜欢这条线路吗？再看看这个

290
圣拉斐尔—文蒂米利亚线

法国和意大利

铁路沿线是法国蓝色海岸的壮丽海崖和绿松石遍地的海湾，自18世纪晚期起这里已被誉为疗养胜地。

291
热那亚—卡塞拉线

意大利利古里亚

这条全长25千米的铁路从港口热那亚（16世纪时曾是极具影响力的共和国）起始至小镇卡塞拉，沿途是风景优美的斯克里维亚山谷。

292
德累斯顿—布拉格线

德国和捷克

这条全长192千米的铁路连接了德国和捷克，途中经过易北河峡谷，这里曾是18世纪和19世纪浪漫主义艺术家的灵感源泉。

293
勃朗峰快车

法国和瑞士

这趟精彩的火车之旅从圣热尔韦/勒法耶启程，经沙莫尼山谷抵达马尔蒂尼。途中旅客会望见勃朗峰，1786年人类首次登顶。

左图：乘火车重温"壮游"之旅，列车行驶于塞尼山口的阿尔卑斯山脉壮丽景色之中

走向现代世界 **239**

世界上第一条山区铁路。今天的旅客乘火车从里昂前往意大利时，会经过14千米的弗雷瑞斯铁路隧道（Fréjus Rail Tunnel），这条隧道就是从塞尼山口穿过的。

旅途的下一站令人有不分古今之感，这就是依山而建的都灵。这座城市自18世纪起已是文化中心，1861年意大利统一后，都灵很快成为意大利第一个首都。都灵城内仍有优雅的大街和巴洛克式建筑。另外，（据说）耶稣裹尸布自1694年起一直保管于都灵主教堂的圣衣堂（Chapel of the Holy Shroud）中。

不过，大多数壮游者不会在都灵徘徊太久，他们早已排队前往威尼斯了（现在坐火车从都灵到威尼斯需4小时左右）。河道遍布的童话之城威尼斯自18世纪起已日渐衰微，它在中世纪曾极具影响力。但这种带着些许艺术感的衰败氛围却让这座城市如此浪漫迷人，直到今天也是如此。许多壮游者也会来这里寻找姑娘——威尼斯那时也被称为"罪恶之城"。

接下来一站是佛罗伦萨（乘火车来到这里需2小时），这座城市是文艺复兴的中心。阿诺河（River Arno）旁有华丽的圆顶建筑、豪华宫殿和露天广场。从那时到现在，佛罗伦萨的乌菲兹美术馆都位列必看清单首位。乌菲兹美术馆建于1581年，馆内藏有波提切利、达·芬奇、卡拉瓦乔、米开朗琪罗等大师的艺术作品——艺术爱好者应该都会想一睹芳容。

最后，壮游者抵达罗马（从佛罗伦萨乘火车到这里需90分钟）。对于研习拉丁文和研究尤利乌斯·恺撒的青年来说，这里最合适不过。矗立于罗马城中的是古罗马斗兽场、万神庙、古罗马广场，经典雕塑和古老遗迹鳞次栉比。的确，"壮游"的全盛时期与大规模考古发掘时期同步。

法国大革命（1789年）和拿破仑战争（1803—1815年）毁掉了"壮游"。但在此之前，旅行的基调已经定下：为愉悦心情而旅行。不久以后，感谢新科技再次带领一批批游客来到这片大陆享受假期。这时，他们会乘坐火车来体验"壮游"了。

右图：18世纪，威尼斯以"罪恶之城"闻名

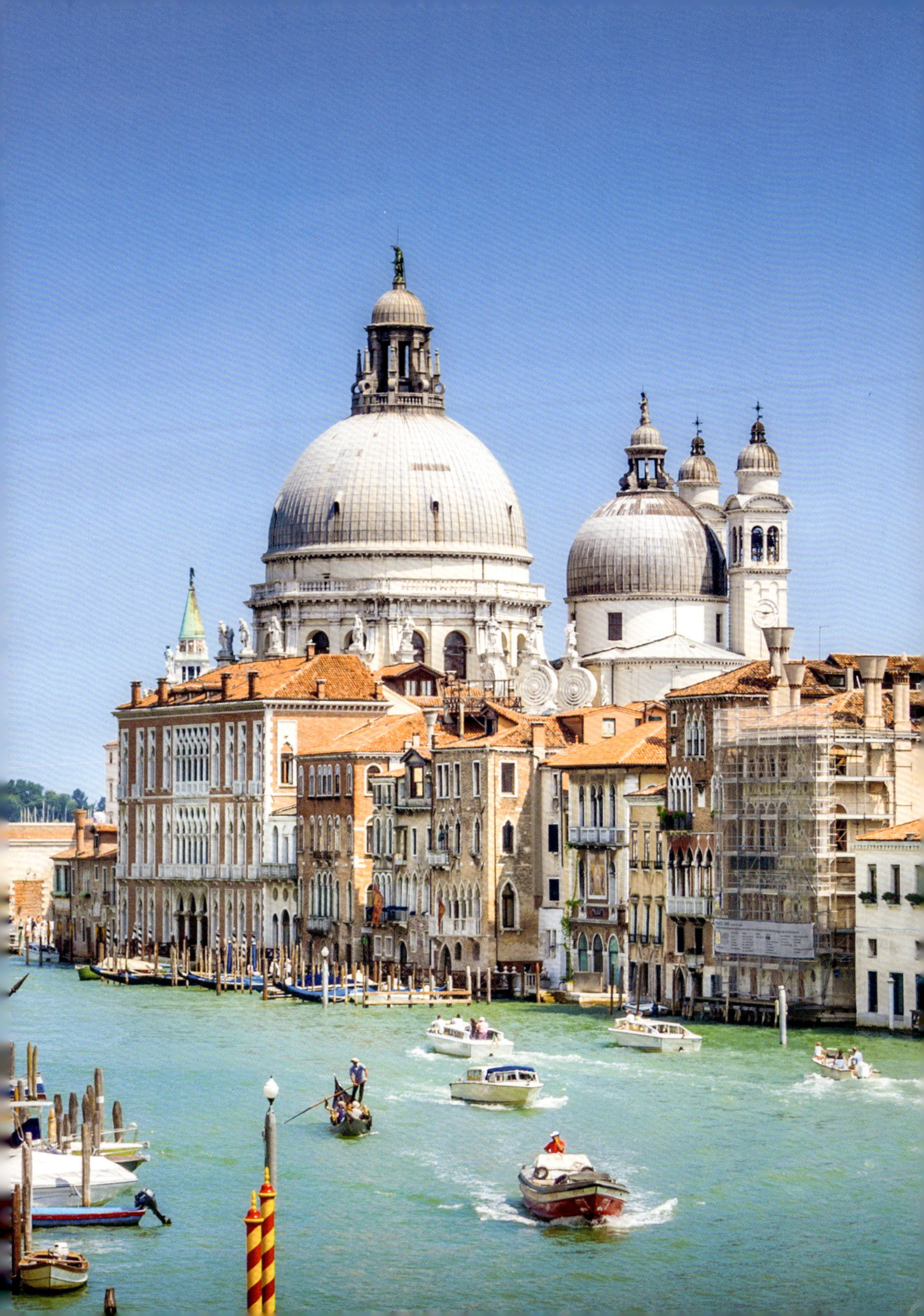

294
科西嘉岛铁路 (CHEMIN DE FER DE LA CORSE)

法国科西嘉岛 (Corsica, France)

> 穿越地中海的科西嘉岛时每一方寸都是惊奇，这里是拿破仑的出生地。

基本信息
- 时间点：1769年（拿破仑·波拿巴出生）
- 全程：232千米
- 最少用时：3小时30分钟
- 关键停靠点：阿雅克肖、科尔特、蓬特莱恰、卡萨莫扎、巴斯蒂亚、卡尔维
- 途经国家：法国

更多法国铁路之旅

295
巴黎—凡尔赛线
法国

登上城郊列车，从法国首都巴黎出发前往辉煌的凡尔赛宫，在1682年路易十四统治时期，凡尔赛宫成为法国皇宫。

*波尼：英国人为拿破仑·波拿巴起的外号。源于一首英国劳动号子的歌名，歌曲的内容是拿破仑的生平和功绩。

抵达位于科西嘉岛西海岸的港口城镇阿雅克肖时，飞机将降落于拿破仑·波拿巴机场。出站后沿拿破仑林荫道的大街下坡步行，可以在拿破仑大咖啡馆喝杯咖啡，再前往卡索花园，花园内有座巨大的拿破仑雕像。你甚至可以进入波拿巴家族宅邸（现在是座博物馆），拿破仑于1769年在此出生。尽管"波尼"*（Boney，1804—1815年在位的法国皇帝）是法国历史上杰出人物之一，也是最知名的科西嘉岛人，但他不及这座壮观岛屿上的其他事物有趣。

科西嘉岛的地形相较于拿破仑的任何一场军事胜利而言，都更为让人印象深刻。这里的高山和岩体地形极富变化，再加上厚密的灌木丛覆盖，这一切对于早期铁路工程师来说十分具有挑战性。科西嘉岛铁路于1879年开工，轨距宽1米，全长232千米。到了1894年，阿雅克肖、卡尔维、巴斯蒂亚都与蓬特莱恰市中心通过三条铁路连接。

科西嘉岛铁路毫无疑问是工程壮举——尤其是穿过科西嘉岛正中央的铁路段，连接悬崖边的城镇科尔特和小巧的村落博科尼亚诺。铁路沿线需建许多隧道和桥梁，包括3.9千米的维扎翁娜隧道和94米高的维奇奥高架桥，后者由居斯塔夫·埃菲尔（Gustave Eiffel）设计。这一切精心的设计造就了美丽的旅程。

乘坐阿雅克肖—巴斯蒂亚线需3.5小时。列车首先从地中海海岸出发，沿格拉沃纳河谷攀登至内陆的博科尼亚诺（海拔640米）。接着，列车驶过科西嘉岛自然公园中的极陡上坡和一系列反向弯道。眼前的这片高地好似天堂之境，峡谷纵横，植物芬芳。列车驶过维奇奥高架桥后下行至科尔特，来到蓬特莱恰。从这里开始地形变得平坦，驶过农田后，列车最终抵达东海岸历史港口巴斯蒂亚。

242 丈量世界：500条经典铁路路线中的世界史

MEDITERRANEAN SEA
地中海

巴斯蒂亚 BASTIA
卢斯岛 L'Île-Rousse
卡尔维 CALVI
卡萨莫扎 Casamozza
Ponte Leccia 蓬特莱恰
科尔特 Corte
CORSICA NATIONAL PARK 科西嘉岛国家公园
Vecchio Viaduct 维奇奥高架桥
Vizzavona 维扎翁娜
Bocognano 博科尼亚诺
AJACCIO 阿雅克肖

下图：对铁路建设者来说，科尔特附近的多山地带极具挑战性

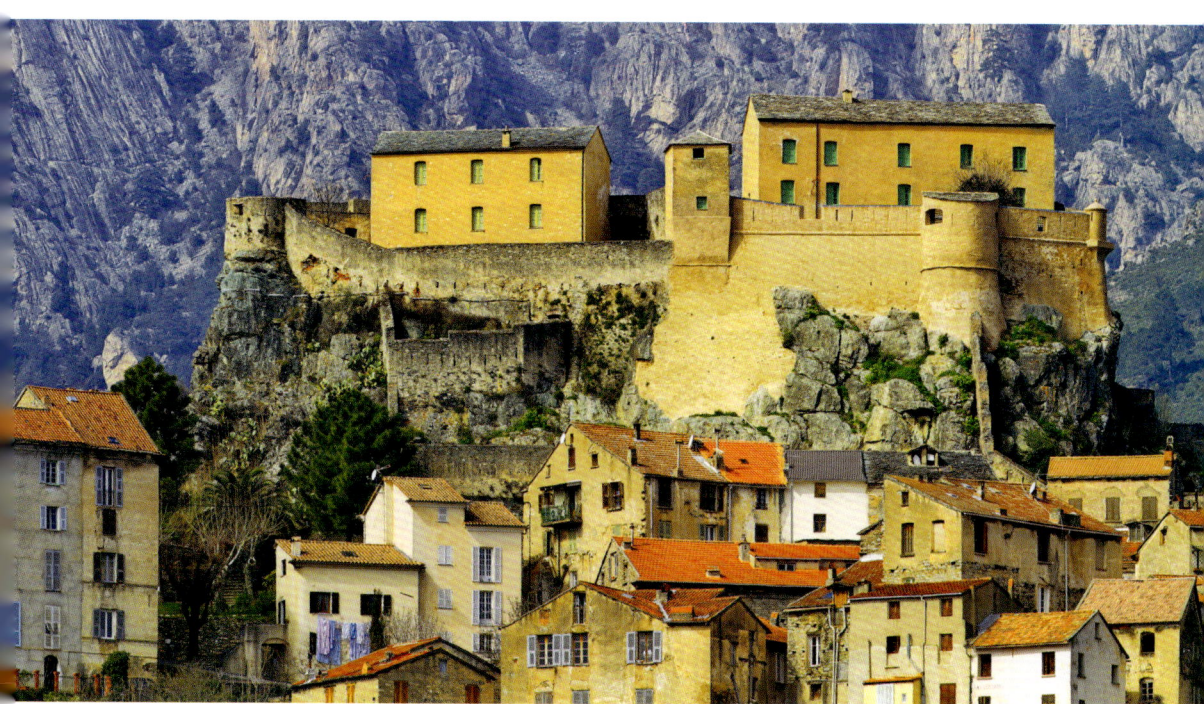

走向现代世界　　243

内罗毕—蒙巴萨线 (NAIROBI-MOMBASA)

肯尼亚南部 (Southern Kenya)

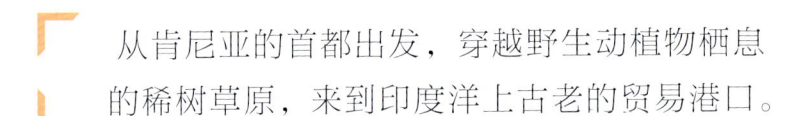

> 从肯尼亚的首都出发，穿越野生动植物栖息的稀树草原，来到印度洋上古老的贸易港口。

基本信息
- 时间：1593—1596年（蒙巴萨的耶稣堡建成）
- 全程：530千米
- 最少用时：18小时
- 关键停靠点：内罗毕、孔扎、马金杜、基布韦济、沃伊、蒙巴萨
- 途经国家：肯尼亚

内罗毕的存在也得益于火车。内罗毕曾是大裂谷中一片毫不起眼的沼泽地，直到1889年，乌干达铁路的工程师修建通往蒙巴萨港口铁路时，才在这里建起火车站。现在的内罗毕是肯尼亚首都，也是非洲最大的城市之一，城内居民众多——尤其是内罗毕国家公园里的犀牛、狮子等动物也把这里当作自己的家。

列车常常姗姗来迟，它似从前一样，从内罗毕缓缓踱步至蒙巴萨，旅途全程长530千米。与其说乘坐这趟列车是一场旅行，不如说更像去体验复古风格的头等卧铺、精致的亚麻桌布、晚

餐三道菜肴、英式早餐，以及实惠的本地塔斯克啤酒。

西东向的铁路自海拔1795米高的内罗毕起始，一路下行至印度洋海岸。铁路沿途是辽阔的非洲地貌：血橙色的土地上点缀着金合欢和灌木；村落里散落茅草屋顶的泥屋；黄色的稀树草原绵延至远处的山丘。列车会穿过东察沃国家公园（Tsavo East National Park），车窗外偶尔能见到野生动物，如奔跑中的鸵鸟或是正吃树叶的长颈鹿。

蒙巴萨的历史遗产比内罗毕更悠久，蒙巴萨是东非最古老的人类定居地之一。一些关于古埃及人探访这里的历史记录不足为信。不管怎样，当葡萄牙探险家瓦斯科·达伽马于1498年抵达蒙巴萨时，它俨然是金子和香料的贸易中心。1593年，葡萄牙人想修建耶稣堡（Fort Jesus）以巩固对蒙巴萨的控制，这是一座守卫旧港（Old Port）的围墙城堡。1631—1875年，城堡几易其主，从阿曼人到英国人都想将它占为己有。让人惊讶的是，经过这么多年风风雨雨，这座城堡依然挺立。你可以去参观城堡的水池、塔楼，触摸它日渐剥落的墙壁。随后就要随火车一路俯冲，前往令人眼花缭乱的都市蒙巴萨了。

前往圣所的铁路

297
仁慈耶稣朝圣所缆索铁路

葡萄牙布拉加

不必再攀登曲折的楼梯登上山顶的仁慈耶稣朝圣所（建于1722年），可以乘坐4分钟的缆索铁路前去朝圣。

298
马德里—埃尔埃斯科里亚尔线

西班牙

这趟50分钟的旅程从西班牙首都马德里启程，前往城镇埃尔埃斯科里亚尔。城中有座建于1584年的皇室建筑群，大多数西班牙皇帝下葬于此。

299
萨西—苏佩尔加电车轨道

意大利都灵

在萨西郊区搭乘列车，攀登3千米后抵达苏佩尔加山山顶。这里的苏佩尔加宗座圣殿建于1731年，是苏佩尔加城的最高点。

最左图：列车在稀树草原中呼啸而过，也许能看到野生动物

左图：蒙巴萨的耶稣堡建于1593年

走向现代世界　245

300
图林根铁路
(THURINGIAN RAILWAY)

德国中部
(Central Germany)

全长210千米的图林根铁路从哈雷（Halle）起始至小镇贝布拉（Bebra）。图林根铁路在葡萄园林立的萨勒河谷（Saale Valley）中前行，沿蜿蜒的伊尔姆河（Ilm River）来到绵延起伏的"图林根的托斯卡纳"，经一座座山顶城堡后，在图林根森林中呼啸而过。铁路沿线站点之一是历史悠久的城镇爱森纳赫（Eisenach），德国神学家和宗教改革领袖马丁·路德（Martin Luther）于1521年藏身于图林根的瓦尔特堡（Wartburg Castle）中，并在城堡中将《新约》译成德语版。1777年，作家约翰·沃尔夫冈·冯·歌德（Johann Wolfgang von Goethe）也在这座城堡内译出整部《圣经》。瓦尔特堡现在对游客开放。爱森纳赫也是作曲家约翰·塞巴斯蒂安·巴赫（Johann Sebastian Bach，1685—1750年）的出生地——爱森纳赫的巴赫博物馆常常举办巴赫的作品演奏会。

301
黄皮小火车
(LITTLE YELLOW TRAIN)

法国比利牛斯
(Pyrenees, France)

乘黄皮小火车的途中有各式令人印象深刻的建筑。列车行驶的窄轨电力铁路于1909年开通，铁路位于孔夫朗自由城（Villefranche-de-Conflent）和拉图尔-德卡罗勒（Latour-de-Carol）之间。正是靠沿线的许多桥梁和铁路高架，列车才能够翻越崇山峻岭，来到法国最高的火车站——海拔1592米的博尔屈埃尔（Bolquère Eyne）。途中列车还会经过令人赞叹的历史遗迹，包括由塞巴斯蒂安·勒普雷斯特雷·德·沃邦建造的两座堡垒。在至少一个世纪内，沃邦（1633—1707年）这个名字在堡垒建筑学中被反复提及。孔夫朗自由城四周的城墙就是由沃邦设计的。跟随列车继续前行，在奥德山谷（Aude Valleys）和泰特河谷（Tet valley）之顶，坐落着沃邦设计的蒙路易城堡（Mont-Louis Citadel，于1682年建成）。现在这座城堡虽为军方所有，但欢迎任何人前去游览。

302
圣彼得堡—沙皇村线
(ST PETERSBURG-TSARSKOYE SELO)

俄罗斯西北部
(Northwestern Russia)

　　这条全长27千米的铁路于1837年通车，它是俄罗斯第一条客运线。铁路位于圣彼得堡和属于王室领地的沙皇村［现在的普希金（Pushkin）］之间，沿途有俄罗斯最优秀的建筑。原铁路于1899年关停，但现在有条郊区铁路，从圣彼得堡的维捷布斯克火车站（Vitebsk Station）起始直至普希金。圣彼得堡是座辉煌的城市——城内有艾尔米塔什博物馆（Hermitage Museum）、彼得保罗要塞（Peter and Paul Fortress），还有彼得大帝的小木屋：沙皇彼得大帝于1703年创建这座城市时，就居住在这间小屋内。沙皇村内有座浮夸的巴洛克式宫殿和公园，是彼得大帝于1708年为妻子凯瑟琳（Catherine）所建。

303
"银色流星"号列车
(SILVER METEOR)

美国东部
(Eastern United States)

　　美铁的"银色流星"号列车从纽约出发驶向迈阿密。但列车沿途停靠的最富魅力的站点要属位于南部腹地的查尔斯顿（Charleston）和萨凡纳（Savannah）。查尔斯顿创建于1670年，位于南卡罗来纳州；城内最古老的石头建筑名叫"粉庐"（Pink House），其历史可以追溯到约1700年。查尔斯顿历史悠久的市中心有许多窄小的房子，墙上涂饰着明亮的石灰泥，每座房子都安装了木制百叶窗。查尔斯顿城内还有座建于1773年的查尔斯顿博物馆，被视为美国第一座博物馆。查尔斯顿以南160千米左右是乔治亚州的萨凡纳，这座城市依旧可爱怡人。建于1733年的萨凡纳经受美国内战后仍得以保存，今天人们才有幸欣赏到城内漂亮的广场、联邦楼、战前风格的房屋，以及布满松萝凤梨*的橡树。

---

*松萝凤梨：凤梨科，铁兰属，本种耐寒力极强，弗吉尼亚自然生长的成年植株可以忍受零下17℃短期低温。

走向现代世界　**247**

304
圣基茨岛观光铁路 (ST KITTS SCENIC RAILWAY)

圣基茨岛和尼维斯联邦 (St Kitts and Nevis)

> 可爱的短途火车之旅会穿梭在这座加勒比岛屿的糖业种植历史中。

基本信息

- 时间：17世纪40年（圣基茨岛首次引进甘蔗）
- 全程：48千米
- 最少用时：3小时
- 关键停靠点：尼兹马斯特、迪耶普湾镇、圣保罗斯、拉瓦耶、硫磺山要塞、旧罗德镇、巴斯特尔
- 途经国家：圣基茨岛和尼维斯联邦

圣基茨岛的这条窄轨观光铁路自称是"西印度群岛上的最后一条铁路"。这条铁路提醒着人们这座岛屿曾经的主要产业并不是旅游业，而是糖种植业。

圣基茨岛首见于1493年的史籍中，当时克里斯托弗·哥伦布曾航行至此，但并未登岛。哥伦布把这座岛屿命名为圣基茨岛，圣克里斯托弗岛[*]则是以他自己的名字或者旅行者的主保圣人圣克里斯托弗命名的。而岛上的阿拉瓦克人（Arawak）和加勒比人（Kalinago）把这座岛取名"富饶之地"。这里曾被森林覆盖，水源取之不竭，岛中央成排耸立的火山好似岛屿的脊梁，岛上蕴含丰富的火山泥。

[*] 圣基茨岛的另一译名。

上图：17和18世纪，圣基茨岛是糖（即"白金"）的主要生产者

这片富饶的土地终究还是引起他人的觊觎。1624年，英国人托马斯·沃纳（Thomas Warner）于加勒比地区建立第一个属于非西班牙人的欧洲殖民地，法国殖民者便接踵而来。1626年，岛上发生一起针对阿拉瓦克人和加勒比人的大屠杀——事件地点现被称作"血流之地"，事后这座岛为殖民者所有。殖民者扩建种植园，并运来非洲奴隶；自17世纪40年代，他们开始种植甘蔗。

糖在那时是"白金"，是全世界需求最大的商品之一。到1775年，圣基茨岛有200多个糖业基地，对那时的英国来说，圣基茨岛至关重要。有些历史学家甚至认为，英国于1776年美国独立战争中战败，需归因于太多英国将士分神于维护加勒比一带的利益。

不过时代在变化，国际糖业竞争沉重打击了圣基茨岛糖业。20世纪初期，圣基茨岛糖业的未来看起来好像也不那么"甜蜜"了。为了留在糖业战场，圣基茨岛的最后一击是把所有甘蔗种

走向现代世界　**249**

加勒比海区的铁路遗址

305
巴巴多斯铁路

巴巴多斯

这条已弃用的铁路曾穿越巴巴多斯运送甘蔗，铁路从布里奇敦起始至贝尔普莱恩。现在巴巴多斯铁路已用作步道，由巴巴多斯国家信托负责维护。

306
安提瓜岛甘蔗铁路

安提瓜和巴布达岛

安提瓜岛曾拥有80千米长的窄轨铁路，负责将甘蔗运送至岛内各地。这条铁路于1903—1971年运营。

307
甘蔗乡村旅游铁路

瓜德罗普

这条全长7千米的旅游铁路行驶于糖业运输铁路上，位于博波尔的老种植园和港口珀蒂卡纳勒之间。瓜德罗普是法属加勒比海区的岛屿。

植地合并成一家，使得运营更高效。自1912年起，人们建起环岛窄轨铁路，以便将甘蔗运往巴斯特尔附近的中心工厂。至少在一段时间内这一改变奏效了。那时，圣基茨岛的糖业生意比邻近岛屿做得时间更久。但亏损随后逐步增加，2005年7月31日，最后一辆运糖火车关停。现在，圣基茨岛观光铁路带动的旅游业是这座岛屿的新产业。

圣基茨岛是背风群岛*（Leeward Islands）之一，相对于附近的安提瓜岛（Antigua）来说，圣基茨岛算是一个不落俗套的旅游选择，岛上有海滩度假胜地和原始森林覆盖的内陆。从山脚下的烟囱废墟到大型糖种植园，都反映了岛上曾经的糖业历史，这些糖种植园现已改建成独具风格的旅馆。

最初的糖业运输铁路是条48千米长的环岛铁路。现在的圣基茨岛观光铁路共29千米长，从尼兹马斯特站起始，沿大西洋海岸线至拉瓦耶站。可以乘巴士从拉瓦耶站出发重温曾经的环岛全线。

行驶于圣基茨岛观光铁路之上的是辆不同寻常的白色双层列车：上层是开放式观景台，下层的客厅装有空调。登车后，服务员会呈上朗姆酒，售票员则讲述本地历史，圣基茨岛铁路合唱团唱起赞美诗和加勒比歌谣。

列车行驶的速度不快不慢，方便乘客观赏风景。沿途一侧是波光粼粼的海景，海浪波涛汹涌，拍打着悬崖峭壁和地质层，如古时岩浆沉淀形成的黑石层。另一侧的风景则是碧绿的内陆高地，途中海拔1156米高的利亚穆伊加山是岛上最高的山。列车驶过一座座架在峡谷间的箱梁桥，经过棕榈树林和小村庄，还有山谷间老甘蔗种植园内摇摇欲坠的风车房。列车还会经过迪耶普湾镇，这里曾是1625年法国人的第一个殖民地。

巴士沿着圣基茨岛的加勒比海海岸行驶，来到保存完好的硫磺山要塞。硫磺山要塞由英国人于1690年建造，曾用于防御他们珍贵的糖业岛屿。最后，巴士经过旧罗德镇，这里原是托马斯·沃纳的殖民地，也是圣基茨岛糖业故事开始的地方。

---

*背风群岛：小安的列斯群岛中的北部岛群，因为与向风群岛相对而得名。

沿海铁路线（COAST LINE）

斯里兰卡（Sri Lanka）

> 沿斯里兰卡的西南海岸探索这里丰富的殖民历史——近期发生了一场不幸的悲剧。

基本信息
- 时间：1663年（加勒堡建成）
- 全程：116千米
- 最少用时：2小时
- 关键停靠点：科伦坡、芒特拉维尼亚、卡卢特勒、本托塔、代尔瓦塔、加勒
- 途经国家：斯里兰卡

斯里兰卡的沿海铁路线位于首都科伦坡和南部城市加勒（Galle）之间，称呼名副其实。全长116千米的铁路几乎全部位于印度洋沿线，旅程中闪烁的蔚蓝大海和棕榈树近在咫尺。这趟风景壮观的旅程带着些许悲伤。2004年12月26日这天，一辆满载1500余人的南行列车行驶于沿海铁路线，突如其来的海啸瞬间将列车吞没。这场海啸由臭名昭著的印度尼西亚"节礼日"地震引发。这是历史上最大的铁路灾难。

此后，铁路升级，更加平整和安全。如果打算从斯里兰卡繁忙的首都出发前往极富魅力的前殖民城市，这趟怡人之旅是极佳选择。窗外是绵延的白色沙地、湍急河口，以及绿意盎然的内陆。小木船或荡漾于海中，或停靠于岸边。铁路旁小摊上售卖的海产品由渔民乘小木船捕获而来。

下图： 斯里兰卡沿海铁路线从科伦坡至加勒全程沿海岸行驶

列车途经孔姆帕纳维迪亚站（Kompannavidiya Station），这座优雅的维多利亚式火车站由木材、铁和石头建造。还有曾是香料贸易中心的卡卢特勒（Kalutara），现在则以其神圣的佛教菩提树和美味的山竹而闻名。接着，经过本托塔周围低调的海滩度假胜地后，列车来到代尔瓦塔站（Telwatta Station），人们在海难附近的沙滩上竖立起一座铜质纪念碑。

严格上来说，沿海铁路线的终点是贸易之城马塔勒（Matara），但加勒有更多看点。荷兰人于1640年从葡萄牙定居者手中夺取加勒。到了1663年，荷兰人在加勒的临海岬角周围建起厚重的城墙，规划整齐的街道，安装地下排水系统等其他现代化设施。加勒堡至今仍没什么变化，漫步于城内荷兰式房屋、殖民时期教堂、蜿蜒小巷之间，仿佛身处于17世纪。

下图：列车从斯里兰卡繁忙的首都科伦坡出发

309
跨海铁路
（OVERSEAS RAILROAD）

美国佛罗里达州
（Florida, United States）

19世纪晚期，美国石油大亨亨利·弗拉格勒（Henry Flagler）瞄准了佛罗里达州的旅游业潜力。首先，弗拉格勒在奥古斯丁市创建庞塞德莱昂酒店（Ponce de León Hotel），这座豪华酒店以西班牙探险家胡安·庞塞·德莱昂（Juan Ponce de León）的名字命名，这位冒险家于1513年创立佛罗里达州。但弗拉格勒心中有更鸿伟的蓝图。和莱昂一样，弗拉格勒放眼于海上。1905年，弗拉格勒的跨海铁路动工，铁路全长204千米，从佛罗里达州南端起始至基韦斯特岛（Key West），其中136千米长的路段位于一条岛链上，其余路段需要建长堤和桥梁。铁路于1912年通车，但1935年的一场风暴摧毁了部分路段。幸运的是，作为弗拉格勒雄心壮志之一的基韦斯特岛路段仍在运营。

喜欢这条线路吗？再看看这个

310
"东北人"号列车

美国缅因州—马萨诸塞州

"东北人"号列车从不伦瑞克出发，沿海岸线下行至波士顿，名字来源于在本地建造的船只名称。列车会停靠造船基地弗里波特，这座城市建立于1789年。

311
海岸电车线（KUSTTRAM）

比利时北部（Northern Belgium）

比利时的海岸电车线沿途是境内所有海岸线，这是世界上最长的电车铁路。这条全长68千米的铁路位于与荷兰交界的克诺克海斯特（Knokke-Heist）和与法国交界的德潘讷（De Panne）之间。电车沿比利时的里维耶拉（Riviera）前行，沿途有美丽的沙滩和饭馆，饭馆供应佛兰德（Flemish）虾和奥斯坦德（Ostend）生蚝。奥斯坦德是座宁静优雅的海滨城市，也是海岸电车线沿线的最大城市。但自1601—1604年，奥斯坦德曾发生一场世界上为期最长、最为血腥的战事围攻。当时，占领奥斯坦德的荷兰人拼死抵抗西班牙人的入侵（最终失败），有10万人死于这场战事。

走向现代世界　253

312

国际列车（北京—乌拉巴托—莫斯科）
[INTERNATIONAL TRAIN (BEIJING-ULAANBAATAR-MOSCOW)]

俄罗斯、蒙古和中国（Russia, Mongolia and China）

> 沿茶叶贸易之路穿过西伯利亚，
> 越过长城，抵达中国首都。

基本信息
- 时间：1689年（《尼布楚条约》签订）
- 全程：2215千米
- 最少用时：6晚
- 关键停靠点：莫斯科、叶卡捷琳堡、伊尔库茨克、乌兰乌德、乌兰巴托、二连浩特、北京
- 途经国家：俄罗斯、蒙古、中国

搭乘国际列车从莫斯科出发，马不停蹄地赶往北京共需6天。国际列车是世界上最长的铁路之一。400年前，背负茶叶的骆驼商队走完同样的路线需要16个月。相比而言，6天时间好似一眨眼的工夫。

俄罗斯首都莫斯科与中国首都北京相距约8000千米，广袤的西伯利亚占据其间绝大部分地域。在中世纪晚期，成吉思汗的蒙古铁蹄统领此地，没人敢进入这片令人生畏的荒野。但到16世纪前10年，伊凡四世（Ivan the Terrible）占领了蒙古。哥

左图： 国际列车从莫斯科到北京需要6天的时间

萨克战士逐步定居于西伯利亚，俄罗斯的商人和皮毛捕猎者也突如其来地闯入这片未知的东方地域。这意味着俄罗斯和中国贸易的开始，这里的贸易指茶叶贸易。

俄罗斯上流社会于17世纪中期起开始偏爱茶叶。1689年签订的《尼布楚条约》约定，俄罗斯和中国的商人可以跨越边境自由往来。人们从张家口采购成箱的珍贵货品。负责运送货品的骆驼商队从这里出发，穿越蒙古的戈壁滩来到俄罗斯边境城市恰克图，再向西北行进，经过西伯利亚后，赶往俄罗斯皇宫。茶叶之路至此正式诞生。

这些吃苦耐劳的商人所行走的路线与今天的国际列车大致相同。这一段铁路是自乌兰乌德以南的西伯利亚铁路的支线，于1956年竣工，西伯利亚铁路自1916年起已连接莫斯科和海参崴。

国际列车每周仅有一班直达车，每周二晚会从莫斯科出发开往北京，每周三从北京返回莫斯科。列车分两床位或四床位包厢。餐车供应本地特色饮食：俄罗斯境内会供应罗宋汤（甜菜汤）、肉、土豆、伏特加；蒙古境内有米饭和羊肉；中国境内是辣小炒。

和西伯利亚铁路一样，国际列车沿途有许多俄罗斯西部的大城市，其中包括进入乌拉尔山脉门户的彼尔姆；还有叶卡捷琳堡，俄罗斯皇室于1918年在此被处决。列车从典型的西伯利亚

走向现代世界 **255**

地形中驶过，沿途是无尽的苔原带、远山和一望无际的白桦林。列车会绕行世界最深的湖——贝加尔湖，一些本地独有的野生动植物居住于这片水域，布里亚特*文化也从贝加尔湖水域起源。

和西伯利亚铁路不同的是，国际列车会向南穿过蒙古大草原，草原上可见稀疏点缀的蒙古包。接着，列车来到蒙古首都乌兰巴托，这里有各式景致：苏联时期的街区、现代摩天大楼，还有帐篷和寺庙。穿越中国北方山区后，列车来到长城边。接着，经过古老的张家口后，列车抵达雄伟辉煌的北京。

窗外的景致有时空旷暗淡，让人昏昏欲睡；有时又美丽迷人，让人兴致盎然。冬天里乘坐国际列车尤其有氛围，当窗外气温骤降，而车内气温升高，西伯利亚地域中冰雪覆盖的山峰好像只是你的想象。

不过，旅程中最大的乐趣可能源于车内。你可以和邻座旅客交朋友，他们可能是俄罗斯学生、佛教僧侣、中国商人，或是同样爱好火车旅行的朋友。大家可以一起玩纸牌或者举杯对饮伏特加。你还可以在火车站跳下车，去小贩那里买些热狗。在夜幕降临后，伴随火车有节奏的摇晃沉沉睡去。

每节车厢都有茶炊（热水壶），可以接热水喝。毕竟，这时没有什么比泡杯茶更能取暖，喝着茶，聊着天，暖身暖心。这趟旅程因茶而起，也以茶继续。

*布里亚特：蒙古族的一支，分布在鄂温克族自治旗、西伯利亚贝加尔湖以东、以北，色楞格河一带以及东方盟呼伦贝尔苏木，是东北亚较大的少数民族。

右图：杜罗河线经路易一世大桥来到波尔图市

313
杜罗河铁路线
（DOURO LINE）

葡萄牙北部
(Northern Portugal)

为杜罗河铁路线举杯！这条令人着迷的河岸铁路全长163千米，铁路蜿蜒地穿过崎岖的杜罗河谷。铁路连接波西尼奥（Pocinho，这里有瀑布和岩石艺术）和杜罗河河口的波尔图（Porto）。杜罗河线全线共有20多条隧道、30座桥梁、34座车站，更别提还需攀登葡萄藤遍布的山坡。1756年，波尔图成为世界上首个行政规划的葡萄酒产区，因而波尔图出产的葡萄酒是有品质保证的。可以在迷人的港口皮尼扬（Pinhão）下车去品尝葡萄酒，或者去河对面波尔图姐妹城市加亚新城（Nova da Gaia），港口的葡萄酒小屋中可尽情品尝美酒。

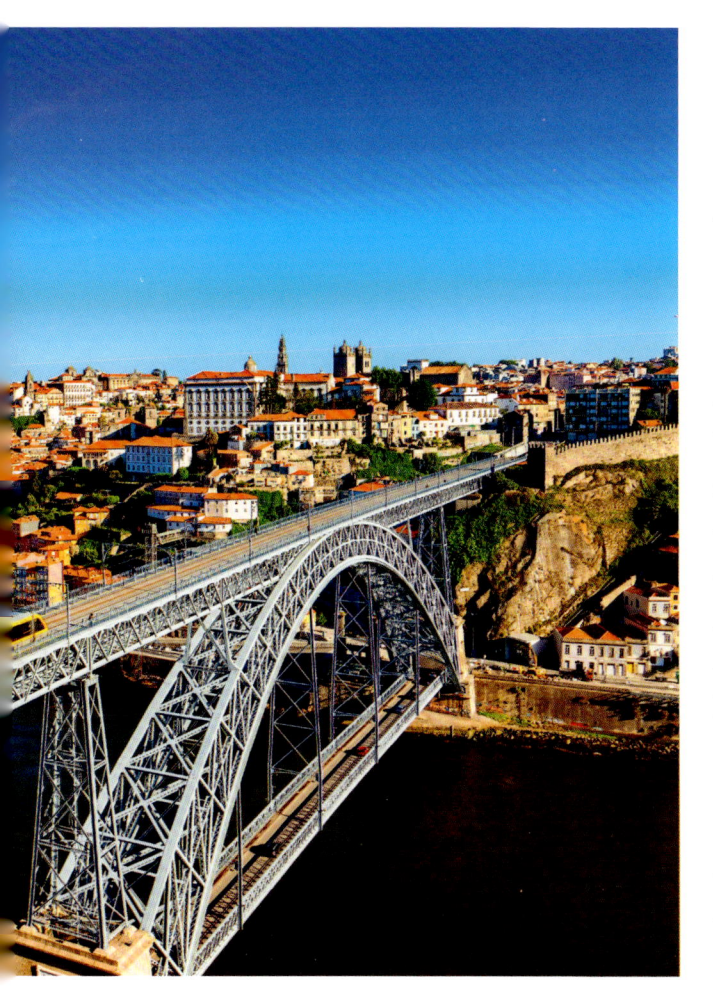

314
何塞·奎尔沃快车
（JOSE CUERVO EXPRESS）

墨西哥中西部哈利斯科州
(Jalisco, Midwestern Mexico)

这趟豪华火车之旅穿越极具墨西哥风格的哈利斯科州，途中有最具墨西哥风味的美酒：龙舌兰酒！何塞·奎尔沃快车是辆豪华列车，其名字来源于一家创办于1795年的家族酿酒企业何塞·奎尔沃。列车从前殖民城市瓜达拉哈拉（Guadalajara）出发，向西北行驶60千米后抵达特基拉（Tequila，建于1666年）。特基拉是座五彩缤纷的小镇，镇中最浓墨重彩的一笔要属四周蓝色的龙舌兰种植园了，龙舌兰烈酒就是由龙舌兰提炼而成的。列车会去何塞·奎尔沃工厂游览一番，当然，可以在工厂品尝龙舌兰酒。

315
世界环游之旅（AROUND THE WORLD）

全世界（Worldwide）

> 像16世纪的领航员一样乘火车环游世界。

基本信息
- 时间：1519—1522年（第一次环游世界之旅）
- 全程：约37 015千米
- 最少用时：51天
- 关键停靠点：伦敦、纽约、旧金山、上海、北京、乌兰巴托、莫斯科、威尼斯、巴黎
- 途经国家：英国、美国、中国、蒙古、俄罗斯、意大利、法国

1519年9月，由5艘船只组成的船队从西班牙南部的桑卢卡尔-德巴拉梅达（Sanlúcar de Barrameda）港口浩浩荡荡地启航。斐迪南·麦哲伦是这条舰队的领航员，此次的航行任务是找到一条自美洲经太平洋前往亚洲的路线。1522年9月，由胡安·塞巴斯蒂安·埃尔卡诺（Juan Sebastián Elcano）指挥的船只最终返程（麦哲伦于菲律宾去世）。就这样，第一次环游世界之旅共用了3年时间。

今天乘飞机环游世界需要51小时左右。或者，你也可以花上51天乘火车环游世界，以观光赏玩的悠闲步调前行，中途偶尔换乘几趟飞机。名为"伟大铁路之旅"（Great Rail Journeys）的旅游公司推出的"世界环游之旅"服务售价25 000英镑，途中所乘坐的是世界上最奢华、最有名气的列车。路线环绕整个北半球——麦哲伦的线路更偏南一些，穿越北美、东亚、非洲边缘。

从伦敦启程的世界环游之旅会先飞往纽约，再乘坐美铁旗下列车穿越美国，中途会换乘一些遗产路线（如大峡谷铁路）。

乘飞机穿越太平洋段大约需要14小时（麦哲伦则耗时4个月）。抵达上海后，沿中国的铁路线来到西安秦始皇帝陵博物院和北京故宫。接着，乘沙皇奢华的黄金私人列车穿过蒙古大草原，进入冰天雪地的西伯利亚，经过贝加尔湖、乌拉尔山脉、历史悠久的叶卡捷琳堡，最后抵达莫斯科。

从莫斯科乘飞机抵达威尼斯，再搭乘威尼斯辛普朗东方快车（Venice Simplon-Orient-Express）前往巴黎，这辆列车拥有美好年代风格的漂亮车厢。驶过英法海底隧道后，列车来到福克斯通（Folkestone），贝尔蒙德英国普尔曼列车（Belmond British Pullman）在这里静候伦敦返程之旅。环游之旅就此完成。

喜欢这条线路吗？再看看这个

316
新宿站

日本东京

在世界最繁忙的车站新宿站搭乘火车。新宿站原址是封建时期的高速公路枢纽站，高速公路的终点是建于1698年的江户城。

右图： 旧金山是世界环游之旅中非常有名的站点之一

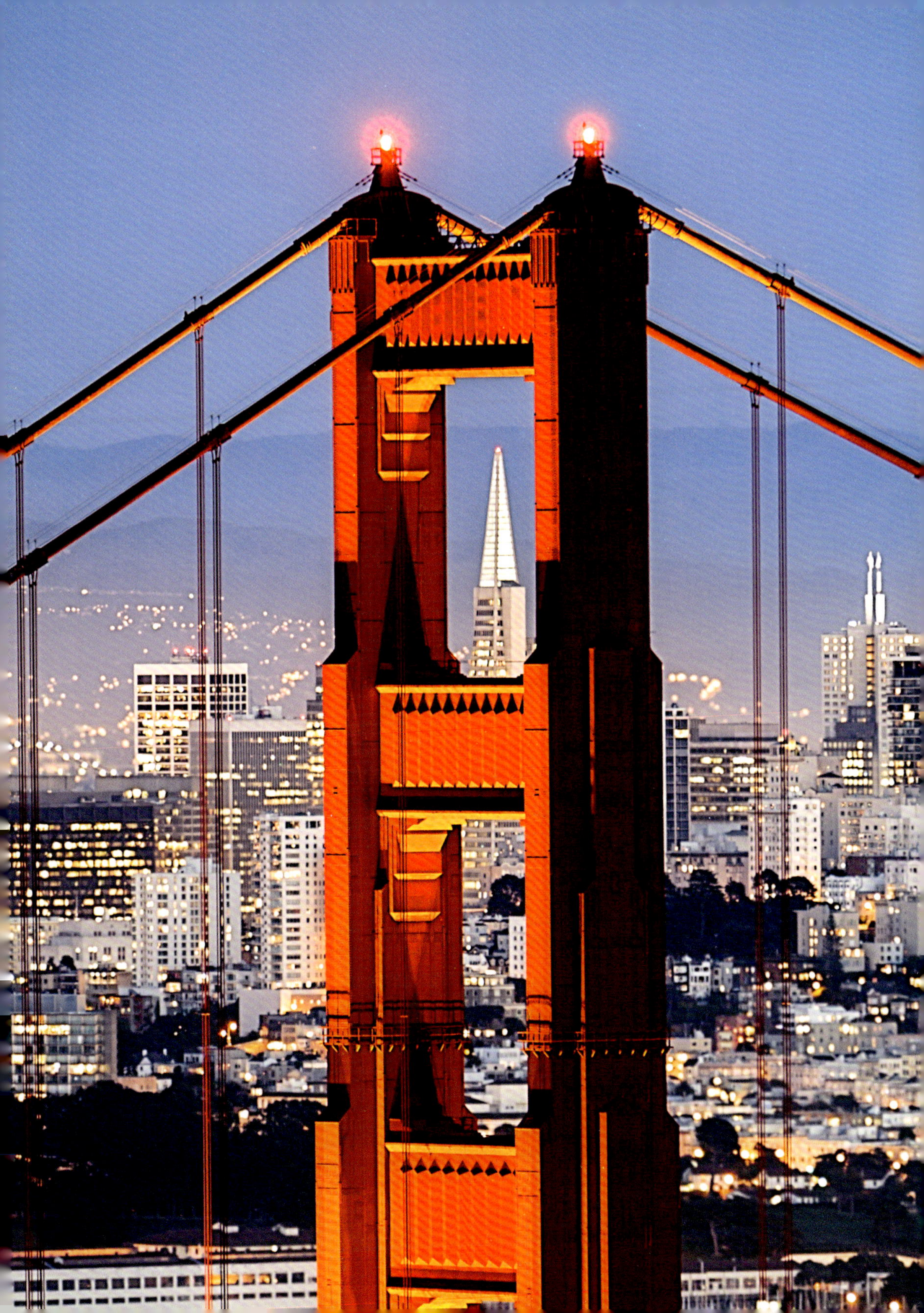

317
巴拿马运河铁路 (PANAMA CANAL RAILWAY)

巴拿马 (*Panama*)

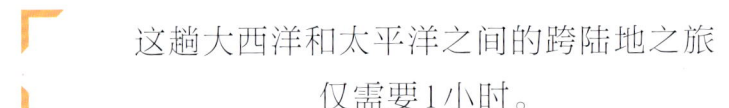

> 这趟大西洋和太平洋之间的跨陆地之旅仅需要1小时。

基本信息
- 时间：1513年（瓦斯科·努涅斯·德巴尔博亚穿越巴拿马地峡）
- 全程：77千米
- 最少用时：1小时
- 关键停靠点：巴尔博亚（巴拿马城）、科隆
- 途经国家：巴拿马

1513年，西班牙征服者瓦斯科·努涅斯·德巴尔博亚（Vasco Núñez de Balboa）是首位见到太平洋的欧洲人。他耗时一个月披荆斩棘、翻山越岭，跨越巴拿马地峡，来到无人踏足的海岸。他站在这片汪洋大海间，将其命名为"南海"，并宣称其隶属于西班牙。现在，从大西洋到太平洋搭乘火车，全程仅需1小时。

这两片海域由盈盈一握的陆地巴拿马连接，这片陆地自古以来已提供不少交通便利。西班牙人很快在巴拿马地峡建起一条跨地峡的道路，称作皇室之路。从印加帝国运来的金子经太平洋到达地峡上的皇室之路，再经加勒比海和大西洋，最后抵达西班牙。

几个世纪后，想要建设一条跨巴拿马地峡铁路的想法在情理之中，但这里沼泽横生、蚊虫遍地，密布的丛林中还有鳄鱼出没，这一切使得铁路建设相当有挑战性。巴拿马铁路于1850年开工，1855年最终建成。至此，世界上第一条跨大陆铁路建成，大西洋海岸边的铁路末端科隆站是同时建起的火车站，另一端在太平洋海岸城市巴拿马城。西班牙人应该很喜欢这条铁路：在运营的前12年间，它共运送了价值7.5亿多美元的金子。

这一切都很好，但也还不够好。自1881—1914年，人们挖建了一条跨海峡运河。河道上修建起一系列水闸，还挖建了一片人工湖，如此一来，查格雷斯河谷就被淹没了——这座山谷位于巴拿马铁路沿线，所以曾经的巴拿马铁路只好被迫拆掉。现在的巴拿马运河铁路沿巴拿马运河而建，乘坐这条铁路时可以近距离观赏运河工程奇迹。列车经狭窄的道路驶过加通湖时，就好像漂浮在湖面上。接着，列车沿盖拉德人造山谷行驶，穿过一座座巨大的水闸（航行至此时船只会上升26米）后，驶向熠熠生辉、鸟语婉转的雨林。

右图：巴拿马运河铁路穿过加通湖时，好像漂浮于湖面

318
蒸汽电车
(STOOMTRAM)

荷兰北荷兰省
（Noord-Holland, Netherlands）

17世纪黄金时代时，荷兰从艺术到商业等各领域都进入繁盛时期。须德海（Zuider Zee，意为南海）实际上是北海的一个浅海湾，此处的港口与东方香料贸易往来频繁，人们用赚取的财富美化街道。但须德海的日渐淤塞使得后期贸易发展承受重创。而现在，往来的游客潮让须德海附近沉寂的城市再次焕发生机。这次的蒸汽电车之旅会换乘多种交通工具，途经三座漂亮的港口。首先，第一段旅程来到优雅的港口霍伦（Hoorn）和这片区域中最古老的城市梅登布利克（Medemblik）。然后，乘老式蒸汽船沿海岸航行至恩克赫伊曾（Enkhuizen），这座风景如画的城市老街纵横、河道遍布。最后，从恩克赫伊曾乘坐常规的柴油列车返回霍伦。

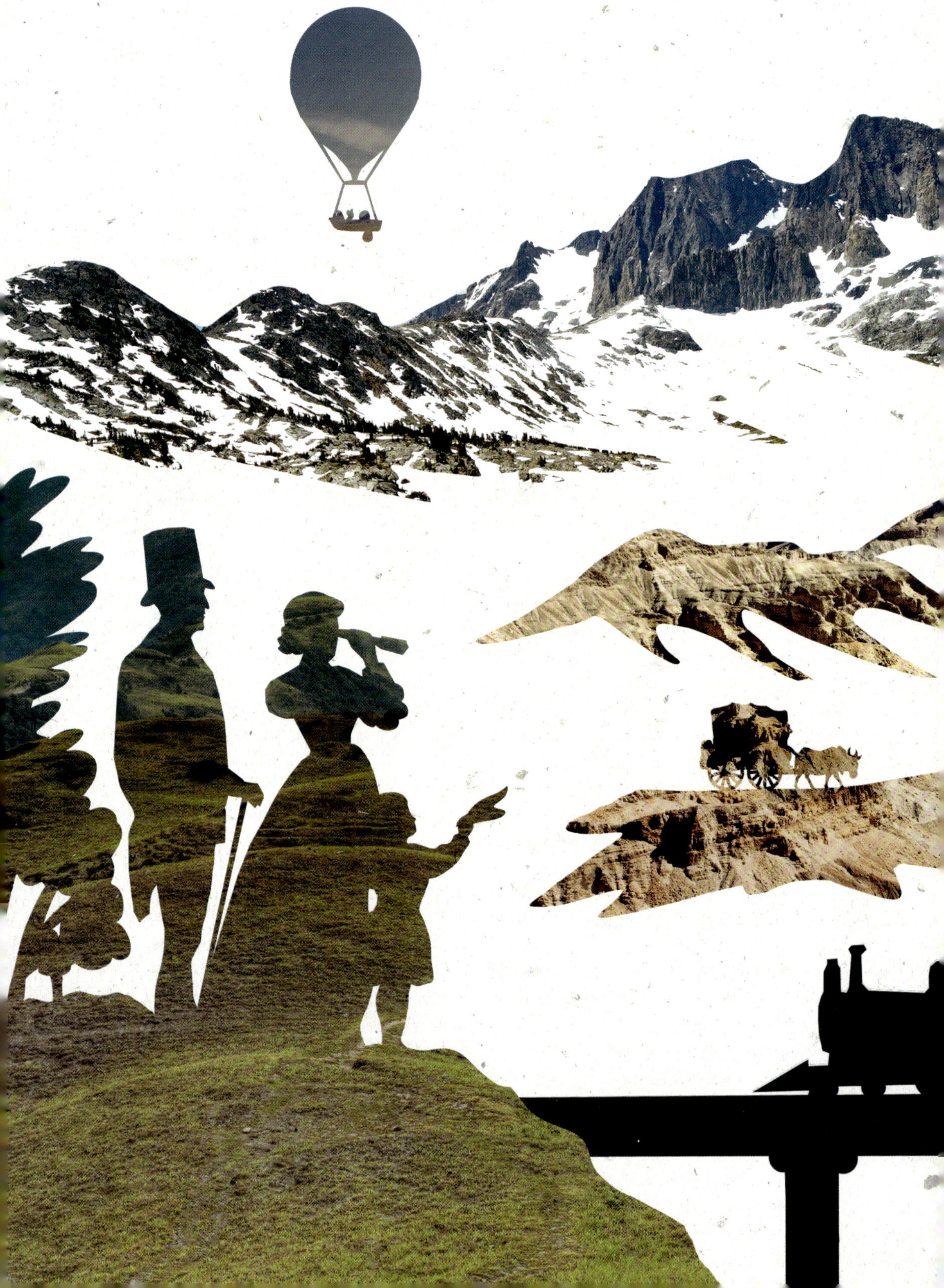

第 5 章

19 世纪

> 登上19世纪前10年的时间列车,前往科学和发明日新月异的年代,铁路也在此时开始改变世界。

319
大都会铁路线 (METROPOLITAN LINE)

英国伦敦及周围各郡 (London and Home Counties, United Kingdom)

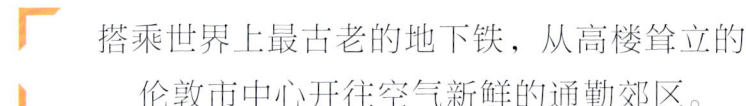

> 搭乘世界上最古老的地下铁，从高楼耸立的伦敦市中心开往空气新鲜的通勤郊区。

基本信息
- 时间：1863年（伦敦第一条地铁开通）
- 全程：67千米
- 最少用时：1小时10分钟
- 关键停靠点：阿尔德盖特、法灵顿、贝克街、山上哈罗、乔利伍德、阿默舍姆
- 途经国家：英国

喜欢这条线路吗？再看看这个

320
地铁挑战线

英国伦敦

伦敦市地铁的第一条路段于1863年开通。现在该线沿线已有270座站点。想知道走完所有站所需时间？现存世界纪录是15小时45分钟38秒！

19世纪的伦敦是当时世界上最大的城市，这里人口密集，移民潮涌动，创造发明日新月异，与此并存的还有极度贫富分化。在1801年的人口普查中，大伦敦区（包含伦敦市及其周围各郡）共有人口1 096 784人；至1860年，人数翻至3倍，达3 188 485人；1901年，达6 226 494人。此时这座城市已然饱受重负，街道拥挤不堪。自19世纪30年代起，铁路建设兴起，尤斯顿站（于1837年开通）、帕丁顿站（1838年）以及国王十字站（1850年）陆续建成，服务往返伦敦的旅客。然而，火车的到来并没有改善城市的拥挤状况，铁路运输再加上原有的马车运输，伦敦交通反而更加拥堵。因此，人们提出另一个解决方案：地下铁。

1860年，地下铁首条线路开始施工。工程大多采用切割和覆盖法建造，采取自下而上的切割方式可以避免破坏地面建筑。人们挖建较浅的沟槽后，会用支撑物将沟槽覆盖，然后将铁轨铺设在上面，重新修复路面。

伦敦的地下铁于1863年1月10日开通，是名副其实的世界上第一条地下铁。该线的木制车厢由蒸汽机车牵引，列车行驶于帕丁顿站至法灵顿街（市中心商业区），路段全长6千米。沿线地下站点均采用煤气灯照明：埃奇韦尔街、贝克街、波兰路（现在的大波特兰街）、高尔街（现在的尤斯顿广场站）和国王十字站。在大都会地下铁开通那天，有3万多人前来搭乘；开通的第一年内，该线客流量达到950万人次。伦敦的地下铁缓解交通拥堵的成效可谓立竿见影了。

之后，大都会地下铁很快向四周扩建，其中最引人注意的是短时间内迅速建起的西北方向延线，该路段地下及地面铁路自贝克街起始。至1897年，大都会地下铁抵达距伦敦市中心

80千米远的白金汉郡。

在伦敦市周围各郡建设铁路的这一尝试，不单只是建起交通纽带——"通勤郊区"的概念也由此诞生。自1919年，大都会铁路公司在铁路网沿线建起数个房产置业，房产广告宣称：住在"地铁黄金地段"可以同时坐拥乡郊魅力及便捷交通。在乔利伍德村这样的站点中，规划整齐的仿都铎王朝风格建筑群不断涌现。大都会铁路公司的楼盘广告宣传册中写道："每位爱上地铁黄金地段的人将拥有自己最爱的山毛榉和灌木林"，并且"能尽情享受奇尔特恩丘陵的清新空气"。这一切都与维多利亚时代脏乱的伦敦市大不相同。得益于伦敦的地下铁路及城镇铁路系统，伦敦人再也不需要蜗居在工作单位旁脏乱不堪的住处了。

1933年，大都会铁路与伦敦其他地下铁合并；现在，许多地铁线仍沿用曾经的大都会铁轨线。然而，全长67千米、紫色标志的大都会线才是曾经的市中心至"地铁黄金地段"的路段。市中心的金融区阿尔德盖特是该线的起始，是前往罗马时期伦敦城墙的必经之路。之后，大都会线经巴比肯区（Barbican）向西，穿过中伦敦北边（贝克街、大波兰街和马里波恩区）。在卡姆登区（Camden）的芬奇利街，列车从地下返回地面，并一路行驶到终点。

开拓性的铁路

321
利物浦和曼彻斯特铁路

英国

这条全长56千米的铁路于1830年开通，是世界上第一条全蒸汽驱动的双轨铁路。

322
斯托克顿和达灵顿铁路

英国

该线于1825年建成，是第一条运营蒸汽机车的铁路。达灵顿蒸汽压力火车头博物馆内有罗伯特·史蒂芬森一号引擎，它曾服务于斯托克顿和达灵顿铁路。

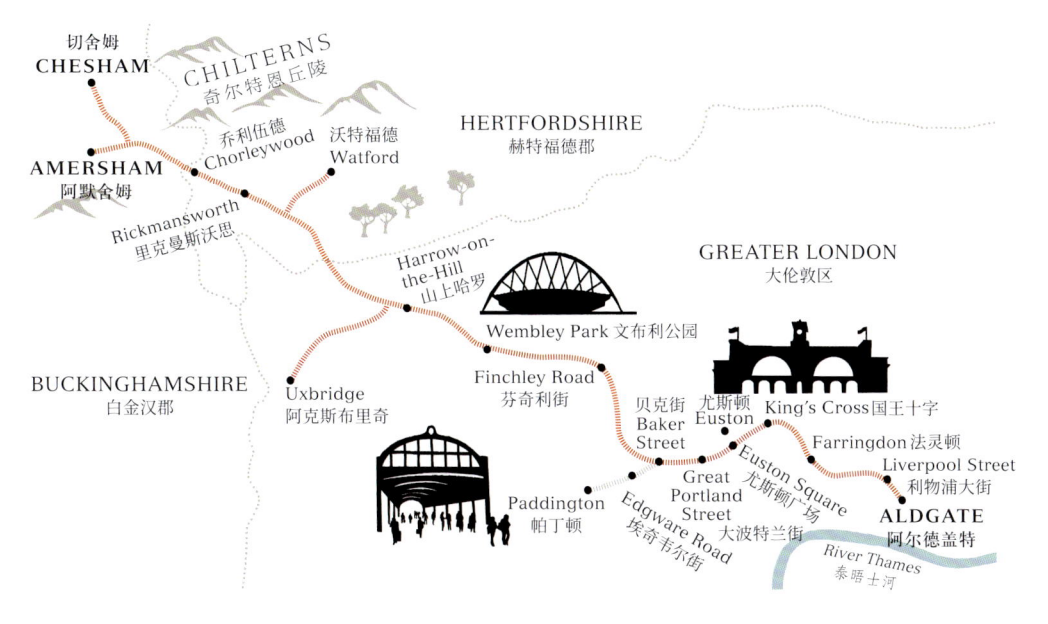

19世纪　**265**

接着，列车继续往西北行进，来到文布利公园。文布利公园所在地段曾经泥泞不堪、荒无人烟，但大都会铁路公司董事长爱德华·沃特金（Edward Watkin）却一眼相中其商业潜力。在1893年的铁路建成之前，爱德华·沃特金已在这里建起一座游乐中心，内有湖泊、花园、足球场等各种设施。另外，英格兰足球队的训练场地文布利球场也坐落于该公园。

继续向西北行进后，大都会铁路在小镇哈罗分成两路支线，南向支线抵达阿克斯布里奇，北向支线穿过大伦敦区抵达赫特福德郡和白金汉郡。在赫特福德郡和白金汉郡下车后，可以前往奇尔特恩丘陵的白垩悬崖，该地属于英格兰自然美景保护区。离开伦敦市中心仅1小时后，列车便来到阿默舍姆或切舍姆站，在任意一站下车，都可呼吸到曾经宣传的"新鲜空气"了。

下图：行驶于大都会铁路的列车从中伦敦出发，来到奇尔特恩丘陵

323
伦敦和伯明翰铁路
（LONDON AND BIRMINGHAM RAILWAY）

英国英格兰
（England, United Kingdom）

伦敦和伯明翰铁路由才华横溢的罗伯特·"火箭"·斯蒂芬森设计，它是英国首都第一条城际铁路。全长180千米的伦敦和伯明翰铁路于1838年9月通车，自伯明翰的寇松街站（Curzon Street Station）起始，经考文垂（Coventry）和拉格比（Rugby）来到伦敦的尤斯顿站。在该线到达之前，尤斯顿站所在地曾是城郊农场区，而建筑师菲利普·哈德维克（Philip Hardwick）在此建起一座宏伟的火车站。尤斯顿站是有史以来最大的拱门建筑，它的多立克式粗砂岩拱门高达21米。遗憾的是，最初的尤斯顿站（连同拱门）于20世纪60年代全部拆除，尤斯顿拱门信托机构正倡议重建原建筑。

324
斯沃尼奇和曼布尔斯铁路
（SWANSEA AND MUMBLES RAILWAY）

英国威尔士
（Wales, United Kingdom）

1807年，斯沃尼奇和曼布尔斯铁路线运营了世界上首辆收费列车。该线于1806年开通，位于渔村欧斯特茅斯（Oystermouth）和威尔士第二大城市斯旺西（Swansea）的运河之间，原本是一条矿物运输线。然而，铁路经营者在这里嗅到商机。很快，人们便乘坐马匹拉载的火车车厢行驶于该线，途中可欣赏斯旺西湾一望无际的美景。1896年蒸汽机车取代马匹；1898年该线南向延伸线抵达曼布尔斯角（Mumbles Head）；1960年该线停运，后被改建成一条长8千米的步道，步道终点是曼布尔斯维多利亚时期的长堤。

19世纪 **267**

千禧地下铁路 [MILLENNIUM UNDERGROUND RAILWAY (M1)]

匈牙利布达佩斯（Budapest, Hungary）

> 在匈牙利首都之下穿行，这条地铁线是世界上最早、最漂亮的地铁之一。

基本信息

- 时间：1896年（千禧地下铁开通）
- 全程：4.4千米
- 最少用时：11分钟
- 关键停靠点：弗洛斯马提广场/剧院、弗洛斯马提街、塞切尼温泉浴场、墨西哥大街
- 途经国家：匈牙利

布达佩斯的首条地铁线是世界第二条地铁，伦敦地铁比千禧地下铁路（又称M1号线）更早建成。千禧地下铁路竣工正值马扎尔人抵达匈牙利的1000周年纪念，地铁名也由此得来。千禧地下铁于1894年开始施工，1896年建成。爱国者正好乘坐该线前往城市公园，参加马扎尔人的盛大庆典，尽情狂欢。奥匈帝国皇帝弗朗茨·约瑟夫一世（Franz Joseph I）也是首批乘客之一，他乘坐的是皇家专用车厢。

M1号线现在仍在运营中，其沿线的11个站点是布达佩斯城内最富魅力的街道。西南至东北走向的M1号线自弗洛斯马提广场（Vörösmarty Square）起始，其地铁站入口隐藏在捷波德咖啡馆整齐排列的咖啡桌之间。传统式的捷波德咖啡馆自1870年起已经在此营业，建筑由灰泥粉饰，馆内装饰枝形吊灯。

下图：历史悠久的捷波德咖啡馆坐落于弗洛斯马提广场

左图：M1号线的站点之一位于圣伊什特万圣殿附近

地标、蒸汽动力及火车站

326
塞默灵铁路
奥地利东阿尔卑斯山脉

全长42千米的塞默灵铁路于1854年建成，线路连接格洛格尼茨和米尔茨楚施拉格，沿线共有16座高架桥、14条隧道和100多座石桥。

327
沃尔什滕—莱什诺线
波兰西部

1896年，小镇沃尔什滕开始运营蒸汽火车——至今仍在运营中，如今它已是世界上最后一条定期发车的蒸汽火车线路。

328
巴黎—马赛铁路
法国

1900年，全长862千米的巴黎—马赛铁路曾一度十分辉煌，那年巴黎里昂火车站有一家新自助餐厅开业——蓝色列车餐厅，现在仍在营业中。

329
水晶宫高级火车站
英国伦敦

在1851年的万国工业博览会之后，人们将"水晶宫"迁至锡德纳姆，并在此修建了两座火车站。水晶宫火车站仍在运营，而优雅的水晶宫高级火车站已是落寞的废墟。

　　M1号线第二站是戴阿克·费伦茨广场（Deák Ferenc Square），从前的站台已改建成地下博物馆，馆内展藏着弗朗茨·约瑟夫的皇家专用车厢。旅客可以在鲍伊奇—日林斯基大街站（Bajcsy-Zsilinszky Street）下车，前往新古典主义风格的圣伊什特万圣殿，据说11世纪匈牙利国王的右手藏于圣殿中。前往匈牙利国家歌剧院的乘客毫无疑问会在"歌剧站"下车。辉煌的布达佩斯歌剧院刚对外开放时，M1号线也即将通车。

　　经过八角广场（Oktogon）后，M1号线来到弗洛斯马提街车站，博物馆"恐怖之屋"坐落于此。这座令人生畏的博物馆展藏着20世纪匈牙利的相关史实资料；相比而言，位于数站之后的塞切尼温泉浴场令人顿感如释重负。塞切尼温泉浴场位于城市公园入口处，公园内有植物园、沃伊达奇城堡（为1896年的千年庆典建造）和日光黄色的新巴洛克式澡堂建筑，你可以懒洋洋地躺在户外热水池中尽情享受这一切。

19世纪

330
巴尔的摩和俄亥俄铁路
（BALTIMORE AND OHIO RAILROAD）

美国马里兰州
（Maryland, United States）

巴尔的摩和俄亥俄铁路博物馆坐落于巴尔的摩市，这里是美国铁路的诞生地。1828年7月4日，查尔斯·卡罗尔（Charles Carroll，最后一位在世的《独立宣言》签署者）在巴尔的摩主持巴尔的摩和俄亥俄铁路开工仪式。至此，世界上第一条商业铁路正式开始施工。1830年1月，长2.4千米的路段建成；接着，至埃利科特米尔斯（Ellicott's Mills，现在是美国国家历史名胜区）长21千米的路段建成。至20世纪70年代，巴尔的摩和俄亥俄铁路公司已拥有16 000千米长的铁路。如今，该铁路公司已不复存在，但巴尔的摩和俄亥俄铁路博物馆的"一英里快车"仍行驶于该线曾经的重要路段。

331
圣艾蒂安—昂德雷济约铁路
（SAINT-ÉTIENNE TO ANDRÉZIEUX RAILWAY）

法国中央高原
（Massif Central, France）

卢瓦尔河谷中这条少有人问津、18千米长的铁轨是法国绝佳铁路网的起始点。1827年，法国第一条铁路圣艾蒂安—昂德雷济约线开通——也是欧洲大陆首条铁路，该线连接了圣艾蒂安的矿山和昂德雷济约的卢瓦尔河。最初是马车满载煤矿行驶于该线。1832年，该线的第一辆蒸汽列车迎来首批旅客。如今法国已遍布高速列车，很少有人再前往矗立于风滚草之间的昂德雷济约火车站了。但圣艾蒂安的城市交通博物馆仍值得铁路迷前去一探究竟。

右图：布鲁内拥有远见卓识，构想了沿爱尔兰海岸建起一条通往都柏林的铁路

323
都柏林—罗斯莱尔线（DUBLIN-ROSSLARE）

爱尔兰东部（Eastern Ireland）

> 乘坐伊桑巴德·金德姆·布鲁内尔的铁路杰作之一，行驶于爱尔兰海岸沿线。

基本信息
- 时间：1806—1859年（伊桑巴德·金德姆·布鲁内尔的一生）
- 全程：161千米
- 最少用时：2小时45分钟
- 关键停靠点：都柏林、邓莱里、布雷、威克洛郡、阿克洛、恩尼斯科西、威克斯福德、罗斯莱尔
- 途经国家：爱尔兰

都柏林—罗斯莱尔线涵括爱尔兰第一条铁路：首都都柏林至港口邓莱里路段，该路段于1834年开通。这一线路上还有杰出英国工程师伊桑巴德·金德姆·布鲁内尔（Isambard Kingdom Brunel）的杰作。布鲁内尔一人足以兴起"工业革命"，他的才华和勤勉革新了19世纪的交通运输方式。布鲁内尔拥有许多极具挑战性的杰作，包括布里斯托尔的克利夫顿吊桥（Clifton Suspension Bridge）及开拓性的钢铁蒸汽船，即"SS大不列颠"号。1846年，布鲁内尔正在规划建设一条通往威尔士的铁路，旨在服

务于菲什加德至爱尔兰港湾罗斯莱尔的海道航线。此时，他已将建设罗斯莱尔通往爱尔兰首都的都柏林铁路列为下一目标。

都柏林—罗斯莱尔线极具挑战性，但风景也最为壮观，线路连接布雷市和威克洛郡（1855年通车）。比起修建一条更便捷却无法观赏美景的内陆铁路，布鲁内尔更倾向于修建更为险峻的海岸路线。因此，都柏林—罗斯莱尔线也被称为"布鲁内尔的愚蠢之举"。该线打通布雷角（Bray Head）古老的岩体，凿建起三座铁路隧道；为了征服各种自然地形，建设过程中还修建了许多其他隧道。

这趟火车之旅的确精彩。列车从都柏林出发，沿都柏林湾海岸线行至布雷。从布雷开始，列车行驶于悬崖之上的单轨路段。经过威克洛郡后，列车转向威克洛山山麓的茂密森林，并于小镇阿克洛重返海岸线。接着，列车再次返回内陆，沿班恩山谷（Bann Valley）来到古城恩尼斯科西。就是在这里，在1916年的复活节起义期间，爱尔兰共和党人控制铁路线来阻止英国军队入侵都柏林。接下来，列车会停靠于维京人创建的城市威克斯福德，然后是罗斯莱尔；就像布鲁内尔规划的一样，在罗斯莱尔有轮渡开往菲什加德。

布鲁内尔的杰作

333
普利茅斯—索尔塔什线
英国英格兰西南部

搭乘火车从德文郡出发前往康沃尔郡，途中会经过塔马河上的皇家阿尔伯特桥。这座锻铁大桥由伊桑巴德·金德姆·布鲁内尔设计，于1859年通车。

334
泰晤士隧道
英国伦敦

布鲁内尔的泰晤士隧道（1843年通车）原本是行人通道，之后改建为铁路隧道。坐落于罗瑟希德区的布鲁内尔博物馆保留有老隧道的大门。

335
塔普洛—梅登黑德线
英国伯克郡

该线于1838年竣工，泰晤士河上的梅登黑德大桥由布鲁内尔设计，成为当时世界上最宽、最平坦的砖砌拱桥。

336
帕丁顿—布里斯托尔寺院草原线
英国伦敦

大西部铁路线的首末端站及其沿线2.95千米长的鲍克斯隧道均由布鲁内尔设计。1841年该线开通时，鲍克斯隧道成为世界上最长的铁路隧道。

272　丈量世界：500条经典铁路路线中的世界史

337
开普敦—开罗铁路 (CAPE TO CAIRO RAILWAY)

非洲（Africa）

> 开启数段火车之旅拼接而成的非洲大陆之旅，实现大英帝国缔造者塞西尔·罗兹曾经的梦想。

基本信息

- 时间：1853—1902 年（塞西尔·罗兹的一生）
- 全程：约 10 500 千米
- 最少用时：现阶段无确切时间
- 关键停靠点：开罗、阿斯旺、喀土穆、内罗毕、达累斯萨拉姆、卢萨卡、利文斯通、布拉瓦约、约翰内斯堡、开普敦
- 途经国家：埃及、苏丹、南苏丹、埃塞俄比亚、肯尼亚、坦桑尼亚、赞比亚、津巴布韦、南非

矿产奇迹线

338
大拉克西矿山铁路

马恩岛

乘坐火车经由该线（1870年开通）前往小镇拉克西，大拉克西矿山深处的铅矿和锌矿从这里运出。

19世纪末，企业家和帝国缔造者塞西尔·罗兹（Cecil Rhodes）心中有个远大的蓝图：将非洲境内全部英国殖民地通过铁路连接起来。这条由开普敦至开罗、连接地中海至南大海（Southern Ocean）的跨非洲铁路会十分雄伟壮观。罗兹相信建设这条连接非洲大陆所有英国殖民地的联合主干线，将有助于英国在非洲"插上更多旗帜"，使大不列颠版图进一步向全球扩张。

罗兹是赫特福德郡一位教区牧师的儿子。1870年，他首次搬到当时的英国开普殖民地（现在的南非）居住，并在这里以棉花种植业为生。之后，罗兹转行钻石开采业，并于1880年与人合伙投资创建戴比尔斯钻石开采公司（De Beers Mining Company）。1890—1896年，他涉足政治，成为开普殖民地总理。

罗兹执政时的主要目标是向北部扩张殖民地。他想要继续扩大他的钻石开采业务，同时还想加强英国对于开普殖民地的统治，确保这里不会被葡萄牙人、比利时人、德国人占据，将其从非洲大陆上分割出去。罗兹丝毫没有顾虑他所谓的"本地原住民"的权益；一些历史学家称他为"种族隔离制度的缔造者"，即指20世纪晚期的种族歧视制度。不过，罗兹的确在缔造大英帝国辽阔疆域上有所成就，他的所作所为对之后南非的构建产生了永久性影响。

20世纪初，大英帝国此时已掌控多处地域内的几乎全部要道，从埃及经英埃苏丹（现在的苏丹和南苏丹）和乌干达，至英属东非（现在的肯尼亚）。英国的统治在此处有断裂：这里有德国人管制的坦噶尼喀（坦桑尼亚）和比利时人占领的刚果。该地以南是大英帝国新领地——包括南部和北部罗得西亚（赞比亚和津巴布韦）、贝专纳（博茨瓦纳）、斯威士兰、巴苏陀兰（莱索托）和南非。

19世纪

| MEDITERRANEAN SEA 地中海 |
| ALEXANDRIA 亚历山大 · 开罗 CAIRO |
| EGYPT 埃及 |
| 阿斯旺 ASWAN |
| WADI HALFA 瓦迪哈勒法 |
| 尼罗河 River Nile |
| SUDAN 苏丹 KHARTOUM 喀土穆 |
| 埃塞俄比亚 ETHIOPIA |
| SOUTH SUDAN 南苏丹 |
| 肯尼亚 KENYA |
| Kisumu 基苏木 |
| UGANDA 乌干达 · NAIROBI 内罗毕 |
| Lake Victoria 维多利亚湖 |
| MOMBASA 蒙巴萨 |
| TANZANIA 坦桑尼亚 |
| ZAMBIA 赞比亚 DAR ES SALAAM 达累斯萨拉姆 |
| 卡皮里姆波希 Kapiri Mposhi |
| 卢萨卡 Lusaka |
| 利文斯通 Livingstone · 维多利亚瀑布 VICTORIA FALLS |
| ZIMBABWE 津巴布韦 |
| 马托博山 MATOBO HILLS · BULAWAYO 布拉瓦约 |
| BOTSWANA 博茨瓦纳 |
| JOHANNESBURG 约翰内斯堡 |
| Kimberley 金伯利 |
| SOUTH AFRICA 南非 |
| INDIAN OCEAN 印度洋 |
| CAPE TOWN 开普敦 |

根据罗兹的设想，从开普敦至开罗的铁路将有助于国家统一及行政管理；能加强殖民统治和促进贸易发展；在必要的情况下，调动军队也更便捷。罗兹在世时，这条铁路未能建成，直至今日也仍未实现。但只要有足够的耐心和时间，在这片大陆上建造一条类似的、覆盖大部分地域的铁路线是可行的。

现阶段，列车会从地中海港口城市亚历山大出发，穿过埃及；经过雄伟的古埃及金字塔，沿尼罗河来到阿斯旺。有一辆蒸汽列车每周都会从阿斯旺发车，沿尼罗河开往苏丹的瓦迪哈勒法。阿斯旺有条由英国人于1897年建造的铁路，经沙漠前往苏丹首都喀土穆。

后续的铁路路段就断断续续了。南苏丹（英国外交和联邦事务部不建议现阶段前往）、埃塞俄比亚西部、乌干达和肯尼亚北部之间没有运营的铁路。1892年，英国人曾建设"疯狂快

左图：赞比西河上的桥梁（维多利亚瀑布附近）不再通行定期列车

线"——该线连接维多利亚湖畔的基苏木和印度洋港口城市蒙巴萨，途经肯尼亚。然而，这条铁路仅剩内罗毕至蒙巴萨段仍在运营（见244页）。

从蒙巴萨起又是另一段铁路"空白"地域，肯尼亚和坦桑尼亚之间没有铁路。不过，抵达坦桑尼亚境内后，就能够在达累斯萨拉姆登上直达赞比亚利文斯通的火车。想要前往津巴布韦的旅客会在利文斯通站下车，然后步行穿越赞比亚和津巴布韦国界线——赞比西河上的桥梁（维多利亚瀑布附近）不再通行定期列车，只有一辆短途旅游蒸汽列车会行驶于该桥。

在津巴布韦境内，可以搭乘前往绿树之城布拉瓦约市的列车（塞西尔·罗兹葬于布拉瓦约以南圆胖的马托博山中）。布拉瓦约是这段非洲之旅的最后一段，现阶段已没有继续往前的铁路了。布拉瓦约至博茨瓦纳间曾经有列车通行，而现阶段搭乘布拉瓦约—约翰内斯堡的巴士线是最好的选择。来到约翰内斯堡后，可以再次转乘火车，该站有直达开普敦的列车。总之，这段旅途有些缓慢、零散，但仍不失为一场宏大的冒险之旅。

矿产奇迹线

339
里奥廷托铁路
西班牙安达卢西亚

这条窄轨铁路于1875年建成，曾服务于里奥廷托辽阔的综合矿区。现在有辆旅游列车行驶于该线全长12千米的路段，列车将探索如同月球表面般的采矿景观。

340
丹尼斯顿矿区
新西兰南岛

丹尼斯顿煤矿区于1879年起开始开采。现在你可以乘坐老矿山轨道线的列车进入幽暗的矿区深处。

19世纪

341
"新月"号列车
（THE CRESCENT）

美国
（United States）

美铁的"新月"号列车行驶于"大苹果城（纽约）"*至"大快活城（新奥尔良）"**之间2216千米长的铁路线，线路经蓝岭山脉（Blue Ridge Mountains）缓缓深入美国南部，其沿线遍布与美国内战有关的历史。的确，纽约—新奥尔良线途经马纳萨斯市（弗吉尼亚州），即1861年第一次牛奔河之役的发生地；停靠于林奇堡（Lynchburg，弗吉尼亚州）——1865年，联盟国将军罗伯特·李（Robert E. Lee）向联邦军总司令尤利西斯·辛普森·格兰特（Ulysses S. Grant）投降，标志美国内战结束，投降地点即位于林奇堡附近的阿波马托克斯法庭；还会停靠于亚特兰大（佐治亚州），联邦主义者于1864年将此城焚烧殆尽。列车继续蜿蜒前行，沿途的老造林场依稀诉说着战前时光。

342
阿里卡—拉巴斯铁路
（ARICA-LA PAZ RAILWAY）

智利和玻利维亚
（Chile and Bolivia）

这条长440千米的铁路是"补偿铁路"，线路连接玻利维亚的首都拉巴斯和智利的港口阿里卡。玻利维亚和秘鲁在太平洋战争（1879—1883年）中战败后被迫向智利割让领土，自此玻利维亚成为内陆国。1913年竣工的阿里卡—拉巴斯线是智利政府为玻利维亚建造的补偿铁路，让玻利维亚人能够经该线来到太平洋海岸。这条铁路建起来并非易事——该线海拔最高处达4200米，是世界上海拔最高的铁路之一。遗憾的是，这条铁路于1996年起不再运营旅客列车；但近期，铁路的修复工作重启，将来某天它可能会恢复运营。

---

* 大苹果：纽约市的昵称，源自20世纪20年代。当时《纽约晨递报》记者约翰·菲茨杰拉德在撰写赛马专栏时将纽约称作"大苹果"，以喻示该城在赛马业中的显赫地位，人人都愿追逐之。这一名称逐渐变得不再流行，但在70年代时，纽约旅游局的宣传攻势重新将"大苹果"带回流行文化中。这一昵称便流行至今。

** 大快活城：这个昵称展现了新奥尔良随和的生活方式。新奥尔良得到这个昵称的原因并不清楚，也是源自20世纪60年代后期，《泰晤士报》八卦专栏作家贝蒂·纪尧德（Betty Guillaud）开始使用该术语来对比"大快活"和"大苹果"（指纽约）两座城市之间生活的不同。

343
阿莱格罗列车
（ALLEGRO）

芬兰和俄罗斯
(Finland and Russia)

阿莱格罗高速列车行驶于赫尔辛基和圣彼得堡之间，速度可达每小时220千米，全程仅需3.5小时。芬兰和俄罗斯其实渊源已久。俄国人在冬季战争（1808—1809年）中战胜瑞典人后接管芬兰地域，并建起芬兰大公国。1812年，俄罗斯皇帝亚历山大一世（Alexander I）将芬兰首都从图尔库（Turku）迁至赫尔辛基。1917年，芬兰取得独立。今天，在维堡（俄罗斯）或是瓦伊尼卡拉（芬兰）办理过境手续都很方便快捷，毫不妨碍阿莱格罗列车的行程。

344
加农炮铁路
（CANNONS RAILWAY）

法国和德国
(France and Germany)

1871年普法战争期间，德国强占法国领土阿尔萨斯-洛林（Alsace-Lorraine）。为加强对这片新领地的控制，德方想要修建这样一条铁路。加农炮铁路全长805千米，连接德国首都柏林和位于摩泽尔河（Moselle）河畔、洛林地区的梅斯市（Metz）。该线由新老铁路合并建成，全线于1882年竣工。现在，加农炮铁路已不复存在，但其标志性的建筑——梅斯城站（于1908年通车）——仍然引人注目。其新罗马式建筑风格的车站楼拥有40米高的钟楼、多拱门装饰设计、宫殿般的候车厅，彩绘玻璃窗上绘制着神圣罗马帝国的皇帝查理曼。

19世纪

345
厄立特里亚铁路（ERITREAN RAILWAY）

厄立特里亚（Eritrea）

乘坐复古的蒸汽列车行驶于意大利人建造的铁路，沿途欣赏令人赞叹的非洲美景。

基本信息
- 时间：1887—1911年（厄立特里亚铁路建成）
- 全程：118千米
- 最少用时：1天
- 关键停靠点：马萨瓦、京达、纳法斯特、阿斯马拉
- 途经国家：厄立特里亚

下图：修复的厄立特里亚铁路自红海港口城市马萨瓦起始

19世纪晚期，意大利人在"非洲殖民地争夺战"的一片混乱中夺取厄立特里亚。占领厄立特里亚之后，意大利人很快就在这里建起铁路。他们想要修建一条连接马萨瓦（Massawa，红海港口城市）至阿斯马拉（Asmara，厄立特里亚的高地首都）的铁路线，既方便调遣军队，也便于将矿石货物运送至海港。

修建这样一条铁路并不容易。除了长达118千米，它还需攀登至海拔2394米的阿斯马拉高原。这意味着铁路建设进程将会十分缓慢；相应地，其建成效果也足以令人难忘。比如，仅在城镇纳法斯特和阿斯马拉间的短途路段之间，就须穿过39条隧

上图：乘坐复古的蒸汽列车行驶于厄立特里亚令人赞叹的美景之中

道和65座高架桥及其他桥梁。阿斯马拉于1911年开通铁路。此后，该线继续向西扩建；1932年，铁路延至比什亚（Bishia）。

然而，对于这条铁路来说，20世纪余下的日子并不好过，"二战"和厄立特里亚独立战争相继爆发。好在1993年，厄立特里亚政府（已脱离埃塞俄比亚的新独立政府）决定重修马萨瓦—阿斯马拉线。

马萨瓦—阿斯马拉线于2003年重新开通，新修复的马莱牌蒸汽机车驰骋于该线，沿途是乡间壮丽的风景。这些华丽的列车蒸汽腾腾地越过拱形石桥、惊险峡谷、陡峭悬崖和幽暗深谷，还有云雾缭绕的群山峻岭，以及偶然出现的奇怪骆驼。

这条铁路现阶段的前景还不太明朗，尽管对于热忱的铁路迷来说，该线仍旧位列梦想清单，有特许旅游列车行驶其上。无论怎样，受意大利文化熏陶的阿斯马拉城拥有令人沉醉的艺术建筑、完美的浓咖啡、迷人的老铁路车间，这一切都值得一探究竟。

346

东方快车 (ORIENT EXPRESS)

法国—土耳其 (France–Turkey)

> 跟随世上最辉煌的列车穿越欧洲，列车将从巴黎出发前往伊斯坦布尔。

基本信息
- 时间：1883年（东方快车首次发车）
- 全程：3180千米
- 最少用时：4天
- 关键停靠点：巴黎、斯特拉斯堡、慕尼黑、维也纳、布达佩斯、布加勒斯特、伊斯坦布尔
- 途经国家：法国、德国、奥地利、匈牙利、罗马尼亚、保加利亚、土耳其

东方快车是铁路魅力之典范，也是最早享誉全球的列车。东方快车是其他所有列车的衡量标准。它之所以获得如此美誉，不仅因为其欧洲全境之旅奢华非凡，还因为令人忆起铁路之旅最浪漫的年代。这就是20世纪"咆哮的20年代"中的一幕幕场景：香槟碟型杯、干净的男士无尾晚礼服和让人眼花缭乱的女士晚礼服。此时，更便捷的商业化飞机尚未出现，东方快车的奢华风格恰逢其时地迎合了年代需求。贵族、外交官和明星均沉溺于东方快车的奢华感及安全性；乘坐列车时，饱受战火摧残的欧洲景致从他们的车厢外一闪而过。

伦敦 London
德国 GERMANY
奥地利 AUSTRIA
喀尔巴阡山脉 CARPATHIAN MOUNTAINS
巴黎 PARIS
乌尔姆 Ulm
萨尔茨堡 Salzburg
Vienna 维也纳
Strasbourg 斯特拉斯堡
Munich 慕尼黑
Budapest 布达佩斯
匈牙利 HUNGARY
罗马尼亚 ROMANIA
Simplon Orient Express 辛普朗东方快车
Lausanne 洛桑
阿尔卑斯山脉 ALPS
Bucharest 布加勒斯特
FRANCE 法国
Milan 米兰
Venice 威尼斯
Belgrade 贝尔格莱德
Giurgiu 朱尔朱
Varna 瓦尔纳
黑海 BLACK SEA
Arlberg Orient Express 阿尔贝格东方快车
Sofia 索非亚
BULGARIA 保加利亚
伊斯坦布尔 ISTANBUL
ITALY 意大利
马尔马拉海 SEA OF MARMARA
TURKEY 土耳其
Athens 雅典

1883年，东方快车首次发车，从巴黎开往罗马尼亚。旅客在河畔城市朱尔朱市下车，在这里乘船穿过多瑙河，来到保加利亚；抵达保加利亚后，换乘另一辆列车来到瓦尔纳；再乘轮渡经黑海来到君士坦丁堡（伊斯坦布尔）。

1889年，巴黎至伊斯坦布尔的东方快车首次发车，途经斯特拉斯堡、慕尼黑、维也纳、布达佩斯和布加勒斯特，全程约需68小时。在接下来数年中，该线路几经更改、扩建、缩减：比如，1919—1977年运营的更偏南的辛普朗东方快车线（经索菲亚和威尼斯）；1930—1962年运营的阿尔贝格东方快车（第二次世界大战期间除外），其终点位于雅典；而运行维也纳和布加勒斯特之间的，才是真正的东方快车路线。

如果你看现在的火车时刻表，会发现上面并没有"东方快车"。2009年12月12日，行驶于斯特拉斯堡—维也纳线的"欧洲之夜469号东方快车"停运。该线路是原巴黎—伊斯坦布尔路线的重要一段，是原东方快车路线留下的最后路段——也是唯一保留"东方快车"原名的路线，其历史可追溯至1883年。不过，欧洲的铁路网覆盖广泛，搭乘不同的列车线是可以拼接起原东

更多经典列车

347
芝加哥城市铁路电铁线

美国伊利诺伊州

搭乘从芝加哥至普尔曼县的短途火车之旅。普尔曼县由美国工程师乔治·普尔曼创建，他是卧铺车厢的先驱。

下图：坐落于伊斯坦布尔市的锡尔凯吉站于1888年建成的，它是东方快车的东端终点站

方快车路线的——尽管戴着手套在一旁服侍的管家早已不见踪影，搭乘的也不再是法商国际卧车公司提供的豪华卧铺车厢了。

你可以搭乘东方快车从巴黎东站出发，穿越法国北部"一战"时期的战场，来到斯特拉斯堡的阿尔萨斯（Alsace）。阿尔萨斯城拥有精致的、中世纪风格的城中心，还有现代风格的欧洲议会大厦。可以从法国边境的斯特拉斯堡搭乘火车前往德国，经过乌尔姆辉煌壮丽的大教堂（拥有世界上最高的教堂尖顶），来到巴伐利亚人的首府慕尼黑。在慕尼黑下车后，前往皇家啤酒屋（Hofbräuhaus beer hall）欣赏嗡吧鹿皮裤（oompah-and-lederhosen）乐队的演奏。接着，列车继续向阿尔卑斯山脉行进，经美丽的萨尔茨堡（莫扎特的出生地）前往维也纳。奥地利的首都维也纳深度诠释了"优雅"一词：所有宫殿、歌剧院、新艺术风格建筑都透露着优雅的情调，烟雾弥漫的老咖啡馆供应美味可口的蛋糕。

维也纳至布达佩斯只需很短的车程，列车通过多瑙河后便来到匈牙利首都布达佩斯。如果你想体验传统洗浴，或登上山坡上的布达城堡，或乘坐哐当作响的电车，布达佩斯是不二之选。接着，东方快车穿过特兰西瓦尼亚和喀尔巴阡山脉，来到罗马尼亚首都布加勒斯特。独裁者尼古拉·齐奥塞斯库（Nicolae Ceauşescu）的布加勒斯特议会宫可能比任何吸血鬼城堡更可怕。

从布加勒斯特出发是有可能抵达欧洲大陆边缘的城市伊斯坦布尔的。从前的东方快车会沿马尔马拉海隆隆行驶，最终停靠于1888年通车的大型东方风格车站——锡尔凯吉车站（Sirkeci Station）。但现在开往伊斯坦布尔的列车中断了（需要换乘巴士），该站也于2013年关停地上铁路服务。然而，这座宣礼塔遍布的跨大陆城市依旧是绝佳的旅途终点。旅途最终于佩拉宫酒店结束，佩拉宫酒店于1895年开业，招待东方快车的旅客；2010年酒店重新装修。可以预定佩拉宫酒店的411房，就是在这个房间内，英国犯罪小说家阿加莎·克里斯蒂（Agatha Christie）于1934年创作出著名的惊悚小说《东方快车谋杀案》。

下图：威尼斯辛普朗东方快车旨在还原昔日火车之旅的奢华风貌

348
威尼斯辛普朗东方快车
（VENICE-SIMPLON-EXPRESS）

英国——意大利（United Kingdom-Italy）

让人倍感遗憾的是，昔日绝妙的巴黎—伊斯坦布尔东方快车（于1883年首次发车）已不复存在。而贝尔蒙德公司的顶级奢华列车——威尼斯辛普朗东方快车则竭尽全力复原了这段如同传说一般的旅程。登上豪华的英国普尔曼列车，开启贝尔蒙德公司的伦敦至威尼斯的经典一夜之旅；在开往福克斯通市时，列车员会呈上贝里尼鸡尾酒为这段旅程拉开帷幕。旅客先乘坐轮渡跨越英吉利海峡，再换乘修复一新的20世纪20年代威尼斯辛普朗东方快车。列车提供银级服务*，供应美味的下午茶和晚餐；还有精致优雅的卧铺车厢。与此同时，阿尔卑斯山脉的美景在飞驰的车窗外闪动，昔日辉煌的火车之旅已在眼前重现。

*银级服务：餐桌的一种服务方式，服务员把食物从餐盘转移到客人的盘子，并总是从食客的左手边服务。

349
亚洲东方快车（EASTERN AND ORIENTAL EXPRESS）

新加坡、马来西亚和泰国（Singapore, Malaysia and Thailand）

> 乘坐酷酷的殖民风格列车在新加坡和曼谷之间旅行，途中会经过茂密的热带丛林。

基本信息
- 时间：1819—1942年（英国统治新加坡）
- 全程：1920千米
- 最少用时：3天
- 关键停靠点：兀兰、吉隆坡、瓜拉江沙、巴丹勿利、华欣、曼谷
- 途经国家：新加坡、马来西亚、泰国

另一条马来西亚铁路

350
东海岸铁路线

新加坡—马来西亚

从新加坡起始至哥打巴鲁、全长716千米的"丛林铁路线"是另一条穿越马来西亚的铁路，线路途经郁郁葱葱的山丘和种植园。

右图：登上亚洲东方快车前，旅客应该先去探访莱佛士酒店，品尝原汁原味的新加坡司令鸡尾酒

在登上亚洲东方快车前，最值得一去的新加坡景点是莱佛士酒店（Raffles Hotel）。1887年开业的莱佛士酒店是一座殖民复兴风格的建筑，新加坡司令鸡尾酒在这里诞生。莱佛士酒店以托马斯·斯坦福·莱佛士爵士（Thomas Stamford Raffles）命名，他是现代新加坡的奠基人。

19世纪早期，英国对印度的影响力日益加剧，英中两国的贸易也在逐年增长。因此，英国越发想在东南亚建立一个安全的贸易港。1819年，时任明古鲁省（Bencoolen，位于苏门答腊）总督的莱佛士前往马来半岛的南端考察。他在短时间内迅速考察新加坡的边远岛屿，发现这里极具潜力。莱佛士很快与苏丹签订协议，想保证英国人在岛上从事贸易的权益。在莱佛士抵达这片海岛时，岛上约有1000人。到了1869年，约有10万人

284　丈量世界：500条经典铁路路线中的世界史

慕名来到这个繁荣的贸易站。现在，新加坡的人口已超过530万人。

亚洲东方快车同莱佛士酒店一样，能带我们回到现代化以前的新加坡，那时候人们喜爱坐在藤编家具上休息，也爱盛装打扮出席晚宴。实际上，亚洲东方快车的卧铺车厢于20世纪70年代制造，曾服务于新西兰境内的铁路线；列车的装饰风格越来越有异域风情，现在则是殖民时期的豪华装修与亚洲风格装饰的结合。亚洲东方快车的餐车提供银级服务，拥有钢琴酒吧及半敞开式阳台。在无拘无束地欣赏美景的同时，可以尽情享受热带岛屿的气息。

亚洲东方快车于1993年首次发车，是首辆行驶于新加坡和泰国曼谷之间的列车。装饰派艺术风格的丹戎巴葛站曾是列车的起始点，直到2011年这座摇摇欲坠的火车站关闭。现在，亚洲东方快车从兀兰火车关卡出发，连接新加坡和马来西亚半岛的长堤*位于兀兰火车关卡以北。这意味着列车刚发车，就将跨越柔佛海峡，身后的高楼大厦渐行渐远。

亚洲东方快车行驶于西海岸线，这条单轨铁路从马来西亚半岛西部上行至泰国边境。西海岸线建于1885—1932年，目前铁路设施正逐步现代化。该线首先穿越一片葱郁的油棕树林和橡胶种植园，来到灯红酒绿的马来西亚首都吉隆坡。列车将停靠于1911年建造的吉隆坡火车站，这是一座摩尔复兴风格的建筑，它漂亮的拱门让人联想起婚宴蛋糕，车站配楼则是圆顶风格的建筑。

旅客会在豪华的卧铺车厢中安睡一夜，醒来后不用下床即可享用早餐（当然，配有银质的餐点托盘）。不一会儿，列车来到皇城瓜拉江沙，这里有乌布迪亚清真寺的导览服务，还可游

---

*长堤：这里指跨越柔佛海峡的新柔长堤，长1056米，连接马来西亚柔佛州新山市和新加坡的兀兰。它既是公路和铁路通道，也承载马来西亚通往新加坡的供水管道。

喜欢这条铁路吗？再看看这个

351
仰光—曼德勒快线

缅甸

这条英国人建造的殖民地铁路（1877年开放）在缅甸两个最大的城市之间穿越，全长622千米，行程约15小时。

览前苏丹宫殿，现在已是座博物馆。瓜拉江沙已经离泰国不远。穿越边境城市巴丹勿刹的定期列车很少，但亚洲东方快车获批经巴丹勿刹穿越国境。列车会转轨到泰国南线（1903年开通），经一天一夜的颠簸越过边境，途中经过庞大的喀斯特山脉、瀑布飞溅的丛林和热闹的贸易小镇。

第三天早上，列车沿铁路支线蜿蜒下行，经过城镇北碧（Kanchanaburi）来到桂河大桥。这座声名狼藉的桥梁由"二战"时期的联盟战俘建造，是缅甸"死亡铁路"的部分路段。乘客可以在这里下车，乘坐小船从桥下过河；列车从铁路桥上驶过。接着，旅客可以再次登上列车，直到下午三四点钟抵达曼谷。

当然，行驶于这一路线的不仅有亚洲东方快车，还有其他常规列车；选择新加坡—吉隆坡—北海—巴丹勿刹—曼谷线，全程大约需48小时——价格更实惠。不过，就不再有鸡尾酒，也无法体会殖民风格的独特魅力了。

右上图： 列车沿臭名昭著的桂河大桥旁陡峭的悬崖行驶

右图： 亚洲东方快车停靠吉隆坡后，有参观乌布迪亚清真寺的导览服务

352
北婆罗洲铁路
(NORTH BORNEO RAILWAY)

马来西亚婆罗洲
(Borneo, Malaysia)

　　北婆罗洲是现在马来西亚的沙巴州，于1882年成为英国保护国。行驶于北婆罗洲铁路的蒸汽列车将带领旅客回到殖民时期，车内有原生态木制风格的装饰、锃亮的黄铜设施，以及传统式午餐。列车每周发车两次，从丹绒亚路站［位于沙巴州的首府哥打基纳巴鲁（Kota Kinabalu）附近］来到稻香之城巴帕（Papar），往返共需4小时。途中，列车会穿越美丽的婆罗洲乡郊地区，途经海滨小镇、干栏式小屋聚集的村庄、葱郁的热带雨林区、咖啡豆种植园和绿油油的稻田。

353
波迪·梅尼克列车 (PODI MENIKE)

斯里兰卡 (Sri Lanka)

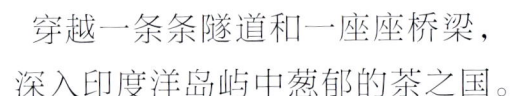

穿越一条条隧道和一座座桥梁，深入印度洋岛屿中葱郁的茶之国。

基本信息
- 时间：1824年（第一棵茶株引进到斯里兰卡）
- 全程：292千米
- 最少用时：10小时
- 关键停靠点：科伦坡、康提、哈顿、纳努大屋、哈普特莱
- 途经国家：斯里兰卡

工业模范线

354
兰戈伦铁路
英国威尔士

乘坐遗产线兰戈伦铁路穿越迪河谷，这条16千米长的铁路绝大部分路段由蒸汽驱动。该线于1865年通车，主要用于商业服务和运输。

355
印加—马纳科尔线
西班牙马略卡岛

乘坐35千米长的印加—马纳科尔线，从印加镇前往马略卡岛。马略卡岛的马霍里卡公司自1890年开始生产世界上最精美的仿制珍珠。

斯里兰卡茶叶产量位列世界第四，前三名的国家分别是中国、印度和肯尼亚，随后是相较而言（国土面积）像雨滴般小的岛国斯里兰卡。茶叶种植园覆盖斯里兰卡整片中央高地——放眼望去，漫山遍野尽是美好、绿油油、让人心生欢喜的茶林。但直到1824年，斯里兰卡才首次引进茶叶。

英国人于1815年正式统治斯里兰卡（那时称锡兰），并从中国引进茶叶；人们将茶株种植到皇家植物园做展示，该植物园位于康提市附近的佩勒代尼耶。那时候，斯里兰卡是大型咖啡业种植国，苏格兰的咖啡种植人詹姆斯·泰勒（James Taylor）于1867年决意在鲁勒坎德拉庄园（Loolecondera Estate）种植茶叶，人们倍感不解。然而在两年之后，咖啡作物爆发枯萎病，斯里兰卡的主要经济作物受到重创。到了1870年，咖啡种植园拥有者要么离开斯里兰卡，要么转行改种茶叶。今天，已有超过100万斯里兰卡人在茶业领域工作，斯里兰卡的茶叶仍靠手工采摘，以确保获得高质量的茶酿。

实际上，斯里兰卡的茶叶种植园是铁路建设的促因。自1858年起，英国人便开始建造连接种植园和首都科伦坡的铁路。铁路最初在内陆运行，负责运输咖啡，然后是茶叶。1864年，第一条铁路运输线竣工，自科伦坡起始至安贝普瑟镇；1867年，铁路延至康提；1924年全线建成，抵达巴杜勒中部山区。

尽管斯里兰卡高海拔的山坡地形适于茶叶生长，但对于建铁路就不那么友好了。这条全长292千米的铁路深入斯里兰卡连绵起伏的中部山区，沿线共有40条隧道和许多座桥梁。它从海平面攀升至最高点帕蒂波拉（海拔1898米），并在之后的65千米内迅速降至海拔1250米。行驶于卡杜甘纳沃和巴拉那

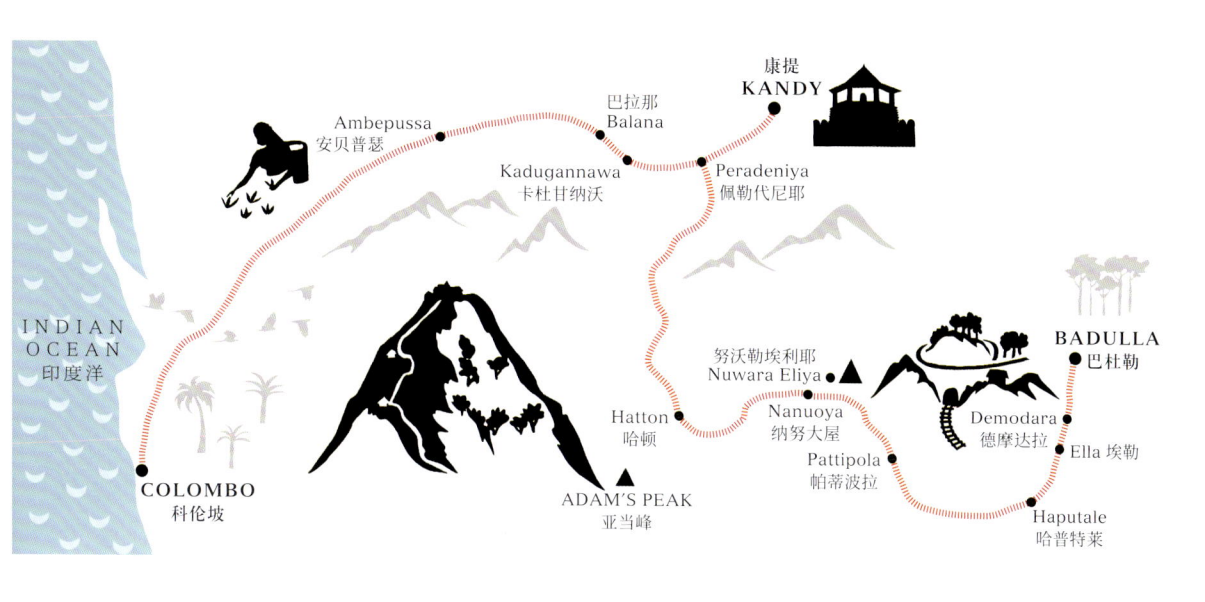

间的路段尤其让人头晕目眩，列车会沿着300米高的山坡边缘前行。

德摩达拉路段是建造该线时最大的挑战之一。为此，工程师建造了德摩达拉环线：这条900米长的螺旋路段穿过自身，从德摩达拉火车站之下的一条隧道中钻出。据说，德摩达拉环线的灵感来源于当地种植园监工所戴的头巾，当工程师看到他们如何穿

下图：波迪·梅尼克列车从高地的茶叶种植园正中穿过

戴头巾式的帽子时，便想出建造德摩达拉环线的解决方案。

斯里兰卡美丽的乡郊风景似一幅画卷在旅途中徐徐展开。列车从科伦坡出发，穿过鸟类聚集的湿地和市郊；再攀登上山丘，经过繁茂、芬芳、一望无际的茶林。能比这一片碧绿茶林更耀眼的，只有身着五彩莎丽的采茶女了。

佩勒代尼耶枢纽站有一条前往康提市的支线，但并不是所有科伦坡—巴杜勒的列车都会开往这条支线，波迪·梅尼克列车除外，这也是为什么它是最佳之选——康提不容错过。康提市是斯里兰卡的第二大城市及文化中心，也是古迹佛牙寺的所在地——据说这座寺庙内收藏着佛祖的一颗牙齿。

列车还会停靠于哈顿，前往亚当峰的旅客可以在这站下车。已有成千上万的朝圣者登上亚当峰顶，据说山顶上有佛祖留下的足印。在乘坐火车时也可以观赏亚当峰。

茶叶朝圣者可以在纳努大屋站下车，该站所在的努沃勒埃利耶镇是斯里兰卡海拔最高的城镇。努沃勒埃利耶最初是由英国人于1846年建造的山区避暑小镇，看上去就像缩小版的英国：在这片热带地域中，有绅士俱乐部、殖民时期的旅馆和仿都铎王朝时期的大楼。这座城市也是斯里兰卡最重要的茶叶种植地，你可以在这里平房改建的茶园中尽情享受沁人心脾的茶饮。

右图：一定要乘坐支线到康提，参观佛牙寺。

19世纪

356
哈瓦那—圣地亚哥线
（HAVANA-SANTIAGO）

古巴
（Cuba）

古巴于1837年建造第一条铁路，当时古巴仍是西班牙殖民地，西班牙本土尚没有铁路。古巴的糖业促进了铁路建设。19世纪，古巴蔗糖产量激增，糖业运输线逐渐遍布整座岛屿，一辆辆蒸汽列车常常满载"白色黄金"。21世纪早期以前，古巴一直运营蒸汽动力列车。现在，柴油驱动取代蒸汽动力，铁路线也缩减，但乘火车仍旧是在古巴旅行很好的方式，在游山玩水的同时，还可以在途中结识当地人。这条全长854千米的旅程连接古巴最具氛围的两座城市——首都哈瓦那和"跳着萨尔萨舞"的圣地亚哥。

357
甘蔗火车
（SUGAR CANE TRAIN）

美国夏威夷州
（Hawaii, United States）

1890年，毛伊岛上的首座商业糖种植园"先驱工坊"建设了岛上第一条铁路，这条窄轨铁路负责将种植园的货物运送到市场。该线于20世纪50年代关停，但并没有就此废弃。1969年，全长10千米的拉海纳、卡纳帕利和太平洋铁路（Lahaina, Kaanapali and Pacific Railroad）——又称"甘蔗火车"的路线——开始运营老式蒸汽火车，列车从工坊的所在地拉海纳（Lahaina）开往普科利（Puukolii）火车站。游客依旧可以在拉海纳看见工坊69米高的老烟囱，这座烟囱于2010年翻新。另外，拉海纳还有古董火车设备展，两座19世纪的鲍德温机车也同时参展，它们曾拉载过工坊的珍贵货物。

358
欧鲁普雷图—马里亚纳线
(OURO PRETO-MARIANA)

巴西东部米纳斯吉拉斯州
(*Minas Gerais, Eastern Brazil*)

欧鲁普雷图坐落于米纳斯吉拉斯州中心,曾是巴西淘金热期间的枢纽城市,也是该州首个建设铁路的城市。1883—1914年,全长18千米的欧鲁普雷图—马里亚纳线最终建成。该线从欧鲁普雷图(位列世界遗产名录)起始,经碧绿的山脉,抵达殖民城镇马里亚纳。这条铁路曾一度停用,但最终于21世纪早期修复,并再次通车。现在,欧鲁普雷图—马里亚纳线于每周五至周日运营,拥有超大观景车窗的旅游列车,沿途可观赏连绵起伏的森林和金矿遍布的山丘。

359
监狱铁路
(PRISON RAILWAY)

法属圭亚那
(*French Guiana*)

1852年,首艘载满法国囚犯的船只从法国启程,驶向法属圭亚那。在1951年以前,被称为南美洲前哨基地的法属圭亚那一直是法国的刑事殖民地。这是一个野蛮、未开化的服刑地——它的声名狼藉部分源于作家亨利·沙里埃(Henri Charrière)在《巴比龙》(*Papillion*,于1969年创作)一书中的描述。起初,犯人先抵达马罗尼河畔圣洛朗(St-Laurent-du-Maroni),然后被押送至乡郊的囚犯监狱。为此,1890—1897年,人们沿马罗尼河畔上游建起一条圣洛朗(St-Laurent)至圣让(St-Jean)监狱的铁路。现在这条铁路已不见踪影,但圣洛朗城内仍有一座老监狱楼,而废弃的主火车站只剩一堆杂乱的钢筋框架了。

360
老巴塔哥尼亚快车 (THE OLD PATAGONIAN EXPRESS)

阿根廷巴塔哥尼亚（Patagonia, Argentina）

> 乘坐窄轨小火车开启短途火车之旅，途中会经过安第斯山脉的山麓和威尔士人定居的偏远城镇。

基本信息
- 时间：1865年（威尔士人首次来到巴塔哥尼亚）
- 全程：166千米
- 最少用时：9小时
- 关键停靠点：埃斯克尔、纳韦尔潘、拉坎查、莱莱克、布鲁诺托玛、埃尔马滕
- 途经国家：阿根廷

"不过，说真的，最差的火车却能带人前往最美的风景。"英国作家保罗·索鲁（Paul Theroux）在搭乘老巴塔哥尼亚快车时写道。他与此趟列车同名的书《老巴塔哥尼亚快车》于1979年出版，向全世界介绍了这条窄轨小型蒸汽列车［绰号即"窄轨小火车"（La Trochita）］——自1945年起，它就在阿根廷南部荒野中驰骋了。

索鲁搭乘的"窄轨小火车"从偏远的亚科巴奇工程师镇［Ingeniero Jacobacci，以铁路总工程师圭多·亚科巴奇（Guido Jacobacci）命名］出发，行驶402千米后抵达埃斯克尔（Esquel）。埃斯克尔是由1865年移居巴塔哥尼亚的威尔士移民建造。他们

起初希望建立一个威尔士语社区，想找到和家乡一样的青山绿谷安家。但最终，他们在风沙吹拂的茫茫草原安定下来——虽然荒凉，却有着另一种动人心魄的美。

20世纪90年代，"窄轨小火车"的前景甚是暗淡。人们公开抗议列车停运后，它才得以继续运营；之后，"窄轨小火车"被列为国家历史古迹。但现在它仍没有定期运营。"窄轨小火车"不定期行驶于19千米长的埃斯克尔至纳韦尔潘（Nahuel Pan）路段，服务于游客；偶尔在获得批准的情况下，会运行于埃斯克尔和埃尔马滕（El Maitén）路段。

即便旅途这样短暂，但其魅力依旧不减。"窄轨小火车"仍由德国亨舍尔牌或美国鲍德温牌的老式蒸汽动力机车牵引。就像索鲁所说，列车会穿越"最美的风景"；途中，安第斯山脉的山麓美景在窗外帧帧放映。

上图：巴塔哥尼亚—碧苍穹下的美景

下图：尽管"窄轨小火车"的服务不定期，但它仍一如既往地从埃斯克尔出发

361
喜马拉雅山脉大吉岭铁路
(DARJEELING HIMALAYAN RAILWAY)

印度西孟加拉邦（West Bengal, India）

乘坐反重力"玩具"铁路线前往殖民时期的山区避暑小镇，沿途是绝妙的山间风景。

基本信息
- 时间：1879—1881年（喜马拉雅山脉大吉岭铁路修建）
- 全程：84千米
- 最少用时：7小时15分钟
- 关键停靠点：新杰尔拜古里、西里古里、苏克纳、廷达瑞亚、格尔西扬、古姆、大吉岭
- 途经国家：印度

山区避暑小镇大吉岭于19世纪早期建成，在英属印度时期是疗养胜地，豪宅、教堂、社交俱乐部如雨后春笋般涌现，茶树种植也开始兴起。大吉岭越来越受欢迎后，本地商业逐渐发展起来，通往大吉岭的公路也就越来越拥挤。1879年，人们开始在大吉岭建造极具挑战性的窄轨铁路，该线轨距仅610毫米，铁路从低地平原带到最高点的海拔差约有2000米。

喜马拉雅山脉大吉岭铁路——也叫"玩具火车"，于1881年开通；这条反重力的倾斜铁路是铁路工程的又一胜利，现在它已是联合国教科文组织的世界遗产。旅途从新杰尔拜古里站（New

另一条印度铁路

362
加尔加—西姆拉铁路
印度西北部

1884年，英国宣布山区避暑镇西姆拉成为印度的夏季首都。1898年，人们开始在此修建这样一条全长96千米的惊险的窄轨铁路。

右图：大吉岭的"玩具火车"被列入联合国教科文组织的世界遗产名录

Jalpaiguri Station）开始，靠近热闹的西里古里城（Siliguri）。起初，列车沿老路线行驶，掠过平坦的平原，经过商店和房屋。从苏克纳站（Sukna Station）起地形开始变化，列车缓缓驶进树荫庇护的山脚。用"缓缓"这个词相当贴切，喜马拉雅山脉大吉岭铁路的平均速度为每小时12千米，匆匆忙忙的旅客便不适合乘坐了。

沿途的景色依旧壮观。铁路会穿越浓密森林和葱郁茶园，采茶人穿梭于林间。天气好的时候还可以看到世界最高峰，比如白雪皑皑的干城章嘉峰。该线还有其他特殊的工程创新，比如六个反向"之"字形弯道、数个陡峭环线，以及痛苦终极弯道（Agony Point，线上最急的弯道）和巴塔西亚环线（Batasia Loop）。驶出环线后，列车进入山间螺旋形隧道，继续沿山丘上行。

新杰尔拜古里—大吉岭线现在运营的是柴油列车。蒸汽列车则负责古姆站（铁路最高点）和大吉岭间更短的旅游线，沿途是喜马拉雅山脉最美的景色。

下图：乘坐蒸汽动力列车前往大吉岭山间车站，大吉岭因茶闻名

怀特隘口和育空铁路（WHITE PASS AND YUKON RAILROAD）

加拿大和美国（Canada and United States）

乘坐似乎不可能建成的铁路，
寻觅克朗代克淘金热中探矿人的脚步。

基本信息
- 时间：1897—1898年（克朗代克淘金热时期）
- 全程：109千米
- 最少用时：4小时45分钟
- 关键停靠点：斯卡圭、赫尼冰川、弗雷泽、本尼特、卡克罗斯
- 途经国家：加拿大、美国

1896年，三位金矿勘探者在克朗代克河支流发现金矿，这一发现随即引发世界最大的淘金热。1897—1898年，有超过10万名怀揣掘金梦想的采矿人前往加拿大育空地区。1898—1900年，人们建起一条专为采矿人服务的窄轨铁路。

尽管想要在这样的地形里建设铁路几乎不可能，怀特隘口和育空铁路还是建成了。在仅仅两年时间内，铁路就从阿拉斯加海岸山脉的山体中挖凿而出，并抵达加拿大境内。铁路沿线有多座隧

道、高架桥，还有坡度达3.9%的斜坡和位于悬崖峭壁之上的急转弯。铁路在最开始32千米的路段内，就攀登了1000米的垂直高度。

最初，怀特隘口和育空铁路位于海港城市斯卡圭和怀特霍斯（Whitehorse）之间；自该线于1988年改成夏季旅游线后，线上的柴油列车最后停靠至偏远的采矿城市卡克罗斯。不过，改线后的路段已包含全线最佳看点。

列车从斯卡圭出发，经过淘金热公墓后，沿斯卡圭河继续前行，这段旅程沿途遍布森林、瀑布和冰山。接着，列车驶过穿山隧道，穿过死马隘谷和一座废弃的钢桥——这座桥曾是世界上拥有最高悬臂梁的桥梁。不一会儿，列车抵达海拔873米的怀特隘口，这里是美国和加拿大的交界处。加拿大骑警曾在这里检查金矿勘探者是否带足生活补给，核查无误后才会放他们进入不列颠哥伦比亚省。

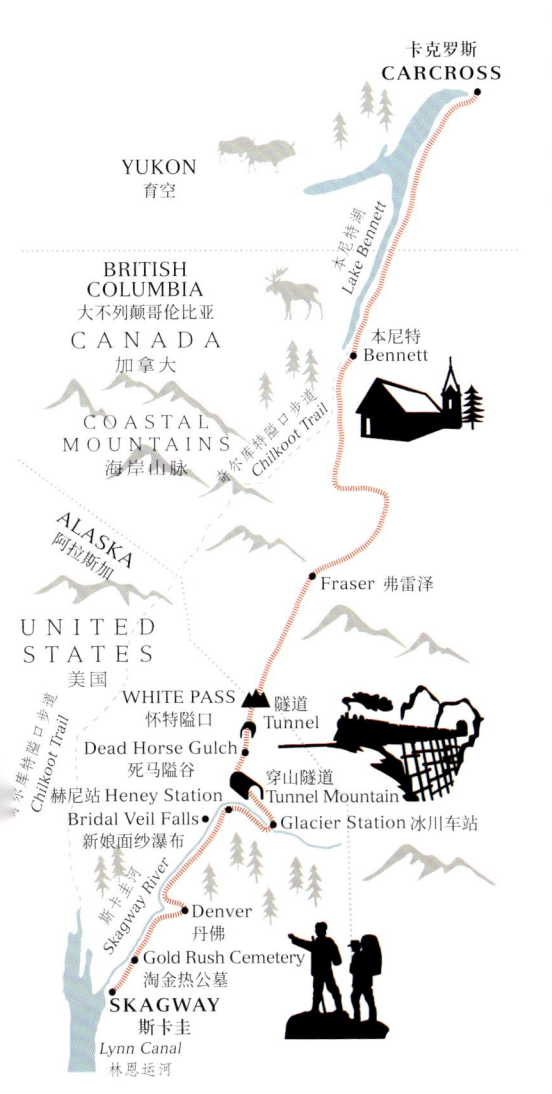

铁路上行至弗雷泽市后，转向下行抵达本尼特市。本尼特城内曾经搭建许多帐篷，金矿勘探者在走出奇尔库特隘口步道后，会来到本尼特歇脚。在铁路建好前，经本尼特前往黄金矿区是唯一路径。本尼特城内仍矗立着一座教堂（1899年建成）。最后，列车围绕本尼特湖前行，停靠至育空境内的卡克罗斯站。这是该线最后建成的路段，全线于1990年7月29日竣工。

矿石运输铁路

364
维多利亚黄金矿区线

澳大利亚维多利亚州

19世纪80年代，莫尔登镇和卡索曼的淘金热推动了这条铁路的建设。现在，这条全长17千米的铁路同时运营旅游蒸汽列车和柴油列车。

365
"勘探者"号列车

西澳大利亚

没有时间乘坐全部印度洋—太平洋铁路线？那就乘坐"勘探者"号列车吧。"勘探者"号从珀斯出发，开往卡尔古利，旅途全长653千米，共需8小时。1893年，人们在卡尔古利发现金矿。

366
蒙塔矿区旅游铁路

南澳大利亚

1861年，人们在海滨小镇蒙塔发现铜矿。现在有辆旅游列车带领乘客前往曾经的矿区遗址，途中列车会穿过一条老尾矿堆之间的隧道。

左图：怀特隘口和育空铁路曾运载克朗代克淘金热时期的先驱探矿者

加利福尼亚"微风"号列车（CALIFORNIA ZEPHYR）

美国（United States）

> 跟随铁路先驱的脚步，体验美国西部令人震撼的山脉、平原和沙漠。

基本信息
- 时间：1869年（州际铁路建成）
- 全程：3900千米
- 最少用时：51小时20分钟
- 关键停靠点：芝加哥、丹佛、盐湖城、里诺、萨克拉门托、爱莫利维尔（旧金山）
- 途经国家：美国

加利福尼亚"微风"号不单单是一辆火车而已，它是已实现的梦想，是联合的国家，也是一部西部开拓史。在铁路建成以前，一旦决定要步行或骑马穿越广袤的美国，就要做花费6个月时间的准备。只有不顾一切、勇敢无畏的人才能完成这趟艰辛旅程，从文明开化的美国东部进入西部的沙漠、高山和"印第安"地域[*]（'Injun' country）。

19世纪30年代，美国东部海岸沿线建起境内首条铁路。然而，到了50年代，加利福尼亚成为美国的一个州，而且这里看起来遍地都是金矿；因此，人们开始急切地想要建设一条连接美国大西洋海岸和太平洋海岸的铁路以便运输金矿。铁路建设过

右图：加利福尼亚"微风"号穿过落基山脉，驶入丹佛联合车站

[*] "印第安"地域："Injun"是一种带有歧视性的美洲原住民称呼，据说是用来嘲笑和模仿美洲原住民带口音的英语。出于众多原因，"印第安"地域曾禁止白人入境。

程中最大的问题是什么呢？就是征服沿线的高山。

1862年，时任美国总统的亚伯拉罕·林肯（Abraham Lincoln）签署《太平洋铁路法案》。法案通过赠予铁路公司土地和发放政府债券的形式资助了两个铁路公司——中央太平洋铁路公司和联合太平洋铁路公司，相当于为每千米铁路资助2万美元。前一个铁路公司负责加利福尼亚为起点的东向线，后者则负责密苏里河起向西的铁路。两个公司都面临严峻挑战：打通坚硬的花岗岩来建设铁路隧道；在陡峭的悬崖间建造桥梁；在狂风暴雪的恶劣环境下工作；和怀有敌意的苏族（Sioux）、夏延族（Cheyenne）和阿拉帕霍族人（Arapaho）交涉。铁路需要穿越这些族群的土地，人们对此感到不满。

1869年5月10日，上述两条铁路在犹他州普罗蒙特合并。在竣工仪式上，人们钉入铁路最后一根钉——一枚金制的钉子。从此以后，人们可以乘坐铁路穿越美国。牛仔、矿石勘探者、石油商和法外之徒等能更方便地前往美国西部边境。从前6个月的穿越美国之旅到现在仅需两周。

现在，加利福尼亚"微风"号运行于芝加哥和旧金山之间，每天都会发车，全程仅需2天多时间。列车并非完全按照原路线行驶，现在的路线更偏南，会经科罗拉多州连接奥马哈和盐湖城（原线经怀俄明州）。途中有许多令人印象深刻的工程，尤其是唐纳隘口路段，它是建设该线时最大的挑战。

唐纳隘口2151米的海拔足以让人高处不胜寒。在1846年和1847年之间的冬季，一群乘坐马车出行的人们来到这里时被积雪围困，最后只有半数人生还。其中一些人靠食人肉存活下来。经过艰苦建设，1868年时，人们已建起四条隧道、数千米的雪

可供选择的其他美国铁路

368
莫农加希拉斜坡缆索铁路

美国匹兹堡

登上1869—1870年建成的美国最古老的缆索铁路。这条194米长的铁路现在仍吱吱呀呀地攀登着华盛顿山，沿途能观赏到美景。

369
杜兰戈和锡尔弗顿窄轨铁路

美国科罗拉多州

这条全长72千米的铁路线原本用于圣胡安山脉的金矿运输。该线自1881年起至今仍在运营，尽管它的蒸汽机车拉载的不再是矿石，而是乘客。

19世纪　**301**

棚（防止雪崩）和两面巨大的护墙。唐纳隘口就这样被成功攻下，造就了第一条越过内华达山脉的铁路。

铁路建设时极具挑战性的路段，如今已成为游客的最爱。"微风"号观光车厢内观赏到的景色尤为壮丽。途中，群山峻岭拔地而起，海拔高达4000米，且山顶常年覆盖冰雪，夏天也是如此。途中有瀑布重重悬挂于山脊间，浓荫绿草覆盖着山坡，湍急河流在原生态峡谷中奔腾不息。还有那片仿佛一眼望不到尽头的"无情"沙漠。

当然，也有很有趣的站点。比如，你可以前往科罗拉多州的温特帕克滑雪，或者去探索格兰比的落基山国家公园。抵达内华达州时，你可以前往里诺的赌场，在轮盘赌桌前押注；里诺被称作"世界上最大的小城市"。铁路爱好者可能会喜欢萨克拉门托，加利福尼亚州铁路博物馆坐落于此；伊利诺伊州的盖尔斯堡还会在每年6月举办"铁路节庆日"。

"微风"号〔以希腊的西风之神仄费罗斯（Zephyrus）命名〕之旅中最精彩的终究还是旅途本身。"微风"号是双向行驶的，从东向西也别有一番情致——列车缓缓驶向日落的余晖，跟随西风之神脚步，也寻觅着第一批开拓者的足迹。

下图：坐在"微风"号的观景车厢中望向窗外，加利福尼亚州绵延的沙漠仿佛无边无际。

370
"帝国建设者"号列车
（EMPIRE BUILDER）

美国（United States）

1804年5月，美国探险家梅里韦瑟·刘易斯（Meriwether Lewis）和威廉·克拉克（William Clark）从密苏里州出发，去探索尚无人知晓的美国西部。他们一路向西北方前进，穿越北美大平原和落基山脉，来到现在西雅图南部科拉特索普城堡（Fort Clatsop）。

"帝国建设者"号列车行驶于类似路线，全长3550千米，位于芝加哥和西雅图之间。途中，列车会经过联合堡（Fort Union，位于北达科他州）。这里是密苏里河和黄石河的交汇处，刘易斯和克拉克曾提到过。列车还会经玛丽亚斯山口（Marias Pass，位于蒙大拿州）穿越落基山脉，二人曾经费尽心思地寻找这座山口。接着，列车沿哥伦比亚河峡谷（位于华盛顿）行驶，二人于1805年10月穿越这座峡谷。

371
布拉瓦约—维多利亚瀑布线
（BULAWAYO-VICTORIA FALLS）

津巴布韦西部（Western Zimbabwe）

布拉瓦约—维多利亚瀑布线全长472千米，现运营一辆夜班列车，拉载的是20世纪50年代的英国古董车厢。列车于午后从高海拔平原城市布拉瓦约出发，之后绝大部分路线都围绕万盖国家公园（Hwange National Park）。途中可以看到大象、长颈鹿和羚羊。在快到终点站时，一片雾气蒸腾的景观映入眼帘。英国探险家戴维·利文斯通（David Livingstone）于1855年发现莫西奥图尼亚（Mosi-oa-Tunya，意为"雾气蒸腾"）。他万分惊讶地宣称："这幅景致欧洲人从未见过，如果天使飞经此地，也必然会驻足观看。"因此，利文斯通以英国女王之名命名这座108米高的瀑布，即维多利亚瀑布。

19世纪

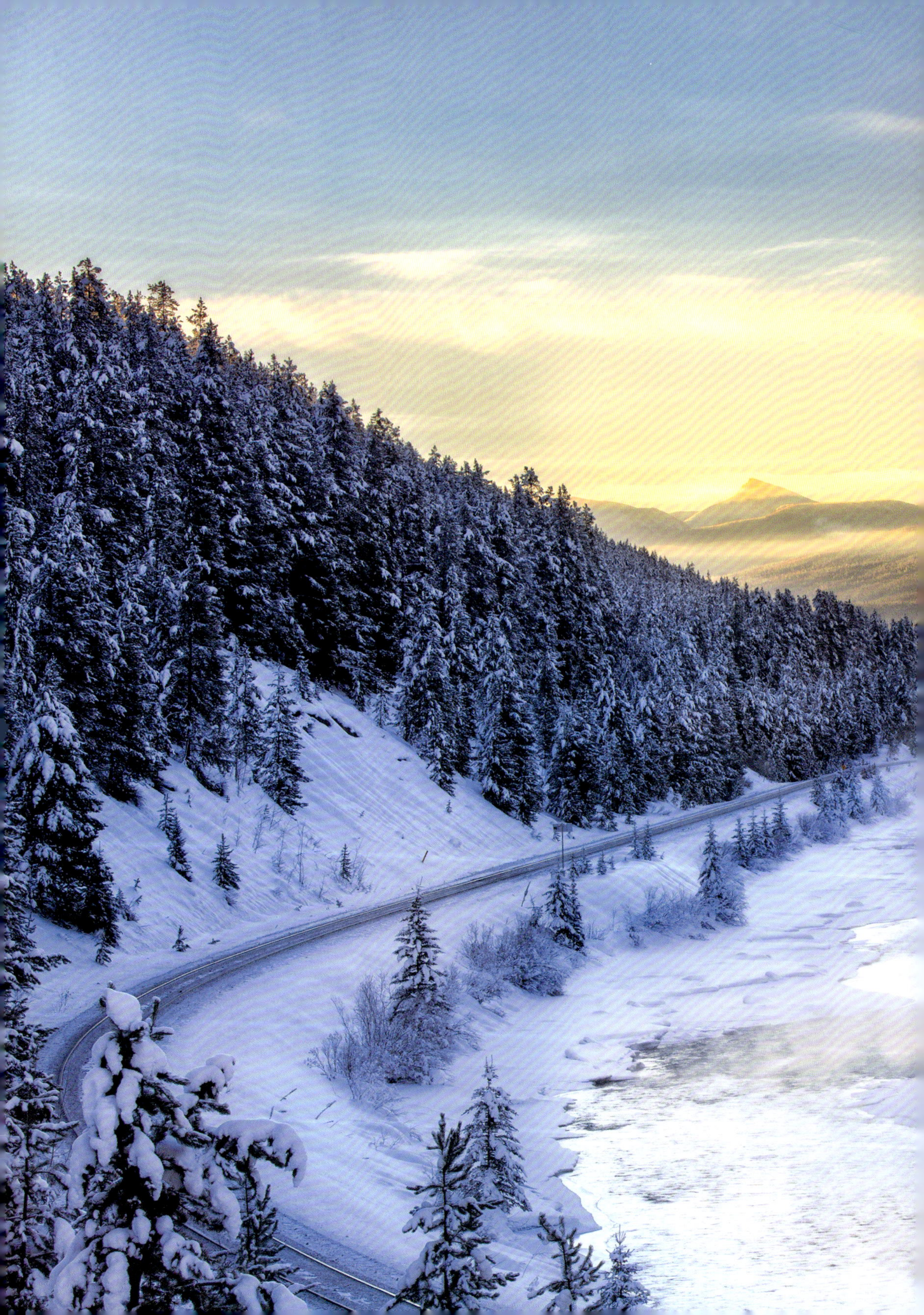

离开度假小镇班夫后,"落基山登山者"号跟随19世纪铁路开拓者的铁路,来到重峦叠嶂的壮观峡谷地带

372
"落基山登山者"号列车（ROCKY MOUNTAINEER）

加拿大不列颠哥伦比亚省和艾伯塔省
(British Columbia and Alberta, Canada)

搭乘开辟加拿大西部的铁路，经老"踢马隘口"路线征服落基山脉。

基本信息
- 时间：1885年（加拿大太平洋铁路建成）
- 全程：955千米
- 最少用时：2天
- 关键停靠点：班夫、路易斯湖、克雷盖拉希、希卡姆斯、坎卢普斯、温哥华
- 途经国家：加拿大

1885年，加拿大太平洋铁路的"最后一钉"仪式具有某种象征性意义，它标志着这个划时代的铁路项目几经波折最终建成。首先，"最后一钉"不是仪式性的金制或银制钉，而是纯铁制造。人们曾为仪式打造了一枚银钉，且原定加拿大总督落槌这最后一钉。然而，由于天公不作美，这次的"最后一钉"仪式未能如期举办。1885年11月7号的9时22分，加拿大太平洋铁路公司的财务主管唐纳德·史密斯（Donald Smith）在克雷盖拉希接受了这

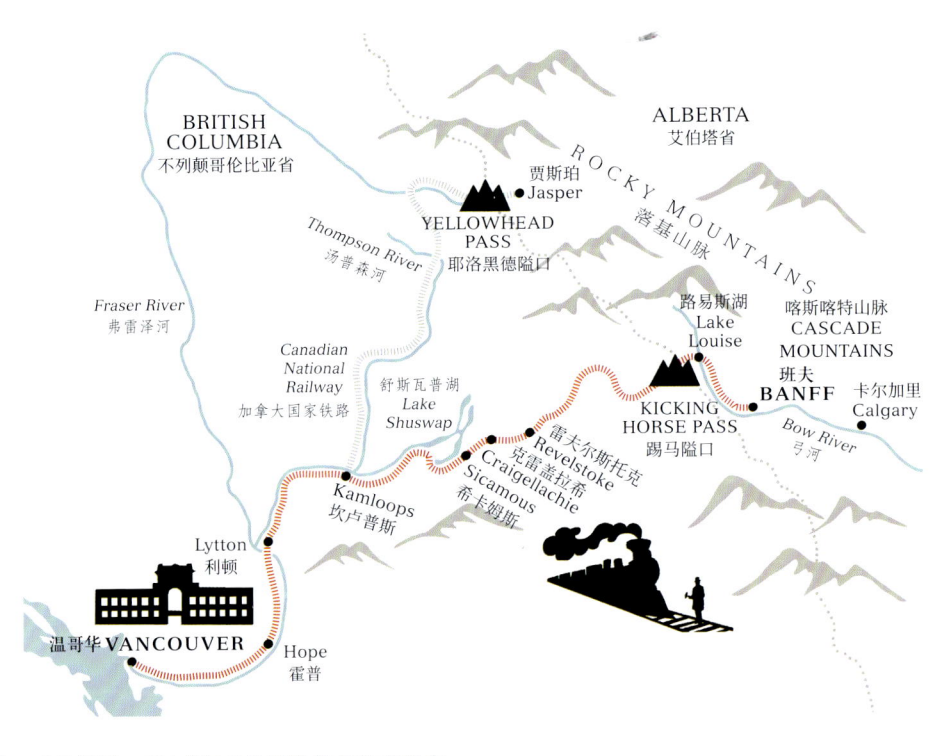

一光荣使命。他举起大锤，落下重重一击，将钉子砸弯了。人们只好将弯钉子取出，换上一枚新钉。所以，仪式上共耗费两根钉子。这次的"最后一钉"是一次到位，人群随即欢呼起来。

阴沉的天气和首次落钉仪式的失败，仿佛呼应建设这条横贯大陆铁路的几经波折，仪式上人们的欢呼也从侧面反映了该线建设之艰难。波折也好，顺利也罢，加拿大太平洋铁路最终成功联合了整个国家。克雷盖拉希站现在立有一个告示牌，上面写道："模糊的构想变成现实：一条铁质丝带连接了加拿大两端的大海……一枚普通的铁钉结合了加拿大东部和西部。"

横贯加拿大的南向线由加拿大太平洋铁路公司建造——南向线更直接，但建设难度也更大。该线从温尼伯（曼尼托巴省）起始，经卡尔加里（艾伯塔省）翻越落基山脉，经踢马隘口抵达不列颠哥伦比亚省。其北向线由加拿大国家铁路公司建造，该线经较平缓的耶洛黑德隘口翻越贾斯珀附近的落基山脉。现在，定期运营的加拿大维亚铁路列车行驶于加拿大国家铁路公司的轨道线。只有奢华的"落基山登山者"号行驶于最初的加拿大太平洋铁路公司路线。为期两天的"西部大旅行"——班夫至卡尔加里之旅的票价并不便宜，但沿途的风景和历史无法用价格衡量。

"落基山登山者"号专为旅游观光设计，观景车厢配有大号侧窗和玻璃观景天窗；车内提供的路线指南详细标注了每个景点，比如哪里可以观赏鹰和熊，精确到每千米。列车从四面环山的

完美工程

**373
乔治敦环形铁路**

美国科罗拉多州

1884年，全长7千米的山间铁路乔治敦环形铁路开通，它的螺旋铁线路形似软木塞开瓶器。该线是科罗拉多州的首个旅游景点之一，带领人们首次进入落基山脉。

上图："落基山登山者"号仍行驶于原铁路线穿越加拿大的崇山峻岭

19世纪　　**307**

上图：希卡姆斯的铁路桥可以旋开桥身，以便让船只通过

度假城镇班夫出发后沿弓河行驶，绕过松树林和一座座雪峰后，抵达路易斯湖站（可惜看不到碧绿的路易斯湖）。不久后，列车经过标志着大陆分水岭以及艾伯塔省和不列颠哥伦比亚省的分界线纪念碑。这里也是旅途的最高点，海拔1625米。

列车继续前行，地势猛然降至踢马峡谷的"大山丘路段"，这是铁路建设中最艰巨的挑战，十分陡峭、惊险。1907年，这一路段由两条螺旋隧道取代，依旧沿山体呈螺旋上升状。"落基山登山者"号从隧道中探出，驶过钢制的桁架式拱桥石溪桥，在雾蓝色的河水上蜿蜒穿行。

接着，列车经过克雷盖拉希，城内有纪念碑和博物馆。实际上，"最后一钉"共有四枚。没有用上的那根银钉在渥太华的加拿大历史博物馆展藏。弯曲的那枚钉子以及作为备用钉的第四枚钉被唐纳德·史密斯取走，之后被制作成纪念珠宝。真正由史密斯钉上的那枚钉子之后也被取走。据说这根钉子现属于首席专利官林奇（WJ Lynch）的家族，他曾出席1885年"最后一钉"仪式。

列车之后来到舒斯瓦普湖湖畔的希卡姆斯镇。沿途的高山转眼已是沙丘，道路两旁遍布魔鬼岩（烟囱状的岩石）。在开往坎卢普斯的途中，景色越发荒芜干旱，旅客会在坎卢普斯的旅店住宿一晚。

从坎卢普斯至温哥华，行驶于加拿大太平洋铁路和加拿大国家铁路的列车通常并肩行驶，各占河道一边。这意味着坐在"落基山登山者"号和维亚铁路的定期列车上能观赏到同样的风景：风沙滚滚的平原、喀斯喀特山脉和碧绿的弗雷泽河谷。两条线路的列车都会抵达温哥华——尽管"落基山登山者"号更具优雅情调。

右图：19世纪40年代，香港还是一个小渔村

308　丈量世界：500条经典铁路路线中的世界史

374
山顶缆车（PEAK TRAM）

中国香港（Hong Kong, China）

搭乘亚洲最古老的缆索铁路，观赏最令人头晕目眩的都市风景。

基本信息
- 时间：1888年（山顶缆车开通）
- 全程：1.4千米
- 最少用时：5分钟
- 关键停靠点：花园道、坚尼地道、麦当劳道、梅道、白加道、太平山
- 途经国家：中国

英国人于1841年第一次鸦片战争时期占领香港岛，那时这座岛还很荒芜。在几十年间，香港岛的人口激增。其中一些人开始在岛上最高的山峰——维多利亚山置业安家。问题是，想要进入维多利亚山，只能乘轿子或者步行。

1881年，曾是铁路从业者的苏格兰人亚历山大·芬德利·史密斯（Alexander Findlay Smith）提议建造缆车系统，他恰巧曾拥有一家叫"山顶"的旅店。该项目于1885年正式施工，铁路上的每段铁轨都不是由机械助力，而是完全靠人力搬运。1888

山间有轨电车和铁路

375
瓦尔帕莱索缆索铁路

智利

山丘连绵的瓦尔帕莱索共有26条缆索铁路，其中年代最久远的可追溯至1883年。这些铁路许多已年久失修，但它们是这座海港城市世界遗产的一部分，被列入联合国教科文组织的世界遗产名录。

376
卢考特山斜坡铁路

美国田纳西州

这是世界上最陡的旅客铁路之一（1885年开通），铁路沿线的卢考特山曾是1863年美国内战的战场。

377
德拉亨山铁路

德国莱茵峡谷

这条铁路于1883年开通，乘坐这条1.6千米长的齿轮铁路登上德拉亨山（意为龙岩），可以前往沿线的一座中世纪的城堡废墟和一座19世纪的哥特式城堡。

378
海法地铁

以色列海法

这条地下缆索铁路在迦密山间往返；迦密山是巴孛陵寝所在地，也是巴哈伊教（1863年创建）的圣地。

右图：这座令人着迷的亚洲大都市是现代与传统的融合

最右图：香港的山顶缆车自1888年起开始运营

年该线开通，成为亚洲首条缆索铁路。列车的蒸汽动力机车由燃煤锅炉提供动力，开放式车厢每车可容纳30名旅客。从地势较低的车站花园路至终点站炉峰峡，该线在仅仅1千米的距离内攀登了236米。

日后，这条铁路几经变化。1926年，电力发动机取代燃煤锅。在"二战"期间，铁路遭到破坏，直到1945年日占时期结束后才再次通车。1989年，该线路经历大规模调整，铺设了新的轨道，并安装了计算机操作系统。

今天，包括游客在内，每年共有400万人乘坐山顶缆车，观赏沿途壮丽的风景。坐在缆车上不仅可以看到维多利亚港、九龙半岛和植被覆盖的山丘，还有高楼大厦鳞次栉比的整个香港。

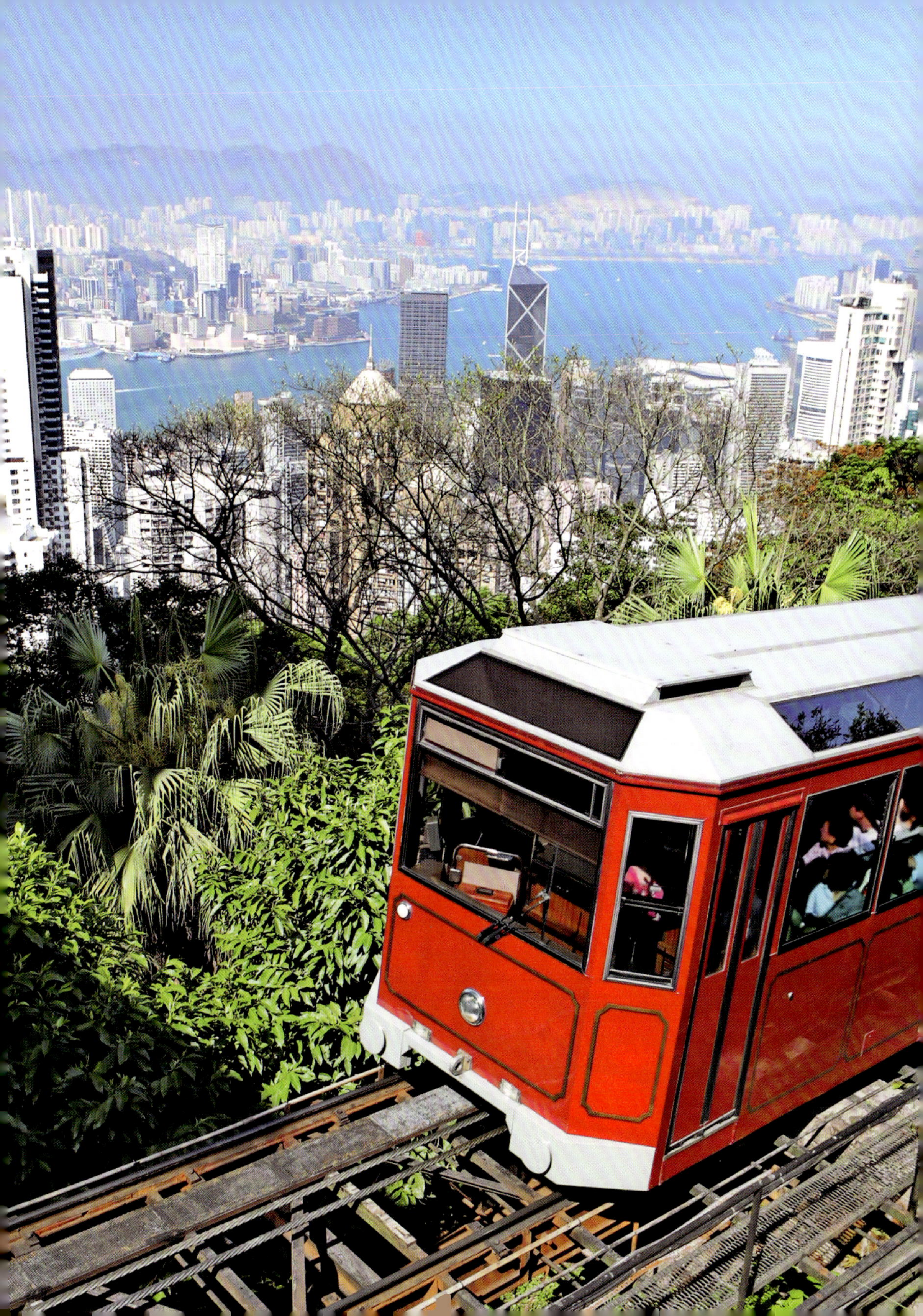

379

西雅图—卡莱尔铁路 (SETTLE-CARLISLE RAILWAY)

英国英格兰北部 (Northern England, United Kingdom)

> 途经英格兰境内地势最高的主线火车站，
> 游历风景如画的奔宁山脉。

基本信息

- 时间：1876年（西雅图—卡莱尔铁路开通）
- 全程：116千米
- 最少用时：1小时30分钟
- 关键停靠点：西雅图、里布尔黑德、登特、柯比斯蒂芬、阿普尔比、卡莱尔
- 途经国家：英国

首先，让我们通过数据了解西雅图—卡莱尔铁路：这条全长116千米的铁路线穿越英格兰北部，沿途有380座桥梁、14条隧道、21座高架桥；另有21座车站（11座运营中）、12个信号盒和一座高架渠。共有6000名工人参与了铁路建设。

想要建造一条穿越连绵起伏的北奔宁山脉（North Pennines）、伊甸山谷（Eden Valley）、约克郡谷地（Yorkshire Dales）的铁路，必然需要十分有胆识，但其沿途风景将会万分壮观。米德兰铁路

公司就下定决心要建设这样一条铁路，它将是属于公司自己的线路，能和西海岸以及东海岸的两条主干线媲美。

  西雅图—卡莱尔铁路项目于1870年开始施工。施工期间，铁路工人就住在铁轨旁简陋的棚屋内，施工时用的工具也并非精密仪器，不过是铲子和简易炸药。但不知怎么，他们就能造出如此令人惊叹的工程，尤其是布里高沼（Blea Moor）上32米高的24洞拱桥——里布尔黑德高架桥（Ribblehead Viaduct）。然而，许多铁路工人在建设该线时付出了生命的代价，米德兰铁路公司不得不支付费用以扩建本地的墓园，在圣玛丽奥斯吉尔教堂（St Mary's Outhgill）和圣雷欧纳德戴尔教堂（St Leonard's Chapel-le-Dale）立有相关纪念碑。

  自南向北的铁路从西雅图的集市小镇起始，列车穿过斯泰福斯隧道（Stainforth Tunnel）和里布尔黑德高架桥来到登特站（Dent Station）。这里是英国境内海拔最高的主线站，在此可以观赏到令人赞叹的美景。从登特站起，列车继续攀登至该线的制高点——高356米的艾斯吉尔山顶（Ais Gill）。随后，铁路下降至葱郁的伊甸山谷，经高架桥、隧道和漂亮的集市小镇阿普尔比（Appleby），来到由罗马人修建的卡莱尔。尽管作为主线的西雅图—卡莱尔线一般运营常规列车，但传统蒸汽火车时常行驶于该线。

更多出色的桥梁

380
福斯铁路桥

英国苏格兰

  乘坐爱丁堡至阿伯丁线时，列车会驶过这座标志性的悬臂桥。福斯铁路桥横跨福斯湾，于1890年通车，全长2467米。

上图：里布尔黑德高架桥令人印象深刻，拥有24个拱洞

左图：偶尔会有特许蒸汽火车行驶于西雅图—卡莱尔线

19世纪 **313**

381
喀里多尼亚卧铺列车
(CALEDONIAN SLEEPER)

英国
(United Kingdom)

19世纪50年代,东海岸及西海岸主线首次修建至英国北部,伦敦和苏格兰间的卧铺列车服务开始运营。今天,乘坐喀里多尼亚卧铺列车前往英国北部这一旅行方式,依旧是最浪漫的。想象自己在霓虹闪烁的伦敦市睡去,醒来时已到了鹿群漫游的幽谷,没有什么能和这样奇妙的感觉相比了。列车从伦敦的尤斯顿车站出发,开往格拉斯哥和爱丁堡,然后来到威廉堡(本尼维斯山下)、因弗尼斯(Inverness,高地首都)或东海岸的阿伯丁(Aberdeen)。更棒的消息是全新的高科技车厢已于2019年投入使用。

382
大中央铁路
(GREAT CENTRAL RAILWAY)

英国莱斯特郡
(Leicestershire, United Kingdom)

英国东米德兰兹一日游听来或许不像异域之旅那么吸引人——但它的意义非凡。1841年7月5日,英国旅游业先驱托马斯·库克(Thomas Cook)带领500人,乘火车从莱斯特郡出发前往拉夫堡参加禁酒会议——这是托马斯首次组织短途旅行,也是世界上首个包价旅行。现在,全长19千米的大中央铁路成为英国唯一的遗产主干线,也是唯一一条全尺寸蒸汽机车在擦肩而过时仍相互喷气的铁路。

383
帕克铁路线
(PARK LINE)

美国蒙大拿州
(*Montana, United States*)

1872年，黄石公园成为美国第一个国家公园。最初，很少有人为黄石公园的温泉和间歇泉而来——这里交通并不便利。但铁路建设者已发现其潜力。1882年，北太平洋公司在蒙大拿州利文斯顿镇建造火车站，该站是前往黄石公园的门户。1902年，全长80千米的帕克铁路线建成，铁路从利文斯顿起始，穿过博兹曼隘口（Bozeman Pass）来到加德纳（Gardiner），即黄石公园的入口处。随着汽车逐渐取代火车，帕克铁路线于1960年关停。利文斯顿的老火车站现已成为社区中心，但它仍位于整座城市的中心地带。

384
整个欧洲铁路网
(ENTIRE EUROPEAN RAIL NETWORK)

欧洲
(*Europe*)

19世纪30年代英国兴起铁路建设后，人们需要一本介绍新兴铁路网的导览手册。1839年，英国制图师乔治·布拉德肖（George Bradshaw）出版《布拉德肖的铁路时间表及铁路旅行助手》。再版时有书评说道："人类拥有无限聪明才智，却很少写就一本这样有用的书。"1847年，第一版《布拉德肖的大陆铁路指南》出版，其介绍的铁路网覆盖了整个欧洲。直到"一战"之前，这本巨作每年都会再版；"一战"结束至1939年，该书仍在出版；"二战"期间已停止再版，战争使得欧洲境内的铁路旅行万分危险。

19世纪   **315**

"印度洋太平洋"号列车 (INDIAN PACIFIC)

南澳大利亚（Southern Australia）

> 跟随坚韧的澳大利亚内陆开拓者穿越荒芜的纳拉伯平原，踏上珀斯和悉尼之间史诗般的旅程。

基本信息
- 时间：1841年（首位欧洲人穿越纳拉伯平原）
- 全程：4352千米
- 最少用时：65小时
- 关键停靠点：珀斯、卡尔古利、库克、阿德莱德、布罗肯希尔、悉尼
- 途经国家：澳大利亚

下图：搭乘历史悠久的悉尼—珀斯线，穿越广袤辽阔的澳大利亚内陆地区

英国探险家爱德华·约翰·艾尔（Edward John Eyre）形容南澳大利亚的纳拉伯平原是"让人做噩梦的地方"。艾尔应该了解这里，1841年，他与土生土长的澳大利亚朋友威利（Wylie）长途跋涉，一同穿越了这片干旱的自然环境如噩梦般的地域。感谢铁路的到来，尽管这片平原还是那样荒芜，但穿越纳拉伯平原的旅程已不再艰辛。

"纳拉伯"意为"没有树"。这里曾经是一片浅海床，现在则是世界上最大的石灰岩岩体。平原中散居着盐生灌木、蓝灌木、鸸鹋、袋鼠和野骆驼等各种生物。早期开拓者将这些动植物的祖先带到这片土地，皮拉恩古鲁人（Pila Nguru）已在此处安居

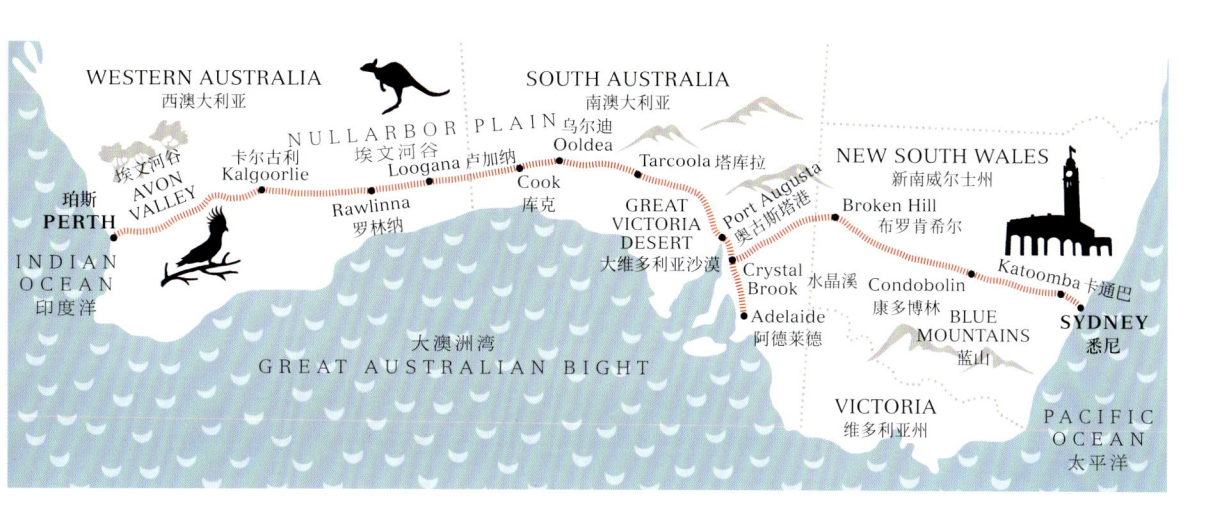

乐业数千年了。现在，这片荒芜的平原中散落着几家偏僻的路边饭馆，还有吃苦耐劳的务农社群。

这些务农社群绝大多数分布在澳大利亚横贯铁路沿线，该线路于20世纪早期开始建造。那时，西澳大利亚州首府珀斯至卡尔古利的金矿区、悉尼东海岸至南澳大利亚的奥古斯塔港的铁路均已开通。1912年，这两条铁路的延线同时施工。1917年，两条铁轨在纳拉伯平原的乌尔迪汇合。

尽管这样一条自东向西、横跨澳大利亚的铁路已建成，但它还不是现在的横贯澳大利亚铁路。卡尔古利至奥古斯塔港路段铺设的是1435毫米的标准轨道，而线路两端却是1067毫米的窄轨轨道。所以旅客在中途不得不屡次换乘。直到1970年，铁路全线均转换成标准轨道，才有了第一趟横贯澳大利亚的、无须换乘的列车。自那以后，"印度洋太平洋"号列车便驰骋于悉尼和珀斯之间。"印度洋太平洋"号列车由柴油发动机牵引，20世纪70年代的不锈钢车厢仍服务于这辆列车。列车有两种卧铺服务：黄金级及铂金级卧铺。餐车还供应本地美食，比如盐水尖吻鲈和烤袋鼠肉。

"印度洋太平洋"号列车每周发车一次，东向行驶的列车于每周日早上9点在珀斯出发。离开珀斯后，列车驶进埃文河谷，澳大利亚凤头鹦鹉正在谷间的树梢上精心整理羽毛；接着，列车会穿越西澳大利亚州内无边无际的麦田。沿线首站是卡尔古利镇。1893年，三位矿石勘探者在卡尔古利发现世界最丰富的金矿层，随后采矿者蜂拥而至，人们这才在地图上标示出卡尔古利镇。从该站下车可以去远足旅行，前往大型露天矿区和小镇的历史中心。

令人惊叹的澳大利亚内陆

386
"内陆精神"号列车

澳大利亚昆士兰州

这趟24小时的火车之旅从布里斯班出发，前往经典内陆小镇朗芮——澳大利亚牧场主名人堂坐落于此，馆内展藏19世纪澳大利亚开拓者的故事。

387
"西部人"号列车

澳大利亚昆士兰州

踏上布里斯班至小镇查尔维尔（1865年创建）的旅程，寻觅澳大利亚内陆探险家的足迹，途中会经过葡萄园和大分水岭。

388
科克尔火车

南澳大利亚

全长16千米的科克尔火车铁路线建于1887年，是澳大利亚最古老的钢制铁轨线，线路连接墨累河畔的古尔瓦和维克多港海岸（阿德莱德附近）。

19世纪　**317**

上图：乘珀斯—悉尼线穿越澳大利亚，全程共需至少65小时

*蓝山：蓝山山脉位于澳大利亚新南威尔士州悉尼以西104千米处，是该州的一处著名旅游胜地。由于山上生长着不少桉树，树叶释放的气体聚集在山间，形成一层蓝色的薄雾，蓝山因此得名。

在卡尔古利后……就没有什么了。"印度洋太平洋"号在旅途第二天会穿越荒凉又迷人的纳拉伯平原。途中，列车会驶过世界上最长最直的铁轨路段，即卢加纳和乌尔迪之间长达478千米的旁轨路段。列车将在该段的空城库克镇短暂停留。库克镇于1917年建立，曾是铁路工人的居住地。该镇现在的人口仅是个位数，镇上有条早已废弃的怪异主街，街上甚至还有一家小商店售卖证书，证书上写着"我穿越了纳拉伯平原"。

最后，随着"印度洋太平洋"号驶出纳拉伯平原，周围的景色也过渡至大维多利亚沙漠的沙丘和灌木丛。列车经过塔库拉——北向行驶的"甘"号列车的枢纽站，在抵达水晶溪时转而向南面行驶，绕道开往阿德莱德。第三天清晨，列车来到一片碧绿的阿德莱德市市郊。进入优雅的阿德莱德市市区后，列车会在这里停靠数小时。在登车前，旅客可以在阿德莱德漂亮的街道上尽情漫步。之后，列车向北行驶返回水晶溪，再向东面前行。

列车继续驶向新南威尔士州，沿途的景色逐渐由南澳大利亚肥沃的农田变成郁郁葱葱的油桉树丛。列车会停靠于偏远的矿业小镇布罗肯希尔，出人意料的是，布罗肯希尔城内有许多令人印象深刻的建筑和艺术馆。继续前行时，沙丘、湖泊和死火山在窗外掠过。第四天清晨，"印度洋太平洋"号进入桉树雾气笼罩中的蓝山*，再经优雅的弧形弯道来到海岸，最后抵达悉尼中央车站。

布罗肯峰铁路 (BROCKEN RAILWAY)

德国哈茨山（Harz Mountains, Germany）

> 乘坐蒸汽列车登上一座山峰，
> 女巫在这里聚集，间谍也隐藏于此。

基本信息
- 时间：1808年（约翰·沃尔夫冈·冯·歌德的《浮士德》出版）
- 全程：19千米
- 最少用时：50分钟
- 关键停靠点：德里安南霍恩、希克、布罗肯峰
- 途经国家：德国

下图：气象学上的"布罗肯奇景"为这座山峰增添了更多神秘色彩

布罗肯峰是哈茨山脉（Harz Range）的最高峰，一直萦绕着十分诡异的气氛。布罗肯峰高1142米，传说欧洲女巫在五朔节之夜（4月30号）在这里聚集，歌德的文学著作《浮士德》曾提到这个恐怖集会。据说，布罗肯峰中游荡着巨大的"布罗肯奇景"——实际上是迷雾和影子相互作用产生的气象奇景。

有三条互通的铁路也围绕着"鬼怪出没"的哈茨山脉。哈茨山窄轨铁路网全长140千米，其中包括19千米长的支线——布罗肯峰铁路。布罗肯峰铁路从德里安南霍恩站起至哈茨国家公园。列车停靠至阿尔卑斯风格的希克村后，沿博德河谷（Bode Valley）前行，穿过埃克湖桥（Eckerloch Bridge）和山间的螺旋

艺术铁路的冒险之旅

390
圣艾夫斯湾铁路线
英国康沃尔郡

乘坐这条全长7千米的铁路支线观赏沿途的海景。1877年，圣艾夫斯湾铁路的通车使圣艾夫斯镇重新繁荣起来，它逐渐成为游客和艺术家的胜地。

391
巴黎—勒阿弗尔线
法国

跟随法国艺术家克劳德·莫奈的脚步，从巴黎的画廊前往他位于吉维尼的睡莲花园（最近的火车站是韦尔农火车站）。接着，继续前往勒阿弗尔，莫奈的著名画作《印象·日出》在这里创作。

392
塞文山脉铁路线
法国中央高原

19世纪70年代，苏格兰作家罗伯特·路易斯·史蒂文森骑驴穿越了塞文山脉。这趟全长303千米、沿线蜿蜒曲折的旅程可以欣赏同样的美景。

右图：遍布铁路的德国哈茨山脉，还萦绕着湖泊和传说

形路段后，缓缓抵达布罗肯峰顶——行驶于常规铁路，且仅依靠古董式蒸汽机车的牵引，列车在这一路段上升了600米高度。

布罗肯峰铁路于1889年开通，运营至1945年；第二次世界大战期间该线路遭到破坏，在苏联占领的数年中，铁路服务受到限制。布罗肯峰地处民主德国和联邦德国的分界线，这意味着布罗肯峰火车站也被铁幕（Iron Curtain）拦腰截断——拥有特殊许可证的旅客才能在德里安南霍恩和希克间往返，但只有货物运输车辆才能登上布罗肯峰顶。自1961年起，布罗肯峰由苏联和民主德国的间谍控制，他们利用此处的有利地势进行监视活动。自从该线路于1992年修复并重新开通后，任何人都可以前往峰顶；山中的一处冷战时期的潜听哨现在已是博物馆。

393
温根阿尔卑斯铁路
（WENGERNALP RAILWAY）

瑞士伯尔尼高地
(Bernese Oberland, Switzerland)

跟随德国作曲家费利克斯·门德尔松、英国作家玛丽·雪莱和珀西·比希·雪莱等社会名流踏上这段旅程。自19世纪早期起，温根这座小小的阿尔卑斯山村落就已成为旅游度假胜地。起初，旅客需要徒步登山来到这里。1893年，温根阿尔卑斯铁路开通后，这里的交通更加便利，人们搭乘铁路即可抵达这片美丽的山区。温根阿尔卑斯铁路全长19千米，位于山谷村落劳特布伦嫩（Lauterbrunnen）和格林德尔瓦尔德（Grindelwald）之间，途经温根和克莱纳谢德格（Kleine Scheidegg）。温根阿尔卑斯铁路是世界上最长的连续齿轨铁路。它也可以说是最精彩的铁路，途中可以近距离观察冰封的少女峰和寒冷的艾格峰北。

394
普罗旺斯地区艾克斯—马赛线
（AIX-EN-PROVENCE-MARSEILLE）

法国普罗旺斯
(Provence, France)

画家保罗·塞尚于1839年出生在普罗旺斯地区艾克斯，普罗旺斯的风景是他喜爱的绘画题材。塞尚也喜欢铁路，以及这种新型交通方式带来的"特效"——当列车快速移动，风景变成一片模糊的流体。搭乘火车行驶于普罗旺斯地区艾克斯和港口城市马赛之间，沿途的风景是纯粹的"塞尚风"。途中能看到塞尚钟爱的圣维克多山（在他的画作中反复出现）。塞尚的确将这里的高山和铁路永久定格于画作《圣维克多山和河谷的拱桥》中，这幅画现在在纽约大都会艺术博物馆展出。

395
孟买—加尔各答线
（MUMBAI-KOLKATA）

印度
（*India*）

印度城市孟买和加尔各答之间的火车旅行共需 29 小时。然而，如果你想中途换骑大象进行短途旅行，全程耗时会更长……在法国小说家儒勒·凡尔纳（Jules Verne）创作的经典小说《环游世界八十天》中，主人翁斐利亚·福克（Phileas Fogg）便是这样做的。19 世纪期间，科学技术发展迅速——印度铁路网的建设尤其体现了这点，乘火车在较短时间内完成环球之旅已成为可能。凡尔纳的创作灵感即来源于此，并最终凝结成书。小说《环游世界八十天》是连载出版的，书中主人翁的遭遇牵动着众多读者的心，人们甚至押注猜测这位虚构的主人公福克能否及时完成环球之旅。如果你顺路来到加尔各答，记得去乘坐电车——这是印度境内唯一运营的电车网络，从 1902 年起开通。

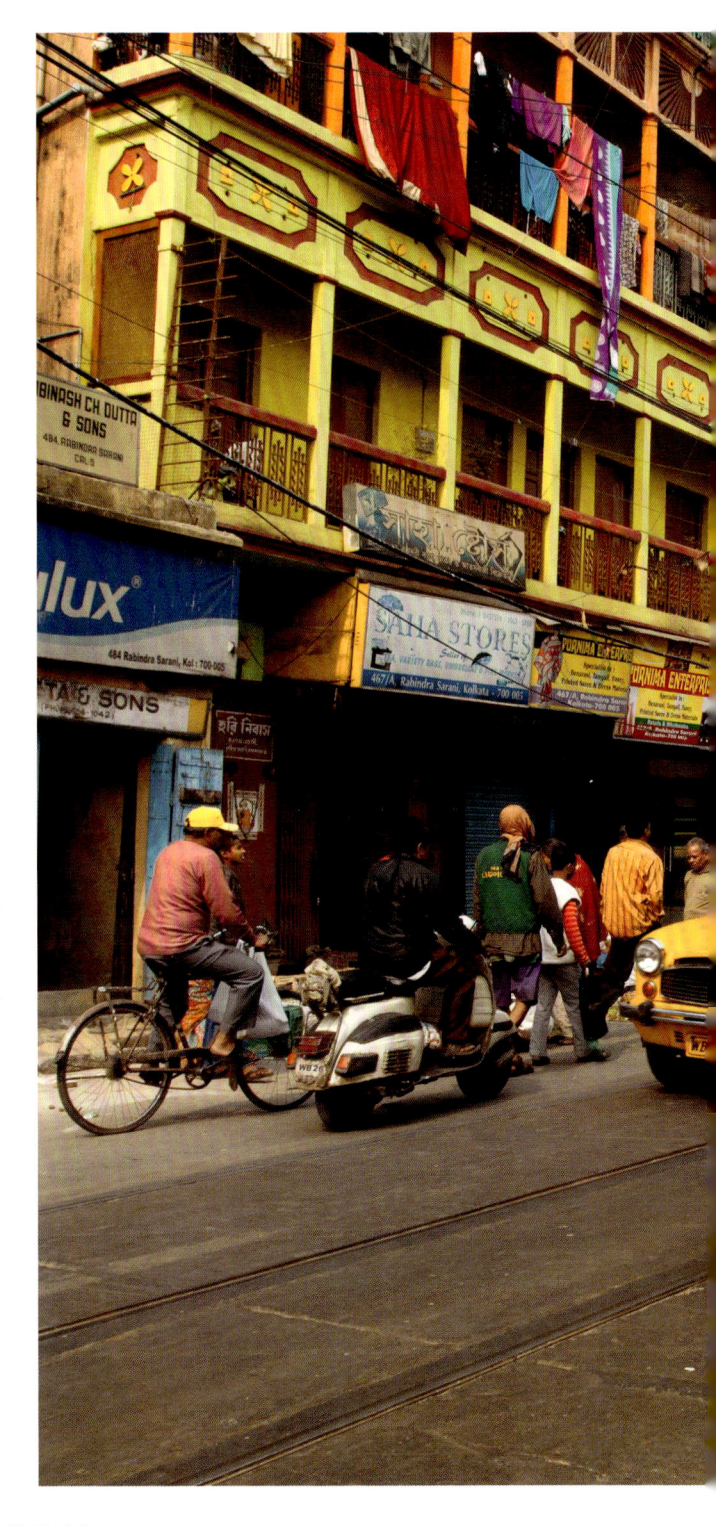

与斐利亚·福克同行

396
伦敦—布林迪西线

英国—意大利

儒勒·凡尔纳的小说中有位虚构的主人公斐利亚·福克，他的首趟冒险之旅是乘火车从伦敦前往意大利港口城市布林迪西。现在想体验这段冒险之旅，可以乘坐"欧洲之星"列车伦敦—巴黎线，途经慕尼黑和博洛尼亚，全程共30小时。

397
旧金山—纽约线

美国

斐利亚·福克穿越美国的火车之旅共耗费7天时间，行程曾一度因撞见野牛、遇到苏族战士而中断。现在经历这段旅程仅需三晚。

左图：加尔各答市拥有亚洲最古老的电车网络

19世纪　**323**

398
德班—约翰内斯堡线
（DURBAN-JOHANNESBURG）

南非
（ South Africa ）

从海滨城市德班起始至约翰内斯堡，这段全长722千米的火车之旅与三位重量级历史人物息息相关。1893年，莫罕达斯·卡拉姆昌德·甘地（Mohandas K. Gandhi，因领导印度独立而被尊称为"圣雄甘地"）因屈尊降贵乘坐一等舱而被请下该线的列车。铁路继续向北，来到小镇埃斯特科特（Estcourt）。在第二次布尔战争期间，任战争通信员的温斯顿·丘吉尔（Winston Churchill）驻扎于此。1899年11月，丘吉尔在埃斯特科特附近的一场火车伏击中被俘。该线终点是约翰内斯堡公园站，宪法山和旧堡监狱在该站附近。圣雄甘地和反种族隔离的标志人物纳尔逊·曼德拉（Nelson Mandela）均曾关押于此。

399
克里米亚—圣彼得堡线
（CRIMEA-ST PETERSBURG）

俄罗斯
（ Russia ）

1888年10月29日，沙皇亚历山大三世和家人携众多随从乘坐黑海至圣彼得堡的火车，当行驶至博尔基站（现在位于乌克兰境内）附近时，火车突然脱轨。这次事故中共有21人死亡，37人受伤。神奇的是，没有一位皇家成员受伤（尽管沙皇名为堪察加的小狗当场死亡）。据说，英勇的亚历山大用单手托住餐车即将倒塌的厢顶，他的孩子们才得以逃生。当时人们普遍认为，因为上帝嘉奖虔诚的俄罗斯人民，王室成员从这场灾难中死里逃生。

400
华盛顿—埃尔伯顿线
(WASHINGTON DC-ELBERON)

美国东部
(*Eastern United States*)

1881年7月2日，美国总统詹姆斯·加菲尔德（James Garfield）在华盛顿巴尔的摩和波托马克火车站登车时，心怀怨恨的律师查尔斯·古提奥（Charles Guiteau）朝他背后开枪射击。加菲尔德身受重伤，接下来的11个星期内苦苦支撑。加菲尔德乘火车前往新泽西州埃尔贝伦区（Elberon）的弗兰克林别墅（Francklyn Cottage）疗养，在生命最后的日子里，尽情享受这里的新鲜空气。为了让总统在临别之前不用再大费周章地换乘火车，火车铁轨铺设到别墅门前。20世纪初，华盛顿巴尔的摩和波托马克火车站被拆除，现在这里是美国国家美术馆。弗兰克林别墅和门前的临时铁轨也已不见踪影，人们在这里建起一座石制纪念碑以缅怀过去。

引人注目的火车站

401
柏林—波茨坦线
德国

1838年，首辆由柏林至波茨坦的列车开始运行。许多普鲁士国王曾居住在波茨坦，威廉二世的私人列车终点站——无忧站——也坐落于此。

402
阿托查火车站
西班牙马德里

阿托查火车站于1851年开通，1892年重建，1992年关停，2004年发生炸弹袭击。宽敞明亮、绿意盎然的阿托查火车站仍是马德里市内最漂亮的车站。

403
贾特拉帕蒂·希瓦吉枢纽
印度孟买

观赏孟买最庄严（也最繁忙）的火车枢纽。该站于1888年投入使用，其建筑风格是莫卧儿和哥特复兴式的结合。

404
科林斯火车站
美国密西西比州

科林斯火车站曾是两条关键铁路线的交汇处，也是1862年美国内战围攻战的战场。现在，这两条铁路都已不复存在，科林斯的博物馆标志着这个曾经的"邦联国家十字路口"。

19世纪

地下铁路（UNDERGROUND RAILROAD）

美国东部（Eastern United States）

> 放弃乘坐真正火车，搭乘"人力铁路"，它曾帮助美国奴隶逃向自由。

基本信息
- 时间：1849年（哈莉特·塔布曼脱离奴役）
- 全程：1600千米
- 最少用时：几周
- 关键停靠点：多切斯特、威尔明顿、费城、奥本
- 途经国家：美国

地下铁路并不是一条真正的铁路。但用"地下铁路"一词来命名是合适的，它是美国奴隶曾经的秘密逃跑路线。19世纪，美国南部各州的奴隶偷偷走"地下铁路"逃向已废除奴隶制的美国北部各州及加拿大。19世纪30年代，真正的铁路开始运营，人力"地下铁路"则是借用了这一术语。"地下铁路"发展于1830—1865年达到顶峰。它有许多"轨道线"，沿途散落着"车站"（用来藏身的地方），"货物"（逃跑的奴隶）由"列车长"引领，"代理人"协助。抵达"铁路终点站"意味着进入美国北部——获得自由。

在众多逃亡者中，最有名的一位名为哈莉特·塔布曼（Harriet Tubman）。1849年，塔布曼从马里兰州多彻斯特县的种植园逃走。确切逃亡路线已不得而知，唯一知道的是她沿夏普谈克河（Choptank River）一路向东北方向前行，经特拉华州来到已废除奴隶制的宾夕法尼亚州。塔布曼和其他的逃亡者一样在夜里摸索前行，依靠北极星引路。塔布曼了不起的地方在于，她不顾再次丧失自由的危险，屡次返回马里兰州以帮助其他人逃脱。

今天能够再次体验塔布曼当年的旅程。在马里兰州，哈莉特·塔布曼的地下铁路小径连接数个相关地点，包括巴克敦村商店——塔布曼曾在这里被人殴打，落下终身病痛；新的哈莉特·塔布曼游客中心位于她曾经做工的庄园旁。塔布曼的朋友、废奴主义者及地下铁路"代理人"托马斯·加勒特（Thomas Garrett）曾在特拉华州威尔明顿市的贵格会会堂做礼拜。1913年，塔布曼在纽约州奥本市一家老人院逝世。

塔布曼是一名维护民权的女英雄，一位无与伦比的"列车员"。她曾说道："我开的车从未脱轨，也从未丢失一名乘客。"

四趟更加令人着迷的旅程

406
沃尔克的电气铁路
英国

这条全长1.6千米的铁路沿线是布莱顿的海滨。该线于1883年开通,是世界上仍在运营的最古老的电气化铁路,于2017年翻修。

407
环城有轨电车
奥地利维也纳

这段全长5千米的电车之旅位于奥地利首都维也纳的环城大道。环城大道建于19世纪60—90年代,沿线有许多宏伟庄严的宫殿。

408
巴黎—卢尔德线
法国

这条全长843千米的铁路之旅从巴黎起始至神奇的卢尔德。据说在1858年,卢尔德的一个小女孩曾看到童贞玛利亚的异象。

409
第比利斯—哥里线
格鲁吉亚

踏上这趟全长76千米的火车之旅,旅程从格鲁吉亚的首都第比利斯起至小镇哥里。1878年,苏联领导人约瑟夫·斯大林在哥里出生。

左图: 矗立于马萨诸塞州波士顿市的哈莉特·塔布曼雕像,为纪念这位无与伦比的地下铁路"列车长"而建

19世纪 327

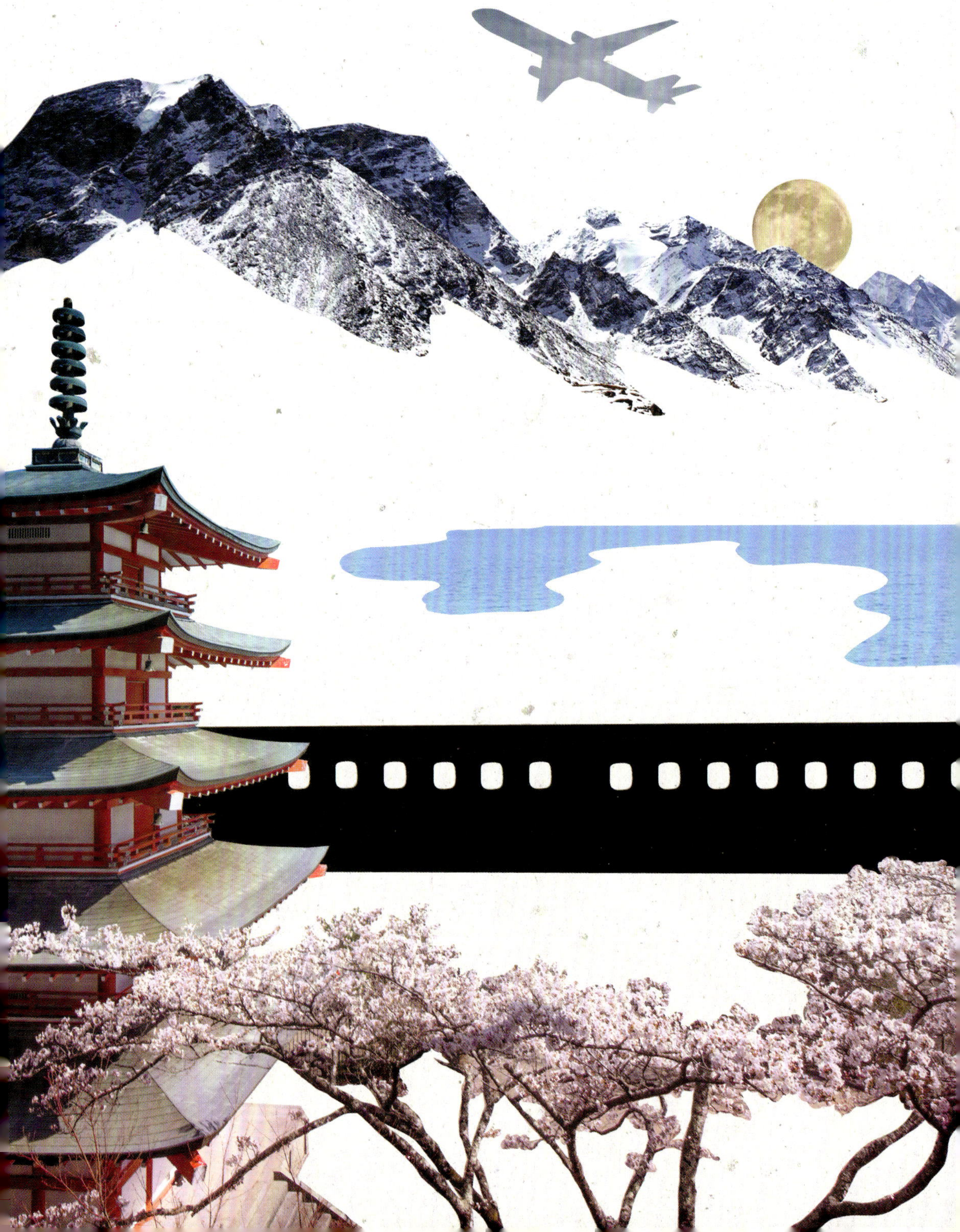

第 6 章
20 世纪及未来

> 寻觅铁路发展的轨迹,从蒸汽铁路变为超高速铁路;在这个动荡不安的年代爆发了两次世界大战,途中我们会与嬉皮士邂逅。

莫斯科地铁 (MOSCOW METRO)

俄罗斯莫斯科（*Moscow, Russia*）

搭乘世界上最壮观的地铁网，这里处处传递着斯大林的社会主义宣传。

基本信息
- 时间：1935年（莫斯科地铁1号线开通）
- 全程：339千米
- 最少用时：50分钟（1号线）
- 关键停靠点：克鲁泡特金站、马雅科夫斯基站、革命广场站、陀思妥耶夫斯基站、共青团站
- 途经国家：俄罗斯

下图：共青团站装饰有英勇的俄罗斯将军的画像

尼古拉·车尔尼雪夫斯基曾说："艺术只有为政治服务才能体现其价值。"报道莫斯科地铁时可以用这句话作为新闻标题，辉煌的莫斯科地铁建筑旨在服务斯大林主义的相关宣传。

1902年尼古拉二世执政期间，首个莫斯科地铁建设方案选定。人们希望莫斯科地铁能够与伦敦和巴黎的地铁相媲美。然而在方案确定后，众多大事件接踵而来，铁路计划因而止步不前：1905年第一次俄国革命、第一次世界大战、1917年布尔什维克革命依次爆发。1932年，苏联领导人约瑟夫·斯大林执政期间，铁路终于动工。

斯大林心中已有规划：地铁票价格需要足够低廉，让每人都能负担得起（每张票售价不到1美元）；沿途地铁站将是"人民宫殿"，有枝形吊灯、优雅拱顶和应情应景的马赛克镶嵌画。在

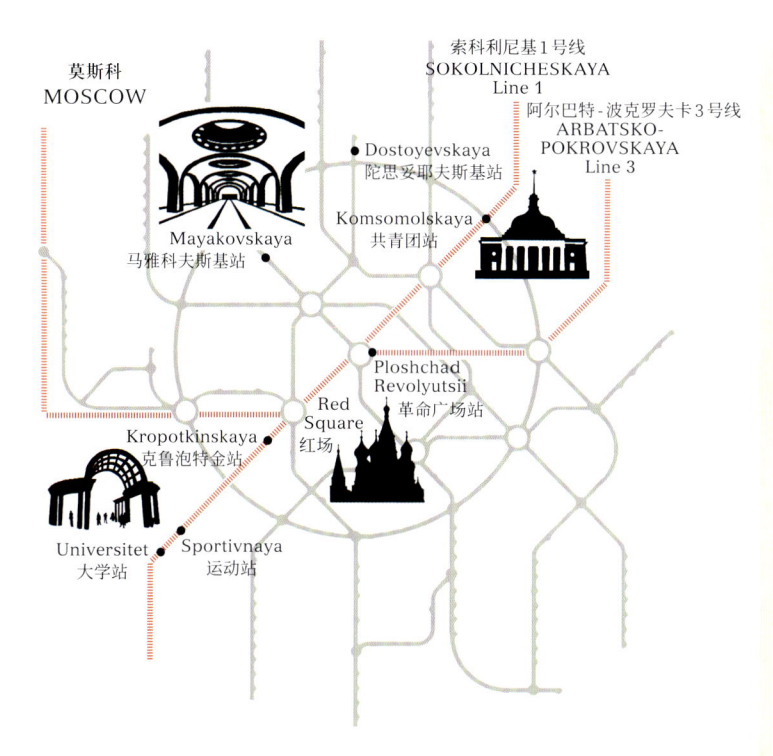

莫斯科
MOSCOW

索科利尼基1号线
SOKOLNICHESKAYA
Line 1

阿尔巴特-波克罗夫卡3号线
ARBATSKO-
POKROVSKAYA
Line 3

Dostoyevskaya
陀思妥耶夫斯基站

Mayakovskaya
马雅科夫斯基站

Komsomolskaya
共青团站

Ploshchad
Revolyutsii
革命广场站

Kropotkinskaya
克鲁泡特金站

Red
Square
红场

Universitet
大学站

Sportivnaya
运动站

绝佳的地铁线

411
平壤地铁

朝鲜

这条地铁位于世界上最隐秘的国家——朝鲜（1948年建国）。朝鲜首都的平壤地铁是世界上最深的地铁之一，所以它也可以用作核掩体。

412
巴黎地铁2号线

法国巴黎

自1903年起至今，巴黎地铁2号线一直运营同一路线（王妃门站—国家站），途中会停靠于圣心堂和拉雪兹神父公墓，该线的许多地铁站仍保留着最初的新艺术风格建筑。

413
斯德哥尔摩地铁

瑞典

斯德哥尔摩地铁于1950年建成，常被称为"世界上最长的艺术画廊"——沿线许多地铁站装饰有绘画等艺术品。

资本主义世界正经历大萧条时期，这条地铁将体现社会主义的优越。

这条地铁隧道完全靠人力用镐凿出，成千上万的俄罗斯工人、大清洗受害者和劳教所的囚犯参与该线建设，许多人在建设中途丧失性命。铁路工程师从伦敦外聘过来。然而，斯大林开始担心工程师对莫斯科城市布局了解太多，便以从事间谍活动为由将工程师驱逐出境。

1935年5月15日，莫斯科地铁1号线开通，原长11千米，沿线有13座车站。该线的开通引起轰动，当天的载客量达25万人次，合唱团在地铁站唱着"快乐的地铁征服者之歌"以庆祝铁路开通。1号线是科技、设计和宣传的完美融合。沿线最令人印象深刻的站点之一是克鲁泡特金站，这是一座由大理石柱支撑、灰色和粉色花岗岩建造的教堂式建筑。这座建筑原本准备用作苏联新宫殿的地下大厅，但宫殿一直未能建成。

即便是在第二次世界大战期间，该线建设进展依然迅速，政府部门将地铁车站用作防空洞和办公点。斯大林甚至站在马雅科夫斯基站（1938年开通）的站台上发表演讲。马雅科夫斯

20世纪及未来 **331**

地下景点

414
邮政铁路
英国伦敦

1927—2003年,伦敦市地底存在一条自动传信系统。最繁忙时期,这条全长10千米的铁路网络每天能传送4000万封信件。

415
霍尔本—奥德维奇线
英国伦敦

"二战"期间(1939—1945年),大英博物馆将许多宝物转移到这条支线隧道。奥德维奇站于1994年关停。

416
上海地铁
中国

上海地铁是世界上覆盖范围最广的地铁线。至2025年,上海地铁会进一步扩建,最终目标是市中心任何地方到任一地铁站的距离在800米以内。

基站是全线最引人注目的站点之一。站台优雅的拱形结构柱子由粉色大理石和锃亮的钢铁浇筑;天花板绘有马赛克镶嵌画,画中描绘苏联式乌托邦:游泳健将、无畏的跳伞员、站在麦捆间神色庄重的农妇。

阿尔巴特-波克罗夫卡3号线于冷战初期阶段建成,该线位于地底深处;人们考虑到遭遇核武器袭击时,这里可以当作避难地。3号线地铁站一直以简约风格为主,但自20世纪70年代起,浮夸的新斯大林式建筑风格再度流行起来。

现在,全长339千米的莫斯科地铁共有14条地铁线、203个站点,日载客流量达900万人次;它是世界上最大、最繁忙、最令人惊叹的地铁线之一。据说莫斯科城地下更深处还有一条隐秘的"地铁2号线",该线连接指挥中心和政府用避难所。尽管"地铁2号线"十分隐蔽,但人们仍可以看到蛛丝马迹,比如神秘的通风井、封死的楼梯和古怪的死路(在运动站和大学站之间)。

莫斯科地铁沿线有40余个站点被列为文化遗产,包括前面说到的克鲁泡特金站和马雅科夫斯基站。革命广场站(在这站下车去红场最为便捷)矗立着76个人物铜像,人物形象包括战士、农民等,他们曾守卫苏联;其中还有一只正在挠鼻子的小狗铜像,人们说小狗挠鼻子意味着好运将至。陀思妥耶夫斯基站(2010年开通)以作家费奥多尔·陀思妥耶夫斯基命名,其建筑外观为纯灰白色,站内有陀思妥耶夫斯基著作中相关场景布置,比如《罪与罚》等。共青团站的建筑风格已达到斯大林式辉煌建筑的顶峰,站内圆顶式的天花板由黄色灰泥粉饰,绘制着俄罗斯将军的英勇事迹。

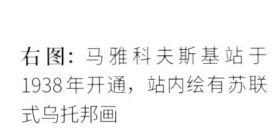

右图:马雅科夫斯基站于1938年开通,站内绘有苏联式乌托邦画

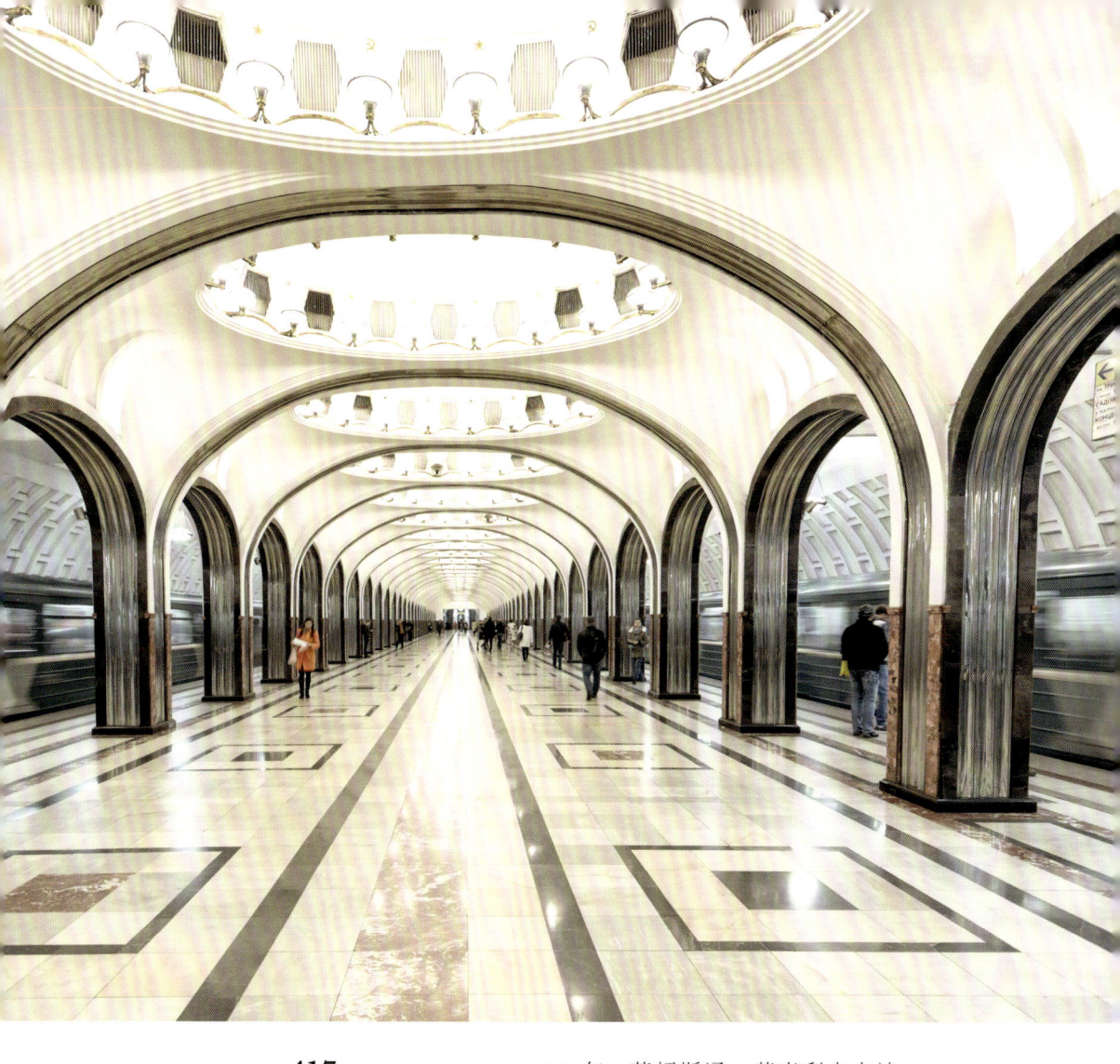

417
莱顿斯通—芬奇利中央站
（LEYTONSTONE-FINCHLEY CENTRAL）

英国伦敦（ London, United Kingdom ）

伦敦地铁莱顿斯通—芬奇利中央站线致敬了一个人，这个人让该线建设变得更加容易。1931年，地铁工程绘图师哈利·贝克（Harry Beck）利用闲暇时间设计出一幅新地铁图。1933年，莱顿斯通—芬奇利中央站线首次开通，引起轰动。哈利·贝克简化了原本复杂的铁路网，新铁路图设计得干净利落。这张地铁图如今仍在使用，成为设计地铁网的范本。哈利·贝克于1902年出生于莱顿区卫斯理路14号，这里竖立有一座纪念他的蓝色纪念碑。你可以在莱顿区乘坐中央线，再转乘北线来到芬奇利中央站，这里也有一座纪念碑，用来纪念贝克曾每天在该站乘火车通勤。

418
上索姆河小火车（LITTLE TRAIN OF THE UPPER SOMME）

法国北部（Northern France）

乘坐一条有年头的野外铁路，穿越"一战"时期最血腥的战场。

基本信息
- 时间：1916年（索姆河战役）
- 全程：7千米
- 最少用时：30分钟
- 关键停靠点：弗鲁瓦西、卡皮、栋皮耶尔
- 途经国家：法国

下图：位于栋皮耶尔的法国公墓是一处令人动容的纪念场所

当你乘坐这条小型遗产铁路，眺望远处宁静的绿色田野和蜿蜒的索姆河时，很难想象这里曾经发生过血腥大屠杀。1916年，从7月1日至11月18日，"一战"期间最为血腥的战役在这个法国北部毫不起眼的地段爆发。英法士兵与德国人曾在此对战141天，期间有超过100万人伤亡。仅在交战第一天，就有19 240英军死亡。

弗鲁瓦西—卡皮—栋皮耶尔线（Froissy-Cappy-Dompierre）为600毫米窄轨铁路，它是法国人于1915年为作战而建造的野

外铁路网之一。在战争期间，该线曾用来运输作战所需的大炮及其他物资。之后，索姆河畔的卡皮站曾是运输驿站，栋皮耶尔一家工厂运输糖用甜菜时会经过该站。现在，弗鲁瓦西—卡皮—栋皮耶尔线运营上索姆河小火车，它靠蒸汽或柴油驱动，是一辆季节性旅游列车。

小镇弗鲁瓦西是该线起始站。镇内的窄轨铁路博物馆拥有大量机车和车厢，其中绝部分的年代可追溯至1910—1930年。馆中有各式各样军用车型，其中许多曾在"一战"期间运行。上索姆河小火车会从弗鲁瓦西出发开往卡皮，沿运河纤夫道一路向西，穿越原野、沼泽地和索姆河谷林地。驶入一段弧形隧道后，列车进入战后修建的巧妙"之"字形弯道，攀登至桑泰尔高原（Santerre Plateau）。最后，上索姆河小火车停靠至栋皮耶尔。栋皮耶尔城内的一座墓园仅够容纳那场血腥战争中的部分伤亡者。

**喜欢这条线路吗？
再看看这个**

**419
巴黎—贡比涅线**

法国北部

乘火车来到小镇贡比涅。1918年，"一战"停战协议在贡比涅城内的一节火车车厢内签署。当地博物馆现展藏停战协议复制本。

下图：上索姆河小火车所行使的铁轨建于"一战"期间

420
纳粹"黄金列车"（NAZI 'GOLD TRAIN'）

波兰西部（Western Poland）

寻找传说中"二战"期间的宝藏列车，据说它藏匿于波兰山区。

基本信息
- 时间：1945年（传闻纳粹"黄金列车"离开弗罗茨瓦夫）
- 全程：70千米
- 最少用时：1小时15分钟
- 关键停靠点：弗罗茨瓦夫、斯莫莱克、因布拉莫维斯、希维博济采、瓦乌布日赫
- 途经国家：波兰

下图：瓦乌布日赫的地下隧道足以容纳"黄金列车"

"黄金列车"颇为传奇。据说在1945年"二战"结束前夕，纳粹将许多金银珠宝藏于一辆火车内：车上有300吨黄金、珍贵珠宝和无价艺术品。这辆列车号称从布雷斯劳[Breslau，即现在的弗罗茨瓦夫（Wroclaw）]出发后，向西南方行驶。然后，它消失在猫头鹰山脉下纵横交错的隧道中，这些隧道由战俘和集中营拘留者挖建。之后就再也没有人见到过这辆车。

实际上，也没有任何确凿证据表明这辆列车真实存在过——即便是这样，也没能阻挡人们对它的探究。比如2016年，世界媒体突然聚焦于弗罗茨瓦夫—瓦乌布日赫（Walbrzych）线65号站旁郁郁葱葱的长堤。有两名业余宝藏勘探者宣称利用地面雷

达探测出埋葬在该站正下方的宝藏列车。随后的挖掘倍加引人瞩目，但最后除了掘出黄土，什么也没发现。

宝藏列车是否存在可能依旧是不解之谜，但仍有许多旅客列车运行于弗罗茨瓦夫和瓦乌布日赫之间。在弗罗茨瓦夫登车之前，可以先探索这座漂亮的波兰第四大城市，城内有德式教堂、巴洛克式宫殿以及佛兰德斯风格的豪宅。在搭乘列车驶出70千米后，即抵达瓦乌布日赫，途中可以留神寻找"宝藏"。

在瓦乌布日赫，你可以探访13世纪的克雄日城堡（Ksiaz Castle）。1944年，纳粹占据克雄日城堡；据说纳粹曾翻修城堡，以方便阿道夫·希特勒入住。城堡之下是纵横交错的隧道网（有些能够进入），这些隧道是巨人计划（Project Riese）的一部分，旨在建造巨型地下避难所。这里不仅会是官员避难所，也是武器制造基地——也许，还可以用来藏匿宝藏列车。

"二战"时期的铁路

421
贝希特斯加登列车

德国

这条全长35千米的线路自弗赖拉辛起始，经巴伐利亚阿尔卑斯山脉来到贝希特斯加登。希特勒曾选择贝希特斯加登作为养老之地。1938年，希特勒的鹰巢别墅在此建成。

下图：位于克雄日城堡之下的纳粹隧道网是希特勒巨人计划的一部分

422
"统一"号快车 (REUNIFICATION EXPRESS)

越南（*Vietnam*）

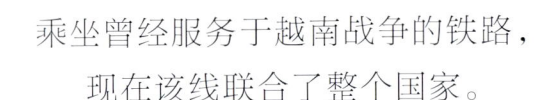

乘坐曾经服务于越南战争的铁路，现在该线联合了整个国家。

基本信息
- 时间：1976年（南北铁路重新通车）
- 全程：1726千米
- 最少用时：36小时
- 关键停靠点：河内、顺化、岘港、芽庄、潘郎-塔占、西贡（即胡志明市）
- 途经国家：越南

19世纪80年代，法国人开始在越南建造铁路。法国人想要将越南境内所有殖民地连接起来，因而很快就择优选取了一条穿越越南领土，从河内北部至西贡（现在称作胡志明市）的路线。它将成为印度支那半岛的"脊梁"线。这条全长1726千米的单轨铁路于1899年开始施工，直到1936年才竣工，搭乘南北铁路全程共需60小时。

可惜，好景不长。南北铁路（该线曾经的称呼）很快成为

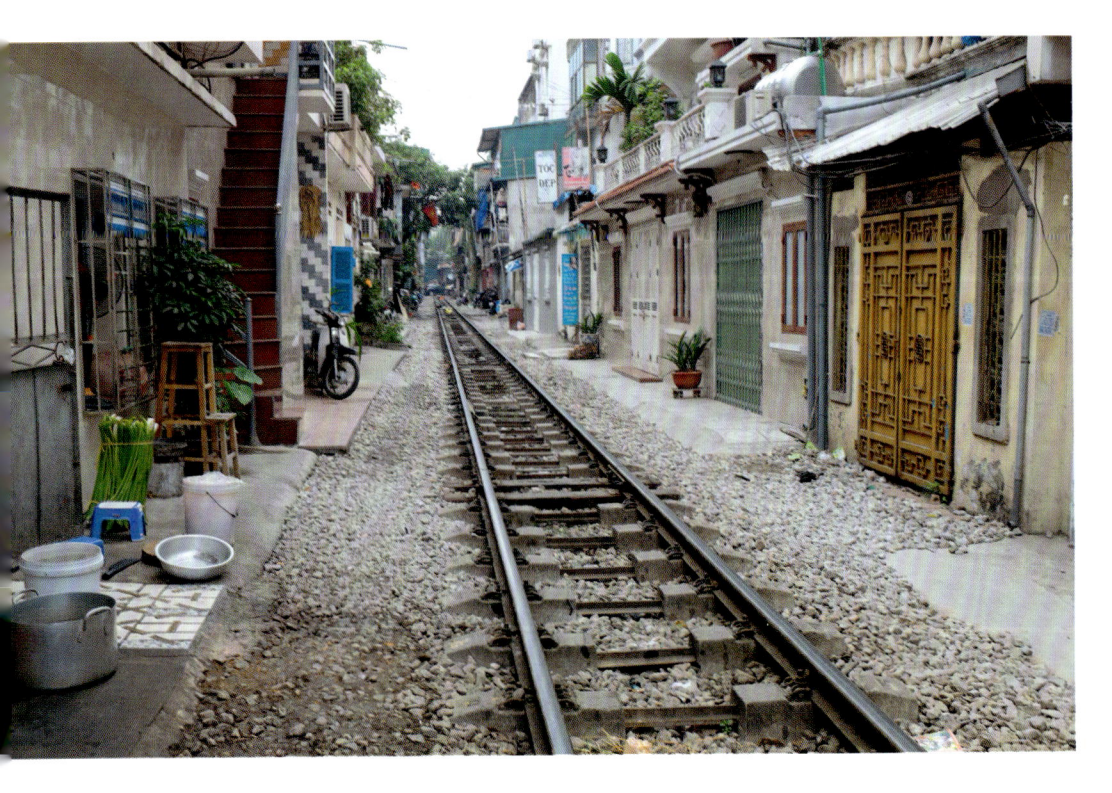

战争时的袭击目标。"二战"后期，南北铁路被日本军队占用，因而越南独立同盟会派出游击队想要摧毁该线，美方也想炸掉该线。在第一次印度支那战争（1946—1954年）期间，越南独立同盟会在与法国军队作战时继续袭击该线。1954年，越南以北纬17度为分界线一分为二，铁路也以贤良桥为分界点分为两段。在接下来的20年内，该线依旧无法正常运营，越南战争期间（1954—1975年），交战双方都将它作为主要袭击目标。越南劳动党迫使南面列车服务脱轨，美方的炸弹袭击也扰乱了北面铁路运输。

1976年12月31日，南北铁路终于恢复运行。沿线1334座桥梁和27条隧道中，有许多已被完全摧毁，但迫于技术有限、物料缺乏，一直未能得到修复。出乎意料的是越南重新统一之后，西贡—河内线得以再次合并。南北铁路被看作越南团结统一的标志，因而民间也冠以其另一称号："统一"号快车。

实际上该线并没有一辆叫"统一"号的列车在运营，但的确有几辆列车行驶于该线，它们缓缓经过稻田、水牛、林间宝塔、棕榈环绕的沙丘和小巧的村落；在途中，与戴着圆锥帽、骑自行车的当地人邂逅。透过南北铁路这扇窗户，我们会对这个经过战火洗礼、尔后浴火重生的国家多些了解。

西贡是铁路南端终点站——西贡是旧称，尽管已于1976年改名为胡志明市，大多数人仍旧这样称呼它。西贡贸易繁荣，城内遍布法国殖民时期建筑，它们仿佛默默倾诉着这里昔日的抗争。西贡战争纪念博物馆内的展览尤其令人心情沉痛。

左图：铁轨从河内市中心紧密的街道中穿过

越南的其他可选线路

423
大叻—藩朗-塔占线
越南

该线曾被拆除，铁轨则被用来修复南北铁路主干线。现在，人们已修复该线7千米长的路段，旅游蒸汽列车会从大叻市装饰艺术风格的火车站出发。

河内 HANOI
Ninh Binh 宁平
Thanh Hoa 清化
Vinh 荣市
北纬17度线 17TH PARALLEL
洞海市 Dong Hoi
Hien Luong Bridge 贤良桥
Hue 顺化
Hai Van Pass 海云关
Danang 岘港
Hoi An 会安
Quang Ngai 广义
VIETNAM 越南
Dieu Tri 平定
Nha Trang 芽庄
平顺省 Binh Thuan
SAIGON (HO CHI MINH CITY) 西贡（胡志明市）

列车从西贡出发后向北行驶，离开城郊，经过农田，穿过森林覆盖、巨石散落的山峰。该线大部分路段位于沿海岸，其中最壮观的要属古都顺化和岘港之间的路段。列车经过海云关，蜿蜒驶过悬崖上的丛林，远处是绵延的金色沙滩和碧绿的层峦叠嶂。

现在，搭乘西贡—河内全线共需36小时，中途有许多值得一看的景点。列车会停靠悠闲的度假小镇芽庄，人们尤其喜爱这里的沙滩。岘港也是站点之一，这座城市坐落于五行山之间，会安市的火车总站即位于岘港。会安市是一座极富魅力的古老运河港口，城内遍布日式桥梁和丝绸店铺。香江河畔顺化市的升龙皇城令人印象尤为深刻，这座皇城远比越南铁路更古老。

铁路终点站位于首都河内市，这是一座充满活力的疯狂之都。你可以探访这里古老的河内文庙和胡志明主席陵；也可以去铁轨旁的小酒吧品尝米酒，当列车轰隆隆从身边驶过，为"统一"号快车举杯！

下图：生机勃勃的西贡市是"统一"号快车的南端终点站

424
"花衣魔笛手"行动
（OPERATION PIED PIPER）

英国

（United Kingdom）

"花衣魔笛手"并不是一趟火车之旅，而是成百上千次旅行。"二战"伊始，英国将300多万人从危险市区转移至乡郊安全地带——其中绝大多数人是儿童。这次转移是一项巨大挑战。人们制定了特殊时间表：在9小时内，每9分钟就有一辆疏散用列车从伦敦各个主站出发。儿童被做上特殊标记后，便登上火车，前往离家遥远的未知目的地。尽管这项行动初衷是好的，但效果却不尽如人意。1941年，有报道指出："让孩子与父母分开，孩子所承受的打击可能比炸弹的危害更甚。"

425
特许运输
（PERMITTENTTRAFIK）

瑞典

（Sweden）

瑞典在"二战"期间保持中立。但瑞典铁路却扮演了一个小小的、富有争议的角色。1940年，纳粹入侵丹麦和挪威后，向挪威方面施压，期望瑞典能允许德国士兵过境，这样德国士兵休假时可以经瑞典返回家乡，即所谓的"特许运输"。1940年中至1943年8月，每天都有列车往返于瑞典南部城市特瑞堡（Trelleborg）和挪威南部城市科恩舍（Kornsjö）之间，每周都有一班列车往返于特瑞堡和挪威港口城市纳尔维克（Narvik）之间。有超过100万德国军人曾搭乘火车经瑞典领土往返于挪威和德国。

20世纪及未来　**341**

426
克拉科夫—奥斯维辛线
（KRAKOW-OSWIECIM）

波兰南部
(Southern Poland)

这段全长64千米的火车之旅会唤起一段痛苦的记忆。列车从漂亮的克拉科夫市出发，来到终点奥斯维辛。"二战"期间，奥斯维辛又叫奥施维茨（Auschwitz），是纳粹集中营所在地。1940年至1945年1月，有约103万人被囚禁在奥斯维辛集中营，其中大部分是犹太人。至少有110万人死亡。这些人大多乘坐"大屠杀列车"来到奥施维茨。许多历史学家甚至认为，如果没有火车，希特勒的"最终解决方案"（让犹太人种族灭绝）无法执行。在奥斯维辛—比克瑙国家博物馆（Auschwitz-Birkenau State Museum）可以看到曾经通向集中营的铁轨。

427
柏林地铁
（U-BAHN）

德国柏林
(Berlin, Germany)

柏林墙将德国一分为二，地底部分也同样被分开。柏林墙于1961年建立，将西柏林飞地与民主德国分开。自此以后，曾经横跨整座城市的柏林地铁行驶至东西德边境时就会调转方向。在此期间，西柏林大部分路段的列车仍在运行，但车辆不会驶入东柏林地下——许多站点就这样被弃用，成为"幽灵车站"。柏林地铁唯一停靠的东柏林的站是腓特烈大街站（Friedrichstrasse）。该站是西德人探访东德亲人时，必须经过的检察关卡。腓特烈大街站也被称作"泪宫"，从这一称呼便可得知，亲人互道别离时曾在这里留下多少伤心的泪水。

巴尔干"奥德赛"之旅 (BALKAN ODYSSEY)

匈牙利—意大利 (Hungary–Italy)

> 搭乘奢华的"金鹰"号列车探索巴尔干地区过去和现在的历史。

基本信息

- 时间:1912—1913年、1991—2001年(巴尔干战争)
- 全程:约3200千米
- 最少用时:11天
- 关键停靠点:布达佩斯、布拉索夫、贝尔格莱德、莫斯塔尔、萨拉热窝、卢布尔雅那、威尼斯
- 途经国家:匈牙利、罗马尼亚、保加利亚、塞尔维亚、波斯尼亚和黑塞哥维那、斯洛文尼亚、意大利

对于东欧的巴尔干半岛来说,20世纪麻烦重重。20世纪早期,巴尔干半岛诸国为抗争奥斯曼帝国发起独立战争。1914年,奥匈帝国大公弗朗茨·斐迪南(Franz Ferdinand)于萨拉热窝(现为波斯尼亚和黑塞哥维那的首都)遇刺,此次事件成为"一战"导火索。近期,这里还曾爆发惨烈的南斯拉夫内战(1991—2001年)。

由于战争冲突,位于巴尔干半岛的国家曾一度被限制入境;庆幸的是,现在这些国家已对游客开放。由奢华的"金鹰"号列车推出的、为期11天的巴尔干"奥德赛"之旅是探访这些国家的最经典方式。列车从匈牙利首都布达佩斯出发,开往运河遍布的

20世纪及未来 **343**

威尼斯。"金鹰"号列车是世界上最奢华的五星级列车之一，登上它的豪华镶木车厢之后，便可尽享巴尔干半岛众多精彩景点。

"金鹰"号列车会停靠历史悠久的巴尔干城市，如大特尔诺沃和普罗夫迪夫。这两座古老城市均坐落于山顶之间，景色蔚为壮观。列车还会停靠塞尔维亚首都贝尔格莱德，这座城市横跨多瑙河和萨瓦河。你可以探访贝尔格莱德的南斯拉夫历史博物馆，馆内展藏着前南斯拉夫总统铁托元帅的纪念碑。

列车会停靠在波斯尼亚和黑塞哥维那的萨拉热窝。1992年4月5日至1996年2月29日，萨拉热窝曾遭受现代战争史上最长的围攻战——长达1425天。在城内遍布的宣礼塔和老集市之间，战火摧残的痕迹仍依稀可见。列车还会探访莫斯塔尔，它曾是奥匈帝国最重要的城市之一。1993年，克罗地亚人将城内一座标志性的16世纪的桥梁炸毁；2004年，这座桥梁得以重建，并再次通车——它标志巴尔干地区已开启新的篇章。

喜欢这条线路吗？再看看这个

429
维也纳—巴特伊施尔线

奥地利

维也纳是奥匈帝国古都，而巴特伊施尔是皇帝弗朗茨·约瑟夫一世的夏季行宫，这条线路行驶在两座城市之间。1914年7月28日，弗朗茨·约瑟夫在巴特伊施尔签署对塞尔维亚的宣战申明，这场战争随后升级为两场大型冲突，并最终改变了世界格局。

430
沙尔甘8字线

塞尔维亚

乘坐贝尔格莱德—萨拉热窝（1974年关停）留存的最后路段。沙尔甘8字线全长8千米，其中位于山丘之间的沙尔甘—维塔西路段呈8字形。

右图： 巴尔干"奥德赛"之旅途经莫斯塔尔，城中重建的桥梁是国家团结的有力象征

431
死亡铁路（DEATH RAILWAY）

泰国和缅甸（Thailand and Myanmar）

寻觅臭名昭著的东南亚铁路线，该线由战俘在深山密林中凿建。

基本信息
- 时间：1943年（泰缅"死亡铁路"竣工）
- 全程：415千米
- 最少用时：3小时（佛统府—瀑布线）
- 关键停靠点：佛统府、北碧、桂河大桥、瀑布、地狱火山口、松库莱、丹彪扎亚
- 途经国家：泰国、缅甸

泰国至缅甸的"死亡铁路"是世界上前所未有的、最令人毛骨悚然的铁路。据说每隔数段铁轨之下，都曾有工人丧命。

19世纪时，英国正在研究建设一条经三塔山口连接泰国和缅甸的铁路路线，但研究结果显示这里地形太过复杂，建设铁路将会困难重重。然而，在数十年后的"二战"期间，日本人决定接受这一挑战。1942年，日本人侵占缅甸后，想要建设一条连接新殖民地的跨陆地补给铁路。经过多方考量，形成的最佳方案是把已有的泰国佛统府站和缅甸丹彪扎亚站用作铁路首末站——两站相距415千米。

20世纪及未来

电影中的铁路

432
霍格沃茨特快列车
英国伦敦

《哈利·波特》故事系列丛书的第一本书（于1997年出版）介绍了霍格沃茨特快列车。在伦敦国王十字车站9¾站台处有一座雕塑，据说霍格沃茨特快列车从这里出发。

433
卡恩福斯火车站
英国兰开夏郡

攀登重重阶梯，站到米尔福德枢纽站（又名康福斯）标志性的大钟之下。这个车站在大卫·利恩1954年导演的浪漫电影《相见恨晚》中是故事发生的关键地点。

434
布卢贝尔铁路
英国东萨塞克斯郡

意·内斯比特的经典著作《铁路边的孩子们》于2000年翻拍成电视电影《铁路儿童》，电影制作团队选择这条全长18千米、令人着迷的蒸汽驱动铁路作为取景地点。

435
基斯利和沃思山谷铁路
英国西约克郡

基斯利和沃思山谷铁路是一条全长8千米的遗产线。在1970年的电影《天下儿女心》中，女星珍妮·艾格特等人围着奔跑的一座火车站就是该线上的奥克沃斯站。

1942年6月，该线两端同时施工。日方起初认为修建全线共需五六年时间。期间有约6万名盟军战俘和20万余名强征的东南亚劳工参与铁路建设，由于日本人对其采取高压剥削政策，仅仅16个月内泰缅铁路便竣工。1943年10月17日，两端铁路于孔库伊塔（Konkuita，现在的桑卡汶里附近）汇合——该线得以快速建成，是以工人的性命为代价换取的。约有三分之一的工人在铁路修建过程中丧命。每天忍饥挨饿，在潮湿、疟疾肆虐的丛林中工作18小时，能幸免于难简直是奇迹。

这条铁路自身也是一项工程奇迹，铁路修建在荒无人烟的原野中，沿线桥梁总长达14千米。但铁路修建好后仅使用不到两年。1945年8月15日，日本人投降后，接管该线的英国人将三塔山口路段摧毁。这条跨国铁路就此断裂。如今，该线仅剩一小部分路段仍在运营。

在泰国境内，可以乘坐观景死亡铁路，这是佛统府和瀑布站之间全长130千米的路段，离曼谷仅有1小时短途车程。列车从佛统府出发后向西北行进，来到这片地区的中心城镇北碧。在北碧的同盟战争公墓和泰缅铁路中心可以了解到死亡铁路的历史背景，很值得一去。

经过北碧站不久后，列车即来到臭名昭著的"桂河大桥"。这架钢铁大桥永远定格于大卫·里恩1957年的电影里（情节为虚构），同盟军的炮火曾将其炸毁，但它很快被修复。大桥附近现在开了不少礼品店和咖啡店。

接着，列车横穿桂河河谷，这是旺欣站之后最精彩的路段。桂河河谷中的道路极窄，列车需要竭力"侧身"驶过；忍饥挨饿的工人仅仅凭借人力，用镐和铲从岩体中凿出了这段路。接着，列车缓缓驶向噶塞洞站，来到全长300米的旺坡高架桥。这座桥梁令人惊叹，它矗立于悬崖峭壁之间，桥下是翻涌的河流。几乎所有修建这段铁路的人都丧了命。

经过旺坡站后，碧水傍着远山的动人美景映入眼帘。铁路终点站是名为瀑布的小镇，这里换乘公路交通很方便，驶出10千米后，即可抵达地狱火纪念博物馆。

这一地段的铁路已不再运营。游人可以沿老铁轨步行，来到修建铁路时最艰辛、最致命的地狱火山口。

上图：死亡铁路的一些路段仍有火车穿行，包括旺坡高架桥

436
贝加尔—阿穆尔主干线
（BAIKAL-AMUR MAINLINE）

俄罗斯西伯利亚
（ Siberia, Russia ）

建设贝加尔—阿穆尔主干线共耗时70年，期间有40万人丧命。20世纪30年代，在苏联领导人约瑟夫·斯大林执政时期，贝加尔—阿穆尔主干线开始施工。该线穿越西伯利亚，因而铁路建设期间，自然环境尤为寒冷恶劣。参与铁路建设的人员包括古拉格劳改营的犯人、日本和德国战俘。斯大林去世后，贝加尔—阿穆尔主干线暂停施工。20世纪70年代，该线恢复施工——这次是聘用雇佣工继续修建铁路，工人在永冻层之上建造了数千米的隧道和大桥。2003年，铁路全线开通，线路位于俄罗斯小镇泰舍特（Tayshet）和东部苏维埃港之间，全长4324千米。

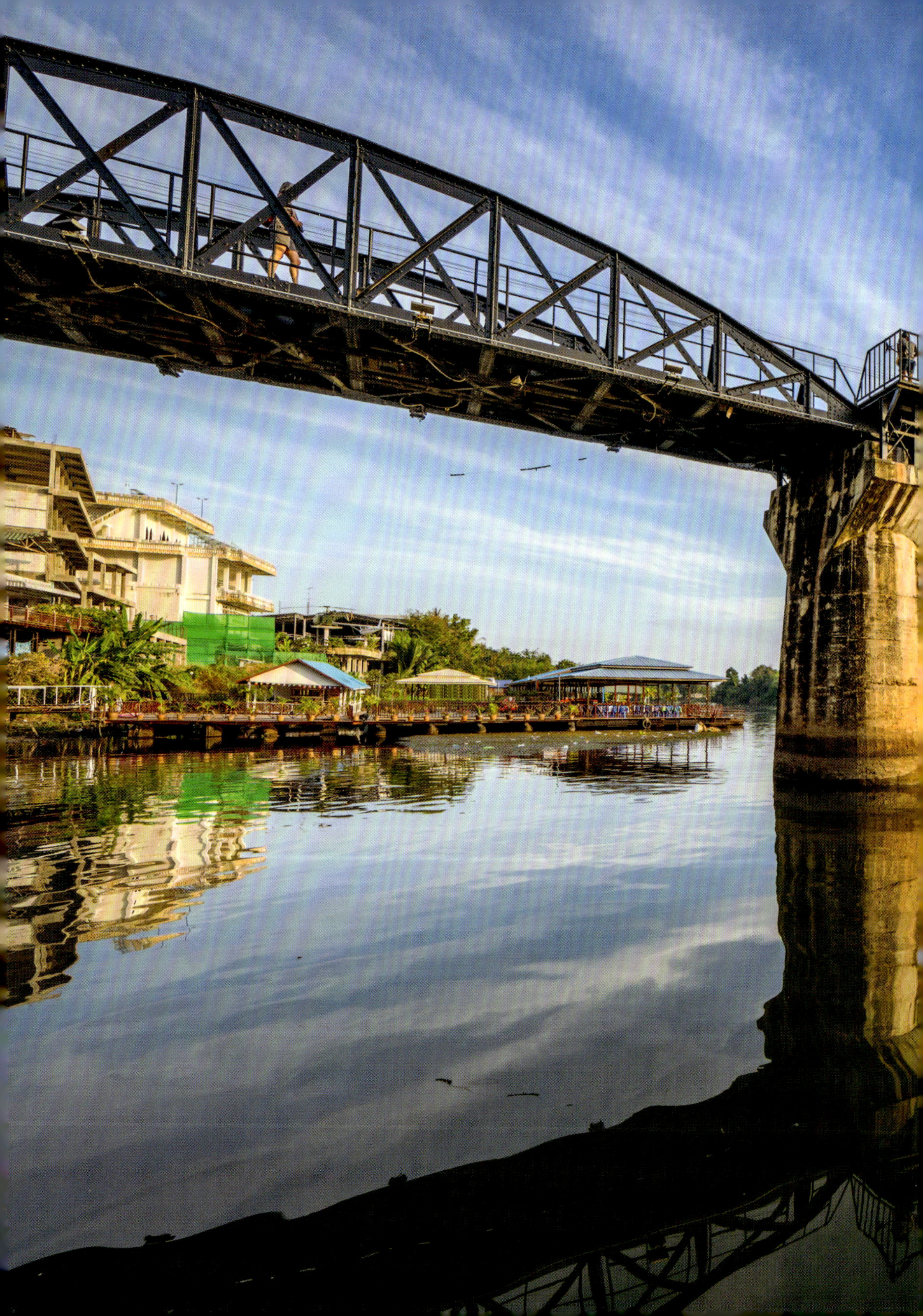

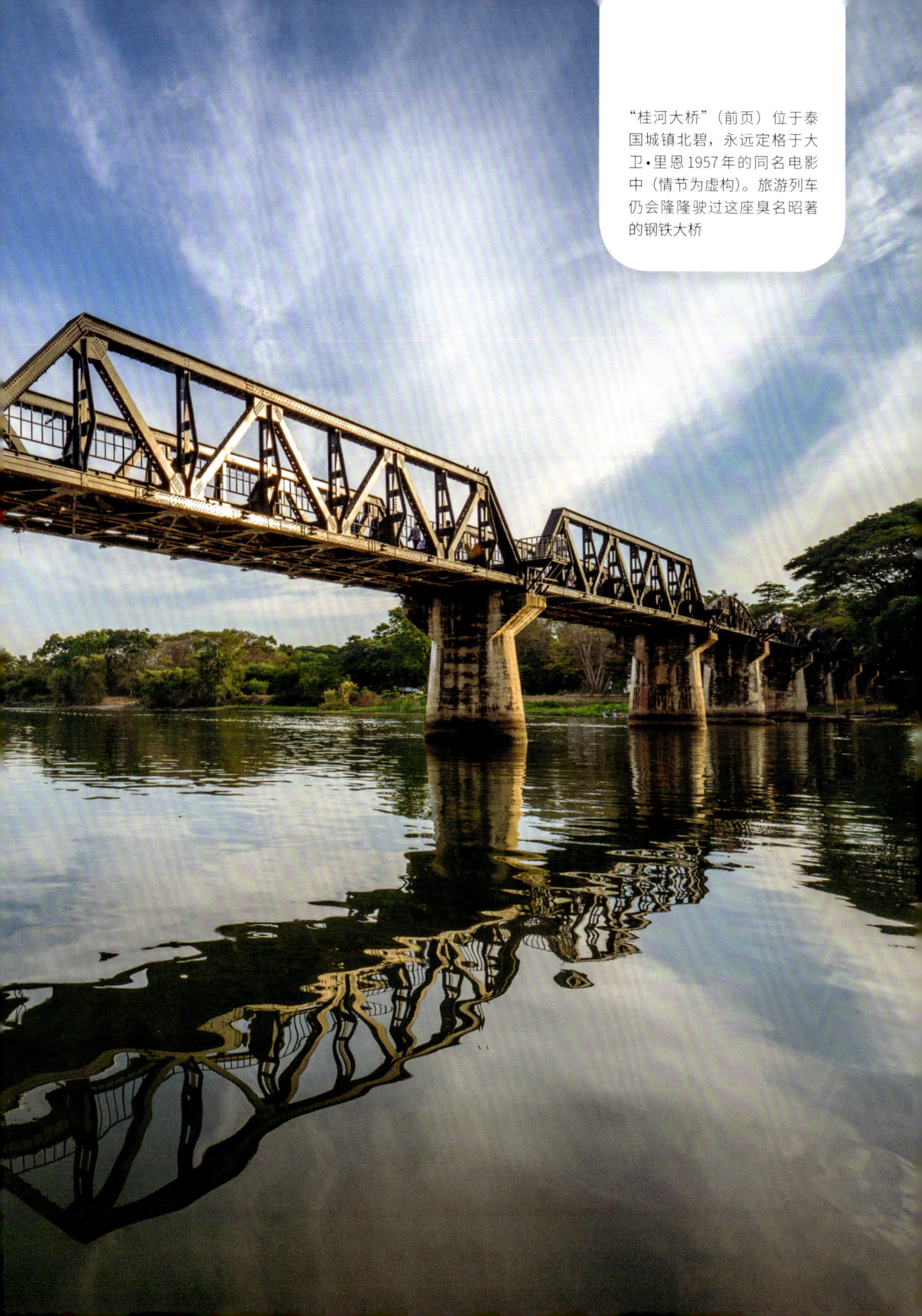

"桂河大桥"（前页）位于泰国城镇北碧，永远定格于大卫·里恩1957年的同名电影中（情节为虚构）。旅游列车仍会隆隆驶过这座臭名昭著的钢铁大桥

437
"贾夫纳女王"号列车 (QUEEN OF JAFFNA)

斯里兰卡(Sri Lanka)

> 这条铁路于斯里兰卡内战结束前夕重生，带领我们穿越这座热带岛屿。

基本信息
- 时间：2014年（科伦坡—贾夫纳北线重新开通）
- 全程：398千米
- 最少用时：6小时15分钟
- 关键停靠点：科伦坡、阿努拉德普勒、瓦武尼亚、基利诺奇、贾夫纳
- 途经国家：斯里兰卡

2014年10月13日，成千上万满怀喜悦的人们聚集在贾夫纳站，迎接头戴花环的"贾夫纳女王"号列车进站。"贾夫纳女王"号是24年内首辆从首都科伦坡出发、抵达远北城市贾夫纳的列车，该线全长398千米。

科伦坡—贾夫纳北线由英国人于1905年建成，曾是斯里兰卡最关键的铁路线。线路连接斯里兰卡岛的南部及北部，相应地也建立起斯里兰卡主体民族僧伽罗人和少数民族泰米尔人之间的联络。在惨烈的斯里兰卡内战期间（1983—2009年），铁路服务曾一度受到影响。一支叫泰米尔猛虎组织的游击部队想要争取泰米尔人在斯里兰卡北部的独立，由于政府部队在使用这条铁路，泰米尔反抗者将该线视为首要攻击目标。1990年，铁路服务中断。

2009年5月，斯里兰卡内战结束，战乱期间有7万余人丧生。2014年，北线铁路恢复运营，这不仅意味着关键交通线的修复，也象征这个经过战火摧残的国家再次团结起来。

科伦坡至贾夫纳的全程共需约6小时，沿途景色极具热带风情：果园里栽满芒果和木瓜、椰子，还有绵延无尽的稻田和矗立于岩间青草上的佛教寺庙。"贾夫纳女王"号会停靠于斯里兰卡的古老首都阿努拉德普勒（Anuradhapura），城内散落的佛塔、塔楼和庙宇等已被列入联合国教科文组织的世界文化遗产。相较于科伦坡而言，贾夫纳市离印度更近，因而更受印度教影响；同时，这座城市仍保留着荷兰及英国殖民时期留下的文化遗产，还有新近备受战火摧残的过去。

右图：人们正庆祝"贾夫纳女王"号恢复运营

438
金边—西哈努克线
(PHNOM PENH-SIHANOUKVILLE)

柬埔寨（Cambodia）

柬埔寨一向支持铁路建设。20世纪30年代和40年代期间，人们在柬埔寨首都金边和波贝（Poipet，位于柬泰交界处）之间建造了一条西北向主干线铁路；60年代，金边至南部海港城市西哈努克城之间建起一条南线铁路。然而，在柬埔寨内战期间（1967—1975年），许多铁路遭受破坏。世纪之交，柬埔寨境内仅有极少铁路仍在运营，这些铁路均已破败不堪。好在从2016年起，一切开始往好的方向发展。金边火车站已经重新装修，254千米长的南线也恢复运营，有少量旅客列车行驶于该线，经过沿途美丽的风景后，南线列车来到西哈努克城的棕榈海滩。

20世纪及未来

439
铁托的蓝色列车
(TITO'S BLUE TRAIN)

塞尔维亚和黑山
(Serbia and Montenegro)

贝尔格莱德—巴尔线全长 476 千米，修建该线时需炸通巴尔干山脉，整项工程共耗时 23 年。线路最终于 1976 年开通，从塞尔维亚首都至黑山亚得里亚海岸的度假胜地巴尔（Bar），共经过 254 条隧道和 435 座桥梁。1953—1980 年，时任南斯拉夫总统的铁托元帅曾亲自到场监督铁路项目。铁托还曾拥有一辆奢华的私人列车，即蓝色列车。他在这辆列车上招待过许多要人，包括埃塞俄比亚皇帝海尔·塞拉西一世（Haile Selassie）和英国女王伊丽莎白二世。在 20 世纪 90 年代的南斯拉夫内战期间，该线被炸毁，但随后修复。铁托私人列车之旅的沿途风景甚为壮观。

440
苏黎世—圣彼得堡线
(ZURICH-ST PETERSBURG)

瑞士—俄罗斯
(Switzerland–Russia)

弗拉基米尔·列宁（Vladimir Lenin）1917 年的火车之旅在欧洲历史中至关重要。"一战"期间，列宁流亡于瑞士；1917 年俄国革命爆发，他急于回到祖国。此时德国人奋战于俄德战场，并寄望列宁的回归会动摇俄国，使俄德战争走向尾声。1917 年，列宁乘封闭式火车离开苏黎世，抵达德国，后继续乘火车来到芬兰边境；同年 4 月 16 日，列宁抵达圣彼得堡。列宁归国后领导了俄国十月革命。

441
儿童铁路
(CHILDREN'S RAILWAY)

匈牙利布达佩斯
(Budapest, Hungary)

　　这条位于匈牙利首都布达佩斯的儿童铁路并非专为儿童乘客设计，而是由儿童运营。儿童铁路于20世纪40年代通车，此时"二战"刚刚结束。那时，匈牙利政府认为一套大型火车系统能让年轻人学习如何进行团队合作。这套火车系统可不是玩具，它是一条长12千米的功能齐全的全尺寸铁路。铁路位于斯圣兴尼-海吉（Szechenyi-hegy）和胡沃斯沃尔吉（Huvosvolgy）站之间，途经麋鹿游荡的森林。现在，列车上的售票员和列车员均由孩子担任，成人则负责驾驶。

442
内陆铁路线
(INLAND LINE)

瑞典
(Sweden)

　　内陆铁路线于1908—1937年运营，是瑞典重要的交通线，也是一项保险政策。瑞典第一条南北向主干线距离东海岸较近，这意味着内陆的广袤湖泊和葱郁森林遥不可及。如果瑞典遭受来自东海岸的侵袭（那时是威胁），海岸铁路首当其冲。因此，人们需要另一条铁路。现在的内陆铁路线全长1288千米，连接南部城镇克里斯蒂娜港（Kristinehamn）和位于北极圈的耶利瓦勒镇（Gällivare）。与其说它是一条安全路线，不如说它是一条绝妙风景线，能带领我们前往瑞典最遥远的地带，享受沿途美丽的荒野景色。

443
"欧洲之星"号列车 (EUROSTAR)

英国、法国和比利时 (United Kingdom, France and Belgium)

> 穿越开创性的英吉利海峡隧道，它是英国与欧洲大陆之间的桥梁。

基本信息
- 时间：1994年（"欧洲之星"号首次发车）
- 全程：495千米（伦敦—巴黎线）
- 最少用时：2小时16分钟（伦敦—巴黎线）
- 关键停靠点：伦敦、埃布斯弗利特、里尔、巴黎、马恩拉瓦莱、布鲁塞尔、里昂、阿维尼翁、马赛
- 途经国家：英国、法国、比利时

出色的隧道项目

444
北海道新干线
日本

这辆子弹头列车连接日本本州岛和北海道。列车途经青函隧道，是世界上所有运营的隧道中第二深的主干线铁路隧道，该隧道于1988年开通。

445
"欧洲之星"号列车
英国—荷兰

2017年底，伦敦和阿姆斯特丹之间开通经英吉利海峡的高速直达列车。

200多年前，人们首次提出在英吉利海峡之下建造一座连接英法两国的交通隧道。1802年，法国工程师艾伯特·马蒂厄-法维耶（Albert Mathieu-Favier）提出建造一条驿站马车用海底通道，通道内由煤油灯照明。

19世纪30年代，随着蒸汽火车的问世，人们开始考虑在英吉利海峡之下建造一条海底铁路。1867年，维多利亚女王和法国皇帝拿破仑三世批准英吉利海峡隧道的项目设计，但随后普法战争（1870—1871年）的爆发使得项目迟迟未能动工。19世纪80年代，隧道的前期挖掘开始，但很快便停止。这次英国首相威廉·格莱斯顿（William Gladstone）给出的理由是这条隧道有碍英国国家安全。

20世纪50年代期间，英法两国再次就隧道项目展开协商谈

判。直到1987年，两国正式签署《英法海峡隧道条约》，隧道项目才真正敲定。1988年，施工正式开始，11个钻孔机同时钻入英法两国海岸的白垩层，凿建出两条铁路隧道和一条服务隧道。1990年12月，两端隧道汇合；1994年5月，隧道正式通车，伊丽莎白女王二世登上庆典列车。1994年11月14日，从英国出发开往欧洲大陆的"欧洲之星"号列车首次发车。

英吉利海峡隧道成就瞩目。隧道全长50.5千米，位于海下75米处，水下路段的长度占比位列世界第一。每天有超过400辆"欧洲之星"号列车穿过隧道，每日平均客流量为5万人次。搭乘海底隧道，在短短2小时内，便可抵达3个欧洲最棒的首都：伦敦、巴黎和布鲁塞尔。

2小时的行程中，列车有35分钟在海峡隧道中行驶。穿越隧道本身倒也没那么让人激动万分，毕竟在海床之下这段幽暗的隧道中只有漆黑一片。但隧道两端却是变化万千的缤纷世界。进入海底隧道前，你首先会在伦敦宏伟的圣潘克拉斯国际车站（St Pancras International station）登车，跟随列车在肯特郡肥沃的农田间呼啸而过；列车来到福克斯通市时便潜入地下，进入隧道，等再跃出地面时，你已经来到法国北部的乡郊，欧洲大陆美景在眼前徐徐展开。

自从海峡隧道通车后，"欧洲之星"号列车一直运行于两个法国城市之间：受佛兰德风格影响的大学城里尔（1小时22分钟车程）和世上独一无二的光之都、爱之城、艺术之都巴黎（2小时16分钟车程）。另外，列车还会直达马恩拉瓦莱，可以前往这里的巴黎迪士尼乐园游玩，或者前往炸薯条风靡的金融之都——比利时首都布鲁塞尔（2小时1分钟车程），欧盟总部也坐落于此。

桥梁杰作

446
濑户—大桥线

日本

濑户线连接冈山市（本州）内的县镇和香川县（四国岛），长13千米的内海桥梁濑户大桥位于该线，建于1978—1988年。

左图：当搭乘"欧洲之星"号来到终点伦敦站时，作家约翰·贝杰曼（John Betjeman）的雕像会向旅客致意

20世纪及未来　355

完美的欧洲之旅

447
伍珀塔尔空铁
德国西部

这条全长13千米的铁路于1901年开通，是世界上最古老的悬挂式单轨铁路。该线偶尔会运营1900年威廉二世试坐的"皇帝车厢"。

448
蒙马特缆索铁路
法国巴黎

1990年，该线成为第一条攀登至蒙马特高地的波西米亚风格缆索铁路，全线依靠水力牵引，线路终点位于宗座圣殿圣心堂。现在该线已靠电力驱动，搭乘它登上巴黎最高点仅需90秒。

449
索列尔火车
西班牙马略卡岛

这条蜿蜒的窄轨铁路线于1912年开放，位于帕尔马和索列间，全长27千米。为征服马略卡岛的特拉蒙塔纳山脉，该线途经7座桥梁和13条隧道。

右图："欧洲之星"号列车可直达巴黎迪士尼乐园中童话故事里的塔楼

"欧洲之星"号的运营网络近年来已拓展，直达更远的城市。

现在，也有列车从伦敦出发直达法国的美食之都——奥弗涅-罗纳-阿尔卑斯大区的里昂市，全程共需4小时41分钟。前往普罗旺斯的阿维尼翁仅需5小时49分钟，这座城市是14世纪时的主教所在地，教皇宫殿坐落于此。前往战后重建（仍令人赞叹不已）的地中海港口城市马赛仅需6小时27分钟。还有从伦敦出发开往圣莫里斯堡、埃姆拉普拉尼和穆捷的冬季列车，速滑爱好者可以从穆捷下车直奔法国白雪皑皑的阿尔卑斯山脉。

欧洲境内当然也有"欧洲之星"号直达服务。从各个城市的交通枢纽中心出发，整个欧洲尽在你的脚下。在巴黎北站或布鲁塞尔南站下车后，看着这里的火车发车时刻表，好比在欣赏最具诱惑力的旅行清单。

圣哥达基线隧道（GOTTHARD BASE TUNNEL）

瑞士阿尔卑斯山脉（Alps, Switzerland）

> 行驶于世界上最长、最深的隧道，
> 从阿尔卑斯山脉地底穿过。

基本信息
- 时间：2016年（圣哥达基线隧道通车）
- 全程：57千米
- 最少用时：17分钟（隧道段）；2小时40分钟（苏黎世—米兰线）
- 关键停靠点：苏黎世、埃斯特费尔德、博迪奥、米兰
- 途经国家：瑞士、意大利

下图：列车飞速驶过圣哥达基线隧道，大大减少了整段旅途耗时

圣哥达基线隧道内部并没有什么看点，但隧道两端所连接的大陆前所未有得好，风景也实在很美。

圣哥达基线隧道为双洞隧道，于2016年6月通车，是世界上最长、最深的铁路隧道。根据官方发布的数据，圣哥达基线隧道地处山峦之下2300米处，全长57千米，如果加上两条主隧道、辅助坑道和横向通道，全长达152千米。铁路建设过程中需要挖凿73种不同种类的岩石，打钻机自身长度可达410米。

第一条圣哥达隧道建于1872—1882年，全长14千米，是当时的工程奇迹；建设过程中共有199名工人丧命。隧道位于瑞士村庄格舍嫩（Göschenen）和艾罗洛（Airolo）之间，曾是第一条连接欧洲北部和南部的铁路线，该隧道仍在使用中。

1947年，人们计划在瑞典村庄埃斯特费尔德（Erstfeld）和城

高山铁路

451
科尔科瓦杜齿轨铁路

巴西里约热内卢

这条全长4千米的铁路自科姆韦柳站起始，一路攀登至科尔科瓦杜山顶的救世基督像脚下。救世基督像于1931年落成。

452
贝尔尼纳快车

瑞士和意大利

库尔—蒂拉诺线于1910年开通，线路全长144千米，途中翻越重峦叠嶂。该线可能是阿尔卑斯山脉最了不起的铁路工程，沿线共有196座桥梁和55条隧道。

453
圣伊莱尔勒图韦缆索铁路

法国罗纳—阿尔卑斯大区

在1924年铁路建成以前，想要进入山间村落圣伊莱尔只能依靠步行。这条全长1480米的缆索铁路建成后，结核病患者可以搭乘该线前往疗养院了。

454
尼尔吉里山铁路

印度泰米尔纳德邦

这条全长26千米的联合国教科文组织的世界文化遗产线由英国人建设，于1908年正式通车。现在该线运营的是蒸汽列车。

右图：圣哥达基线隧道位于阿尔卑斯山脉之下，村庄埃斯特费尔德附近

镇博迪奥（Bodio）之间建设新隧道（圣哥达基线隧道）。1999年，圣哥达基线隧道正式开始施工，17年后项目才竣工。隧道建设过程中有9人丧命——为此，人们在北端火车站入口处竖起一座铁路工人纪念碑。这里还有一座圣白芭蕾（St Barbara）的圣坛，她是矿工的主保圣人。

新的高速隧道将革新欧洲的物流运输，每天将有260辆运货列车穿过圣哥达基线隧道，速度可达每小时160千米。旅途时间也会大大减少，每周有65辆定期列车以每小时200千米的速度通过隧道。比如，苏黎世和米兰之间全程仅需2小时40分钟，减少1小时耗时。

455
拉萨—日喀则铁路
(LHASA–SHIGATSE RAILWAY)

中国西藏自治区
(Tibet Autonomous Region, China)

全长253千米的拉萨—日喀则铁路于2014年开通。想近距离接触珠穆朗玛峰，搭乘该线是最平稳的方式之一。拉萨—日喀则铁路属于青藏铁路延线，线路经雅鲁藏布大峡谷，连接西藏首府拉萨和西藏第二大城市日喀则。日喀则是离珠穆朗玛峰最近的站点。但如果想要从日喀则出发，前往珠穆朗玛峰绒布寺附近的珠峰北面大本营，则需要乘坐吉普车经过漫长且颠簸的旅途。公路之旅在这里到了尽头——但此处是经珠峰东北面山脊登峰的起点。1953年，人类首次登顶珠峰。

456
塔尔卡—孔斯蒂图西翁铁路支线
(RAMAL TALCA-CONSTITUCIÓN)

智利
(Chile)

该线于1889年开始施工，1915年竣工，2007年成为智利的国家纪念建筑。该线全长88千米，是智利境内仅存的窄轨铁路支线。线路连接圣地亚哥以南的塔尔卡和太平洋的海滨城市孔斯蒂图西翁。这条小小的单轨铁路位于马乌莱河河畔沿线，列车于居斯塔夫·埃菲尔设计的沙洲大桥（Banco de Arena Bridge）穿过马乌莱河。途中，列车穿越田野、湖泊和高山，还会停靠在小镇冈萨雷斯巴斯蒂亚（González Bastía），以便为对向来车让道。

20世纪及未来 359

457
布雷肯高山铁路
(BRECON MOUNTAIN RAILWAY)

英国威尔士
(Wales, United Kingdom)

布雷肯比肯斯（Brecon Beacons）是一座雄伟壮观的山脉，漫山遍野覆盖着石南属植物。1957年，英国将其定为国家公园。自1980年起，窄轨布雷肯高山铁路分阶段通车。从此，除了乘坐汽车，想要前往国家公园的人们又有了另一种交通方式。全长8千米的布雷肯高山铁路自村庄潘特（Pant）起始，至遥远的托潘陶（Torpantau）站。该线部分路段是曾经的布雷肯和梅瑟铁路（Brecon and Merthyr Railway）路段，于19世纪60年代通车，但于1964年关停。现在，布雷肯高山铁路的蒸汽列车从新建的潘特站出发，来到国家公园，再攀登至托潘陶隧道。旅客可以在中途下车，步行前往国家公园。

458
泰尔依铁路
(TALYLLYN RAILWAY)

英国威尔士
(Wales, United Kingdom)

世界上许多铁路都得感激小小的泰尔依铁路——正是它向人们证明老铁路能够保留下来。全长12千米的泰尔依铁路是世界上第一条保存完好的铁路，位于海滨城镇陶因（Tywyn）和内陆的南格温诺尔站（Nant Gwernol Station），沿线是法修山谷（Fathew Valley）。该线最初于1865年通车，主要负责板岩运输；至20世纪50年代早期，铁路前景惨淡，似乎已注定关停。也正是在这个时候，泰尔依铁路保护协会（世界上首个此类组织）成立。人们心怀满腔热情，并经过不懈努力，终于修复泰尔依铁路及其全部铁道机车，我们才能欣赏到泰尔依铁路沿线独别具一格的乡间小路风景。

马拉喀什快车（MARRAKESH EXPRESS）

摩洛哥（Morocco）

乘坐传奇列车穿越北非，来到成千上万嬉皮士曾向往的城市。

基本信息
- 时间：1969年（乐队克罗斯比、斯蒂尔斯与纳什发行单曲《马拉喀什快车》）
- 全程：570千米
- 最少用时：8小时
- 关键停靠点：丹吉尔、拉巴特、卡萨布兰卡、马拉喀什
- 途经国家：摩洛哥

*许多嬉皮士在他们的头发里戴花或向行人分花，因此他们也有"花之子"的外号。

下图：马拉喀什的露天市场曾是许多嬉皮士喜爱的旅行地

20世纪60年代，一场反文化运动正在酝酿。穿戴花环*的嬉皮士是50年代"垮掉的一代"的后代，他们起初聚集在旧金山，随后分散于美国各地，最后蔓延至全世界。嬉皮士宣扬爱和和平等理念，喜欢蓄胡须及长发，穿有迷幻图案的长裤；他们反对当时日渐盛行的物质主义、反抗对中产阶级的打压和对越南的战争（1955—1975年）；他们相信非暴力抵抗，喜欢公社式生活，主张自由使用娱乐性药物。

许多嬉皮士也相信旅行的益处。为了逃离西方世界资本主义的魔掌，他们前往别处寻找心灵启迪。因而，一条跨陆地的嬉皮士铁路出现了，从伊斯坦布尔起始，抵达亚洲。这些自由的灵魂可以踏上前往东方的列车，在那里享受低消费的生活，并尽情汲取东方神秘主义（以及大麻）的熏陶。摩洛哥是深受

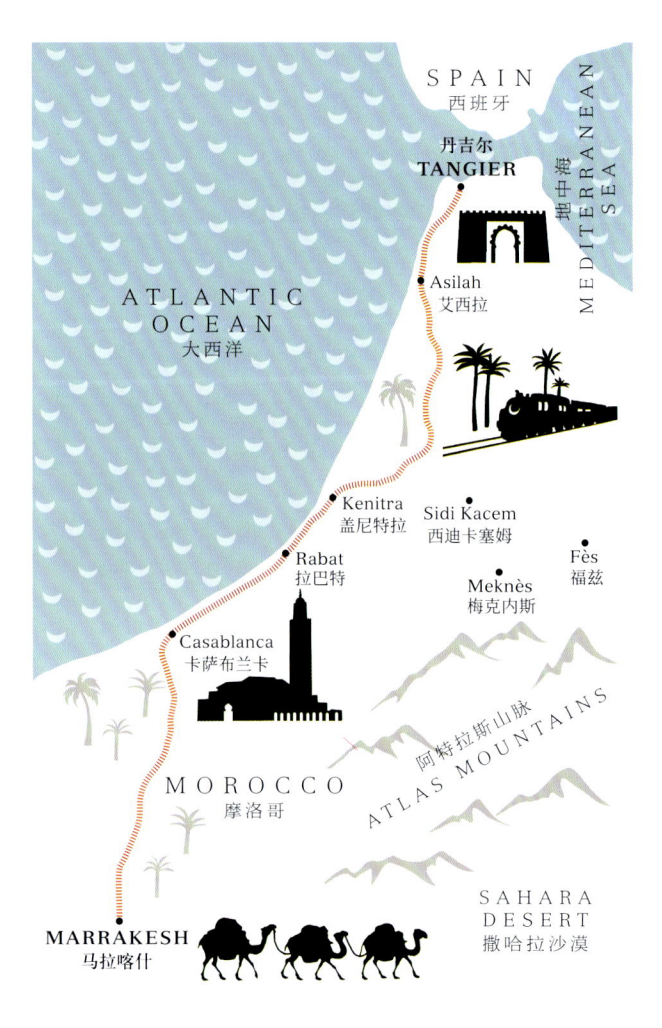

嬉皮士欢迎的旅行地。20世纪60年代，想要寻求非常规异国情调的嬉皮士、艺术家、作家和摇滚明星，都将北非国家列为旅行必经之站。

英国音乐家格雷厄姆·纳什（Graham Nash）于1966年搭乘卡萨布兰卡及马拉喀什之间的列车，孤身一人前往摩洛哥。登车后，他很快就离开所在的头等车厢（坐满"富裕的美国女人"），不管不顾地来到拥挤不堪、"万事皆有可能"的三等车厢——鸡、羊在车厢内满地跑，人们身穿北非长袍在小小的炉灶上做饭。这一经历成为纳什写就《马拉喀什快车》的灵感来源，该单曲于1969年由乐队克罗斯比、斯蒂尔斯与纳什（Crosby, Stills and Nash）发行。随即引发成千上万的嬉皮士涌向摩洛哥，尤其是马拉喀什。这座有上千年历史的帝国古城似乎成为异国情调的化身，它也曾是苏菲主义的信仰中心。深奥难懂的苏菲主义吸引了嬉皮士。

今天，世界各地游客都会搭乘马拉喀什快车。这条铁路于20世纪初由掌管该地的法国人建立，建设初衷是方便调遣法国外籍兵团。尽管该线覆盖范围并不广泛，但仍可以从地中海港口城市丹吉尔出发，来到阿特拉斯山脉山脚下的马拉喀什。

丹吉尔市与西班牙南部隔海相望，是从摩洛哥前往非洲的门户。在过去的几百年间，柏柏尔人、腓尼基人、罗马人、拜占庭人和阿拉伯人都曾在这个战略要地定居；但到了20世纪，丹吉尔吸引着"垮掉的一代"、艺术家及各色人等。毕竟，每人都能轻易隐匿于丹吉尔市内摇摇欲坠的、错综复杂的老城。久而久之，这座城市渐渐名声欠佳，但近期得到整治。在丹吉尔市火车站上车往南去之前，先探索一番这座城市还是很值得的。

出发8小时后，列车抵达马拉喀什。现在的列车上并没有三等

喜欢这条线路吗？再看看这个

460
节日快车

加拿大

从多伦多登车，前往温尼伯，再到卡尔加里。途中可以体会詹尼斯·乔普林、感恩至死乐队等音乐人的精神。他们曾于1970年举办摇滚乐队火车巡演。

车厢——只有一等车厢和二等车厢,夜间列车拥有一等卧铺包厢。列车仍会停靠于大西洋的海港城市卡萨布兰卡,城内法国殖民时期、装饰派艺术风格的建筑值得探访。当纳什在这里登上列车时,这些建筑仅有几十年历史,但它们现在看起来依然保存完好。

当然,马拉喀什快车的最终站是马拉喀什。这座城市已不再是嬉皮士的聚集地;逃离这里的"自由心灵"现在大多成为小经理人,出行时会预定精致的花园式酒店。但马拉喀什街头巷尾弥漫的异域风情依然不曾改变。可以在马拉喀什火车站搭乘小型的士前往老城区,再漫步至城内巨大的主广场——德吉玛广场。这里的街道弥漫着香料香气,说书人正在讲述扣人心弦的故事,杂技演员进行高难度杂耍表演,耍蛇人让蛇翩翩起舞,这一切都让人觉得现代的西方世界变得遥不可及。

下图:丹吉尔—马拉喀什列车会停靠于卡萨布兰卡市

461
"自由"号列车
(FREEDOM TRAINS)

美国

(United States)

1947—1949 年运行的"自由"号列车好比当时最大的旅游展览。美国迈入战后繁荣时期,"自由"号列车旨在提醒人们成为美国人意味着什么。列车共有七个车厢,车内装有各式宝藏,比如《独立宣言》《葛底斯堡演说》等,其行程共 59 800 千米,遍及整个美国。它是唯一一辆运行于美国所有相邻 48 个州的列车。1975—1976 年,第二辆"自由"号列车为庆祝美国 200 周年纪念,举行了同样的盛大游行。这次,列车上的货物包括马丁·路德金(Martin Luther King)的长袍和来自月球的岩石。

462
泛亚快车
(TRANS-ASIA EXPRESS)

土耳其和伊朗

(Turkey and Iran)

自 20 世纪 60 年代起,无数的嬉皮士向东方逃亡,想要逃离消费主义至上的西方。他们聚集于伊斯坦布尔,乘货车或者搭便车穿越土耳其,来到伊朗、阿富汗、印度等国家。现在,搭乘为期三天、全长 2968 千米的泛亚铁路,是追寻他们的足迹的方式之一。泛亚铁路连接土耳其首都安卡拉和伊朗首都德黑兰,途中穿越崎岖的安纳托利亚平原来到塔特万码头站。乘客们可以在塔特万码头站搭乘轮渡穿过凡湖(Lake Van),再从凡码头站换乘另一条铁路来到德黑兰。令人遗憾的是,泛亚铁路于 2015 年发生意外安全事故,因而被暂时关停,希望有一天这辆"嬉皮士列车"能够恢复运营。

463
火车大巴扎
(THE GREAT RAILWAY BAZAAR)

欧洲和亚洲
(Europe and Asia)

《火车大巴扎》于1975年出版，是一本经典游记。在书中，美国作家保罗·索鲁详细叙述了他从伦敦出发，穿越欧洲，抵达中东、印度和东南亚的旅行。保罗·索鲁在途中搭乘的火车极富故事性，比如东方快车、开伯尔隘口列车（Khyber Pass Local）和西伯利亚铁路。索鲁发现火车就是当地人和物的映像，他写道："（某国的）火车体现着当地的风土人情。""火车大巴扎中有形形色色的人，小摊上陈列着各种小玩意，这些人和事将当地社会的风土人情勾画得淋漓尽致。登上火车，即意味着面对当地特色文化的冲击。"

464
"班德瑞卡"—英格兰线
('BANDRIKA'–ENGLAND)

欧洲
(Europe)

班德瑞卡是欧洲少有的未知角落之一——主要是因为它根本不存在。班德瑞卡是一个国家名，出自1938年阿尔弗雷德·希区柯克（Alfred Hitchcock）的电影《贵妇失踪案》（The Lady Vanishes）。剧中主角在班德瑞卡这个虚构的巴尔干国家登上一辆开往英格兰的列车，当密闭的列车在乡郊穿行时，剧中人物弗洛伊小姐（Miss Froy）却神秘失踪，主角等人开始尝试解开这个谜团。剧中的列车也别具一格：它的鸣笛好似恐惧的尖叫，前行又好似被人追逐；密闭的空间进一步营造出紧张的气氛。然而实际上，整部电影的布景仅有27米长。

20世纪及未来

"友谊"号快车 (FRIEND EXPRESS)

巴基斯坦和印度 (Pakistan and India)

> 搭乘极慢的"协议"列车，
> 穿越气氛紧张的印巴边境。

基本信息
- 时间：1947年（印巴分治）
- 全程：28千米
- 最少用时：4小时以上
- 关键停靠点：拉合尔、瓦加、阿塔里
- 途经国家：巴基斯坦、印度

乍一看来，这里的旅程用时好像是打错了，其实并没有。"协议"号列车（Samjhauta Express）——又称作"友谊"号列车——行驶于巴基斯坦城市拉合尔（Lahore）和印度城镇阿塔里（Attari）之间，走完全长28千米的旅程的确要耗费4个多小时。其实，列车本身的行驶速度并不是慢得难以忍受（尽管行驶速度也并不快），最耗时的是经过两国国境时烦琐的手续。

1947年印巴分治后，英属印度沿雷德克里夫线分为印度和巴基斯坦两国。从此以后，两国的关系一直较为紧张。1976年，跨境"协议"号列车开始运营，之后两次停运；2007年，它成为恐怖分子的袭击目标。现在，"协议"号列车每周运行两次，一年中有半年由印度负责运营，另半年则由巴基斯坦负责。

下图：阿姆利则的金庙是锡克教最神圣的地方

从拉合尔出发，列车驶出24千米后来到印巴边境的村庄瓦加（Wagah）。在这里，印巴关系变成一场不可言说的默剧。每天晚上在日落之前，人们会将道路关闭，并举行降旗仪式。在印巴边境，可以看到穿着庄重的战士踱着正步，在印巴分界线两边还有枪声不时传来。

对于火车旅行者来说，旅行手续的烦琐程度更让人倍感无奈。审查官员审核相关旅游材料时，列车会不可避免地晚点。在列车驶出3千米来到阿塔里后，会再次遭遇审核。在阿塔里19世纪的火车站，有武装部队在站台附近巡视，站台用铁丝网隔离开来。如果你的相关文件通过移民审核，就可以回到列车继续前行。接下来，列车会来到锡克教圣城阿姆利则和印度首都新德里。

友谊列车

466
维韦克快车

印度

印度于1947年独立，其境内最长的铁路之旅全长4273千米。旅程从阿萨姆邦的迪布鲁格尔北部起始，至印度大陆南端的根尼亚古马里。

467
泰老友谊大桥

泰国和老挝

从廊开府（泰国）至塔纳冷（靠近老挝永珍市）的铁路路段于2009开通——这是老挝的第一条铁路。

468
迈特里快车

印度和孟加拉国

这趟达卡—加尔各答的列车只在印度和孟加拉国之间运营，1965年印巴冲突之后，列车停运；在43年后的2008年，列车恢复运营。

左图： 印度和巴基斯坦间的边界关闭仪式仿佛一场默剧

20世纪及未来　**367**

费斯廷约格和威尔士高地铁路
(FFESTINIOG AND WELSH HIGHLAND RAILWAY)

英国北威尔士（North Wales, United Kingdom）

> 乘坐史诺多尼亚地区两条重新修复的遗产铁路，它们成功向世人证明铁路爱好者的辛劳付出能换来什么。

基本信息

- 时间：1982年/2011年（费斯廷约格铁路/威尔士高地铁路重新开通）
- 全程：22千米/40千米
- 最少用时：1小时10分钟/2小时10分钟
- 关键停靠点：卡那封、沃恩福尔、里德杜、贝德盖勒特、波斯马多格、明福德、彭林岛、布莱奈费斯廷约格
- 途经国家：英国

从某些方面来说，搭乘费斯廷约格和威尔士高地铁路不像坐火车，更像坐过山车。这两条铁路的命运轨迹好比途经的地形一般跌宕起伏：有高潮、低谷、迂回、转弯——但最终等待它们的是激动人心的结局。

费斯廷约格铁路全长22千米，最初于1836年通车，铁路自布莱奈费斯廷约格的板岩采石场下行至海滨城镇波斯马多格。起初，装满货物的货运车厢和运载着马匹的漂亮车厢依靠重力作用滑行至海边；返程时，马匹会拉着空车厢重新上山。1863年，费斯廷约格铁路成为世界上第一条运营蒸汽机车的窄轨铁路，也成为世界上首次运营双费尔利蒸汽引擎列车的铁路，双式引

地图标注

卡那封 CAERNARFON
邦特纽伊德 Bontnewydd
迪纳斯 Dinas
特瑞凡峰枢纽站 Tryfan Junction
沃恩福尔 Waunfawr
普拉斯南特 Plas-y-Nant
里恩维林恩水库 Llyn Cwellyn reservoir
斯诺登山脉 Snowdon Ranger
斯诺登山 MOUNT SNOWDON
里德杜 Rhyd Ddu
梅里昂恩 Meillionen
斯诺多尼亚国家公园 SNOWDONIA NATIONAL PARK
贝德盖勒特 Beddgelert
阿伯格拉斯林隘口 ABERGLASLYN PASS
南特摩尔 Nantmor
布莱奈费斯廷约格 BLAENAU FFESTINIOG
塔尼格里西奥 Tanygrisiau
大黑山坦尼布文奇火车站 Tan-y-Bwlch
杜阿奥特 Dduallt
威尔士高地铁路 Welsh Highland Railway
克罗士大桥 Pont Croesor
格拉斯林山谷 GLASLYN VALLEY
费斯廷约格铁路 Ffestiniog Railway
波斯马多格 Porthmadog
彭林岛 Penrhyn
明福德 Minffordd
波士顿旅馆站 Boston Lodge Halt
波特梅里恩 Portmeirion
格拉斯林河口 Glaslyn Estuary

擎列车看起来就好像有两个头尾相接的连续引擎。双式引擎可以为列车提供足够动力，使其能够应对突如其来的急转弯；列车也可以运载更多板岩，拉载更多旅客车厢。但随着20世纪到来，板岩贸易量逐年下降。与此同时，旅客逐渐展现出对公路出行的偏爱。1946年，费斯廷约格铁路关停。

威尔士高地铁路命运更加多舛，它包含许多更早的铁路线和部分新建路段。线路于1923年开通，位于卡那封和波斯马多格之间，全长40千米。但从开通伊始，这条线路就深陷债务困境，且一直没有好转迹象。到了1937年，该线不得不停止运营。在"二战"末期，该线甚至已不复存在，它的铁轨在战时被转移至别处另作他用。费斯廷约格铁路和威尔士高地铁路就这样消失了——但有人从未忘记它们……

早在1951年，一群铁路爱好者一心想要重建费斯廷约格铁路。经过不懈努力，他们做到了；自1955年起，费斯廷约格铁路部分路段恢复运营。铁路爱好者也曾遭受巨大挫败，尤其是当他们得知新建的水力发电站已淹没大部分从前路段。致力于恢

贸易列车

470
嘉阳煤矿小火车

中国四川

在遍布高速列车的中国，选择搭乘这条老式蒸汽列车线会别有一番体验。该线于1938年开通，全长20千米，曾服务于当地矿业，现在已是文化遗址。

471
赫尔希电气化铁路

古巴

全长92千米的赫尔希电气化铁路运营哈瓦那—马坦萨斯线是古巴境内唯一尚在运营的电气化铁路。该线于1917年由美国巧克力公司好时建成，主要负责运输好时公司的巧克力糖。

472
平溪铁路线

中国台湾

全长13千米的平溪铁路线于1921年开通，主要负责运送煤矿。现在，一日游的旅客会乘坐该线，列车穿过高山、瀑布，从传统矿业小镇的正中驶过。

左图：费斯廷约格铁路曾负责运输布莱奈费斯廷约格采石场的板岩

20世纪及未来　**369**

复费斯廷约格铁路的团队——大部分是志愿者，依然毫无畏惧，他们沿新发电站的水库设计出一条4千米长的绕道路线。如果按照该路线抵达布莱奈费斯廷约格，需要凿建全新的摩威因隧道（Moelwyn Tunnel），并在大黑山建造一条螺旋形路道。1982年5月25日，费斯廷约格铁路恢复运营。

威尔士高地铁路有更多路段亟待修复。尽管该线最初的带挡板的轨道床基本完好无损，但铁路修复过程中仍遇到许多其他障碍，比如法律纠纷和口蹄疫疾病的突然爆发等。仍有许多志愿者不辞辛劳地参与该线修复工作，包括铺设轨道和修复蒸汽机车等。1997年，威尔士高地铁路开始分段恢复运营；2011年，卡那封—波斯马多格线终于恢复运营。2014年，波斯马多格港口火车站再次扩建，费斯廷约格铁路和威尔士高地铁路的列车均可停靠该站。

费斯廷约格铁路和威尔士高地铁路沿途的景色都很美。费斯廷约格铁路东向行驶的列车从波斯马多格出发，途经格拉斯林河口。线路首站是波士顿旅馆站。该站保存着曾经的古董机车车组——费斯廷约格铁路现阶段运营的列车中，有三辆已拥有150年历史。接下来一站是明福德，从该站出发，步行即可抵达美得难以置信的、意大利风格的波特梅里恩度假胜地。接着列车继续上行，经过绵羊牧场、树林和瀑布，穿过山丘，紧贴山腰，沿优美的弧线前行。上行至210米高度后，列车来到布莱奈费斯廷约格。

威尔士高地铁路的列车从波斯马多格出发后向北行驶，经过格拉斯林山谷来到斯诺多尼亚国家公园。接着，列车穿过阿伯格拉斯林隘口的隧道后，停靠至漂亮的村庄贝德盖勒特；再折返沿弧线上行至里德杜车站——这里有条前往斯诺登山山顶的步道。绕过里恩维林恩水库后，列车进入格维法山谷（Gwyrfai Valley），并停靠于迪纳斯村的火车棚。最后，列车隆隆驶向卡那封站，停靠于城中宏伟的中世纪城堡之下。

右图：威尔士高地铁路线途经贝德盖勒特附近雄伟的山川美景

473
"皇冠"号快车
（CROWN EXPRESS）

保加利亚
（Bulgaria）

　　1918—1943年执政的保加利亚沙皇鲍里斯三世（Boris Ⅲ）是一位狂热的铁路迷。在他执政期间，保加利亚的铁路逐步现代化。鲍里斯三世还经常驾驶自己的私人皇家列车出行，这辆私人列车又叫皇冠列车，拥有三节20世纪30年代至40年代德国制造的奢华古董车厢，其装潢为沙皇鲍里斯三世及其家人专门设计。鲍里斯三世曾搭乘这辆列车前往国事访问。现在的旅游公司则征用这些漂亮的老式车厢用于私人旅行，由古董蒸汽机车牵引，行驶于罗多彼山脉或沿黑海海岸等保加利亚铁路网中风景最优美的路段。

20世纪及未来

474
"海洋"号列车 (THE OCEAN)

加拿大东部 (Eastern Canada)

> 跟随成千上万的加拿大早期移民，他们曾搭乘火车来到加拿大定居。

基本信息
- 时间：1928—1971年（21号码头开始运营）
- 全程：1346千米
- 最少用时：21小时
- 关键停靠点：哈利法克斯、阿默斯特、蒙克顿、蒙特乔利、里维埃拉杜卢普、圣弗伊、蒙特利尔
- 途经国家：加拿大

1928—1971年，21号码头通过的人流量约有100万人次。这座巨大的移民管理部门位于加拿大新斯科舍省（Nova Scotia）的哈利法克斯市（Halifax），它好比纽约的埃利斯岛，专门负责处理大量新移民和难民的入境。这些移民都希望在这片新天地里创造出属于自己的新生活。

21号码头的建筑楼内有海关人员、红十字会志愿者等，还有餐厅服务。经过长途跋涉后，人们可以先去餐厅填饱肚子，以便继续征程。21号码头到哈利法克斯市的火车站之间还有一段斜坡。来到火车站后，新移民会登上殖民时期的基础型车厢，乘着这样的"特殊"列车穿越加拿大来到他们的新家。更富裕的移民则会乘坐更高级的"海洋有限公司"号列车。

现在该列车已简称为"海洋"号，列车运行于哈利法克斯和蒙特利尔，途经加拿大海洋省份*的优美风景。"海洋"号列车于1904年开始运营，是北美地区最老的、持续运营的、为人所知的旅客列车。

"海洋"号列车从21号码头（现在是一座绝佳的博物馆）附近的哈利法克斯市火车站出发，一路向北行进，绕过贝德福德盆地（Bedford Basin），经过新斯科舍省的森林、湖泊和农田。接着，列车穿过科伯奎德山（Cobequid Mountains），停靠至新不伦瑞克省（New Brunswick）的蒙古顿。1872年，加拿大殖民地际铁路（Intercolonial Railway）总部迁至蒙古顿，其原总部位于加拿大海洋省份。

"海洋"号继续向北行驶来到魁北克省的圣劳伦斯河河畔，并沿河畔转向西南方行驶。旅客可以在圣弗伊下车，前往围建古城墙的魁北克市；或者也可以跟随列车继续前行，来到终点站蒙特利尔。蒙特利尔拥有各式美食和节日庆典。你可以在蒙特利尔换乘另一辆列车，继续向西，如早期移民一样。

上图： "海洋"号列车的终点站是法国与加拿大风情结合的蒙特利尔市

左图： 许多移民在哈利法克斯登上列车，正式开启他们在加拿大的新生活

*加拿大海洋省份：加拿大地理的一个概念，该地区由新不伦瑞克、新斯科舍和爱德华王子岛组成。三个海洋省份地处大西洋西岸，与后来加入加拿大联邦的纽芬兰与拉布拉多组成更大范围的加拿大大西洋省份。区域内主要的城市有哈利法克斯、圣约翰和夏洛特顿。

20世纪及未来

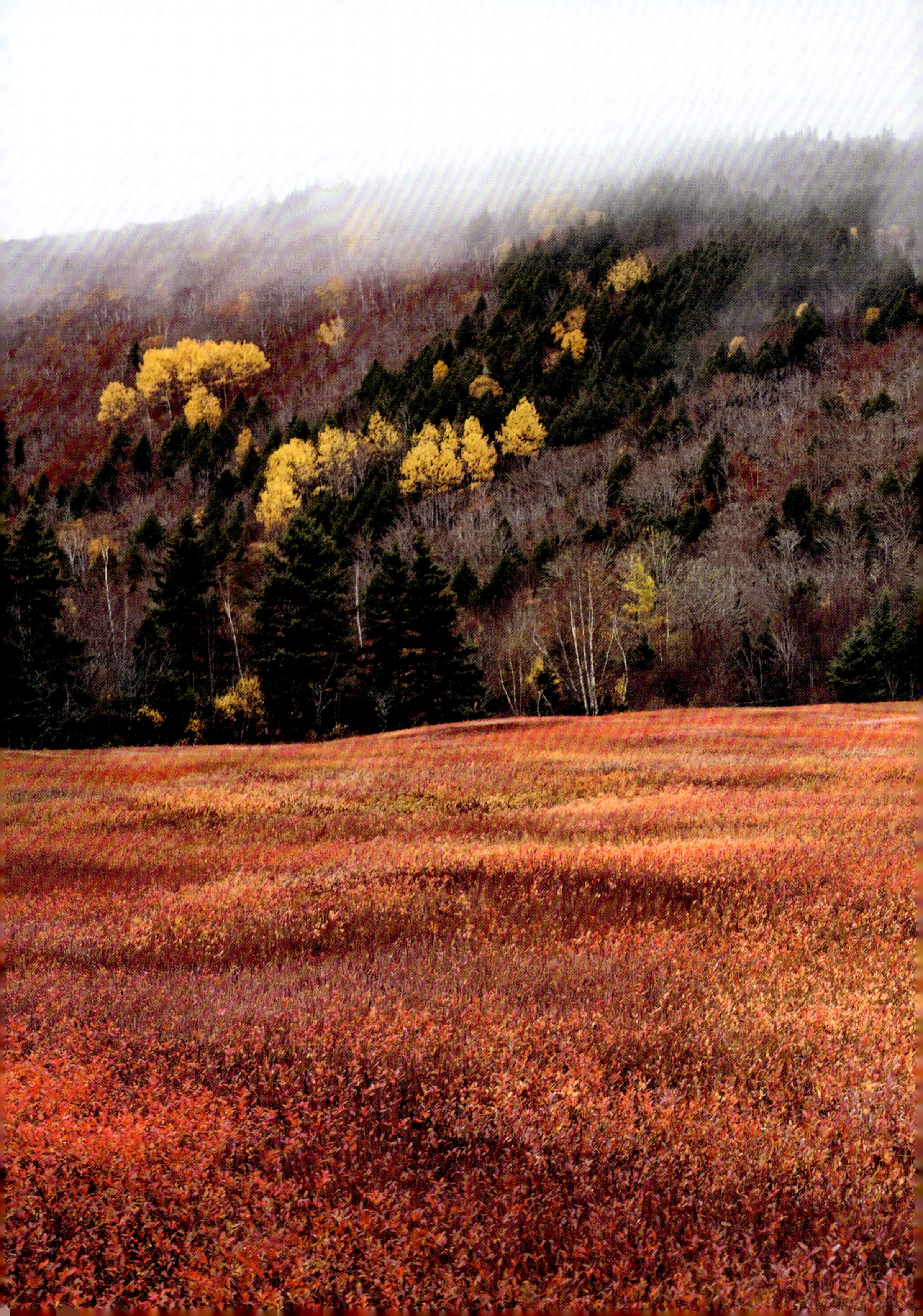

"海洋"号列车（前页）在哈利法克斯和蒙特利尔之间运营，沿途经过森林、农田和高山。途中的新斯科舍省科伯奎德山是不可错过的美景，山间是漫山遍野的糖枫和黄桦

475
波罗的海国家铁路
（RAIL BALTICA）

拉脱维亚、立陶宛和爱沙尼亚
(Latvia, Lithuania and Estonia)

这三个波罗的海国家于20世纪90年代宣布脱离苏联独立。不久，三国开始讨论如何优化铁路网，以便更好地与欧洲其他国家相连。"波罗的海国家铁路"处于初步阶段，人们仍在研究相关技术和土地规划。现阶段计划是，在三国首都塔林（爱沙尼亚）、里加（拉脱维亚）、维尔纽斯（立陶宛）之间建造一条标准轨道铁路，铁路连接华沙和柏林等城市。波罗的海国家铁路已开始施工；按计划该线将于塔林起始，至立陶宛中世纪城市考纳斯，全线预计于2026年竣工。

476
新南威尔士州铁路悉尼—堪培拉—墨尔本线
（NSW TRAINLINK SYDNEY– CANBERRA–MELBOURNE）

澳大利亚东南部
(Southeastern Australia)

悉尼和墨尔本是澳大利亚最大的两座城市。这两座城市都很漂亮，历史悠久、欣欣向荣。就成为首都的实力上来说，这两座城市也是分庭抗礼。1901年，六个自治英国殖民地想联合起来组成澳大利亚联邦，就遇到了这个难题：到底该设立哪个城市为首都。最后的折中方案呢？设立堪培拉为首都：它是在悉尼和墨尔本之间，为建立首都而特地设立的城市。堪培拉于20世纪初期开始建设；1927年，议会部门迁址该市。搭乘新南威尔士州铁路即可以探访这三座城市。列车运行于悉尼美丽的港口和艺术氛围浓厚的墨尔本之间，每天两班次，全程需12小时；在悉尼和堪培拉整齐规划的街道间也有列车服务，每天都有班次，全程需4小时。

477
北京—平壤线
(BEIJING-PYONGYANG)

中国和朝鲜
(China and North Korea)

想前往朝鲜民主主义人民共和国旅行并不容易。那些探访过这个神秘国度的人都是通过参加有组织的、政府特批的旅行团。搭乘火车进出朝鲜，仿佛透过一扇小窗来了解这个国家。全长1364千米的北京—平壤线每周发车数次，经中国丹东穿越中朝友谊大桥，来到朝鲜新义州市。

478
和平列车
(DMZ TRAIN)

韩国
(South Korea)

韩国的和平列车连接首都首尔和都罗山站，该站是离朝韩非军事区最近的站点。朝韩非军事区是世界上军事化程度最高的国度边界，自1953年起，这段宽4千米、与北纬38度线平行的缓冲地段将朝鲜半岛一分为二：朝鲜和韩国。两国曾在此地进行过政治协商，数次争端也从这里开始。和平列车之旅全长56千米，旅程从首尔起始，经纯净的乡郊来到限制平民进入的朝韩非军事区。人们仍可以探访这里的都罗展望台，看看在朝鲜国境的另一端正在发生什么。

20世纪及未来　377

479
新奥尔良市（CITY OF NEW ORLEANS）

美国（United States）

> 沿着密西西比河穿越爵士和布鲁斯的心脏地带，开启一趟音乐之旅。

基本信息
- 时间：1922年（路易斯·阿姆斯特朗从新奥尔良出发前往芝加哥）
- 全程：1490千米
- 最少用时：19小时
- 关键停靠点：新奥尔良、杰克逊、格林伍德、孟菲斯、芝加哥
- 途经国家：美国

所有列车都具有一定的音乐才能：伴随有节奏的吧嗒声，列车摇晃、鸣笛、隆隆前行。但新奥尔良市美铁旗下列车的音乐才能尤为出色。这条1490千米的铁路途经美国音乐史的心脏地带。

爵士乐约在19世纪90年代兴起，源于各种音乐艺术的融合，包括非洲击鼓、欧洲传统音乐、雷格泰姆音乐*和行军乐曲。爵士乐兴起于新奥尔良市，这座城市融合多元文化，拥有开阔的视野，且风靡各种节日和娱乐活动。自19世纪至20世纪之交，新奥尔良的剧院、爵士乐酒吧、妓院等都飘荡着爵士乐的旋律，演奏者大多数为黑人艺术家。当时的种族隔离法律限制了有色

右图： 想要探访和爵士乐相关的一切事物，搭乘新奥尔良有轨电车是完美的方式

*雷格泰姆音乐：一种美国流行音乐，主要由钢琴弹奏。它把非洲音乐节奏的基本元素引入流行音乐，为爵士乐的兴起创造了条件。

人种找工作的机会，他们中的许多人转行在娱乐行业谋生。

"书包嘴大叔"路易斯·阿姆斯特朗（Louis Armstrong）是众多在娱乐行业中谋生的一员。阿姆斯特朗于1901年在新奥尔良出生，并逐渐成为爵士乐史上极具影响力的艺术家。1922年，年轻的阿姆斯特朗——此时已经是小号演奏大师，从新奥尔良乘火车前往芝加哥加入奥利弗·金（King Oliver）的克利·奥尔爵士乐队（Creole Jazz Band）。随后，在20世纪20年代期间，芝加哥逐渐成为世界爵士乐的枢纽。阿姆斯特朗带有独特个人风格的音乐也从芝加哥开始散播至世界各地。

今天，当你登上新奥尔良市的列车后，可以在火车上了解到许多这座城市音乐方面的文化遗产。这个音乐学习项目由美铁公司于2000年推出，在旗下的列车上推广。该项目与国家公园服务局合作，旨在鼓励旅客搭乘火车来体验古迹。国家公园服务局的相关工作人员会在指定站点登车，在途中向乘客解说历史。火车来到新奥尔良市，来自新奥尔良爵士国家历史公园的导游会登车解说。

新奥尔良爵士国家历史公园的总部设立在新奥尔良铸币局内，位于新奥尔良市法国区边缘。园内还有许多其他地标，包括路易斯·阿姆斯特朗公园的刚果广场——19世纪时，获得自由身的非洲人曾聚集在此尽情跳舞歌唱。

新奥尔良市并不只有爵士乐。火车继续向北行驶，穿过苔藓密布、云雾弥漫的密西西比三角洲的沼泽地后，便来到了蓝调的家乡。蓝调出现的时间比爵士乐略早一点，这一非裔美国人民的音乐更显忧郁气质。与爵士相似的是，蓝调也于美国南部发源，后向北传播至音乐中心芝加哥。

列车会停靠于城镇黑泽尔赫斯特，蓝调传奇音乐人罗伯特·约翰逊（Robert Johnson）在此地出生（1911年），在格林伍德去世（1938年）——据传他死于与魔鬼的交易，如果你相信这个故事的话。列车还会停靠于田纳西州城市孟菲斯，有人说这

喜欢这条线路吗？再看看这个

480
圣迭戈和亚利桑那铁路

美国加利福尼亚州

这条"不可能的铁路"的第一钉于1907年钉入。现在该线已经关停，沿线的山羊峡谷栈桥（可以徒步抵达这里观看美景）是世界上最大的木制栈桥。

20世纪及未来 **379**

里是美国的音乐之城。三角洲蓝调、爵士、摇滚、说唱和福音音乐等领域的许多超级巨星均在孟菲斯崭露头角，他们的第一首曲目都在这里的太阳工作室（今天仍在营业）录制剪辑；又或者曾在孟菲斯比尔街的酒吧献唱。城内还有一条好莱坞式的星光大道，只为向这里走出的音乐明星致敬。埃尔维斯·普雷斯利*（Elvis Presley）生前的豪宅和最后的安息之所雅园也坐落于此。

经过孟菲斯后，列车沿密西西比河继续行驶，穿越伊利诺伊州的玉米田，来到终点站芝加哥。自20世纪20年代起，"风城"芝加哥就是音乐之都。在大迁徙中，上百万非裔美国人从美国南部迁徙到工业化的北部，音乐也随之而来。爵士、蓝调和其他音乐流派的新兴风格都在芝加哥发展起来。这座湖畔城市现在依旧是生机勃勃的音乐之都，城内的老娱乐会场，如绿磨坊鸡尾酒酒廊［因是黑帮分子艾尔·卡彭（Al Capone）的最爱而闻名］，所调制的美酒依旧浓烈。

更多美国之旅

481
代顿—佩里斯堡线
美国俄亥俄州

1984年10月12日，前美国总统罗纳德·里根登上"斐迪南·麦哲伦"号列车（美国总统的专车）。旅途全长197千米，期间里根曾在沿途各地发表演讲。"斐迪南·麦哲伦"号列车现在迈阿密的黄金海岸铁路博物馆展出。

482
"海岸星光"号列车
美国西部

全长2216千米的洛杉矶—西雅图线途经赫斯特城堡（建于1919—1947年），传媒大亨威廉·蓝道夫·赫斯特曾在城堡内宴请好莱坞明星。

483
哈莱姆铁路线
美国纽约

从美国纽约搭乘火车，前往阿巴拉契亚步道站；该站点没有任何设施，四周也空旷无物，登山者会经过该站前往阿巴拉契亚步道（于1937年开放）。

右图：许多音乐史上大名鼎鼎的人物都曾在孟菲斯的太阳工作室录制歌曲

*埃尔维斯·普雷斯利：中文昵称"猫王"，是一位美国歌手、音乐家和电影演员，被视为20世纪最重要的文化标志性人物之一。

484
纽约高线公园（NEW YORK HIGH LINE）

美国纽约（New York, United States）

> 沿着曾经废弃的高架货运铁路漫步，如今它已是纽约最吸引人的地标之一。

基本信息

- 时间：1934年/2009年（美国高线铁路开通/公园营业）
- 全程：2.5千米
- 最少用时：1小时
- 关键停靠点：根舍沃街、第14街、切尔西丛林、法尔科立交桥、34街西城调车场
- 途经国家：美国

下图：从高线公园向下俯瞰，日新月异的街区景致尽收眼底

纽约高线公园是21世纪期间废弃铁路再利用的典范。这条杂草丛生的废弃铁路现在是座热闹兴旺的公园，纽约最具潮流的景点之一。

高线公园最初是远离地面车流的高架货运铁路。从19世纪40年代起，曾有一条沿曼哈顿西侧下行的地面铁路，但由于该路段事故频发，人们开始考虑重新选址。高线铁路于1934年开通，主要负责货物运输。货物列车从34街出发开往斯普林街（Spring Street），在高楼耸立的市中心上空驰骋。然而，随着货物运输需求逐年减少，该线最终于1980年关停。

这条高架铁路似乎注定面临拆除的命运，但在当地铁路爱好者的努力下，高线公园小部分路段得以保留。人们计划将它

铁路改建

485
联邦铁路小径
加拿大爱德华王子岛

爱德华王子岛的铁路网于1989年关停之后，很快被改建成全长470千米的步道和自行车道。

486
百慕大铁路小径
百慕大

1931—1948年运营在这座北大西洋小岛的铁路，绝大部分已改建成一条全长29千米、风景秀丽的步行和自行车道。

487
布里斯托尔和巴斯铁路小径
英国

曾经的米兰德铁路于20世纪60年代停运。该线部分段路现已是人们喜爱的自行车道，全长21千米。埃文河谷铁路运营的蒸汽列车也行驶于该路段。

右图：曾经的高线铁路现已是纽约市内一座绿意盎然的公园

改建成公园，项目于2006年正式施工。2009年，项目第一阶段竣工；2014年，全长2.5千米的公园项目竣工。

今天的高线公园漂浮在曼哈顿市车水马龙之上，是城区中时髦的、极具创意的一抹绿意。高线公园路段不长，但毫不单调。部分路径仍保留从前的桁梁等其他铁路特色。还有路径通向徕木丛和野生植物种植区——莎草、紫菀花、花红树等在此竞相争艳，它们在铁路废弃时期就已在这里安家。园内还装饰有公共艺术品、高楼间的穿行通道，远眺即可看到哈德孙河和自由女神像。

高线公园使这一地段获得新生，这里的房价水涨船高，各种城建项目兴起。比如，2015年开业的惠特尼美术馆即坐落于高线公园南端终点。

488
里姆塔卡铁路小径
(RIMUTAKA RAIL TRAIL)

新西兰北岛
(North Island, New Zealand)

新西兰的怀拉拉帕铁路位于首都惠灵顿和城市北帕默斯顿之间，全长172千米，瑞姆塔卡山脉（Rimutaka Ranges）的隧道段位于该线。该线首次建成时（1874—1896年分阶段建成），瑞姆塔卡山脉路段呈1∶15坡度比，因而需要特殊的抓地轨道型费尔（Fell）机车。隧道段于20世纪50年代建成。现存的一段长22千米、经瑞姆塔卡陡坡铁路的废弃路段已改建成徒步和自行车步道，徒步者和自行车爱好者可以通过步道探访老火车站、桥梁、弯道、隧道和美丽的新西兰丛林。

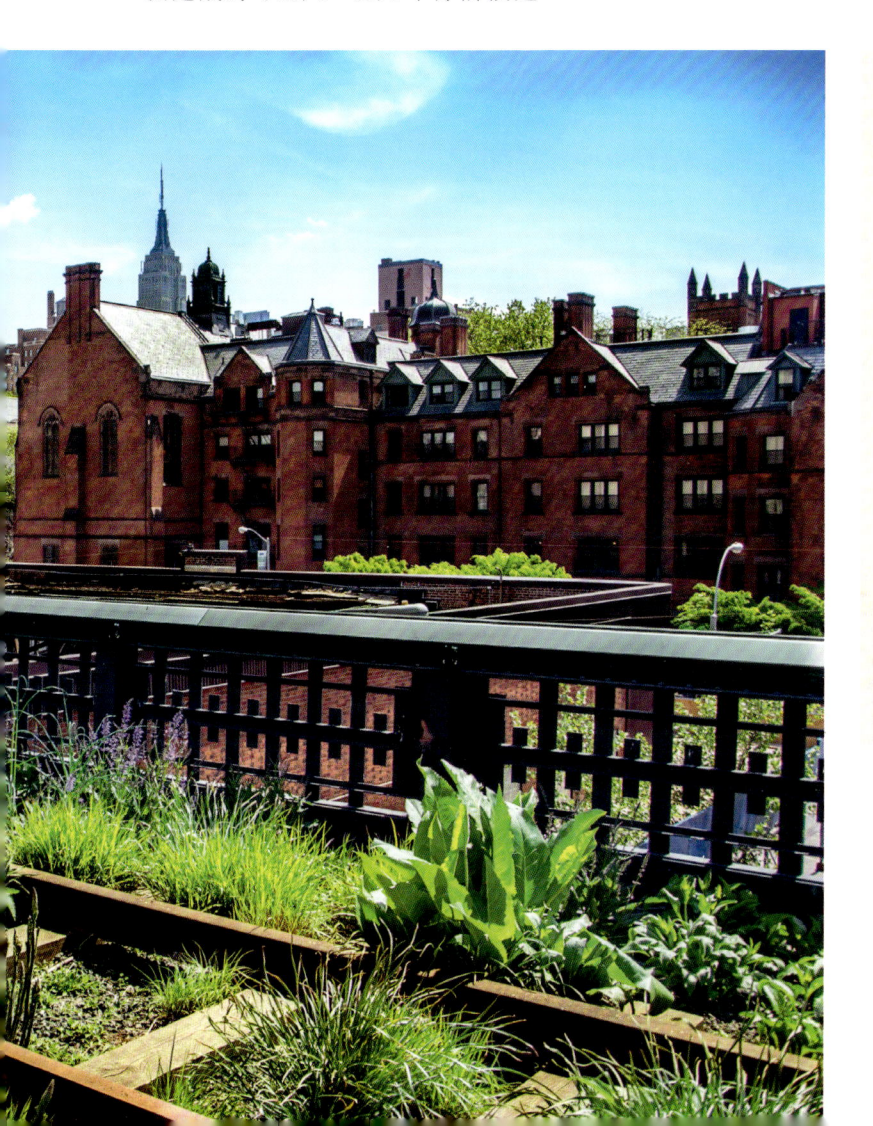

喜欢这条线路吗？再看看这个

489
迪昆德雷绿道

美国底特律

迪昆德雷绿道于2009年5月开通，全长2.2千米。它是底特律市中心的一条行人通道，沿线是曾经的西部大干线铁路的部分路段。

490
布卢明代尔铁路

美国芝加哥

废弃的布卢明代尔高架铁路位于芝加哥西北部，该线已改建成长5千米的艺术公园，于2015年开业。

20世纪及未来 **383**

东海道新干线 (TOKAIDO SHIKANSEN)

日本本州岛 (Honshu, Japan)

> 搭乘东京至大阪的子弹头列车时需要系好安全带，它是世界上第一条高速铁路。

基本信息
- 时间：1964年（世界上第一辆子弹头列车发车）
- 全程：515千米
- 最少用时：2小时22分钟
- 关键停靠点：东京、品川、横滨、名古屋、京都、大阪
- 途经国家：日本

东海道新干线以一条有数百年历史的道路名命名。东海道曾是五条高速道路之一，自17世纪起就连接了日本曾经的首都京都和现在的首都江户（即东京）。东海道沿线曾有53座驿站，长途跋涉的徒步旅人常在这里解决食物和住宿。今天的东海道旅行不再需要依赖沿路的小吃店了。搭乘子弹头列车从东京前往港口城市大阪，这段全长515千米的旅程仅需2.5小时。

日本新干线是世界上第一个高速铁路网。其中第一条铁路是东海道本线，于1964年10月1号开通；9天之后，东京举办了奥林匹克运动会。东海道本线拥有极具未来感的蓝白色0系列动车组——绰号"团子鼻"，发车后很短时间内即可达到每小时210千米的最高速度。该线全程原需7小时，现已缩减至仅3小时。现在日本有6条新干线，时速可达320千米。

1964年以前，日本的火车系统相当过时。由于地形多山，早期铁路线（19世纪第一条铁路建成）均为1067毫米的窄轨

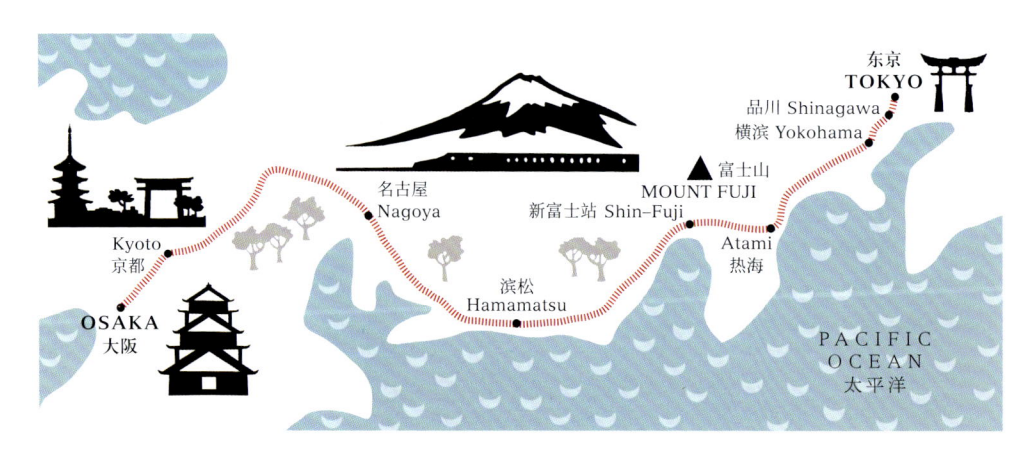

铁路，不适合运行高速列车。1889年，首条东京和大阪间的铁路开通时，全程耗时19小时。

20世纪30年代，人们开始计划在东海道本线建设子弹头列车用标准轨道，但由于"二战"爆发，计划搁置。战争结束之后，大众似乎感觉铁路已经过时，未来是汽车和飞机的天下。然而，人们对于建设高速铁路网的愿景却从未停止。

1957年，东京小田急电铁公司旗下的列车创下世界窄轨火车时速纪录，该公司的3000型浪漫特快列车时速达到145千米。这次创造纪录无疑增强了日本人建设高速铁路的信心。两年后，日本首条新干线标准轨道开始施工。在1959年4月20日的新干线开工仪式上，日本国有铁道总裁十河信二用一把金制的铲子敲破丹那隧道入口（热海市附近）的地面，他宣布："我们要建

下图：超级现代的新干线的顶级风景还是古老的富士山

造有史以来最快的铁路,世上其他铁路都无法达到这个速度。"

东海道新干线耗资3800亿日元——超出预算两倍,但确实达到了承诺的速度。它仍名列世界最快动车之一,也是迄今为止乘坐人次最多的高速铁路。每天有340余辆列车行驶于该线,运载人次达424 000。东海道新干线还一向惊人的准时——平均每辆列车晚点不超过1分钟。相关数据只会让人对它印象更加深刻。日本已在研发中央新干线,该线将应用超导体磁悬浮技术,运行时速可达500千米。中央新干线预计于2045年竣工,届时东京—大阪的旅途耗时将缩减至67分钟。

现阶段,东海道新干线运营三种不同列车。其中"回声"号列车和"光"号列车相对较慢,沿途停靠更多站点。最快的是"希望"号列车,全程耗时2小时22分钟,仅停靠主要城市:东京、品川(曾是东海道高速道路上首个驿站)、日本第二大城市横滨、名古屋(一座铁路博物馆坐落于此)、庙宇散落的京都和生机勃勃的大阪。但三种列车沿途的风景是一样的。在天气好的时候搭乘列车,可以看见远处庄严的富士山。天气晴朗时,东海道旅人徒步经过这里,列车呼啸而过,美丽的富士山依旧矗立于原地,从未改变。

上图: 在庙宇遍地的传统都市京都下车,体验不同于高速列车的"慢"生活

左图: 每天有成千上万人乘坐日本高速子弹头列车

492
上海磁悬浮列车
(SHANGHAI MAGLEV TRAIN)

中国上海
(Shanghai, China)

没有比上海磁悬浮列车更快、更具有未来感的列车了。这辆飞速列车于2004年首次发车,最高时速可达431千米,是世界上时速最快的常规商业化列车。搭乘该车行驶于全长30千米、浦东机场和龙阳路地铁站之间的路段,全程仅需8分钟。它是世界上少有的磁悬浮列车,原理是利用磁铁来产生升力和推进力,使列车在导轨上漂浮,从而减少摩擦力,实现极高速度。

20世纪及未来　　387

493
京沪高铁（BEIJING–SHANGHAI HIGH-SPEED RAILWAY）

中国东部（Eastern China）

> 搭乘中国的旗舰型高速列车，
> 驰骋于中国最大的两个城市之间。

基本信息
- 时间：2011年（京沪高铁通车）
- 全程：1318千米
- 最少用时：4小时48分钟
- 关键停靠点：北京南、南京南、上海虹桥
- 途经国家：中国

至2019年，中国高铁网全长已达35 000千米。预计至2030年，中国将实现全国县城基本全部覆盖铁路。

2003年，中国首条高铁线开通；但直到5年之后，超高速列车的变革才真正开始。2008年，京津城际铁路开通（恰逢北京举办奥林匹克运动会），时速打破了传统列车时速纪录。该线无疑是出行革新的重大一步。

2011年，京沪高铁首次开通。该线全长1318千米，共有十几万名建筑工人和工程师参与建设，项目共耗时38个月。这条高铁的建造一气呵成，并未分阶段施工。项目期间共建设244座桥梁，包括长江三角洲的丹昆特大桥，全长约165千米，是世界最长的桥梁；全长约114千米的天津特大桥也位于该线。

下图：这条高铁线路上运行的火车时速达350千米

中国设计的CRH380A型电力动车和德国设计的CRH380B型电力动车时速可达350千米,上海和北京之间原长10小时的旅途已缩减至约5小时。该线谱写了中国铁路史的"新篇章",将对国家政治和经济的发展产生巨大影响。尽管之后中国建造了更长、更快的铁路,但京沪高铁线依旧是众多铁路的代表。

上图:上海,飞速发展的现代化都市

494
奥夫鲁赤—切尔尼戈夫线 (OVRUCH-CHERNIHIV)

乌克兰和白俄罗斯 (Ukrainia and Belarus)

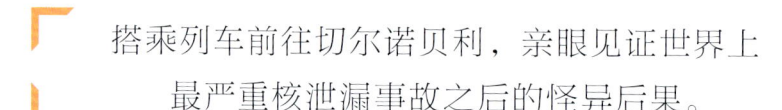

> 搭乘列车前往切尔诺贝利，亲眼见证世界上最严重核泄漏事故之后的怪异后果。

基本信息
- 时间：1986年（切尔诺贝利核事故）
- 全程：175千米
- 最少用时：55分钟（切尔尼戈夫—斯拉维季奇线）
- 关键停靠点：切尔尼戈夫、斯拉维季奇、伊洛恰、雅尼夫、维利恰、奥夫鲁赤
- 途经国家：乌克兰、白俄罗斯

不幸事件

495
贝尔法斯特—班戈线
英国爱尔兰北部

该线的海岸线列车途经贝尔法斯特的泰坦尼克区，不幸沉没的邮轮泰坦尼克号在这里建造。在古老干裂的码头旁矗立着一座博物馆。

496
布赖德戈铁路桥
英国白金汉郡

这座位于莱德本的桥梁是1963年火车大劫案的发生地。犯罪团伙一行15人，劫持了格拉斯哥—伦敦线的皇家邮政列车，共盗取260万英镑现金。

1986年4月26日，切尔诺贝利核电站四个核反应堆之一发生爆炸，释放的辐射量相当于广岛与长崎原子弹爆炸时的100倍。直到今天，切尔诺贝利事故仍是世界上最严重的核事故。

让人仍难以置信的是，在爆炸发生后的数天内，奥夫鲁赤—切尔尼戈夫线铁路仍在运营。满车的乘客无视灾难规模之大，全部暴露在灾难后期严重的核辐射危险之中。毫无疑问，今天的列车已不再运行全线，切尔诺贝利隔离区将部分路段隔断，隔离区内核污染最为严重。

现在，列车会从切尔尼戈夫市出发向西行驶，抵达斯拉维季奇。为安置1986年从切尔诺贝利撤离的人，人们建造了这座城镇，城内现在约有25 000人。在斯拉维季奇有辆前往谢米霍季的短途列车。谢米霍季是一座新修的终点站，位于切尔诺贝利10千米隔离区内。大部分市民至多只会乘坐至白俄罗斯的城镇伊洛恰。只有核电站的工作人员和特批的旅行者才能进入谢米霍季。

如果你已有进入切尔诺贝利隔离区的许可，可以先探访雅尼夫站的老铁路基地，它是鬼城普里皮亚季的主火车站。由于这里的机车和铁路全套装备已被过度辐射，无法清除，所以这些设施只好留在原地静静腐烂，等待生命力顽强的灌木丛穿过生锈的车厢。也有旅行团会前往普里皮亚季城外的铁路桥——现在绰号为"死亡之桥"。1986年4月26日晚，许多当地人正聚集在这座桥上，观看核反应堆爆炸处喷射出的五彩烟火，他们丝毫没有注意到致命的核辐射正铺天盖地而来。

右图：切尔诺贝利灾难后，普里皮亚季市被废弃

奥夫鲁赤	拉查	维利恰	10千米隔离区		普里皮亚季		伊洛恰		斯拉维季奇	
OVRUCH	Racha	Vilcha	10KM EXCLUSION ZONE		Pripyat		ILOCHA		Slavutych	CHERNIHIV 切尔尼戈夫

BELARUS 白俄罗斯
普里皮亚季河 Pripyat River
第聂伯河 Dnieper River

30KM EXCLUSION ZONE
30千米隔离区

Yaniv 雅尼夫
SEMIKHODY 谢米霍季
Posudovo 波苏多沃

CHERNOBYL NUCLEAR POWER PLANT
切尔诺贝利核电站

UKRAINE 乌克兰

Kiev 基辅

20世纪及未来　391

497
美功铁路
（MAEKLONG RAILWAY）

泰国
(Thailand)

美功铁路的铃声响起，人们就需要停止购物，退到街边。夜功府街道拥挤，城中心狭窄的铁路还被商贸市场占据，商贩挤在铁轨和门店之间做生意。一天中有几个时段，商贩会将小摊摆在铁轨上；当铃声作响，美功铁路（1904年通车）的列车缓缓驶来，所有商贩都会收拾好摊位，给它让位。一等列车驶过，人们便重新支起遮阳篷，摆上货摊，继续做生意。

498
曼德勒—腊戌线
（MANDALAY-LASHIO）

缅甸
(Myanmar)

曼德勒—腊戌线全长280千米。天还未亮时，列车便摇摇晃晃地从曼德勒出发。它在一片漆黑中摸索着穿过平原地带。日出时，列车翻越重峦叠嶂，前往英国人建造的避暑小镇彬乌伦（Pyin Oo Lwin）。在经过村落点点的乡郊后，谷特高架桥（Gokteik Viaduct）映入眼帘。这座全长689米的铁路栈桥由美国人于1901年建造，桥身由15座高塔支撑。列车行驶于该桥时，速度十分缓慢，从车窗往下看去，丛林山谷的美景令人头晕目眩。驶过桥梁后，列车继续前往昔卜（Hsipaw，当地煤矿市场所在地），最后抵达终点站腊戌。

499
"昆士兰精神"号列车
（SPIRIT OF QUEENSLAND）

澳大利亚东部
（Eastern Australia）

　　澳大利亚北海岸线铁路位于昆士兰州东海岸沿线，在建设该线之前，人们花费了极长时间协商方案；确定方案后，铁路施工时间更为漫长。北海岸线第一条路段于1881年通车，此时还有60个路段等待竣工——还有其他重重困难。1924年，全长1680千米的铁路全线开通。现在，"昆士兰精神"号列车运行于布里斯班—凯恩斯线。列车于2013年升级，部分座椅可以展开成卧铺。"昆士兰精神"号每周发车5次，搭乘这辆列车是游览昆士兰东海岸的最佳方式，沿途数站均可前往大堡礁。

500
波士顿快线
（BOSTON EXPRESS）

美国纽约
（New York, United States）

　　1913年2月2日12时01分，波士顿快线从纽约市新车站大中央总站发车，这是第一辆从该车站发车的列车。1871年，纽约市第一座火车站于曼哈顿下城建成；但随着客流量增长，人们想要可容纳更多乘客的更大火车站。这个愿景毫无疑问已成为现实。以站台数量和轨道线总数来看，大中央总站是世界上最大的火车站。车站拥有气派的、学院派风格的楼梯，天花板装饰有金色吊灯——候车厅天花板上的天体壁画尤其令人赞叹，图上绘有2500颗星星。

20世纪及未来　393

索 引

A

Aalborg–Ribe 奥尔堡—里伯线 164~166

Abisko National Park 阿比斯库国家公园 40

Adirondack "阿迪朗达克"号列车 233

'Afghan Express' "阿富汗"号快车 29

Agra 阿格拉 130, 200~203

Aix-en-Provence–Marseille 普罗旺斯地区艾克斯—马赛线 321

Al Hoota Cave Train 阿尔胡塔洞穴火车 54

Al-Andalus "安达卢斯"号列车 170~172

Alaska Railroad 阿拉斯加铁路 34~35

Albula Line 阿尔布拉铁路线 38

Aletsch Glacier 阿莱奇冰川 39

Algeciras–Bobadilla 阿尔赫西拉斯—博瓦迪利亚线 205

Algoma Central Railway 阿尔戈马中央铁路 57

Alice Springs 艾利斯斯普林斯 28, 29~30

Alleghenies 阿勒格尼山脉 235

Allegro 阿莱格罗列车 277

Alloa Waggonway 阿洛厄马车道 219

Alps 阿尔卑斯山脉 22, 26, 36~39, 69, 72, 146, 174, 177, 236, 238~239, 269, 321, 337, 357~359

Amber Road 琥珀之路 108~109

Amman 安曼 118

Amritsar 阿姆利则 159, 366~367

Amsterdam–Leiden–Delft 阿姆斯特丹—莱顿—代尔夫特线 231

Amtrak Cascades 美铁"瀑布"号 45

Anchorage–Fairbanks 安克雷奇—费尔班克斯线 34~35

Andes 安第斯山脉 8~9, 11, 24~27, 152~158, 210~213, 276

Ankara–Konya 安卡拉—科尼亚线 178

Antananarivo–Andasibe 塔那那利佛—安达西贝线 124

Antigua 安提瓜岛 250

Ararat, Mount 亚拉腊山 97

Arbatax–Mandas Green Train 阿尔巴塔克斯—曼达斯绿皮火车 106

Arctic Circle 北极圈 40, 128, 353

Argentina 阿根廷
　Old Patagonian Express 老巴塔哥尼亚快车 294~295
　Tierra del Fuego 火地岛 237
　Tren a las Nubes 云霄列车 26~27
　Tren Patagónico 巴塔哥尼亚列车 27

Argo Wilis 阿尔戈维利斯列车 213

Arica–La Paz 阿里卡—拉巴斯线 276

Arlberg Line 阿尔贝格铁路线 21

Armenia 亚美尼亚 97

Athens 雅典
　Athens–Thessaloniki 雅典—塞萨洛尼基线 83
　Metro 地铁 88
　Mount Lycabettus Funicular 吕卡维多斯山缆索铁路 84

Auckland Western Line 奥克兰西铁路线 184

Australia 澳大利亚
　'Afghan Express' "阿富汗"号快车 29
　Brisbane–Cairns 布里斯班—凯恩斯线 393
　Cockle Train 科克尔火车 317
　Darwin–Adelaide 达尔文—阿德莱德线 28~30
　The Ghan "甘"号列车 28~30
　Gippsland Line 吉普斯兰铁路线 28
　Gulflander "海湾地区人"号 233
　Hotham Valley Tourist Railway 霍瑟姆山谷旅游铁路 30
　Indian Pacific "印度太平洋"号 316~318
　The Inlander "内陆人"号 29
　Katoomba Scenic Railway 卡通巴观光铁路 60
　Kuranda Scenic Railway 库兰达观光铁路 59~61
　Main North Line 北干线 220~221
　Moonta Mines Tourist Railway 蒙塔矿区旅游铁路 299
　Perth–Sydney 珀斯—悉尼线 316~318
　Pichi Richi 皮其里奇 31
　Pilbara 皮尔巴拉 17
　Prospector "勘探者"号 299
　Puffing Billy 普芬比利铁路 61
　South East Light Rail 东南线轻轨 31
　Spirit of the Outback "内陆精神"号 317
　Spirit of Queensland "昆士兰精神"号 393
　Sydney–Canberra–Melbourne 悉尼—堪培拉—墨尔本线 376
　Trans-Australia Railway 澳大利亚横贯铁路 317
　Transwa Australind 西澳交通公司"奥斯特拉林"号 29
　Victorian Goldfields 维多利亚黄金矿区线 299
　West Coast Wilderness 西海岸荒野 67
　Westlander "西部人"号 317

Austria 奥地利
　Arlberg Line 阿尔贝格铁路线 21
　Gdansk–Trieste 格但斯克—的里雅斯特线 108~109
　Halstatt Salt Mine 哈尔施塔特盐矿线 117
　Mariazell Railway 玛丽亚采尔铁路 174
　Orient Express 东方快车 280~282
　Reisszug 赖斯楚格线 197
　Schafberg Railway 沙夫山铁路 177
　Semmering Railway 塞默灵铁路 269
　Vienna–Bad Ischl 维也纳—巴特伊施尔线 344

Avenue of Volcanoes 火山大道 211~212

Avon Valley Railway 埃文河谷铁路 382

B

Badaling Tunnel 八达岭隧道 111

Baekdudaegan Mountains 白头大干山脉 159

Baikal, Lake 贝加尔湖 258

Baikal–Amur Mainline 贝加尔—阿穆尔主干线 347

Bali 巴厘岛 51~53

Baltimore and Ohio 巴尔的摩和俄亥俄 270

Bamboo Trains 竹子火车 139

'Bandrika'–England 班德里卡—英格兰线 365

Bangkok 曼谷
　Bangkok–Chiang Mai 曼谷—清迈线 138~140

Bangkok–Ubon Ratchathani 曼谷—乌汶叻差他尼线 141
Skytrain 曼谷空铁 205
Bangladesh 孟加拉国 116, 367
Dhaka–Chittagong 达卡—吉大港线 116
Maitree Express 迈特里快车 367
Barbados 巴巴多斯 250
Battambang Bamboo Train 马德望竹子火车 141
Begna Railway Bridge 贝格纳铁路桥 42
Beijing 北京 258
Beijing–Badaling 北京—八达岭线 110~113
Beijing–Hangzhou 北京—杭州线 196
Beijing–Pyongyang 北京—平壤线 377
Beijing–Shanghai 京沪线 388~389
Beijing–Zhengzhou 北京—郑州线 111
Beijing–Zhangjiakou 北京—张家口线 112
Moscow–Beijing 莫斯科—北京线 144~146, 254~256
Belarus 白俄罗斯 208, 390~391
Belfast–Bangor 贝尔法斯特—班戈线 390
Belgium 比利时 253, 354~356
Belgrade 贝尔格莱德
Blue Train 蓝色列车 352
Golden Eagle "金鹰"号 343~344
Tito's Blue Train 铁托的蓝色列车 352
Belmond Grand Hibernian "贝尔蒙德大爱尔兰"号 176~177
Berchtesgaden Land Train 贝希特斯加登列车 337
Bering Strait 白令海峡 53
Berlin 柏林
Berlin–Potsdam 柏林—波茨坦线 325
U-Bahn 柏林地铁 342
Bermuda Railway Trail 百慕大铁路小径 382
Bernina Express 贝尔尼纳快车 358
Bharat Darshan 印度达显 95
Bieszczadzka Forest 别什恰迪森林 63
Big South Fork Scenic Railway 大南岔河观光铁路 237
Bilaspur–Mandi–Leh 比拉斯布尔—曼迪—列城线 145
Bilbao 毕尔巴鄂 174
Black Forest 黑森林 70~71
Black Mountains 布莱克山 169
Bloomingdale Trail 布卢明代尔铁路 383
Blue Mountains 蓝山山脉 60
Blue Train 蓝色列车 204~207
Bluebell Railway 布卢贝尔铁路 346

Bogotá–Zipaquirá 波哥大—锡帕基拉线 97
Bolivia 玻利维亚
Arica–La Paz 阿里卡—拉巴斯线 276
Oruro–Uyuni 奥鲁罗—乌尤尼线 73
Sucre–Potosí Buscarril 苏克雷—波托西巴士火车线 229
Bom Jesus do Monte Funicular 仁慈耶稣朝圣所缆索铁路 245
Bordeaux–Saint-Émilion 波尔多—圣埃米利永线 160
Borders Railway 博德斯铁路 231
Bosnia and Herzegovina 波斯尼亚和黑塞哥维那 343~344
Boston 波士顿
Boston and Maine 波士顿和缅因 215
Express 波士顿快车 393
Box Tunnel 博克斯隧道 272
Bradshaw's Guides 布拉德肖的旅行指南 315
Brazil 巴西
Corcovado Rack Railway 科尔科瓦杜齿轨铁路 358
Ouro Preto–Mariana 欧鲁普雷图—马里亚纳线 293
Rio Metro 里约地铁 209
Serra Verde Express 塞拉韦尔迪快车 62~64
West Minas Railway 西米纳斯铁路 222~223
Brecon Mountain Railway 布雷肯高山铁路 360
Bridego Railway Bridge 布赖德戈铁路桥 390
Brienz–Rothorn 布里恩茨—洛特峰线 72
Brisbane–Cairns 布里斯班—凯恩斯线 393
Bristol and Bath Railway Path 布里斯托尔和巴斯铁路小径 382
Broadway Express 百老汇快车 92~93
Brocken Railway 布罗肯峰铁路 319~321
Bucharest–Constanta 布加勒斯特—康斯坦察线 116
Budapest 布达佩斯 268~269, 280~282
Children's Railway 儿童铁路 353
Golden Eagle "金鹰"号 343~344
Bukhara 布哈拉 145, 147
Bulawayo–Victoria Falls 布拉瓦约—维多利亚瀑布 303
Bulgaria 保加利亚
Crown Express "皇冠"号快车 371
Golden Eagle "金鹰"号 343~344
Orient Express 东方快车 280~282
Rhodope Narrow Gauge 罗多彼山脉窄轨线 107

Sofia–Mezdra 索非亚—梅兹德拉线 149
bullet train 子弹头列车 115, 117, 384~387
Bury St Edmunds–Lincoln 贝里圣埃德蒙兹—林肯线 169

C

cable cars 轨道缆车 10~11, 213
Cairo 开罗
Cairo–Alexandria 开罗—亚历山大线 76
Cairo–Aswan 开罗—阿斯旺线 76~79
Caledonian Sleeper 喀里多尼亚卧铺列车 314
California Zephyr 加利福尼亚"微风"号 11, 300~303
Cambodia 柬埔寨 141, 351
Canada 加拿大
Adirondack "阿迪朗达克"号 233
Algoma Central 阿尔戈马中央铁路 57
Amtrak Cascades 美铁"瀑布"号 45
Canadian Pacific 加拿大太平洋铁路 48~50, 304~308
The Canadian "加拿大人"号 11, 46~50
Confederation Trail 联邦铁路小径 382
Festival Express 节日快车 362
Grand Trunk Pacific 太平洋铁路大干线 126~127
Jasper–Rupert 贾斯珀—鲁珀特线 126~127
The Ocean "海洋"号 372~375
Old Québec Funicular 魁北克老城缆索铁路 213
Rocky Mountaineer "落基山登山者"号 50, 304~308
Train de Charlevoix 夏洛瓦火车 73
Vancouver–Jasper 温哥华—贾斯珀线 50
Vancouver–Toronto 温哥华—多伦多线 48~50
White Pass and Yukon 怀特隘口和育空 298~299
Winnipeg–Churchill 温尼伯—丘吉尔线 232~235
Cannons Railway 加农炮铁路 277
Cape to Cairo 开普敦—开罗 273~275
Capri Funicular 卡普里缆索铁路 102
Caribbean 加勒比 11, 248~250, 369, 382
Carmelit 海法地铁 310
Carnforth Station 卡恩福斯火车站 346
Carpathian Mountains 喀尔巴阡山脉 66~67, 161~162

索引 **395**

Carvalho Viaduct 卡瓦略高架桥 63~64
Casablanca 卡萨布兰卡 361~363
Caspian Sea 里海 97
Cass Scenic Railroad 卡斯观光铁路 235
Cementerio de Trenes 火车墓地 73
Cenis, Mount 塞尼山 239
Centovalli Express 琴托瓦利快车 146
Cervantes Train "塞万提斯"号列车 230~231
Chamonix Valley 沙莫尼山谷 239
Channel Tunnel 英吉利海峡隧道 69, 258, 354~356
Chao Phraya River 湄南河 138
Chengdu–Kunming 成昆线 58
Chicago 芝加哥
　Bloomingdale Trail 布卢明代尔铁路 383
　California Zephyr 加利福尼亚"微风"号 11, 300~303
　Chicago–Los Angeles 芝加哥—洛杉矶线 120~125
　Chicago–Seattle 芝加哥—西雅图线 303
　City of New Orleans 新奥尔良市 378~380
Children's Railway 儿童铁路 353
Chile 智利
　Arica–La Paz 阿里卡—拉巴斯线 276
　Tacna–Arica 塔克纳—阿里卡线 96
　Talca–Constitución 塔尔卡—孔斯蒂图西翁线 359
　Tren a las Nubes 云霄列车 26~27
Chimborazo, Mount 钦博拉索山 211~212
China 中国 53, 258
　Beijing–Badaling 北京—八达岭线 110~113
　Beijing–Hangzhou 北京—杭州线 196
　Beijing–Pyongyang 北京—平壤线 377
　Beijing–Shanghai 京沪线 388~389
　Beijing–Zengzhou 北京—郑州线 111
　Beijing–Zhangjiakou 北京—张家口线 112
　Chengdu–Kunming 成昆线 58
　Hefei–Fuzhou 合肥—福州线 129
　Jiayang Coal Railway 嘉阳煤矿小火车 369
　Jingbao 京包铁路 110~112
　Kunming–Guilin 昆明—桂林线 111
　Kunming–Haiphong 昆明—海防线 128
　Lhasa–Shigatse Railway 拉萨—日喀则铁路 359
　Moscow–Beijing 莫斯科—北京线 144~146

Peak Tram 山顶缆车 309~311
Qinghai–Tibet 青藏线 20~23
Shanghai Maglev 上海磁悬浮列车 387
Shanghai Metro 上海地铁 332
Silk Road 丝绸之路 144~146
Southern Xinjiang 南疆 147
Trans-Asian Railway 泛亚铁路 144~146
Trans-Mongolian Railway 蒙古纵贯铁路 144~145
Chinon–Rouen 希农—鲁昂线 180~181
Chirico, Evaristo de 埃瓦里斯托·德·基里科 83~84
Circumvesuviana Railway 维苏威亚纳环游铁路 104
City of New Orleans 新奥尔良市 378~380
Coastal Pacific "太平洋海岸"号 182~185
Cobequid Mountains 科贝奎德山脉 373~375
Cockle Train 科克尔火车 317
cog railways 齿轨铁路 36~37, 174, 236
Cologne–Mainz 科隆—美因茨线 50
Colombia 哥伦比亚 87, 97
Colombo 科伦坡
　Coast Line 沿海铁路线 251~252
　Podi Menike 波迪·梅尼克列车 288~291
　Queen of Jaffna "贾夫纳女王"号 350
Colorado Plateau 科罗拉多高原 54
Colorado River 科罗拉多河 54~56
Columbia Gorge 哥伦比亚峡谷 303
Confederation Trail 联邦铁路小径 382
Continental Divide 大陆分水岭 50, 307
Copenhagen 哥本哈根
　Coast Line 沿海铁路线 231
　Copenhagen–Malmö 哥本哈根—马尔默线 209
　Copenhagen–Roskilde 哥本哈根—罗斯基勒线 164
　Hamburg–Copenhagen 汉堡—哥本哈根线 67
Copper Canyon 铜峡谷 11, 226~229
Coral Coast Railway 珊瑚海岸铁路 124
Corcovado Rack Railway 科尔科瓦杜齿轨铁路 358
Cordillera de los Frailes 弗赖莱斯山脉 229
Corinth Station 科林斯火车站 325
Cork–Cobh 科克—科夫线 208
Corsica 科西嘉 242~243
The Crescent "新月"号 276
Crimea–St Petersburg 克里米亚—圣彼得堡线 324

Croatia 克罗地亚 105~106
Crossrail 横贯铁路 88~91
Crown Express 皇冠快车 371
Crystal Palace High Level 水晶宫高级火车站 269
Cuba 古巴 292, 369
Cumbres and Toltec Scenic Railroad 昆布雷斯和托尔特克观光铁路 58
Cusco–Machu Picchu 库斯科—马丘比丘线 152~156
Czech Republic 捷克
　Dresden–Prague 德累斯顿—布拉格线 239
　Gdansk–Trieste 格但斯克—的里雅斯特线 108~109
　Petrin Hill Funicular 佩特任山缆索铁路 162
　Prague–Karlovy Vary 布拉格—卡罗维发利线 148

D

Da Lat–Thap Cham 大叻—藩朗-塔占线 339
Dakar–Bamako Express 达喀尔—巴马科快线 194~195
Damascus 大马士革 118
Dandedenmnong Ranges 丹德农山脉 61
Danube River 多瑙河 70, 280, 344
Danube Valley Railway 多瑙河谷铁路 70~71
Danyang–Kunshan Grand Bridge 丹昆特大桥 388~389
Dar es Salaam 达累斯萨拉姆 44~45
Darjeeling Himalayan 喜马拉雅山脉大吉岭 296~297
Darwin–Adelaide 达尔文—阿德莱德线 28~30
Dayton–Perrysburg 代顿—佩里斯堡线 380
Death Railway 死亡铁路 286, 345~349
Deccan Odyssey "德干奥德赛"号 202
Delhi 德里 130~132, 200~202, 367
Denali Star "迪纳利之星"号 34~35
Denmark 丹麦
　Aalborg–Ribe 奥尔堡—里伯线 164~166
　Coast Line 沿海铁路线 231
　Copenhagen–Malmö 哥本哈根—马尔默线 209
　Copenhagen–Roskilde 哥本哈根—罗斯基勒线 164
　Hamburg–Copenhagen 汉堡—哥本哈根线 67
　Viking route 维京海盗路线 11
　Vogelfluglinie 飞鸟线 67

396　丈量世界：500条经典铁路路线中的世界史

Denniston Mine 丹尼斯顿矿区 275
Denver and Rio Grande Western 丹佛和里奥格兰德西部 56
Dequindre Cut Greenway 迪昆德雷绿道 383
Derry–Coleraine 德里—科尔雷恩线 216
Desert Express 沙漠快车 14~16
Devil's Nose 魔鬼之鼻 212~213
Dhaka–Chittagong 达卡—吉大港线 116
Diolkos 迪奥科斯 113
Diré Dawa–Djibouti 德雷达瓦—吉布提线 45
Doğu Express 东部快车 77
Don Det–Don Khon 东德岛—东阔岛线 72
Donner Pass 唐纳山口 301
Douglas–Port Erin 道格拉斯—伊林港线 205
Douro Line 杜罗河铁线路 256~257
Downeaster "东北人"号 253
Downpatrick and County Down 唐帕特里克和唐郡 97
Drachenfels Railway 德拉亨山铁路 310
Dubai Metro 迪拜地铁 163
Dublin 都柏林
　　Dublin–Rosslare 都柏林—罗斯莱尔线 271~272
　　Grand Hibernian "大爱尔兰"号 176~177
Dudhsagar Falls 都得萨加尔瀑布 33
Durango and Silverton Narrow Gauge 杜兰戈和锡尔弗顿窄轨铁路 301
Durban–Johannesburg 德班—约翰内斯堡线 324

E

East African Rift Valley 东非大裂谷 44~45
Eastern and Oriental Express 亚洲东方快车 284~287
Ecuador 厄瓜多尔 8~9, 157~158, 210~213
Egnatia Railway 埃格纳提亚铁路 103
Egypt 埃及 11
　　Cairo–Alexandria 开罗—亚历山大线 76
　　Cairo–Aswan 开罗—阿斯旺线 76~79
　　Cape to Cairo 开普敦—开罗线 273~275
Eiger 艾格尔山 39, 321
Eizan Kurama Line 睿山鞍马线 143
Elbe Gorge 易北河峡谷 239
Empire Builder "帝国建设者"号 303
Empire Line 32~33 帝国铁路线
Eritrean Railway 厄立特里亚铁路 278~279

Estonia 爱沙尼亚 376
Ethiopia 埃塞俄比亚 45, 273~275
Etna, Mount 埃特纳火山 102
Euphrates River 幼发拉底河 77
European rail network 欧洲铁路网 315
Eurostar "欧洲之星"号 116, 354~356
Euskotren 巴斯克铁路 106

F

Fenghuoshan Tunnel 风火山隧道 21
Ferrocarril Central Andino 安第斯中央铁路 24~25
Ferrovie del Sud Est 东南铁路 51
Festival Express 节日快车 362
Ffestiniog Railway 费斯廷约格铁路 368~371
Fiji 斐济 124
Finger Lakes 芬格湖群 32
Finland 芬兰 128, 277
Flåm Railway 弗洛姆铁路 42
Flinders Ranges 弗林德斯岭 30~31
Florence 佛罗伦萨
　　Florence–Pisa 佛罗伦萨—比萨线 143
　　Florence–Rome 佛罗伦萨—罗马线 174
　　Grand Tour 壮游 238~241
Fluglest 飞行列车 23
Flying Dutchman Funicular "飞翔的荷兰人"号缆索铁路 197
Forth Rail Bridge 福斯铁路桥 313
France 法国 258
　　Aix-en-Provence–Marseille 普罗旺斯地区艾克斯—马赛线 321
　　Bordeaux–Saint-Émilion 波尔多—圣埃米利永线 160
　　Cannons Railway 加农炮铁路 277
　　Chinon–Rouen 希农—鲁昂线 180~181
　　Corsica 科西嘉 242~243
　　Eurostar "欧洲之星"号 116, 354~356
　　Grand Tour 壮游 238~241
　　Grotte de Rouffignac 鲁菲尼亚克洞穴 68~69
　　La Ligne des Cévennes 塞文山脉线 320
　　Little Train of the Upper Somme 上索姆河小火车 11, 334~335
　　Little Yellow Train 黄皮小火车 246
　　Mont Blanc Express 勃朗峰快车 239
　　Mont Blanc Tramways 勃朗峰电车轨道线 236
　　Montenvers 蒙坦威尔 22
　　Montmartre Funicular 蒙马特缆索铁路 356
　　Orient Express 东方快车 280~282
　　Paris–Compiègne 巴黎—贡比涅线 335

Paris–Le Havre 巴黎—勒阿弗尔线 320
Paris–Marseille 巴黎—马赛线 269
Paris–Moscow Express 巴黎—莫斯科快线 208
Paris–Versailles 巴黎—凡尔赛线 242
Petit train d' Artouste 阿都斯特小火车 20
Petit Train de La Rhune 拉伦山小火车 106
Saint-Étienne–Andrézieux 圣艾蒂安—昂德雷济约 270
Saint-Hilaire du Touvet Funicular 圣伊莱尔勒图韦缆索铁路 358
Saint-Raphaël Ventimiglia 圣拉斐尔—文蒂米利亚线 239
Le Train Bleu 蓝色列车 269
Train des Merveilles 梅尔韦耶斯火车 69
Train des pignes 松果火车 170
Train du Pays Cathare et du Fenouillèdes 卡特里派—德弗努耶德铁路 181
Fraser River 弗雷泽河 50, 127, 308
Freedom Trains "自由"号列车 364
French Guiana 法属圭亚那 293
Friend Express "友谊"号快车 366~367
Fuji, Mount 富士山 196, 384~385
funicular railways 缆索铁路
　　Bom Jesus do Monte 仁慈耶稣朝圣所缆索铁路 245
　　Capri 卡普里 102
　　Carmelit 海法地铁 310
　　Flying Dutchman "飞翔的荷兰人"号 197
　　Gediminas Hill 格迪米纳斯山 162
　　Gelmerbahn 盖尔默 146
　　Giessbachbahn 吉索河 33
　　Guanajuato 瓜纳华托 215
　　Kiev 基辅 149
　　Monongahela Incline 莫农加希拉斜坡 301
　　Montmartre 蒙马特 356
　　Mount Lycabettus 吕卡维多斯山 84
　　Old Québec 魁北克老城 213
　　Peak Tram 山顶缆车 309~311
　　Penang Hill 槟榔山 211
　　Petrin Hill 佩特任山 162
　　Reisszug 赖斯楚格线 197
　　Saint-Hilaire du Touvet 358 圣伊莱尔勒图韦
　　Valparaíso 瓦尔帕莱索 310
Furka Cogwheel 富尔卡齿轨火车 36

G

Gdansk–Trieste 格但斯克—的里雅斯特线 108~109

索引 397

Gediminas Hill Funicular 格迪米纳斯山缆索铁路 162
Gelmerbahn Funicular 盖尔默缆索铁路 146
Genoa–Casella 239 热那亚—卡塞拉线
Georgetown Loop Railroad 乔治敦环形铁路 307
Georgia 格鲁吉亚 97
Germany 德国
    Berchtesgaden Land Train 贝希特斯加登火车 337
    Berlin–Potsdam 柏林—波茨坦线 325
    Brocken Railway 布罗肯峰铁路 319~321
    Cannons Railway 加农炮铁路 277
    Cologne–Mainz 科隆—美因茨线 50
    Danube Valley 多瑙河谷铁路 70~71
    Drachenfels Railway 德拉亨山铁路 310
    Dresden–Prague 德累斯顿—布拉格线 239
    Hamburg–Copenhagen 汉堡—哥本哈根线 67
    Koblenz–Trier 科布伦茨—特里尔线 101
    Maastricht–Aachen 马斯特里赫特—亚琛线 177
    Murg Valley 穆尔格山谷 70
    Orient Express 东方快车 280~282
    Paris–Moscow Express 巴黎—莫斯科快线 208
    Rhine–Ruhr S-Bahn 莱茵—鲁尔城市快线 69
    Thuringian Railway 图林根铁路 246
    U-Bahn 柏林地铁 342
    Vogelfluglinie 飞鸟线 67
    West Rhine Railway 莱茵河左岸铁路 150
    Wuppertal Suspension Railway 伍珀塔尔空铁 356
    Zugspitze 楚格峰 26
Gibraltar 直布罗陀 205
Giessbachbahn 吉斯河缆索铁路 33
Gippsland Line 吉普斯兰铁路线 28
Giza pyramids 吉萨金字塔群 76~79
Glacier Discovery "冰川发现"号 34
Glacier Express 冰川快车 36~38
Glasgow–Stranraer 格拉斯哥—斯特拉尔线 218
Glenfinnan Viaduct 格伦芬南高架桥 217~219
Goat Canyon 山羊峡谷 378
Gobi Desert 戈壁沙漠 255
Gokteik Viaduct 谷特技高架桥 392
Golden Chariot "金色马车"号 202

Golden Eagle "金鹰"号 97, 145, 148~149
Gondwana Rainforests 冈瓦纳雨林 59~61
Gotthard Base Tunnel 圣哥达基线隧道 11, 357~358
Grand Canyon 大峡谷 54~56
Grand Tour 壮游 238~241
Great Dividing Range 大分水岭 60, 317
Great Laxey Mine 大拉克西矿山 273
Great Orme Tramway 大奥姆登山有轨电车 86~87
Great Seto Bridge 濑户大桥 355
Great Wall of China 中国长城 110~113, 146, 254~6
Great Western 大西部铁路 91, 272
Greece 希腊
    Athens Metro 雅典地铁 88
    Athens–Thessaloniki 雅典—塞萨洛尼基线 83
    Diolkos 迪奥科斯 113
    Egnatia 埃格纳提亚 103
    Katakolon 卡塔科隆 83
    Little Train of Pelion 皮利翁山小火车 82~85
    Mount Lycabettus Funicular 吕卡维多斯山缆索铁路 84
    Odontotos Rack Railway 奥东托托斯齿轨铁路 84
    Saronic Gulf–Gulf of Corinth 萨龙湾—科林斯湾线 113
Grotte de Rouffignac 鲁菲尼亚克洞穴 68~69
Guadeloupe 瓜德罗普 250
Guanajuato Funicular 瓜纳华托缆索铁路 215
Gulflander "海湾地区人"号 233

H

Hadrian's Wall Country Line 哈德良长城乡村铁路 103
Hakone Tozan Train 箱根登山火车 52
Halstatt Salt Mine 哈尔施塔特盐矿 117
Hamburg–Copenhagen 汉堡—哥本哈根线 67
Hanoi–Saigon 河内—胡志明线 338~340
Haramain High Speed Rail 哈拉曼高速铁路 178~179
Hardangervidda 哈当厄高原 41~43
Haridwar–Allahabad 赫尔德瓦尔—安拉阿巴德线 94
Harlem Line 哈莱姆铁路线 380
Harz Mountains 哈茨山 319~321
Havana 哈瓦那 292, 369
Hawaii 夏威夷 292

Heart of Persia 波斯之心 148~149
Heart of Wales 威尔士之心 168~169
Heartland Flyer "中心地带飞行者"号 124
Hefei–Fuzhou 合肥—福州线 129
Hejaz Railway 汉志铁路 118~119
Hershey Electric Railway 赫尔希电气化铁路 369
High Line 高线公园 381~383
Himalayas 喜马拉雅山脉 20~21, 145, 296~297
Hisatsu Line 肥萨铁路线 65
Hogwarts Express 霍格沃茨特快列车 217~19, 346
Hønefoss Falls 赫讷福斯瀑布 42
Hong Kong, China 中国香港 309~311
Hotham Valley Tourist Railway 霍瑟姆山谷旅游铁路 30
Huangshan 黄山 129
Hudson River 哈德孙河 32~33, 233
Hungary 匈牙利
    Children's Railway 儿童铁路 353
    Golden Eagle "金鹰"号 343~344
    Latorca "拉托里察"号 107
    Millennium Underground Railway 千禧地下铁路 268~269
    Orient Express 东方快车 280~282
Hwange National Park 万盖国家公园 303

I

Iceland 冰岛 23
Inca–Manacor 印加—马纳科尔线 288
India 印度
    Bharat Darshan 印度达显 95
    Bilaspur–Mandi–Leh 比拉斯布尔—曼迪—列城线 145
    Chhatrapati Shivaji 325 贾特拉帕蒂·希瓦吉
    Darjeeling Himalayan 喜马拉雅山脉大吉岭 296~297
    Deccan Odyssey "德干奥德赛"号 202
    Friend Express "友谊"号快车 366~367
    Golden Chariot "金色马车"号 202
    Haridwar–Allahabad 赫尔德瓦尔—安拉阿巴德线 94
    Island Express 岛屿快线 211
    Jaipur–Jaisalmer 斋浦尔—杰伊瑟尔梅尔线 16
    Janakpur 贾纳克布尔 95
    Kalka–Shimla 加尔加—西姆拉线 296
    Kolkata–Puri 加尔各答—布里线 95
    Konkan Railway 贡根铁路 203
    Madgaon–Belgaum 马多加奥—贝尔高姆线 33

Mahaparinirvan Express 摩诃波涅槃快车 130~132
Maharajas' Express 王公快车 202
Maitree Express 迈特里快车 367
Mumbai–Kolkata 孟买—加尔各答线 322~323
Mumbai–Mangalore 孟买—门格洛尔线 203
Nilgiri Mountain Railway 尼尔吉里山铁路 358
Palace on Wheels 皇宫列车 200~ 203
Sachkhand Express 萨奇堪德快车 159
Sethu Express 塞图快车 94~95；
Varanasi–Khajuraho Express 瓦拉纳西—克久拉霍快车 51
Vivek Express 维韦克快车 367
Indian Pacific "印度洋太平洋"号 316~318
Indonesia 印度尼西亚 51~53, 213
Indus Valley 印度河流域 80
Iran 伊朗 148~149, 364
Ireland 爱尔兰 176~177, 208, 271~272
Iron Ore and Ofoten 铁矿石和奥福滕线 40
Iron Silk Road 钢铁丝绸之路 144~146
Island Express 岛屿快线 211
Isle of Man 马恩岛 205, 273
Israel 以色列
 Carmelit 海法地铁 310
 Tel Aviv–Acre 特拉维夫—阿卡线 149
 Tel Aviv–Jerusalem 特拉维夫—耶路撒冷线 96~99
Istanbul 伊斯坦布尔
 Marmaray Tunnel 马尔马拉隧道 92
 Metro 地铁 88
 Orient Express 东方快车 280~282
 T1 Tram T1号有轨电车线 86
Italy 意大利 258
 Arbatax–Mandas Green Train 阿尔巴塔克斯—曼达斯绿皮火车 106
 Bernina Express 贝尔尼纳快车 358
 Capri Funicular 卡普里缆索铁路 102
 Centovalli Express 琴托瓦利快车 146
 Circumvesuviana 环游火车 104
 Ferrovie del Sud Est 东南铁路 51
 Florence–Pisa 佛罗伦萨—比萨线 143
 Florence–Rome 佛罗伦萨—罗马线 174
 Gdansk–Trieste 格但斯克—的里雅斯特线 108~109
 Genoa–Casella 热那亚—卡塞拉线 239
 Golden Eagle "金鹰"号 343~344

Gotthard Base Tunnel 圣哥达基线隧道 11, 357~359
Grand Tour 壮游 238~241
Levanto–La Spezia 莱万托—拉斯佩齐亚线 143
Locarno–Domodossola 洛迦诺—多莫多索拉线 146
London–Brindisi 伦敦—布林迪西线 323
Macomer–Bosa Green Train 马科梅尔—博萨线绿皮火车 106
Mantua–Verona 曼托瓦—维罗纳线 231
Messina–Palermo 墨西拿—巴勒莫线 101
Metro C Line 地铁C线 92
Naples Funicolare Centrale 那不勒斯中央缆索铁路 102
Naples–Sorrento 那不勒斯—索伦托线 104
Palermo–Agrigento 巴勒莫—阿格里真托线 102
Pompeii 庞培 102
Rome–Brindisi 罗马—布林迪西线 104
Rome–Ostia Antica 罗马—奥斯蒂亚安蒂卡线 101
Rome–Pisa 罗马—比萨线 101
Rome–Syracuse 罗马—锡拉库萨线 100~102
Saint-Raphaël–Ventimiglia 圣拉斐尔—文蒂米利亚线 239
Sassi–Superga Tramway 萨西—苏佩尔加电车轨道 24
Simplon Orient-Express 辛普朗东方快车 8, 258, 281, 283
Zurich–Milan 苏黎世—米兰线 11
Izmir–Selçuk 伊兹密尔—塞尔丘克线 113

J

Jacobite "詹姆斯党"号 217~219
Jaipur 斋浦尔 200~203
Janakpur Railway 贾纳克布尔铁路 95
Japan 日本
 Eizan Kurama Line 睿山鞍马铁路线 143
 Fujikyu Railway 富士急行线 196
 Hakone Tozan Trail 箱根登山铁路 52
 Hisatsu Line 肥萨铁路线 65
 Koya Line 高野铁路线 160
 Kurobe Gorge 黑部峡谷 54
 Kyushu Seven Stars "九州七星"号 114~117
 Nara–Kyoto 奈良—京都线 142~143

 Osaka–Mozu-Furuichi 大阪—百舌鸟古坟群线 114
 Otsuki–Kawaguchiko 大月市—河口湖町线 196
 Seikan Tunnel 青函隧道 354
 Seto-Ohashi 濑户—大桥线 355
 Shinjuku Station 新宿站 258
 Shinkansen (bullet train) 新干线（子弹头列车）115, 117, 354, 384~387
 Suzuran Line 铃兰铁路线 124
 Takayama–Nagoya 高山—名古屋线 52
 Wide View Hida Express 广景"飞骥"号快车 52
Jasper National Park 贾斯珀国家公园 50, 126~127
Jasper–Rupert 贾斯珀—鲁珀特线 126~127
Java 爪哇岛 51~53, 213
Jiayang Coal Railway 嘉阳煤矿小火车 369
Jingbao Railway 京包铁路 110~112
Jitong Railway 集通铁路 163
Jordan 约旦 118~119
Jose Cuervo Express 何塞·奎尔沃快车 257
Jungfrau 少女峰 39, 321
Jungfraubahn 少女峰铁路 39
Jungle Line 丛林铁路 284
Jura Mountains 侏罗山 70

K

Kaiser Wilhelm Tunnel 凯撒威廉隧道 101
Kalka–Shimla 加尔加—西姆拉线 296
Kansas City–St Louis 堪萨斯市—圣路易斯线 188
Karachi–Peshawar 卡拉奇—白沙瓦线 80~81
Karakoram Mountains 喀喇昆仑山脉 145
Kashgar–Turpan 喀什—吐鲁番线 147
Katakolon Train 卡塔科隆火车 83
Katoomba Scenic Railway 卡通巴观光铁路 60
Kazakhstan 哈萨克斯坦
 Caspian Odyssey 里海奥德赛 97
 Golden Eagle Silk Road "金鹰"号丝绸之路列车 145
 Trans-Asian Railway 泛亚铁路 144~146
Keighley and Worth Valley 基夫利和沃思山谷 346
Kenya 肯尼亚 244~245, 273~275
Khunjerab Railway 红其拉甫铁路 145
Khyber Mail 开伯尔邮政列车 80

索引 **399**

Khyber Pass 开伯尔山口 81
Kicking Horse Pass 踢马隘口 48, 50, 306~ 308
Kiev Funicular 基辅缆索铁路 149
Kilimanjaro "乞力马扎罗"号 44~45
Kiruna–Narvik 基律纳—纳尔维克线 40
Kitwe–Livingstone 基特韦—利文斯顿线 45
Kleine Scheidegg 小夏戴克 39
Klevan–Orzhiv 克列巴尼—奥尔日夫线 63
Koblenz–Trier 科布伦茨—特里尔线 101
Kolkata 加尔各答
 Dhaka–Kolkata 达卡—加尔各答线 367
 Kolkata–Puri 加尔各答—布里线 95
 Mumbai–Kolkata 孟买—加尔各答线 322~323
Konkan Railway 贡根铁路 203
Koya Line 高野铁路线 160
Krakow-Oswiecim 克拉科夫—奥斯维辛线 342
Ku-ring-gai Chase Nationalark 库灵盖狩猎地国家公园 221
Kunlun Mountains 昆仑山脉 20~21
Kunming 昆明
 Kunming–Guilin 昆明—桂林线 111
 Kunming–Haiphong 昆明—海防线 128
Kuranda Scenic Railway 库兰达观光铁路 58~61
Kurobe Gorge 黑部峡谷 54
Kusttram 海岸电车线 253
Kwai River Bridge 桂河大桥 346, 348~349
Kylling Bridge 基灵桥 57
Kyoto 京都
 bullet train 子弹头列车 384~387
 Kyoto–Nara 京都—奈良线 142~143
Kyushu Seven Stars "九州七星"号 114~117
Kyzylkum Desert 克孜勒库姆沙漠 147

L

Landwasser Viaduct 朗德瓦萨高架桥 38
Lanzhou 兰州 146
Laos 老挝 72, 367
Lapland 拉普兰 40, 128
Latorca "拉托里察"号 107
Latvia 拉脱维亚 376
Leeward Islands 背风群岛 248~250
Lennakatten Vintage Railway 莱娜图复古铁路 182
Levanto–La Spezia 莱万托—拉斯佩齐亚线 143

Lhasa 拉萨
 Lhasa–Shigatse Railway 拉萨—日喀则铁路 359
 Qinghai–Tibet 青藏线 20~23
La Ligne des Cévennes 塞文山脉铁路线 320
Lima 利马 24
Lithuania 立陶宛 162, 376
Little Train of Pelion 皮利翁山小火车 82~85
Little Train of the Upper Somme 上索姆小火车 11, 334~335
Little Yellow Train 黄皮小火车 246
Liverpool and Manchester 利物浦和曼彻斯特 265
Llangollen Railway 兰戈伦铁路 288
Locarno–Domodossola 洛迦诺—多莫多索拉线 146
London 伦敦 258
 Caledonian Sleeper 喀里多尼亚卧铺列车 314
 Crossrail 横贯铁路 88~91
 Crystal Palace High Level 水晶宫高级火车站 269
 Eurostar "欧洲之星"号 116, 354~356
 Hogwarts Express 霍格沃茨特快列车 346
 London and Birmingham 伦敦和伯明翰 267
 London–Brindisi 伦敦—布林迪西线 323
 London–Bristol 伦敦—布里斯托尔线 272
 London–Canterbury 伦敦—坎特伯雷线 169
 Metropolitan Line 大都会铁路线 264~267
 Post Office Railway 邮政铁路 332
 Thames Tunnel 泰晤士隧道 272
 Tube 地铁 264, 332, 333
Lookout Mountain Incline Railway 卢考特山斜坡铁路 310
Los Angeles 洛杉矶
 Chicago–Los Angeles 芝加哥—洛杉矶线 120~125
 Los Angeles–Seattle 洛杉矶—西雅图线 380
Lucerne, Lake 卢塞恩湖 97
Lunatic Express 疯狂快车 274~275
Lycabettus, Mount 吕卡维多斯山 84

M

Maastricht–Aachen 马斯特里赫特—亚琛线 177
Macedonia 马其顿 129

Machu Picchu 马丘比丘 11, 152~156
McKinley, Mount 麦金利山 34~35
Macomer–Bosa Green Train 马科梅尔—博萨绿皮火车 106
Madagascar 马达加斯加 124
Madgaon–Belgaum 马尔加奥—贝尔高姆线 33
Madrid 马德里
 Atocha Station 阿托查火车站 325
 Cervantes Train "塞万提斯"号列车 230~231
 Madrid–El Escorial 马德里—埃尔埃斯科里亚尔线 245
Maeklong Railway 美功铁路 392
Maglev 磁悬浮列车 387
Mahaparinirvan Express 摩诃波涅槃快车 130~132
Maharajas' Express 王公快车 202
Maitree Express 迈特里快车 367
Malaysia 马来西亚
 East Coast Line 东海岸铁路线 284
 Eastern and Oriental Express 亚洲东方快车 284~287
 North Borneo Railway 北婆罗洲铁路 287
 Penang Hill Funicular 槟榔山缆索铁路 211
Mali 马里 194~195
Mallorca 马略卡 288, 356
Mandalay–Lashio 曼德勒—腊戌线 392
Mantua–Verona 曼托瓦—维罗纳线 231
Marias Pass 玛丽亚斯山口 303
Mariazell Railway 玛丽亚采尔铁路 174
Marmaray Tunnel 马尔马拉隧道 92
Marseille 马赛
 Aix-en-Provence–Marseille 普罗旺斯地区艾克斯—马赛线 321
 Eurostar "欧洲之星"号 116
 Paris–Marseille 巴黎—马赛线 269
Marumbi Mountains 马伦比山 64
Mata Atlântica 大西洋沿岸森林 62~64
Matterhorn 马特峰 37
Mauritania Railway 毛里塔尼亚铁路 135
Mears Memorial Bridge 米尔斯纪念大桥 35
Mecca 麦加 118, 178~179
Medina 麦地那 118, 178
Meknès–Fès 梅克内斯 195
Mekong River 湄公河 72
Mer de Glace 冰海 22
Merthyr Tramroad 梅瑟轨道 225
Messina, Strait of 墨西拿海峡 100~101
Messina–Palermo 墨西拿—巴勒莫线 101
Metropolitan Line 大都会铁路线 264~267

400   丈量世界：500条经典铁路路线中的世界史

Mexico 墨西哥
　　Copper Canyon 铜峡谷 11, 226~229
　　Guanajuato Funicular 瓜纳华托缆索铁路 215
　　Jose Cuervo Express 何塞·奎尔沃快车 257
　　Mexico City Metro 墨西哥城地铁 190~193
　　Yucatán High-Speed Rail 尤卡坦高铁 193
Middleton Railway 米德尔顿铁路 224
Missouri River Runner "密苏里河奔跑者"号 188
Mohawk and Hudson Railroad 莫霍克和哈德孙铁路 32
Mönch 僧侣峰 39
Mongolia 蒙古 258
　　Jitong Railway 集通铁路 163
　　Silk Road 丝绸之路 144~146
　　Trans-Mongolian Railway 蒙古纵贯铁路 144~145
Monongahela Incline 莫农加希拉斜坡缆索铁路 301
Mont Blanc 勃朗峰 236, 239
Montenegro 蒙特内格鲁 352
Montenvers Railway 蒙坦威尔铁路 22
Montmartre Funicular 蒙马特缆索铁路 356
Montréal 蒙特利尔
　　Montréal–New York 蒙特利尔—纽约线 233
　　The Ocean "海洋"号 372~375
Montserrat Rack Railway 蒙塞拉特山齿轨铁路 177
Moonta Mines Tourist Railway 蒙塔矿区旅游铁路 299
Morocco 摩洛哥
　　Marrakesh Express 马拉喀什快车 361~363
　　Meknès–Fès 梅克内斯—非斯线 195
　　Oriental Desert Express 东方沙漠快车 133~135
Moscow 莫斯科 258
　　Metro 地铁 330~333
　　Moscow–Beijing 莫斯科—北京线 144~146, 254~256
　　Moscow–Vladivostok 莫斯科—海参崴线 255
　　Paris–Moscow Express 巴黎—莫斯科快车 208
Mukuba Express 木库巴快车 44~45
Mumbai 孟买
　　Chhatrapati Shivaji 贾特拉帕蒂·希瓦吉 325
　　Deccan Odyssey "德干奥德赛"号 202
　　Konkan Railway 贡根铁路 203

Mumbai–Kolkata 孟买—加尔各答线 322~323
Mumbai–Mangalore 孟买—门格洛尔线 203
museums 博物馆
　　Brunel Museum 布鲁内尔博物馆 272
　　California State Railroad Museum 加利福尼亚州立铁路博物馆 302
　　Corinth Station 科林斯火车站 325
　　Cork 科克 208
　　Freshwater Railway Museum 弗雷什沃特铁路博物馆 60
　　Head of Steam Museum 蒸汽动力博物馆 265
　　Kwinitsa Station 克威尼萨火车站 127
　　Saint-Étienne Museum of Urban Transport 圣艾蒂安城市交通博物馆 270
　　TransNamib Railway Museum 穿越纳米布铁路博物馆 15
Myanmar (Burma) 缅甸
　　Death Railway 死亡铁路 286, 345~349
　　Mandalay–Lashio 曼德勒—腊戍线 392
　　Yangon Circular Railway 仰光环形铁路 143
　　Yangon–Mandalay 仰光—曼德勒线 285

N

Nairobi–Mombasa 内罗毕—蒙巴萨线 244~245
Namibia 纳米比亚 14~16
Naples 那不勒斯 100
　　Funicolare Centrale 中央缆索铁路 102
　　Naples–Sorrento 那不勒斯—索伦托线 104
narrow gauge 窄轨铁路 36~7, 58, 63, 72, 84, 95, 106~107, 174, 177, 237, 246, 248~250, 275, 294~295, 296~297, 301, 334~335, 353, 356, 359
Nepal 尼泊尔 95, 132
Netherlands 荷兰
　　Amsterdam–Leiden–Delft 阿姆斯特丹—莱顿—代尔夫特线 231
　　Eurostar "欧洲之星"号 354
　　Maastricht–Aachen 马斯特里赫特—亚琛线 177
　　Stoomtram 蒸汽电车 261
New Orleans 新奥尔良
　　City of New Orleans 新奥尔良市 378~380
New York–New Orleans 纽约—新奥尔良线 276

New York 纽约 258
　　Adirondack "阿迪朗达克"号 233
　　Boston Express 波士顿快车 393
　　Empire Line 帝国铁路线 32~33
　　Harlem Line 哈莱姆铁路线 380
　　High Line 高线公园 381~383
　　New York–New-Orleans 纽约—新奥尔良线 276
　　Q Train / Broadway Express 地铁 Q 线 / 百老汇快车 92~93
　　San Francisco–New York 旧金山—纽约线 323
　　Silver Meteor "银色流星"号 247
　　Vermonter / Ethan Allen Express "佛蒙特州人"号列车 / 伊桑·艾伦快车 214~215
New Zealand 新西兰
　　Auckland Western Line 奥克兰西铁路线 184
　　Coastal Pacific "太平洋海岸"号 182~185
　　Denniston Mine 丹尼斯顿矿区 275
　　Northern Explorer "北部探索者"号 18
　　Rimutaka Rail Trail 里姆塔卡铁路小径 383
　　Taieri Gorge 泰伊里峡谷 18
　　TranzAlpine 跨阿尔卑斯山铁路 19
　　Weka Pass Railway 维卡山口铁路 184
Niagara Falls 尼亚加拉瀑布 32
Nile River 尼罗河 11, 76~79
Nilgiri Mountain Railway 尼尔吉里山铁路 358
North Borneo Railway 北婆罗洲铁路 287
North Korea 朝鲜 331, 377
Northern Ireland 爱尔兰北部 216, 390
Norway 挪威
　　Flåm 弗洛姆 42
　　Iron Ore and Ofoten 铁矿石和奥福滕 40
　　Kiruna–Narvik 基律纳—纳尔维克线 40
　　Oslo–Bergen 奥斯陆—卑尔根线 41~43
　　Oslo–Stavanger 奥斯陆—斯塔万格线 167
　　Rauma 赖于马 57
　　Sørland Railway 索尔兰德铁路 167
Norwich–Great Yarmouth 诺里奇—大雅茅斯线 170
Nullarbor Plain 纳拉伯平原 316~318

O

O Train O 号列车 159
The Ocean "海洋"号 372~375

索 引 **401**

Odontotos Rack Railway 奥东托托斯齿轨铁路 84
Old Patagonian Express 老巴塔哥尼亚快车 294~295
Olympia 奥林匹亚 82~83
Oman 阿曼 54
Operation Pied Piper "花衣魔笛手"行动 341
Orient Express 东方快车 280~282
Orient Silk Road Express 东方丝绸之路快车 147
Oriental Desert Express 东方沙漠快车 133~135
Oruro–Uyuni 奥鲁罗—乌尤尼线 73
Osaka 大阪
 bullet train 子弹头列车 384~386
 Osaka–Mozu-Furuichi 大阪—百舌鸟古坟群线 114
Oslo–Bergen 奥斯陆—卑尔根线 41~43
Oslo–Stavanger 奥斯陆—斯塔万格线 167
Ouro Preto–Mariana 欧鲁普雷图—马里亚纳线 293
Overseas Railroad 跨海铁路 253
Ovruch–Chernihiv 奥夫鲁赤—切尔尼戈夫线 390~391

P

Pakistan 巴基斯坦
 Friend Express "友谊"号快车 366~367
 Karachi–Peshawar 卡拉奇—白沙瓦线 80~81
 Khunjerab Railway 红其拉甫铁路 145
 Khyber Mail 开伯尔邮政列车 80
 Khyber Pass Railway 开伯尔山口铁路 81
Palace on Wheels 皇宫列车 200~203
Palermo–Agrigento 巴勒莫—阿格里真托线 102
Pamban Bridge 班本桥 94~95
Panama Canal Railway 巴拿马运河铁路 260
Paris 巴黎 258
 Chinon–Rouen 希农—鲁昂线 180~181
 Eurostar "欧洲之星"号 354~356
 Grand Tour 壮游 238~241
 Metro 地铁 331
 Montmartre Funicular 蒙马特缆索铁路 356
 Orient Express 东方快车 280~282
 Paris–Compiègne 巴黎—贡比涅线 335
 Paris–Le Havre 巴黎—勒阿弗尔线 320

Paris–Marseille 巴黎—马赛线 269
Paris–Moscow Express 巴黎—莫斯科快车 208
Paris–Versailles 巴黎—凡尔赛线 242
Park Line 帕克铁路线 315
Patagonia 巴塔哥尼亚 27, 294~295
Peak District 皮克区 225
Pelion, Mount 皮利翁山 82~85
Penang Hill Funicular 槟榔山缆索铁路 211
Perth–Sydney 珀斯—悉尼线 316~318
Peru 秘鲁
 Andean Explorer "安第斯山脉探险者"号 155
 Cusco–Machu Picchu 库斯科—马丘比丘线 11, 152~156
 Ferrocarril Central Andino 安第斯中央铁路 24~25
 Tacna–Arica 塔克纳—阿里卡线 96
 Tren Macho 马乔列车 25
Petit train d'Artouste 阿都斯特小火车 20
Petit Train de La Rhune 拉伦山小火车 106
Petra 佩特拉 118
Petrin Hill Funicular 佩特任山缆索铁路 162
Philadelphia–Washington DC 费城—华盛顿线 216
Phnom Penh–Sihanoukville 金边—西哈努克线 351
Pichi Richi Railway 皮其里奇铁路 31
Pilatus Railway 皮拉图斯铁路 97
Pilbara Railways 皮尔巴拉铁路 17
Pingxi Line 平溪铁路线 369
Plymouth–Saltash 普利茅斯—索尔塔什线 272
Podi Menike 波迪·梅尼克列车 288~291
Poland 波兰
 Bieszczadzka Forest 别什恰迪森林 63
 Gdansk–Trieste 格但斯克—的里雅斯特线 108~109
 Krakow-Oswiecim 克拉科夫—奥斯维辛线 342
 Nazi 'Gold Train' 纳粹"黄金列车" 336~337
 Paris–Moscow Express 巴黎—莫斯科快车 208
 Wolsztyn–Leszno 沃尔什滕—莱什诺线 269
La Polvorilla Viaduct 波尔沃利亚高架桥 26~27
Pompeii cart tracks 庞培车轨 102
Portugal 葡萄牙
 Bom Jesus do Monte Funicular 仁慈耶稣朝圣之所缆索铁路 245

Douro Line 杜罗河铁路线 256~257
Porto–Lisbon 波尔图—里斯本线 174
Tram 轨道列车 28, 50
Postojna Cave Train 波斯托伊纳溶洞火车 23
Prague 布拉格
 Dresden–Prague 德累斯顿—布拉格线 239
 Petrin Hill Funicular 佩特任山缆索铁路 162
 Prague–Karlovy Vary 布拉格—卡罗维发利线 148
Prison Railway 监狱铁路 293
Prospector "勘探者"号 299
Puerto Rico 波多黎各岛 213
Puffing Billy 普芬比利铁路 61
Pyongyang Metro 平壤地铁 331
Pyrenees 比利牛斯 20, 106, 174, 181

Q

Q Train 地铁Q线 92~93
Qinghai–Tibet 青藏线 20~23
Québec Funicular 魁北克缆索铁路 213
Queen of Jaffna "贾夫纳女王"号 350

R

rack and pinion 齿轮齿条传动系统 22, 40, 84, 97, 174, 177, 224, 310, 321, 358
Rail Baltica 波罗的海国家铁路 376
Ranthambhore National Park 伦腾波尔国家公园 202
Rauma Railway 赖于马铁路 57
Red Lizard Train "红蜥蜴"号列车 16
Red Sea 红海 45
Redwood Forest Steam Train 雷德伍德森林蒸汽火车 64
Reisszug 赖斯楚格线 197
Reunification Express "统一"号快车 338~340
Rhine Valley 莱茵河谷 38, 50, 310
Rhine–Ruhr S-Bahn 莱茵—鲁尔城市快线 69
Rhodope Narrow Gauge Line 罗多彼山脉窄轨线 107
Rhône River 罗讷河 36~37
Ribblehead Viaduct 里布尔德高架桥 313
Riding Mountain National Park 雷丁山国家公园 232~235
Rigi Railway 瑞吉山铁路 174
Rimutaka Rail Trail 里姆塔卡铁路小径 383
Rio de Janeiro 里约热内卢
 Corcovado Rack Railway 科尔科瓦杜齿轨铁路 358
 Metro 地铁 209

402 丈量世界：500条经典铁路路线中的世界史

Rio Grande Rift 里奥格兰德裂谷 58
Rio Tinto Railway 里奥廷托铁路 275
Robson, Mount 罗布森山 127
Roça Nova Tunnel 罗萨诺瓦隧道 63~ 64
Rocky Mountaineer "落基山登山者"号 50, 304~308
Rocky Mountains 落基山脉 46~50, 120~124, 127, 300~308
Romania 罗马尼亚
 Bucharest–Constanta 布加勒斯特—康斯坦扎察线 116
 Golden Eagle "金鹰"号 343~344
 Orient Express 东方快车 280~282
 Transylvania circuit 特兰西瓦尼亚环线 161~162
 Vaser Valley Forestry Railway 瓦瑟尔谷林业铁路 66~67
Rome 罗马
 Grand Tour 壮游 238~241
 Metro C 地铁 C 号线 92
 Rome–Brindisi 罗马—布林迪西线 104
 Rome–Ostia Antica 罗马—奥斯蒂亚安蒂卡线 101
 Rome–Pisa 罗马—比萨线 101
 Rome–Syracuse 罗马——锡拉库萨线 100~102
Rothorn, Mount 洛特峰山 72
Royal Gorge Railroad 皇家峡谷铁路 56
Russia 俄罗斯 258
 Allegro 阿莱格罗列车 277
 Baikal–Amur Mainline 贝加尔—阿穆尔主干线 347
 Bering Strait 白令海峡 53
 Crimea–St Petersburg 克里米亚—圣彼得堡线 324
 Golden Eagle Silk Road "金鹰"号丝绸之路列车 145
 Moscow–Beijing 莫斯科—北京线 144~146
 Moscow Metro 莫斯科地铁 330~333
 Paris–Moscow Express 巴黎—莫斯科快车 208
 St Petersburg–Tsarskoye Selo 圣彼得堡—沙皇村线 247
 Trans-Asian Railway 泛亚铁路 144~146
 Trans-Mongolian Railway 蒙古纵贯铁路 144~145
 Trans-Siberian Railway 西伯利亚铁路 255
 Zurich–St Petersburg 苏黎世—圣彼得堡线 352
Rutland Railway 拉特兰铁路 45

S

Sachkhand Express 萨奇堪德快车 159
Sahara Desert 撒哈拉沙漠 133~135
St Ives Bay Line 圣艾夫斯湾铁路线 320
St John Bridge 圣约翰大桥 63~64
St Kitts 圣基茨岛 11, 248~250
St Lawrence River 圣劳伦斯河 73
St Petersburg 圣彼得堡
 Crimea–St Petersburg 克里米亚—圣彼得堡线 324
 St Petersburg–Helsinki 圣彼得堡—赫尔辛基线 277
 St Petersburg–Tsarskoye Selo 圣彼得堡—沙皇村线 247
 Zurich–St Petersburg 苏黎世—圣彼得堡线 352
Saint-Étienne–Andrézieux 圣艾蒂安—昂德雷济约线 270
Saint-Hilaire du Touvet Funicular 圣伊莱尔勒图韦缆索铁路 358
Saint-Raphaël–Ventimiglia 圣拉斐尔—文蒂米利亚线 239
Salta–Antofagasta 萨尔塔—安托法加斯塔线 26
Salzburg 萨尔茨堡 197, 282
San Diego and Arizona 圣迭戈和亚利桑那 378
San Francisco 旧金山 258~259
 cable cars 缆车 10~11, 213
 California Zephyr 加利福尼亚"微风"号 11, 300~303
 San Francisco–Los Angeles 旧金山—洛杉矶线 125
 San Francisco–New York 旧金山—纽约线 323
San Juan Mountains 圣胡安山脉 301
San Sebastián–Irun 圣塞瓦斯蒂安—伊伦线 106
Santa Claus Express 圣诞老人快车 128
Santiago de Compostela 圣地亚哥—德孔波斯特拉 173~175
Sarajevo 萨拉热窝 343~344
Sardinia 萨迪尼亚 106
Šargan Eight Railway 沙尔甘 8 字线 344
Saronic Gulf–Gulf of Corinth 萨龙湾—科林斯湾线 113
Sassi–Superga Tramway 萨西—苏佩尔加电车轨道 245
Saudi Arabia 沙特阿拉伯 118~119, 178~179
Schafberg Railway 沙夫山铁路 177
Scotland 苏格兰 167, 217~219, 231, 313, 314
Scrivia Valley 斯克里维亚河谷 239
Seattle 西雅图
 Amtrak Cascades 美铁"瀑布"号 45
 Los Angeles–Seattle 洛杉矶—西雅图线 380

Seikan Tunnel 青函隧道 354
Selous Game Reserve 塞卢斯禁猎区 45
Semmering Railway 塞默灵铁路 269
Senegal 塞内加尔 194~195
Seongjusa–Jinhae 圣住寺—镇海线 52
Serbia 塞尔维亚
 Golden Eagle "金鹰"号 343~344
 Šargan Eight Railway 沙尔甘 8 字线 344
Tito's Blue Train 铁托的蓝色列车 352
Serra do Mar 马尔山脉 62
Serra Verde Express 塞拉韦尔迪快车 62~64
Sethu Express 塞图快车 94~95
Settle–Carlisle 西雅图—卡莱尔线 312~313
Seville–Córdoba 塞维利亚—科尔多瓦线 170~172
Shanghai 上海 258
 Beijing–Shanghai 京沪线 388~389
 Maglev 磁悬浮列车 387
 Metro 地铁 332
Shosholoza Meyl "索索洛扎美尔"号 205
Siberia 西伯利亚 254~256, 258, 347
Sicily 西西里 100~102
Sierra Madre Occidental 西马德雷山脉 226~229
Sierra Nevada Mountains 内华达山脉 301
Silk Road 丝绸之路 144~147
Silver Meteor "银色流星"号列车 247
Simplon-Orient-Express 辛普朗东方快车 8, 258, 281, 283
Singapore 新加坡 284~287
Slovenia 斯洛文尼亚
 Golden Eagle "金鹰"号 343~344
 Postojna Cave Train 波斯托伊纳溶洞火车 23
 Transalpina 跨阿尔卑斯山铁路 39
Snowdon Mountain Railway 斯诺登山铁路 40
Snowdonia National Park 斯诺登尼亚国家公园 40, 390
Sofia–Mezdra 索非亚—梅兹德拉线 149
Somme River 索姆河 11, 334~335
Sørland Railway 索尔兰德铁路 167
South Africa 南非
 Blue Train 蓝色列车 204~207
 Cape to Cairo 开普敦至开罗 273~275
 Durban–Johannesburg 德班—约翰内斯堡线 324
 Flying Dutchman Funicular "飞翔的荷兰人"号缆索铁路 197

Johannesburg–Cape Town 约翰内斯堡—开普敦线 204~207
Shosholoza Meyl "索索洛扎美尔"号 205
South Korea 韩国 52, 159, 377
South Sudan 南苏丹 273~275
Southern Alps 南阿尔卑斯山脉 19
Southern Xinjiang Railway 南疆铁路 147
Southwest Chief "西南酋长"号 120~125
Spain 西班牙
　Al-Andalus "安达卢斯"号 170~172
　Algeciras–Bobadilla 阿尔赫西拉斯—博瓦迪利亚线 205
　Atocha Station 阿托查火车站 325
　Cervantes Train "塞万提斯"号列车 230~231
　Euskotren 巴斯克铁路 106
　Inca–Manacor 印加—马纳科尔线 288
　Madrid–El Escorial 马德里—埃尔埃斯科里亚尔线 245
　Montserrat Rack Railway 蒙塞拉特山齿轨铁路 177
　Rio Tinto Railway 里奥廷托铁路 275
　Seville–Córdoba 塞维利亚—科尔多瓦线 170~172
　El Transcantábrico Clásico "跨坎塔布连山脉经典"号 173~175
　Tren de Sóller 索列尔火车 356
　Vall de Núria Rack Railway 努里亚山谷齿轨铁路 174
Spirit of the Outback 317 "内陆精神"号
Spirit of Queensland 393 "昆士兰精神"号
Sri Lanka 斯里兰卡
　Coast Line 沿海铁路线 251~252
　Podi Menike 波迪·梅尼克列车 288~291
　Queen of Jaffna "贾夫纳女王"号 350
Stavem Tunnel 斯塔韦姆隧道 57
Steam Sausage Express 蒸汽香肠快车 72
steam trains 蒸汽火车 7, 30, 36, 39, 54~56, 61, 64, 66~67, 72, 87, 169, 177, 182, 217~219, 222, 224, 237, 265, 269, 278~279, 294~295, 299, 301, 313, 314, 335, 358, 368~371
Stockholm Metro 斯德哥尔摩地铁 331
Stockton and Darlington 斯托克顿和达灵顿 265
Stone Forest 石林 58
Stoomtram 蒸汽电车 261
Sucre–Potosí Buscarril 苏克雷—波托西线巴士火车 229

Sudan 苏丹 273~275
Sugar Cane Train 甘蔗火车 292
Sumatra–Java–Bali 苏门答腊—爪哇岛—巴厘岛线 51~53
Suzuran Line 铃兰铁路线 124
Swanage Railway 斯沃尼奇铁路 169
Swansea and Mumbles 斯沃尼奇和曼布尔斯 267
Sweden 瑞典
　Copenhagen–Malmö 哥本哈根—马尔默线 209
　Inland Line 内陆铁路线 353
　Iron Ore and Ofoten 铁矿石和奥福滕 40
　Lennakatten Vintage Railway 莱娜图复古铁路 182
　permitenttrafik 特许运输 341
　Stockholm Metro 斯德哥尔摩地铁 331
Switzerland 瑞士
　Albula Line 阿尔布拉铁路线 38
　Bernina Express 贝尔纳快车 358
　Brienz–Rothorn 布里恩茨—洛特峰线 72
　Centovalli Express 琴托瓦利快车 146
　Furka Cogwheel 富尔卡齿轨火车 36
　Gelmerbahn 盖尔默缆索铁路 146
　Giessbachbahn 吉森河缆索铁路 33
　Glacier Express 冰川快车 36~38
　Gotthard Base Tunnel 圣哥达基线隧道 11, 357~379
　Jungfraubahn 少女峰铁路 39
　Locarno–Domodossola 洛迦诺—多莫多索拉线 146
　Mont Blanc Express 勃朗峰快车 239
　Pilatus 皮拉图斯 97
　Rigi Railway 瑞吉山铁路 174
　Wengernalp Railway 温根阿尔卑斯铁路 321
　Wilderswil–Schynige Platte 维尔德斯维尔—希尼格普拉特 36
　Zermatt–St Moritz 采尔马特—圣莫里茨线 36~38
　Zurich–Milan 苏黎世—米兰线 11
　Zurich–St Petersburg 苏黎世—圣彼得堡 379
Sydney 悉尼 31
　Main North Line 北干线 220~221
　Perth–Sydney 珀斯—悉尼线 316~318
　Sydney–Canberra–Melbourne 悉尼—堪培拉—墨尔本线 376
Syria 叙利亚 118~119

T

T1 Kabataş–Bağcılar Tram T1 卡巴斯—巴格希勒有轨电车线 86

Tacna–Arica 塔克纳—阿里卡线 96
Taglang La 塔格朗拉 145
Taiwan,China 中国台湾 65, 369
Takayama–Nagoya 高山—名古屋线 52
Talca–Constitución 塔尔卡——孔斯蒂图西翁线 359
Talyllyn Railway 泰尔依铁路 360
Tanggula Pass 唐古拉山口 20
Tanzania 坦桑尼亚
　Cape to Cairo 开普敦至开罗 273~275
　Dar es Salaam–Kapiri Mposhi 达累斯萨拉姆—卡皮里姆波希线 44~45
　Dar es Salaam–Mwanza 达累斯萨拉姆—姆万扎线 44
　Mukuba Express / Kilimanjaro 木库巴快车 / "乞力马扎罗"号 44~45
Taplow–Maidenhead 塔普洛—梅登黑德线 272
Tbilisi–Yerevan 第比利斯—埃里温线 97
Tehachapi Pass 蒂哈查皮山口 125
Tel Aviv–Acre 特拉维夫—阿卡线 149
Tel Aviv–Jerusalem 特拉维夫—耶路撒冷线 96~99
Thailand 泰国
　Bangkok Skytrain 曼谷空铁 205
　Bangkok–Chiang Mai 曼谷—清迈线 138~140
　Bangkok–UbonRatchathani 曼谷—乌汶线 141
　Death Railway 死亡铁路 345~349
　Eastern and Oriental Express 亚洲东方快车 284~287
　Lao Friendship Bridge 泰老友谊大桥 367
　Maeklong Railway 美功铁路 392
Thames Tunnel 泰晤士隧道 272
Thar Desert 塔尔沙漠 16
Theroux's *The Great Railway Bazaar* 索鲁的《火车大巴扎》365
Thuringian Railway 图林根铁路 246
Tianjin Grand Bridge 天津特大桥 389
Ticlio Pass 蒂克里奥山口 24~25
Tien Shan 天山山脉 145, 147
Tierra del Fuego 火地岛 237
Titicaca, Lake 的的喀喀湖 155
Tito's Blue Train 铁托的蓝色列车 352
Tokyo 东京 258, 384~386
Toltec Gorge 托尔特克峡谷 58
Tongariro National Park 汤加里罗国家公园 18
Toy Train 玩具火车 296~297
Le Train Bleu 蓝色列车 269
Train de Charlevoix 夏洛瓦火车 73
Train des Merveilles 梅维尔火车 69

Train des pignes 松果火车 170
Train du Pays Cathare et du Fenouillèdes 卡特利派-德弗努耶德铁路 181
trams 轨道列车 28, 86~87, 225, 236, 245, 253, 261
Transalpina "跨阿尔卑斯山"号 39
Trans-Asia Express 泛亚快车 364
Trans-Asian Railway 泛亚铁路 144~146
Trans-Australia Railway 澳大利亚横贯铁路 317
Trans-Mongolian Railway 蒙古纵贯铁路 144~145
Trans-Siberian Railway 西伯利亚铁路 255
El Transcantábrico Clásico "跨坎塔布连山脉经典"号 173~175
Transwa Australind 西澳交通公司 "奥斯特拉林"号 29
Transylvania circuit 特兰西瓦尼亚环线 161~162
Tren Crucero 巡游列车 8~9, 210~213
Tren de la Libertad "自由"号 157~158
Tren de Sóller 索列尔火车 356
Tren a las Nubes 云霄列车 26~27
Tren Macho 马乔列车 25
Tren Patagónico 巴塔哥尼亚列车 27
Tren Turistico de la Sabana 萨巴纳旅游列车 87
Tren Urbano 圣胡安地铁 213
Troll Wall 巨魔墙 57
Tsavo East National Park 东察沃国家公园 245
Tunisia 突尼斯
　　Red Lizard Train "红蜥蜴"号列车 16
　　Tunis–Goulette–Marsa 突尼斯—拉古莱特—迈尔萨线 114
Turin 都灵
　　Grand Tour 壮游 238~241
　　Sassi–Superga Tramway 萨西—苏佩尔加电车轨道 245
Turkey 土耳其
　　Ankara–Konya 安卡拉—科尼亚线 178
　　Doğu Express 东部快车 77
　　Egnatia 埃格纳提亚 103
　　Istanbul Metro 伊斯坦布尔地铁 88
　　Izmir–Selçuk 伊兹密尔—塞尔丘克线 113
　　Marmaray Tunnel 马尔马拉隧道 92
　　Orient Express 东方快车 280~282
　　T1 Tram T1号有轨电车 86
　　Trans-Asia Express 泛亚铁路 364
Turkmenistan 土库曼斯坦 145

U

U-Bahn 柏林地铁 342

Ukraine 乌克兰 324
　　Kiev Funicular 基辅缆索铁路 149
　　Klevan–Orzhiv 克列巴尼—奥尔日夫线 63
　　Latorca "拉托里察"号 107
　　Ovruch–Chernihiv 奥夫鲁赤—切尔尼戈夫线 390~391
Uluru-Kata Tjuta National Park 乌鲁鲁—加他茱达国家公园 30
Underground Railroad 地下铁路 326~327
underground railways 地下铁路 88~93
　　Budapest 布达佩斯 268~269
　　Carmelit 海法地铁 310
　　Dubai 迪拜 163
　　London 伦敦 264~267, 332
　　Marmaray Tunnel 马尔马拉隧道 92
　　Mexico City 墨西哥市 190~193
　　Moscow 莫斯科 330~333
　　New York 纽约 92~93
　　Paris 巴黎 331
　　Pyongyang 平壤 331
　　Rio 里约 209
　　Rome 罗马 92
　　Stockholm 斯德哥尔摩 331
United Arab Emirates 阿拉伯联合酋长国 163
United Kingdom 英国 258
　　Alloa Waggonway 阿洛厄马车道 219
　　Avon Valley 埃文谷 382
　　Battlefield Line 战地铁路线 182
　　Belfast–Bangor 贝尔法斯特—班戈线 390
　　Bluebell Railway 布卢贝尔铁路 346
　　Borders Railway 博德斯铁路 231
　　Bradshaw's Guides 布拉德肖的旅行指南 315
　　Brecon Mountain Railway 布雷肯高山铁路 360
　　Bridego Bridge 布赖德戈桥 390
　　Bristol and Bath Railway Path 布里斯托尔和巴斯铁路小径 382
　　Bury St Edmunds–Lincoln 贝里圣埃德蒙兹—林肯线 169
　　Caledonian Sleeper 喀里多尼亚卧铺列车 314
　　Carnforth Station 卡恩福斯火车站 346
　　Channel Tunnel Rail Link 英吉利海峡隧道连接铁路 69, 258
　　Crossrail 横贯铁路 88~91
　　Crystal Palace High Level 水晶宫高级火车站 269
　　Derry–Coleraine 德里—科尔雷恩线 216
　　Downpatrick and County Down 唐帕特里克和唐郡线 97

Eurostar "欧洲之星"号 116, 354~356
Far North Line 远北铁路线 167
Ffestiniog Railway 费斯廷纽格铁路 3, 68~71
Forth Rail Bridge 福斯铁路桥 313
Glasgow–Stranraer 格拉斯哥—斯特兰拉尔线 218
Grand Tour 壮游 238~241
Great Central 大中央铁路 314
Great Orme Tramway 大奥姆登山列车 86~87
Great Western 大西部铁路 91, 272
Hadrian's Wall Country Line 哈德良长城乡村铁路线 103
Heart of Wales 威尔士之心 168~169
Hogwarts Express 霍格沃茨特快列车 217~219, 346
Jacobite "詹姆斯党"号 217~219
Keighley and Worth Valley 基夫利和沃思山谷 346
Liverpool and Manchester 利物浦和曼彻斯特 265
Llangollen Railway 兰戈伦铁路 288
London and Birmingham 伦敦和伯明翰 267
London Post Office Railway 伦敦邮政铁路 332
London Tube 伦敦地铁 264, 332, 333
London–Brindisi 伦敦—布林迪西线 323
London–Bristol 伦敦—布里斯托尔线 272
London–Canterbury 伦敦—坎特伯雷线 169
Merthyr Tramroad 梅瑟轨道 225
Metropolitan Line 大都会铁路 264~267
Middleton Railway 米德尔顿铁路 224
Midland Railway 米德兰铁路 225
Norwich–Great Yarmouth 诺里奇—大雅茅斯线 170
Operation Pied Piper 341 "花衣魔笛手"行动
Plymouth–Saltash 普利茅斯—索尔塔什线 272
St Ives Bay Line 圣艾夫斯湾铁路线 320
Settle–Carlisle 西雅图—卡莱尔线 312~313
Snowdon Mountain Railway 斯诺登山铁路 40
Stockton and Darlington 斯托克顿和达灵顿 265
Swanage Railway 斯沃尼奇铁路 169
Swansea and Mumbles 斯沃尼奇和曼布尔斯 267

Talyllyn Railway 泰尔依铁路 360
Taplow–Maidenhead 塔普洛—梅登黑德线 272
Thames Tunnel 泰晤士隧道 272
Venice Simplon-Orient Express 威尼斯辛普朗东方快车 8, 258, 283
Wells–Walsingham Light Railway 韦尔斯—沃尔辛厄姆轻轨铁路线 177
Welsh Highland 威尔士高地 368~371
West Highland Line 西高地铁路线 217~219
Wollaton Wagonway 沃拉顿马车道 224
United States 美国 258~259
    Adirondack "阿迪朗达克"号 233
    Alaska Railroad 阿拉斯加铁路 34~35
    Amtrak Cascades 美铁"瀑布"45
    Anchorage–Fairbanks 安克雷奇—费尔班克斯线 34~35
    Baltimore and Ohio 巴尔的摩和俄亥俄 270
    Bering Strait 白令海峡 53
    Big South Fork Scenic Railway 大南岔河观光铁路 237
    Bloomingdale Trail 布卢明代尔铁路 383
    Boston Express 波士顿快线 393
    Boston and Maine 波士顿和缅因 215
    California Zephyr 加利福尼亚"微风"号 11, 300~303
    Cass Scenic Railroad 卡斯观光铁路 235
    Chicago–Los Angeles 芝加哥—洛杉矶线 120~125
    Chicago–Seattle 芝加哥—西雅图线 303
    City of New Orleans 新奥尔良市 378~380
    Coast Starlight "海岸星光"号 380
    Continental Divide 大陆分水岭 11
    Corinth Station 科林斯火车站 325
    The Crescent "新月"号 276
    Cumbres and Toltec Scenic Railroad 昆布雷斯和托尔特克观光铁路 58
    Dayton–Perrysburg 代顿—佩里斯堡线 380
    Denali Star "迪纳利之星"号 34~35
    Denver and Rio Grande Western 丹佛和里奥格兰德西部 56
    Dequindre Cut Greenway 迪昆德雷通道绿道 383
    Downeaster 253 "东北人"号
    Durango and Silverton Narrow Gauge 杜兰戈和锡尔弗顿窄轨铁路 301
    Empire Builder "帝国建设者"号 303
    Empire Line 帝国铁路线 32~33
    Freedom Trains "自由"号列车 364
    Georgetown Loop Railroad 乔治敦环形铁路 307
    Glacier Discovery "冰川发现"号 34
    Grand Canyon 大峡谷 54~56
    Harlem Line 哈莱姆铁路线 380
    Heartland Flyer "中心地带飞行者"号 124
    Kansas City–St Louis 堪萨斯市—圣路易斯线 188
    Lookout Mountain Incline Railway 卢考特山斜坡铁路 310
    Maine–Massachusetts 缅因—马萨诸塞线 253
    Missouri River Runner "密苏里河奔跑者"号 188
    Monongahela Incline 莫农加希拉斜坡缆索铁路 301
    Mount Washington Cog Railway 华盛顿山齿轨铁路 236
    New York High Line 纽约高线公园 381~383
    New York–New-Orleans 纽约—新奥尔良线 276
    Overseas Railroad 跨海铁路 253
    Park Line 帕克铁路线 315
    Philadelphia–Washington DC 费城—华盛顿线 216
    Q Train/Broadway Express 地铁Q线/百老汇快车 92~93
    Redwood Forest Steam Train 雷德伍德森林蒸汽火车 64
    Royal Gorge 皇家峡谷 56
    Rutland Railway 拉特兰铁路 45
    San Diego and Arizona 圣迭戈和亚利桑那 378
    San Francisco cable cars 旧金山缆车 213
    San Francisco–Los Angeles 旧金山—洛杉矶线 125
    San Francisco–New York 旧金山—纽约线 323
    Silver Meteor "银色流星"号 247
    Southwest Chief "西南酋长"号 120~125
    Sugar Cane Train 甘蔗火车 292
    Tehachapi Pass 蒂哈查皮山口 125
    Underground Railroad 地下铁路 326~327
    Verde Canyon Railroad 佛得峡谷铁路 186~189
    Vermonter / Ethan Allen Express "佛蒙特州人"号列车/伊桑·艾伦快车 214~215
    Washington DC–Elberon 华盛顿—埃尔伯顿线 325
    Washington DC–Williamsburg 华盛顿—威廉斯堡线 205
    White Pass and Yukon 怀特隘口和育空 298~299
Ural Mountains 乌拉尔山脉 255, 258
Uzbekistan 乌兹别克斯坦
    Golden Eagle Silk Road "金鹰"号丝绸之路列车 145
    Orient Silk Road Express 东方丝绸之路快车 147
    Trans-Asian Railway 泛亚铁路 144~146

V

V Train V号列车 159
Vall de Núria Rack Railway 努里亚山谷齿轨铁路 174
Valparaíso 瓦尔帕莱索 310
Vancouver 温哥华
    Rocky Mountaineer "落基山登山者"号 50, 304~308
    Vancouver–Jasper 温哥华—贾斯珀线 50
    Vancouver–Toronto 温哥华—多伦多线 48~50
Varanasi 瓦拉纳西 130~132
    Varanasi–Khajuraho Express 瓦拉纳西—克久拉霍快车 51
Vaser Valley Forestry Railway 瓦瑟尔河谷林业铁路 66~67
Veles–Bitola 韦莱斯—比托拉线 129
Velingrad Gorge 韦林格勒峡谷 107
Venice 威尼斯
    Golden Eagle "金鹰"号 343~344
    Grand Tour 壮游 238~241
    Simplon-Orient-Express 辛普朗东方快车 8, 258, 281, 283
Verde Canyon Railroad 佛得峡谷铁路 186~189
Vermonter / Ethan Allen Express "佛蒙特州人"号列车/伊桑·艾伦快车 214~215
Verrugas Bridge 25 韦鲁加斯大桥
Vesuvius, Mount 维苏威火山 100, 102, 104
Via Appia 亚壁古道 104
Via Aurelia 罗马古道 101
Via Francigena 法兰契杰纳朝圣之路 174
Via Valeria 巴莱里亚古道 101
Victoria, Lake 维多利亚湖 44, 275
Victoria Falls 维多利亚瀑布 45, 274~275, 303
Victorian Goldfields 维多利亚黄金矿区 299
Vienna 维也纳 108~109, 280~282
    Vienna–Bad Ischl 维也纳—巴特伊施尔线 344

Vietnam 越南
    Da Lat–Thap Cham 大叻—藩朗-塔占线 339
    Kunming–Haiphong 昆明—海防线 128
    Reunification Express "统一"号快车 338~340
Viking route 维京海盗路线 11
Vivek Express 维韦克快车 367
Vogelfluglinie 飞鸟线 67

W

Wales 威尔士 40, 86~87, 168~169, 225, 267, 288, 360, 368~371
Wang Po Viaduct 旺波高架桥 346~347
Washington, Mount 华盛顿山 236
Washington DC 华盛顿
    Philadelphia–Washington DC 费城—华盛顿线 216
    Vermonter / Ethan Allen Express "佛蒙特州人"号列车/伊桑·艾伦快车 214~215
    Washington DC–Elberon 华盛顿—埃尔伯顿线 325
    Washington DC–Williamsburg 华盛顿—威廉斯堡线 205
Weka Pass Railway 184 维卡山口铁路
Wells–Walsingham Light Railway 韦尔斯—沃尔辛厄姆轻轨铁路线 177
Welsh Highland 威尔士高地 368~371
Wengernalp Railway 温根阿尔卑斯铁路 321
Westlander "西部人"号 317
White Pass and Yukon 怀特隘口和育空 298~299
Wicklow Mountains 威克洛山 272
WickquasgeckTrail 威克夸斯格克小径 92
Wide View Hida Express 广景"飞驒"号快车 52
Wilderswil–Schynige Platte Railway 维尔德斯维尔—希尼格普拉特铁路 36
Winnipeg–Churchill 温尼伯—丘吉尔线 232~235
Wollaton Wagonway 沃拉顿马车道 224
Wolsztyn–Leszno 沃尔什滕—莱什诺线 269
world circumnavigation 世界环游 258~259
World War I 第一次世界大战 11
Wuppertal Suspension Railway 伍珀塔尔空铁 356
Wuyi Mountains 武夷山脉 129

Y

Yangon Circular Railway 仰光环形铁路 143
Yangon–Mandalay 仰光—曼德勒线 285
Yangtze River 长江 129
Yellow River 黄河 111, 146
Yellowhead Pass 耶洛黑德隘口 50, 127
Yellowstone National Park 黄石国家公园 315
Yerevan–Almaty 埃里温—阿拉木图线 97
Yucatán High-Speed Rail 尤卡坦高铁 193

Z

Zagreb-Split 萨格勒布—斯普利特线 105~106
Zambezi River 赞比西河 45, 275
Zambia 赞比亚
    Cape to Cairo 开普敦至开罗 273~275
    Kitwe–Livingstone 基特韦—利文斯顿线 45
    Mukuba Express/ Kilimanjaro 木库巴快车/"乞力马扎罗"号 44~45
    Zambezi Train 赞比西列车 45
Zermatt–St Moritz 采尔马特—圣莫里茨线 36~38
Zhushan Line 祝山线 65
Zimbabwe 津巴布韦 273~275, 303
Zugspitze Railway 楚格峰铁路 26
Zurich–St Petersburg 苏黎世—圣彼得堡线 352

致　谢

　　感谢我的搭档保罗·布卢姆菲尔德（Paul Bloomfield），没有他的处处竭尽所能，本书定然无法完成（过程中也会少了很多乐趣）。感谢妈妈和爸爸，感谢他们一直陪伴左右。在出版方面，感谢索尼娅·帕泰拉·埃利斯（Sonya Patel Ellis），她冷静、勤勉、坚定不移；卡洛琳·埃利克（Caroline Elliker），她一直提供帮助，保持积极乐观；林恩·哈丘斯（Lynn Hatzius），为本书配上了精彩的地图；托尼·塞登（Tony Seddon），把所有铁路线编辑好，放到一本漂亮的书里；以及爱玛·布朗（Emma Brown），她为全书配上了照片。